HARDPRESS.NET
HOME OF HARD-TO-FIND BOOKS

Philosophie Des Lois Au Point De Vue Chrétien
by Louis-Eugène-Marie Bautain

Address:
HardPress
8345 NW 66TH ST #2561
MIAMI FL 33166-2626
USA
Email: info@hardpress.net

PHILOSOPHIE

DES LOIS

AU POINT DE VUE CHRÉTIEN

PAR

M. L. BAUTAIN

Ancien Vicaire général de Paris, Vicaire général de Bordeaux,
Professeur de Théologie morale à la Sorbonne, etc.

Deuxième Édition.

PARIS

A LA LIBRAIRIE ACADÉMIQUE

DIDIER ET Cᵉ, LIBRAIRES-ÉDITEURS

35, QUAI DES AUGUSTINS.

PHILOSOPHIE
DES LOIS

AU POINT DE VUE CHRÉTIEN

Paris — Impr. de P.-A. Bourdier et Cie, rue Mazarine, 30.

PHILOSOPHIE
DES LOIS

AU POINT DE VUE CHRÉTIEN

PAR

M. L. BAUTAIN

Ancien vicaire général de Paris, vicaire général de Bordeaux, professeur
à la Sorbonne, supérieur de la maison de Juilly, docteur
en théologie, en médecine et ès lettres, etc.

NOUVELLE ÉDITION

PARIS

LIBRAIRIE ACADÉMIQUE

DIDIER ET Cie, LIBRAIRES-ÉDITEURS

35, QUAI DES AUGUSTINS

1860

Le livre que nous offrons aujourd'hui au public est le résumé d'un cours fait à la Sorbonne. Nous en avons retranché beaucoup de développements, de répétitions et de digressions, que comporte l'enseignement, et qui contribuent même à le rendre plus clair et plus agréable. Nous avons dû aussi sacrifier la forme oratoire, où la pensée s'enveloppe nécessairement quand on parle en public, et qui a toujours quelque chose de vif, de pénétrant et d'imprévu, si le discours est improvisé; ce qui excite l'attention des auditeurs.

Nous avons donc dépouillé la doctrine de toute cette parure, pour la présenter aux penseurs dans sa vérité nue, dans son austère simplicité. Plusieurs personnes, qui nous ont entendu avec plaisir, n'auront peut-être pas le courage de nous lire; mais ceux qui liront cet écrit jusqu'au bout et avec réflexion en retireront, je crois, plus de fruit; car ils iront plus sûrement au fond de la doctrine, et saisiront mieux l'enchaînement des idées. Nous l'avons dit dans notre traité sur l'art de parler en public, on ne parle point comme on écrit, et on n'écrit point comme on parle. La meilleure improvisa-

a

tion, reproduite par la sténographie, ne supporte point la lecture, et c'est pourquoi nous avons récrit tous nos discours pour donner à notre pensée une forme plus précise, plus rigoureuse, plus correcte, en un mot plus véritablement philosophique. Nous espérons que les lecteurs sérieux s'en apercevront et nous en sauront gré.

En intitulant cet ouvrage *Philosophie des lois au point de vue chrétien*, nous n'avons point eu la prétention de construire la métaphysique du droit, science profonde et immense, qui est encore à faire, et à laquelle des écrivains illustres de tous les temps et de tous les pays ont apporté leur tribut. Cicéron dit dans son traité *De legibus* que, sans l'idée philosophique de la loi, que les jurisconsultes négligent trop souvent, il est impossible de comprendre et d'expliquer à fond les législations spéciales. En effet, à toute science de la nature ou de l'homme il y a une partie métaphysique qui recherche l'origine, la nature et la destination des choses, et qui doit être la source ou le principe de tous les développements scientifiques, lesquels sortent de l'idée mère de l'objet de la science, comme la vie, les fonctions et les évolutions des êtres vivants émanent de leur germe et de leur essence.

> Felix qui potuit rerum cognoscere causas.

C'est à la philosophie qu'il appartient de sonder ces profondeurs mystérieuses, ou la partie invisible des existences ; ce qu'elle ne peut faire qu'en tàchant de s'élever à l'idée même des êtres, qui vit éternellement dans l'infinie sagesse du Créateur, et se manifeste dans le temps par la fécondité et les merveilles de la création.

C'est donc à cette haute philosophie que nous avons voulu coopérer, en ce qui regarde les lois. Mais, nous sentant incapable d'en embrasser le système tout entier, nous nous sommes borné, en raison de nos forces, à exposer sur cette science sublime quelques idées, matériaux et préparations de l'édifice futur.

Nous avons ajouté, *au point de vue chrétien*, et c'est peut-être là ce qui distinguera notre œuvre de plusieurs autres. Platon et Cicéron, que nous aimons toujours à lire, ont écrit des pages admirables sur la loi éternelle et sur la loi de la nature, considérées en elles-mêmes et dans leurs rapports avec les lois particulières. Mais par cela même que la notion de Dieu est confuse en eux, et que le rayon direct de la lumière éternelle n'avait point pénétré leur intelligence, d'un côté ils n'ont pu que pressentir ce qui nous a été si admirablement révélé par le Verbe divin, et de l'autre, en ce qui concerne la nature, qu'ils posent comme le principe, la règle et la fin de toutes choses, ils n'ont que des idées vagues et partielles, susceptibles d'interprétations diverses, et qui, en effet, déjà avant eux et ensuite après eux, ont été expliquées et appliquées contradictoirement par des écoles différentes ou opposées.

Tous ceux parmi les modernes qui en sont resté sur

ce point aux théories platoniciennes, si magnifiquement commentées par Cicéron, Montesquieu par
exemple, n'ont pas dépassé dans la métaphysique
des lois les idées anciennes, et ainsi n'ont point, à
notre sens, fait faire un pas à la philosophie du droit.
Aussi est-elle restée à peu près païenne, comme la jurisprudence, sauf les influences du christianisme, de
l'institution ecclésiastique et du droit canonique, auxquelles elles n'ont pu échapper dans le cours des siècles.
Ceux-là seuls qui, pour expliquer l'origine et la portée de la loi, se sont placés au point de vue chrétien et
dans la lumière de l'Évangile, ont pu remonter au
principe véritable de la législation, au Législateur
unique, qui peut seul produire et imposer la loi, et lui
donner son autorité, sa force obligatoire et sa sanction. Saint Thomas d'Aquin et Suarez nous ont paru
les plus remarquables de ces jurisconsultes, ou plutôt
de ces philosophes chrétiens, et c'est à eux surtout que
nous avons demandé la direction et la lumière dans la
voie difficile où nous sommes entré.

Appuyé sur de tels guides, nous avons marché avec
plus d'assurance, sans oublier toutefois la faiblesse
de la pensée humaine, qui peut toujours défaillir ou
s'égarer, malgré sa bonne volonté. C'est pourquoi
l'écrivain catholique est heureux de trouver une sauvegarde dans sa foi et dans son obéissance à l'Église.
Nous soumettons donc ce livre, comme tous nos autres
ouvrages, au jugement du Saint-Siége, et nous sommes prêts à en retrancher, ou à y changer tout ce qui

nous serait indiqué comme non conforme à l'enseignement de l'Église. Car nous avons la conviction qu'elle
a reçu les paroles de la vie éternelle, et que celui qui
l'écoute écoute Dieu lui-même, comme celui qui la
méprise le méprise. Nous avons toujours envoyé au
Père commun des fidèles ce que nous avons publié,
non-seulement en signe d'honneur et de respect, mais
comme un véritable hommage à la souveraineté spirituelle en ce monde.

Le Saint-Père a daigné nous en exprimer sa satisfaction dernièrement par une lettre paternelle, en
réponse à celle qui lui offrait nos deux derniers ouvrages, *la Belle saison à la campagne* et *la Chrétienne
de nos jours*. Dans notre lettre, après avoir mis aux
pieds du Souverain Pontife l'assurance de notre respect et de notre amour, nous lui exprimions vivement
la peine que nous avions ressentie en apprenant qu'on
avait cherché à mettre en doute à Rome et auprès de
Lui notre attachement et notre dévouement au Saint-
Siége, à cause de la part que nous avions prise, comme
vicaire général, à l'administration précédente du diocèse de Paris. Sa Sainteté a daigné nous rassurer à cet
égard, et ses paroles paternelles nous ont donné une
telle consolation, que nous désirons la faire partager à
nos auditeurs de la Sorbonne, et à tous ceux qui aiment
à lire nos écrits.

DILECTO FILIO

PRESBYTERO L. BAUTAIN,

LUTETIAM PARISIORUM.

PIUS P. P. IX.

Dilecte fili, salutem et apostolicam benedictionem. Quæ duo opuscula ad augendam excitandamque fidelium pietatem in lucem publicam te exarante prodierunt *la Belle saison à la campagne* et *la Chrétienne de nos jours* dono nuper cum litteris tuis libenter accepimus. Gravissimis aliis apostolici ministerii curis et sollicitudinibus continuo distenti, otium illa percurrendi minime habuimus. Verum cum litteras legimus, quibus redditum est nobis munus ipsum, animadvertimus, dilecte fili, nimio cor tuum dolore angi ob illa quæ de te ipso relata nobis fuisse istic perhibentur. Jam vero multa comperta esse confidimus tua illa in sedem apostolicam fidei, devotionis et observantiæ testimonia, quæ litteris tuis commemoras. Et quoniam, ut scribis, conscientia fretus es optimæ mentis, utere quidem magno hoc animi solatio, et cum pietas tua paternæ nostræ caritatis significatione consolatur, eosdem filialis devotionis et observantiæ sensus tueri ac fovere omni studio contende, quibus catholicæ huic unitatis centro adhærere maxime oportet.

Multas denique tibi agimus pro eodem librorum munere gratias, ac Deum optimum maximum summis pre-

camur votis ut omni te animi et corporis prosperitate
lætificet. Hujus auspicem adjungimus apostolicam benedictionem, quam tibi, dilecte fili, intimi cordis affectu
amanter impertimur.

Datum Romæ, apud S. Petrum, die 26 novembris an. 1859, ponti-
ficatus nostri anno XIV.

PIUS P. P. IX.

A NOTRE CHER FILS

LE PRÊTRE L. BAUTAIN, A PARIS.

PIE IX, PAPE.

Cher fils, salut et bénédiction apostolique. Nous avons
reçu avec plaisir les deux ouvrages, *la Belle saison à la
campagne* et *la Chrétienne de nos jours*, que vous avez
composés et publiés pour augmenter et exciter la piété
des fidèles, et que vous nous avez envoyés dernièrement
avec une lettre. Continuellement préoccupé des autres
soins très-graves et des sollicitudes du ministère apostolique, nous n'avons pas eu le loisir de les parcourir. Mais
en lisant la lettre qui accompagnait votre présent, nous
avons remarqué, cher fils, que votre cœur était tour-
menté d'une douleur trop grande à cause des choses
qu'on vous a dit nous avoir été rapportées sur vous. Nous

avons, au contraire, la confiance que les témoignages de foi, de dévouement et de respect que vous avez donnés au Siége Apostolique, et que vous rappelez dans votre lettre, sont connus de beaucoup de personnes; et puisque, comme vous l'écrivez, vous pouvez vous appuyer sur l'excellence de vos intentions, jouissez de cette grande consolation de l'âme. Que votre piété, qui trouve une consolation dans une marque de notre affection paternelle, s'efforce donc de conserver et de nourrir ces mêmes sentiments de dévouement filial et de respect par lesquels il faut par-dessus tout s'attacher au centre de l'unité catholique.

Nous vous rendons enfin beaucoup de grâces pour les livres dont vous nous avez fait présent, et nous prions ardemment le Dieu très-bon et très-grand de vous réjouir par la prospérité de l'âme et du corps. Comme gage de cette prospérité, nous ajoutons la bénédiction Apostolique, que nous vous envoyons, cher fils, du fond de notre cœur et avec amour.

Donné à Rome, à Saint-Pierre, le 26 novembre de l'année 1859, et de notre pontificat la XIVe.

PIE P. P. IX.

LA
PHILOSOPHIE DES LOIS
AU POINT DE VUE CHRÉTIEN

CHAPITRE PREMIER

IDÉE DE LA LOI.

Objet du livre : la loi et les lois. — En quoi la théologie morale, en traitant des lois, diffère de la jurisprudence et de la politique. — Idée de la loi. — Pourquoi elle impose une obligation. — Ce qu'est l'obligation morale, son principe, sa fin et ses conditions. — Caractères de la légitimité de la loi. — Usurpation, despotisme. — Dérivation et division des lois.

Le dessein de ce livre est d'expliquer ce qui règle les actions humaines et les qualifie, en sorte qu'elles deviennent bonnes et méritoires quand elles s'y conforment, mauvaises et déméritantes lorsqu'elles s'en écartent. Cette règle primordiale, qui domine la vie des individus et des peuples, nous voulons la considérer dans son origine, dans sa nature et dans sa fin. C'est le seul moyen d'en démontrer la vérité et la légitimité.

Les lumières de la seule raison, et les efforts de la science humaine nous ont paru insuffisants pour parvenir sûrement à ce but. Nous avons donc invoqué le secours de la science divine, et la parole éternelle, qui

1

a tout fait et qui par conséquent peut tout expliquer à fond, nous a fourni les principes et la garantie de notre doctrine. Voilà pourquoi cet ouvrage a pour titre : *La philosophie des lois au point de vue chrétien.*

Les actes humains, c'est-à-dire nos actes raisonnables, ont pour principes constitutifs, d'une part la raison qui enseigne ce qu'il faut faire ou ne pas faire, d'autre part la volonté, qui, d'après les instructions de la raison, et parfois aussi contre ses instructions, agit ou n'agit pas, fait ou ne fait pas. La raison s'appelle conscience en tant qu'elle est pratique, c'est-à-dire qu'elle s'applique à la direction de nos actions, quand elle indique *hic et nunc*, comme dit l'école, ce qu'il faut faire ou ne pas faire. La conscience est donc la règle prochaine, immédiate des actes humains; c'est elle qui nous avertit intérieurement de ce que nous devons faire ou éviter, de ce qui est juste ou injuste, et ainsi, quels que soient les moyens par lesquels nous acquérons cette instruction, et reconnaissons ce qui est bien ou mal, il faut qu'ils aboutissent à la conscience et en relèvent. C'est elle qui dit toujours le dernier mot; car c'est sous l'inspiration de ses dictées et par ses lumières que la volonté choisit, se détermine, et par là devient liberté morale.

Mais la conscience n'agit pas seule, elle n'est pas un oracle, elle n'est qu'un témoin. Son témoignage suppose donc qu'elle est instruite et dominée par quelque chose qui lui est supérieur, à savoir, par la règle même du juste et de l'injuste, du bien et du mal, ou autrement par la loi. Ainsi les deux règles des actes humains sont : la conscience, qui est la règle prochaine, et la loi, qui est la règle éloignée, disent les théologiens, j'aimerais mieux dire la règle supérieure. Donc, pour régler

la conscience, il faut expliquer la loi qui l'éclaire, qui
l'édifie, la dirige; car la conscience n'étant que la loi
connue par la raison, tant qu'on ne connaît pas la loi,
ses caractères, sa nature, on ne sait pas à fond quelle
est la valeur de la conscience ni ce qui motive ses jugements.

C'est pourquoi la théologie morale s'occupe des lois.
Mais elle n'est pas la seule science qui en traite, et il est
bon de déterminer sa sphère au milieu des autres. Il y
a une science spéciale des lois, c'est la jurisprudence.
La jurisprudence est proprement la science du droit, et
le droit suppose la loi ; car c'est la loi qui fait le droit.
Quelle différence y a-t-il donc sous ce rapport entre la
théologie morale et la jurisprudence? Il y en a une
grande ; car elles ne sont pas placées au même point de
vue et ne considèrent pas leur objet sous la même face.
La science du droit s'occupe de la loi politique et des
lois civiles, et de là la division du droit en droit public
et en droit privé. Le droit public détermine ce qui est
juste ou injuste, convenable ou non convenadle dans
l'organisation de la société, du gouvernement, et dans
la hiérarchie et l'action des pouvoirs. Le droit privé
explique ce qui est juste ou injuste, convenable ou non
convenable dans les relations ou les collisions des intérêts privés. Le droit public ne voit qu'une chose, le bien
social, et c'est pour lui une postulée nécessaire, une
vérité évidente par elle-même, que tout ce qui est décidé,
décrété comme loi d'ordre public, doit être accompli
moralement et observé consciencieusement. Le droit
privé en fait autant dans la détermination de la justice
distributive et le règlement des intérêts particuliers.

Mais ce que l'un et l'autre supposent, la théologie
morale l'explique. Elle considère les lois au point de

vue de la conscience et de ses obligations; c'est le point de vue le plus profond, le plus intime. Elle cherche ce qu'est la loi en elle-même, pourquoi elle oblige, comment et quand elle oblige. Sa sphère est donc parfaitement distincte de celle de la jurisprudence. Elle s'en rapproche par les principes; mais ne s'occupant pas des intérêts temporels soit de la société en général, soit des individus en particulier, elle s'inquiète avant tout des intérêts de la conscience, et n'a qu'un seul but : déterminer l'obligation morale que nous imposent les différentes sortes de lois, divines ou humaines, écrites ou non écrites, politiques ou civiles. Elle touche donc à toutes les lois possibles, elle confine à toutes les jurisprudences; mais ce qui la spécifie et la caractérise, c'est qu'elle n'envisage la loi qu'au point de vue de son importance morale et de l'obligation qu'elle impose à l'être libre.

Tel est l'objet de cet ouvrage, et cet objet est très-important; car savoir jusqu'à quel point nous sommes moralement obligés, quand nous sommes obligés, comment et pourquoi nous le sommes, n'est-ce pas notre plus haut intérêt? Nous avons donc une première chose à faire, une question préalable à résoudre, à élucider, du moins autant qu'il dépendra de nous, question qui domine toutes les autres, c'est de dire ce que c'est que la loi.

Je voudrais donner, non pas une définition telle quelle de la loi, comme on en trouve partout, même dans de très-bons livres, mais, autant qu'il me sera possible, l'idée même de la loi. Ces définitions ne me semblent pas aller au fond des choses, et elles ont le tort, pour la plupart, de n'être que des abstractions ou des généralisations des différentes espèces de lois. Il faudrait donc aller plus avant, et descendre, s'il se peut, jusqu'au fond même de l'idée. Le philosophe n'est satisfait qu'autant qu'il a pu résumer toute une doctrine dans une seule idée, et qu'il voit sortir de cette idée des conséquences multiples, qui forment les différents chapitres de la science, comme autant de ruisseaux émanant d'une même source. Tant que nous ne sommes pas arrivés là dans une science quelconque, nous pouvons être savants, parce qu'il y a des savants de toutes qualités et à tous les degrés, mais en réalité nous ne possédons pas la science. Il n'y a de science vraie, profonde, solide, que si l'on parvient à saisir dans un seul principe, dans une seule idée, l'abondance des développements. Si nous n'y arrivons pas, nous aurons au moins tenté une grande chose, et pourvu que nous restions dans l'exactitude des pensées et des termes de la théologie morale, conformément aux enseignements de l'Église, nous n'avons rien à risquer.

Commençons par l'explication de la loi, *obvio sensu*, dans le sens obvie ou étymologique du mot. Car quoiqu'une étymologie ne soit pas précisément une explication philosophique, cependant il y a toujours en elle quelque chose de profond, et voici pourquoi. C'est que, d'ordinaire, les mots sont faits par le peuple, c'est-à-dire par le bons sens, et non par les savants. D'où vient qu'ils sont bien faits en général, et ce n'est pas une critique, mais un fait que j'énonce. Il y a une multitude de choses que nous savons assez bien par le simple bon sens, et alors quand nous n'avons pas l'honneur d'être philosophes, nous marchons intrépidement avec ces connaissances naturelles, qui nous viennent comme d'instinct par l'exercice spontané de la raison et par le témoignage universel. Mais quand nous voulons expli-

quer par la réflexion ces connaissances de première
vue, ce savoir instinctif qu'on acquiert naturellement
dans et par la société, nous nous y perdons la plupart
du temps; en croyant les expliquer, nous les obscurcis-
sons et en définitive nous ne savons plus qu'en penser.
C'est un des avantages de la philosophie. Ainsi, vous
rencontrez un homme dans la rue ; vous l'arrêtez, il est
pressé, il se défend; vous insistez, il cède et se décide
à vous entendre. Cet homme-là est bien libre de continuer sa marche ou de s'arrêter, il le sent très-bien.
« Etes-vous libre, lui demandez-vous ? — Certainement, puisque je pouvais passer mon chemin et que je
reste avec vous. — Mais savez-vous ce que c'est que la
liberté ? » Alors, vous lui déroulez, je suppose, toutes
les théories qu'on a faites sur la liberté, et très-probable-
ment ces théories diverses finissent par le jeter, sinon
dans le doute, au moins dans un certain embarras, qu'il
ne connaissait pas avant la discussion. Il en est de même
pour la plupart des locutions populaires. Elles sont en
général bien faites, parce qu'elles sont l'expression du
sens commun ; elles affirment toutes quelque chose de
positif, que les investigations subséquentes de la réflexion ébranlent trop souvent ou même détruisent.

Dans le cas présent, l'étymologie nous offre deux
explications au lieu d'une. Ainsi Cicéron et Suarès
disent que *lex* vient de *ligare*, lier ; car le caractère de
la loi est de lier, d'obliger, et, d'après eux, on l'appelle
loi, à cause du lien qu'elle forme, de l'obligation qu'elle
impose. D'autres disent : la loi vient de *legere*, *lectum*,
lex, soit parce qu'elle suppose un choix à faire entre ce
que la loi ordonne ou défend, et alors *legere* veut dire
choisir ; soit parce que, comme la loi écrite, elle donne
à lire le commandement ou la défense. Qui a raison ?

tous ont raison, car ils considèrent la loi sous des aspects divers, les uns sous le point de vue de l'obligation qu'elle impose, les autres sous le point de vue de la liberté qui choisit, ou du mode de sa promulgation. De ces deux explications on prendra celle qu'on voudra, ou plutôt on fera bien de les prendre l'une et l'autre; car il y a du vrai dans chacune.

Mais la loi considérée dans l'obligation qu'elle impose, ou dans le choix de la liberté qu'elle suppose, ou encore dans la prescription écrite qui la promulgue, implique une règle d'action qui est posée d'une manière catégorique, décisive, souveraine. Voilà ce que nous fournit d'abord le sens obvie du mot, ou l'étymologie.

La loi n'est donc pas une ordonnance, ni un simple commandement, ni un précepte. Elle n'est pas une ordonnance; car l'ordonnance est un instrument de la loi, un moyen de la mettre en pratique et d'en organiser l'accomplissement. L'ordonnance suppose donc la loi, et ce n'est pas à tort que dans les gouvernements constitutionnels on les distingue soigneusement. La loi est un acte souverain, tandis que l'ordonnance doit toujours s'appuyer sur une loi. Il en est de même du commandement proprement dit : il réalise la loi ou donne un ordre à cet effet; il n'est donc pas lui-même la loi, il la présuppose. Ainsi encore du précepte qui peut être une simple dictée de la raison, sans autorité impérative qui lie la volonté.

Il ne faut donc pas confondre la loi avec la formule, avec le texte et les articles qui l'énoncent, pas plus qu'il ne faut prendre la lettre pour l'esprit. Ce sont là des formes, des moyens d'expression ou de promulgation, qui sont à la loi ce que les signes sont à l'idée, et qui n'ont de sens et de vertu que par l'autorité qu'elles doivent manifester, autorité qui est celle de la loi.

Qu'est-ce donc que la loi?

Montesquieu a dit, au Ier chapitre de l'*Esprit des lois*, une parole profonde, qui, je crois, nous mettra sur la voie : « Les lois sont les rapports qui dérivent de la nature des choses. » Cicéron avait déjà écrit : *De legibus*, lib. II, *Lex ratio profecta a rerum natura*. L'explication de Montesquieu a du vrai, mais ne renferme pas encore, ce me semble, toute la vérité. D'abord elle est trop générale, trop vague. Car il y a des rapports qui sortent de la nature des choses et qui ne sont pas des lois. Ainsi les êtres, quels qu'ils soient, sont mis en relation les uns avec les autres dans la création, par cela seul qu'ils coexistent, et de leurs natures respectives, surtout parmi les êtres animés, sortent des mouvements ou des actes qui les modifient réciproquement et qui ne sont pas des lois. Mais si Montesquieu avait dit, et je crois qu'on peut ainsi compléter son explication : La loi est un certain rapport qui sort de la nature des êtres, le rapport spécial du supérieur à l'inférieur, le rapport de supériorité naturelle, sa définition, il nous semble, eût été plus précise et plus juste.

La loi, selon nous, est donc l'expression de la souveraineté d'un être sur d'autres êtres; elle suppose d'un côté l'autorité et le commandement, de l'autre la dépendance et l'obligation d'obéir. Elle n'est pas une abstraction, elle n'est pas une pure idée, mais elle est un acte, un acte suprême qui dirige et commande, un acte souverain qui s'impose avec droit, avec autorité.

Or, si la loi commande, si elle prescrit avec une absolue puissance d'accomplir certains actes, et en interdit d'autres avec le même empire, il suit que la source légale de l'obligation n'est pas celle que **Montesquieu** assigne. Comment! parce que je suis en rapport avec d'autres êtres, et au fond je suis en rapport avec tous, une loi va sortir pour moi de ce rapport! En sorte que tous les êtres me feront la loi, et je ferai la loi à tous les êtres! Cela n'est pas soutenable; il ne peut sortir une loi de mon rapport avec un être, qu'autant que cet être a le droit de me commander. Or, quel être a le droit de me commander? Un homme? C'est mon égal; or, d'égal à égal il n'y a pas de loi. Car la loi ordonne et oblige, la loi met celui qui l'a faite dans une position de supériorité, dans une fonction de domination, de domination légitime, quelquefois illégitime, et alors il y a abus. Mais il y a des lois légitimes, par conséquent aussi un commandement légitime. Qu'est-ce qui légitimera donc ce commandement? D'où vient la raison de l'empire qu'en vertu de la loi un homme exerce sur moi? Est-ce en son nom propre qu'il parle, ou n'est-ce pas quelque chose de supérieur qui nous domine l'un et l'autre, quelque chose dont il est comme moi le sujet, puisque la loi se sert de lui comme d'un instrument pour réaliser son commandement.

Donc, toutes les fois qu'il y a une loi, nous distinguons inévitablement deux termes, un terme supérieur et un terme inférieur, et c'est le rapport de supérieur à inférieur qui la constitue. Mais quelle est cette supériorité? C'est ici que la définition de Montesquieu et de Cicéron est bonne. C'est une supériorité de nature, à l'exclusion de toute autre. Car une supériorité accidentelle de position, de force, de richesse, même d'intelligence ou de volonté, est un avantage, non un droit, et d'ailleurs, toutes ces choses sont temporaires et variables, Or, la loi dans son principe est éternelle,

elle a un caractère de perpétuité et d'universalité, que ni la force, ni la richesse, ni aucune qualité individuelle ne peuvent lui donner. Il faut donc une supériorité naturelle. Ainsi la loi sera le rapport qui résulte de la nature de deux êtres, dont l'un a une nature supérieure à l'autre, et non pas tout rapport possible entre tous les êtres possibles.

Voyez maintenant ce qui sort de là. Puisque la loi part nécessairement d'une puissance supérieure, elle impose à l'inférieur une obligation, et une obligation naturelle en raison de leur nature et de leurs positions respectives : obligation sans laquelle l'inférieur ne peut pas vivre dans l'ordre et conformément à sa fin, et c'est justement là ce qui fait la légitimité de la loi du côté de celui qui l'impose, comme pour celui qui la reçoit.

Mais il y a plusieurs sortes d'obligations : l'obligation physique, qui résulte des nécessités matérielles ou organiques : l'obligation logique, qui fait la nécessité ou la fatalité logique : enfin l'obligation morale qui constitue la nécessité morale, nécessité relative, parce qu'elle s'adresse à la liberté, qui peut l'accepter ou la refuser à ses risques et périls.

Dans l'ordre physique, tous les êtres non intelligents qui le composent vivent et subsistent en vertu des lois naturelles.

Ces lois dérivent d'un monde supérieur auquel ces êtres sont attachés par leur existence et leur vie même. C'est ce qui fait l'ordre du monde physique. Elles s'appliquent à des êtres qui les suivent sans les connaître, parce qu'ils n'ont pas de raison, et ainsi point de liberté ; car une liberté sans intelligence n'aurait pas de sens. Les besoins physiques dérivent des lois naturelles, que les êtres purement matériels n'ont pas la faculté de comprendre ni de violer. Tels les minéraux, les végétaux, les animaux, l'homme même dans sa vie organique.

Les lois logiques font la nécessité logique, qui est inflexible. Car rien n'est plus inexorable, plus tyrannique que la logique. C'est pourquoi dans les affaires humaines on ne la suit guère. L'ordre moral dominant dans la société, et l'ordre moral étant un ordre de liberté, il est bien difficile, impossible même de faire coïncider exactement la rigueur logique avec le cours des choses dans la vie ordinaire. Aussi dans toute pratique, dans toute réalisàtion, y a-t-il toujours une distance énorme entre la théorie et l'application. Voyez les mathématiques pures et les mathématiques appliquées, quelle différence! Il en est de même de toute spéculation, quelle qu'elle soit. Dans l'ordre logique, il y a une nécessité invincible. Cette nécessité, qui vient de la loi, constitue les axiomes. Or, comment voulez-vous raisonner sur des axiomes qui sont des vérités nécessaires, évidentes par elles-mêmes. Si vous tentez de vous en délivrer, vous vous ôtez la faculté de l'être raisonnable, vous vous mettez dans l'impuissance de raisonner. Puis, quand une fois les principes sont posés, vous êtes fatalement entraînés aux conséquences. Il n'y a pas de liberté dans la déduction. Elle mène nécessairement à la vérité ou à l'erreur, si elle est légitime, et en raison de son point de départ.

Donc la loi oblige, et elle oblige impitoyablement, mais toujours, remarquez-le bien, pour le salut de celui qui lui est soumis. Car si, par exemple, l'être organique est soustrait aux lois naturelles qui le dominent, en entrant dans le désordre, il trouve la maladie et il est menacé de mort. De même, si l'être qui pense ne suit pas la loi logique, il s'enfonce de plus en plus dans l'erreur, qui est la maladie ou la mort de l'esprit. Ce sont donc les lois logiques qui le maintiennent dans la vie de la raison et font son salut, en le retenant sous leur dépendance et par là dans la vérité.

L'obligation morale résulte de l'application de la loi à la liberté. Là il n'y a plus de nécessité absolue, de fatalité, mais seulement une nécessité relative. C'est la sphère du libre arbitre ou du choix. Mais la loi existe et n'est pas contestable. L'être intelligent sent qu'il peut l'enfreindre, mais en foulant aux pieds avec elle la vérité, la justice, le bien, c'est-à-dire en commettant le mal. Il en a le pouvoir, comme il a la puissance de tomber dans l'absurde. S'il viole les lois et les commandements de la morale, il tombe dans l'immoralité.

Dans ces trois sphères, ce qui domine toujours, c'est le rapport naturel et hiérarchique du supérieur à l'inférieur : dans l'ordre physique, le rapport de la Providence avec tous les êtres créés, le rapport des créatures avec la puissance qui les a faites et les conserve. La loi physique n'est que l'expression de ce rapport. Dans l'ordre logique, c'est le rapport de la vérité éternelle avec la raison de l'homme. La raison humaine ne peut pas faire un acte sans s'appuyer sur cette vérité, sur les principes qui en émanent, et sur les axiomes qui en sont la formule, et par une rigoureuse déduction elle doit tirer de là toutes ses pensées. C'est donc ce rapport qui fait vivre l'esprit humain de la vie de la vérité. Dans l'ordre moral, c'est le rapport de la volonté avec l'idée éternelle du juste et de l'injuste, que l'homme, il est vrai, peut méconnaître, violer, ne pas appliquer. Mais alors il tombe dans le désordre, par conséquent dans la maladie ou la mort morale ; car le mal moral est la maladie ou la mort de l'âme, comme l'absurde et le mal physique sont la maladie et la mort de l'esprit et du corps. Hélas! il y a bien des morts de ce genre qui se promènent dans le monde et qui se croient vivants, tandis que les amis de Dieu et de la vérité, que le tourment de la mort ne touchera point, comme il est dit au livre de la Sagesse, leur paraissent des insensés.

Ainsi dans l'ordre moral, quand on viole la loi, quand on se soustrait aux conditions de la loi, et on le peut toujours ici-bas, on sort du chemin de la vie. Mais il y a ceci à remarquer : dans l'ordre physique, les êtres suivent leur' loi sans la connaître ; dans l'ordre logique aussi, nous pensons souvent sans connaître les lois de la pensée. Les gens du peuple pensent comme les savants, quelquefois mieux, et cependant ils ne savent pas ce que c'est qu'un principe, un axiome. Si vous alliez leur parler de causalité, du principe de contradiction, ils seraient ébahis, et cependant ils suivent fort bien ces principes ; ils raisonnent conformément à la loi logique, quoiqu'ils n'en aient pas une connaissance réfléchie et explicite.

Mais dans l'ordre moral il n'en est pas ainsi. Si l'on n'est pas responsable de mal raisonner, quand on a fait de son mieux, si on ne l'est pas davantage de la maladie qu'on subit, à moins de l'avoir causée par des excès, on est au contraire responsable en agissant de telle ou telle manière, là où les lois de la justice sont engagées. Donc, il y a une condition essentielle à l'action morale, c'est que la loi qui la règle soit connue d'avance. Donc, la liberté morale ne pouvant s'exercer que par la raison, et l'objet de la raison étant de connaître, il faut que la loi soit connue par celui qui agit ; donc, la

promulgation est une condition nécessaire de l'observation de la loi. La loi existe sans la promulgation, mais
elle n'oblige que si cette condition préalable est remplie. La responsabilité de l'agent moral le suppose. De
là l'axiome : *Lex non promulgata non obligat*, une loi
non promulguée n'oblige pas.

Maintenant que nous avons expliqué l'idée de la loi
et l'obligation qui en est la conséquence première,
voyons-en la fin ou la cause finale. Quelle est la fin de
la loi? Pourquoi oblige-t-elle? La loi se pose entre deux
termes, l'un supérieur, l'autre inférieur. Ces deux termes
ont chacun leur nature, nature plus haute dans celui
qui donne la loi, subordonnée dans celui qui la reçoit.
Or, celui qui est au-dessus tend par son acte à transmettre la vie à celui qui est au-dessous, et avec la vie les
moyens de vivre conformément à l'ordre général, de
telle sorte qu'il puisse trouver dans le bien commun son
bien propre. Donc la cause finale de la loi, c'est de faire
passer quelque chose du supérieur dans l'inférieur, pour
que sa vie soit soutenue, fortifiée, développée ; en un
mot, la fin de la loi est le bonheur de celui qui y est soumis. Sa loi, c'est son bien, sa vie, sa vie bien ordonnée.
Dans l'ordre physique, c'est la vie organique, la santé ;
dans l'ordre intellectuel, c'est la vie de l'intelligence, la
pensée régulière et vraie ; dans l'ordre moral, c'est la vie
morale, la justice, la vertu ; dans la sphère politique
enfin, c'est l'ordre dans la société, et par l'ordre, qui
n'existe qu'avec l'équité, l'harmonie de l'intérêt public
avec les intérêts privés, du bien de tous avec le bien
de chacun.

Or, comme il n'y a qu'une nature au-dessus de la
nature humaine, la nature divine, et que celui qui a
créé l'homme le gouverne et le conserve, il suit que

l'action de Dieu, exercée par sa providence sur toutes les créatures, constitue la loi, et que Dieu, en gouvernant les hommes qu'il a faits à son image, agit souverainement sur ses créatures et leur impose sa loi dans l'intérêt de leur vie et de leur bonheur. Donc, comme l'a dit Jésus-Christ, il n'y a qu'un père, celui duquel toute paternité dérive dans le ciel et sur la terre. Il n'y en a qu'un, parce que seul il a tout fait, tout créé, et la vie a une source unique, celle qui est en lui, qui est lui-même, parce qu'il ne dépend et ne relève de personne. Par sa parole il a créé tous les êtres, et par sa parole encore il les conserve, il influe constamment sur eux ; il leur verse, comme dit saint Paul, la nourriture, la lumière et la vie.

Comme il n'y a qu'un père, il n'y a non plus qu'un maître ; car Dieu est la vérité et la source unique de la vérité. Or, le maître est celui qui communique la vérité. C'est donc la vérité seule qui enseigne et instruit. Les hommes n'en sont que des canaux. Comme dans l'ordre physique le soleil, qui répand la lumière, ne fait que transmettre ce qu'il reçoit de plus haut ; ainsi, dans le monde intellectuel, tous ceux qui enseignent ne sont que des flambeaux de la vérité, pour propager ses clartés et répandre ses rayons.

De même encore, il n'y a qu'un législateur ; c'est le Père unique et le véritable Maître. Toutes les lois viennent de Dieu ; elles sont divines dans leur principe, ainsi que toute vraie puissance, selon la parole de l'apôtre : *Non est enim potestas nisi a Deo.* Et de quel autre principe pourrait-elle venir ? De la force ? Est-ce là une puissance raisonnable, un pouvoir législateur ? C'est de la violence, de la brutalité, ou de la fatalité, que des êtres intelligents et libres peuvent subir, mais qu'ils n'accepteront jamais comme le principe de leurs actes et la règle de leur vie.

De là le droit d'édicter la loi et le devoir de l'observer. Si l'on suit les conséquences de ces idées si simples, toutes profondes qu'elles paraissent, on verra combien elles jettent de lumières, combien elles font de jour au milieu de la forêt des opinions humaines dans la matière que nous traitons. Ainsi, tout supérieur, quel qu'il soit, est un délégué de la puissance souveraine. Cette puissance souveraine est unique; c'est l'Être qui par nature est supérieur à tout. Sa puissance, il l'exerce par des instruments, par des esprits, par des hommes, ou par d'autres créatures, et par cela seul qu'il les emploie, il leur délègue une part de cette puissance. Le droit de l'autorité, quelle qu'elle soit, sort de là; celui du père de famille, comme celui du maître qui enseigne, comme le pouvoir de celui qui gouverne. Le maître aussi est le représentant de Dieu; il doit dire la vérité au nom de Dieu, et malheur à celui qui ne l'enseigne pas en ce nom sacré. Le droit de l'autorité dans l'État est aussi la puissance divine; c'est l'application d'un pouvoir supérieur, et la preuve en est que l'autorité n'a de force, de durée et d'efficacité, qu'autant qu'elle est juste et légitime, en ce sens qu'elle comprend les intérêts des peuples et cherche avant tout à les satisfaire.

Le droit de tout supérieur est donc une délégation, et son devoir est dans la fidélité de la dispensation. Nous sommes, dit l'apôtre, les ministres de Jésus-Christ et les dispensateurs des mystères de Dieu. Ainsi de tous les hommes de pouvoir. Ils sont ministres pour le bien, *ministri in bonum*, dit encore saint Paul; par conséquent, ils ont à transmettre la vie qu'ils ont reçue, à l'appliquer dans l'intérêt de leurs subordonnés et pour leur bonheur ; et cela dans toutes les sphères et à tous les degrés, soit dans l'ordre privé, dans la famille, soit dans l'ordre public, dans la société. En d'autres termes, et pour représenter cette vérité par une image, l'autorité est comme une source placée en haut lieu, qui déverse ses eaux par des ruisseaux divers, lesquels, coulant du sommet de la montagne, vont arroser la plaine et y porter à la fois la fraîcheur et la fécondité. Mais si les ruisseaux arrêtent et retiennent les eaux, si, en faisant obstacle à l'épanchement de la source, ils veulent s'approprier ce qui vient d'en haut et priver ce qui est au-dessous de la communication qu'ils lui doivent, le désordre commence, et un désastre est imminent.

Dans le corps humain toute maladie tient à la même cause. C'est un organe qui, au lieu de fonctionner dans l'ordre marqué et de transmettre dans la mesure de ce qu'il reçoit, veut absorber la vie qui lui est communiquée et se créer une existence séparée. Par sa lutte avec le reste du corps il y produit la fièvre et toutes ses douleurs. Il se consume lui-même en s'enflammant, il se désorganise et dévore sa propre substance en voulant l'agrandir, et ainsi il trouve sa ruine dans son exaltation, et sa perte dans son orgueil. Malheureusement en souffrant et en mourant il fait souffrir ou mourir tout ce qui l'entoure. Ainsi dans la famille et dans la société. Si dans la famille, au lieu de cette dispensation fidèle de la vie reçue de plus haut, le père, représentant de Dieu et image de son autorité, veut s'approprier le pouvoir au détriment de ses enfants, c'est un grave désordre ; car le père n'est le chef qu'au nom de Dieu. L'ordre divin de la famille est bouleversé par l'égoïsme et l'infidélité de son chef qui n'agit plus que pour lui-même, et de là les troubles de la famille.

Ainsi encore dans l'État. Si dans la société celui qui gouverne, au lieu d'être le ministre de Dieu pour le bien, se fait le ministre de lui-même pour lui-même, il commet un double crime : d'une part crime de révolte contre Dieu, d'usurpation de l'autorité divine : de l'autre, vis-à-vis du peuple, crime de tyrannie, de despotisme.

De l'idée de la loi, que nous venons d'exposer, sortent immédiatement trois corollaires, qui décident plusieurs questions graves.

1° L'homme ne peut pas se faire sa loi à lui-même. Car pour qu'une loi soit constituée, il faut deux termes, l'un supérieur, l'autre inférieur; la loi ne pouvant exister qu'entre deux êtres dont l'un est naturellement supérieur à l'autre. Voilà pourquoi on ne s'oblige pas soi-même. En vertu de quel droit et à quel titre s'obligerait-on soi-même ? Je me commande une chose, et dans l'instant qui suit je me commanderai le contraire avec la même autorité. Comment voulez-vous, en effet, que je m'oblige moi-même ? Puis-je être à la fois mon supérieur et mon inférieur ? Celui qui obéit n'est-il pas aussi en moi celui qui ordonne ? C'est pourquoi ceux qui se dressent des plans de vie ne les suivent pas le plus souvent, parce qu'en se faisant leur propre législateur, ils sentent qu'ils peuvent détruire aujourd'hui la loi qu'ils ont faite hier. Il faut, pour obliger, un pouvoir objectif et une sanction plus haute. Aussi toutes les doctrines d'autonomie, d'indépendance absolue, en ce qui concerne l'homme, ne soutiennent pas l'examen. Nous dépendons en mille manières, pour la conservation de notre vie des lois physiques, physiologiques; pour l'exercice de notre raison, des lois logiques ; pour les actes de notre volonté, des lois morales, qui prescrivent ou réclament dans notre conscience malgré nous , malgré nos passions et nos emportements. Si vous étiez l'auteur de la loi morale, dès qu'elle vous gênerait par ses exigences, vous n'auriez qu'à l'effacer d'un trait de plume. Mais vous ne le pouvez pas ; que vous l'accomplissiez ou la violiez, elle subsiste en vous, toujours vivante, toujours indestructible. Il n'y a qu'un être qui puisse se faire la loi à lui-même, c'est Dieu ; ou plutôt Dieu est la loi même, la loi éternelle et éternellement en acte, puisqu'en Dieu tout est identique à sa nature.

2° L'homme ne peut pas recevoir la loi de son égal, ni d'un homme, ni de plusieurs, ni de tous les hommes. Car la loi est le rapport du supérieur à l'inférieur, elle n'est légitime qu'à ce titre ; il faut que celui qui la fait soit au-dessus de celui qui la reçoit. Or, tout homme est mon égal par nature. Pourquoi voulez-vous que j'accepte votre loi ? qui êtes-vous ? au nom de qui me parlez-vous ? qui vous a donné le droit de me commander, à moi qui suis un homme comme vous, doué d'une raison qui pense comme votre raison, et d'une liberté aussi souveraine que la vôtre ? Ah ! si vous me parlez au nom de celui qui m'a créé, si c'est sa parole que vous m'apportez, je m'incline ; car je reconnais mon supérieur naturel et mon maître. Vous avez plus de savoir, plus de talent que moi ; soit, cela vous donne la faculté de me conseiller, mais non de me commander. Je ne suis pas votre sujet parce que j'ai moins d'esprit que vous. — Vous avez plus d'argent ! que m'importe ? si je ne veux pas me vendre, votre argent ne vous donnera jamais un droit sur moi. — Vous êtes le plus fort : qu'est-ce que cela prouve ? je le serai peut-être demain ;

et d'ailleurs, quoi qu'en dise le fabuliste, la raison du plus fort est si peu la meilleure, qu'elle n'est même pas un droit. Donc nul n'a le droit de faire la loi à son semblable, et ainsi tout homme qui sans mission supérieure veut commander à un homme, à un peuple, est un usurpateur.

Mais il y a plus, tous les hommes réunis n'ont pas le droit d'obliger moralement un seul homme. Ils peuvent faire des conventions, soit! Mais des conventions ne sont pas des lois, et il faut que tous ceux qu'elles intéressent y apportent leur consentement, et encore ce consentement qui devrait être unanime pour sauvegarder la liberté de chacun, peut se détruire lui-même à la séance prochaine, et alors tout est à refaire.

De là la fausseté de la théorie de la *volonté générale*, que Rousseau a mise en vogue par son *Contrat social*, après l'avoir empruntée à Jurieu, lequel s'en était servi pour battre en brèche le pouvoir de Louis XIV. Quand tous voudraient une chose, est-ce une raison pour qu'elle soit juste? La volonté générale d'un peuple peut être absurde, immorale, elle peut même ne pas exprimer son véritable intérêt. Ne cherchez donc pas la loi dans l'expression de la volonté générale. Encore si l'on disait *la raison générale*, ce serait plus philosophique. Mais où est la raison générale? qu'est-elle? qui l'a vue? où se trouve-t-elle résumée ou personnifiée? Savez-vous ce qui arrive? c'est le dernier mot du système, on va voter à la majorité des voix et le plus grand nombre fera la loi! C'est donc la domination de la multitude. L'homme de la minorité qui proteste est accablé par le nombre, on lui impose une loi que sa volonté renie comme sa raison, il est opprimé. C'est de la violence avec les apparences du droit. Le despotisme d'un seul comme le despotisme de tous sont des énormités-morales.

La loi divine, la seule absolument souveraine, est donc la source de toutes les lois. C'est la loi *princeps*, la loi première et dernière, comme dit Cicéron, parce que seule elle est le rapport naturel du supérieur à l'inférieur, c'est-à-dire de Dieu à l'homme, et par conséquent toutes les lois doivent en découler pour être légitimes. Donc il n'y a pas de société solidement constituée, si le rapport de Dieu à l'homme n'est pas reconnu et proclamé comme le fondement de la législation et du gouvernement, si la religion n'est pas la base de l'édifice social. La religion est le préambule de la loi, a dit Platon, et Cicéron, en parlant des rapports de la religion aux lois, a dit : *habet legis proemium.*

3° Enfin et c'est le troisième corollaire, il suit de notre explication de la loi, que les gouvernements sont pour les gouvernés ; car ils sont les instruments de la puissance supérieure, pour transmettre la vérité, la justice, la vie, tout ce qui fait l'ordre et le bien-être de la société, pour communiquer ces bienfaits à leurs sujets, ou à leurs subordonnés, si l'on ne veut pas du mot de sujets, quoique vis-à-vis de Dieu la sujétion soit toujours honorable, et, dans notre manière de voir, c'est à Dieu seul qu'on obéit en se soumettant aux hommes qui le représentent.

Les gouvernements sont pour les gouvernés ; car ils sont les ministres de Dieu pour le bien et ce bien est l'avantage de ceux qu'ils gouvernent. Cette doctrine politique est toute chrétienne ; elle a été instituée dans le monde par ces paroles de J.-C. à ses disciples : Ne faites pas comme les princes des nations qui gouvernent dans leur intérêt et au gré de leurs caprice ;

vous, au contraire, vous serez les serviteurs de tous; car moi qui vous parle et qui suis votre maître, je ne suis pas venu pour être servi, mais pour servir. Cependant il était fils de Dieu ! Or, si le fils de Dieu est venu pour servir, que doivent faire ceux qui ne sont que ses envoyés, ses délégués ici-bas, les instruments de sa puissance ? C'est pourquoi l'homme le plus haut placé en ce monde, celui qui touche de plus près à la puissance divine, source unique de tout pouvoir et de toute loi, le vicaire de J.-C. sur la terre, qui a juridiction sur toutes les nations, s'appelle humblement le serviteur des serviteurs de Dieu, *servus servorum Dei.*

Telle est la vérité chrétienne, la doctrine évangélique en cette matière. Les conséquences de cette idée si simple de la loi sont immenses, comme on le verra dans la suite de ce livre où nous tâcherons de les exposer avec toute la clarté, avec toute la vertu qu'elles tirent de leur principe, comme les trois corollaires qui viennent d'en sortir.

Après avoir défini la loi en général, nous devons parler des lois en particulier, ou des diverses sortes de lois. D'où la division des lois. La division la plus simple est celle qui les distingue en lois non écrites et en lois écrites. La loi non écrite, c'est d'abord la loi éternelle, ou comme dit saint Thomas, que nous suivrons de près en ces matières, la raison de la Providence gouvernant l'univers ; puis la loi naturelle, ou la loi éternelle appliquée au gouvernement de l'homme.

Dans la loi écrite ou positive, il y a la loi divine et la loi humaine : la loi divine, ancienne ou nouvelle, mosaïque ou chrétienne ; la loi humaine, qui est ecclésiastique ou civile.

Nous aurons à examiner ces lois diverses, non dans le détail de leurs articles, dans leurs formules et dans leur texte, mais dans leurs sommités, dans leurs principes, toujours au point de vue de la conscience, et nous expliquerons, autant qu'il nous sera possible, pourquoi, comment, et quand elles obligent.

Nous avons devant nous des questions très-graves. Nous tâcherons de monter sur les hauteurs de ces questions, et de là nous considérerons le mieux que nous pourrons les abîmes qui s'ouvriront sous nos yeux. En vérité, il y aurait de quoi prendre le vertige, tant il y a de profondeur et d'obscurité en ces matières. Mais plusieurs choses nous encouragent. D'abord, nous aurons toujours à la main le flambeau de la parole de Dieu et de son Église, avec lequel on ne peut s'égarer; ou bien, pour nous servir d'une image toute chrétienne, nous suivrons comme les rois Mages cette étoile qui apparut en Orient et qui les conduisit au berceau du Christ. Nous aussi, nous regarderons cet astre qui dominera nos pensées, et il nous mènera à Celui qui est la voie, la vérité, et la vie. Comme Jésus-Christ, fils de Dieu, a daigné naître dans une étable, ainsi dans notre enseignement, même quand il serait revêtu des magnificences de la parole humaine, Celui qui est la vérité, et que nous voulons manifester, serait encore bien abaissé et comme anéanti, et l'on pourrait dire qu'il y repose comme dans une crèche. Heureux si, à notre voix, ainsi que les bergers à celle de l'ange, nos lecteurs vont aussi l'y reconnaître et l'y adorer.

Une autre chose nous soutient encore; c'est que dans ces études, nous avons des guides sûrs, des hommes éminents qui marchent devant nous, saint Thomas et

Suarès. Je préfère de beaucoup saint Thomas, je l'avoue, je le trouve plus synthétique et plus profond. Suarès a moins de génie, mais il a encore une pénétration théologique très-remarquable, bien que la subtilité de son analyse l'entraîne parfois dans la diffusion. Nous profiterons de l'élévation de l'un et de l'abondance de l'autre.

Enfin, je trouve encore un encouragement dans mes souvenirs. Les idées, résumées dans cet ouvrage, ont déjà été exposées dans l'enseignement public de la Sorbonne, devant un auditoire nombreux et attentif. J'espère donc que mes auditeurs aimeront à relire ce qu'ils ont écouté avec un si bienveillant intérêt. Le fond est le même. La forme seule a été modifiée, parce qu'on ne doit pas écrire comme on parle ; et si peut-être, à cause du ton différent d'un livre et d'un cours, l'expression y est moins vive, moins pittoresque, elle y gagnera en retour plus de clarté et de précision : ce qui est le principal avantage dans ces matières.

CHAPITRE II

DE LA LOI ÉTERNELLE.

Qu'il y a une loi éternelle, et ce qu'elle est. — Elle a sa racine en Dieu, l'Être éternel ; elle se réalise par et dans la création. — Il ne faut pas la confondre avec les idées divines ni avec la Providence. — Matière prochaine de la loi éternelle, ou à quels actes elle s'applique. — Toute loi vient en principe de la loi éternelle, et en tire, en y participant, sa légitimité et sa force obligatoire. — Que la loi éternelle peut être connue de tous et comment.

Nous avons exposé, aussi clairement qu'il nous a été possible, l'idée de la loi. Dans son expression la plus simple, la loi est le rapport naturel du supérieur à l'inférieur. Elle suppose toujours deux termes, l'un s'imposant en vertu de son autorité propre, issue de sa supériorité même ; l'autre qui, en raison de sa subordination naturelle est tenu à la soumission, à l'obéissance. De là l'autorité et l'obligation de la loi. La loi oblige, sinon elle ne serait pas loi, elle oblige en raison d'un titre et ce titre est celui que nous avons énoncé : la supériorité naturelle. De là aussi l'importance de la loi, car elle n'a évidemment qu'un objet : communiquer à l'inférieur la vie du supérieur. Que veut la loi ? Le bien de l'inférieur, en le maintenant et le conservant dans l'ordre, source unique de son bonheur. Donc la loi est un bienfait, et elle n'a qu'un but, transmettre la vie, une vie plus haute et plus intense, à celui qui la reçoit. Or, nous avons vu qu'il n'y a qu'un seul supérieur, législateur et maître : c'est Dieu. Les autres ne sont, à tous les degrés, que ses délégués ou les dispensateurs de sa puissance et de ses dons. Leur pouvoir n'est qu'une participation de son pouvoir. De là dérivent leurs droits et leurs devoirs : leurs droits, qu'ils tiennent de leur délégation, et de l'autorité divine dont ils sont les ministres ; leurs devoirs qui ressortent de leur position même. Ils sont dispensateurs ; or, la première vertu d'un dispensateur est de transmettre fidèlement ce qu'il a reçu d'en haut, et de le transmettre dans la fin de la loi, ou le bonheur de celui qui est régi par elle. Donc, si recevant l'autorité les dispensateurs se l'approprient, s'ils se font eux-mêmes leur propre fin, s'ils la tournent à leur intérêt, à leur gloire, à leur avantage, ils deviennent prévaricateurs ; ce qui constitue le double crime d'usurpation vis-à-vis de Dieu, de despotisme à l'égard des inférieurs. Car en se substituant à Dieu ils mettent leur volonté à la place de la sienne.

De ces principes nous avons déduit trois corollaires importants : 1° L'homme ne peut se faire la loi à lui-même ; 2° il ne peut la faire à son semblable ; 3° les gouvernants sont pour les gouvernés, et par conséquent, dans toute la force du mot, leurs serviteurs, *servi servorum Dei.*

Cette idée simple et féconde de la loi est l'âme de ce livre. Nous la retrouverons en application dans tous les chapitres.

Considérons maintenant la diversité des lois.

Au-dessus de tout est la loi éternelle. Qu'est-ce que la loi éternelle? Nous devons montrer d'abord qu'elle existe, puis ce qu'elle est, quel est son objet, sa vertu, sa fécondité, comment toutes les autres en dérivent, et enfin, comment on la connaît, comment elle oblige.

Il y a une loi éternelle. L'Écriture est remplie de textes qui en affirment l'existence. Je n'en citerai qu'un tiré des Proverbes, chap. VIII : « Quando præparabat cœlos aderam, quando certa lege vallabat abyssos aderam. » C'est la sagesse qui dit d'elle-même : j'étais là quand Dieu préparait les cieux, quand il enfermait les abîmes dans un cercle infranchissable, et leur imposait une loi certaine.

Dans son ouvrage *Contra Faustum*, saint Augustin la définit en ces termes : « Lex est ratio divina, vel voluntas Dei, ordinem naturalem conservari jubens, perturbari vetans. » La loi, et il est évident qu'il entend ici la loi *princeps* et non les lois dérivées, la loi est la raison, ou la volonté divine, qui ordonne de maintenir l'ordre naturel, et qui défend de le troubler.

Saint Thomas à son tour la définit ainsi : « Lex æterna nihil aliud est quam ratio divinæ sapientiæ, in quantum est directiva omnium actionum vel motuum. » La loi éternelle n'est autre chose que la raison de la sagesse divine, en tant qu'elle dirige toutes les actions et tous les mouvements.

Dans son Traité des lois, liv. II, Cicéron a écrit ces remarquables paroles, qui résument à peu près tout son Traité des lois. Il dit, *De legibus*, lib. II : « Hanc igitur video sapientissimorum fuisse sententiam, legem neque hominum ingeniis excogitatam, neque scitum aliquod esse populorum, sed æternum quiddam, quod universum mundum regeret imperandi, prohibendique sapientia. Ita principem illam et ultimam, mentem esse dicebant omnia ratione aut cogentis aut vetantis Dei. » Je vois, dit-il, que la pensée des hommes les plus sages est que la loi n'a point été inventée par le génie des hommes, qu'elle n'est pas une certaine décision des

peuples, mais qu'elle est quelque chose d'éternel, gouvernant le monde entier par la sagesse qui commande
et qui défend. C'est pourquoi ces sages disaient que
cette loi première et dernière est l'intelligence même
de Dieu, ordonnant et défendant.

Considérons maintenant la chose en elle-même.

Il y a une loi éternelle, et il est impossible qu'elle
ne soit pas. Car le monde existe, il a été créé, et il
subsiste dans l'ordre. Il a un supérieur, car il y a quelqu'un qui l'a fait ; et comme il subsiste dans l'ordre, et
y est maintenu constamment, il faut bien qu'il y ait une
main toute-puissante qui le dirige et le gouverne, qui
tienne chaque être à sa place et dans son rapport naturel. Il y a donc là un supérieur et un inférieur ; le
supérieur est le créateur, l'inférieur est le monde créé.
Donc, il y a une loi qui résulte des rapports naturels du
créateur à la créature, du fabricateur du monde à son
œuvre.

Mais qu'est-ce que cette loi ? Ici il faut distinguer.
Celui qui a fait le monde, le gouverne cela est évident.
Mais l'acte de créer le monde et l'acte de le gouverner
ne sont pas le même acte. Par exemple : inventer une
machine et la faire fonctionner ou présider à son mouvement n'est pas la même chose. D'un côté il y a une
réalisation de l'idée de l'inventeur, qui construit la machine conformément à une conception préalable de son
esprit ; de l'autre, une opération de surveillance, de
prévision, de gouvernement, qui suit le jeu de la machine dans ses mouvements, afin qu'ils concourent à la
fin voulue par l'inventeur, ou à la réalisation de son
idée. La même différence existe entre les idées divines
et la loi éternelle. Les idées sont les archétypes ou les
exemplaires des choses créées, le plan divin de la créa-

tion ; la loi est la raison de la Providence, qui y préside et la mène à bonne fin.

Tout ce que Dieu a fait, il l'a fait avec sagesse; par conséquent il a su ce qu'il voulait faire avant de l'exécuter, et comme en lui tout est éternel, il est évident qu'il a su de toute éternité ce qu'il voulait faire. Pourquoi s'est-il déterminé dans un temps plutôt que dans un autre? Je ne le dirai pas, car je n'en sais rien; je ne vois pas dans les secrets de Dieu. Mais ce que je sais, et ce que je ne puis pas ne pas affirmer, c'est que toutes les choses créées sont faites sur le modèle d'une idée, et que cette idée est dans l'entendement divin, comme toutes les fois que nous voulons agir, nous concevons d'avance dans notre entendement ce que nous voulons faire, si nous agissons raisonnablement. Il faut donc admettre en Dieu des concepts ou des idées qui, éternelles comme lui, représentent dans la sagesse divine les choses créées, et avant la création, les choses créables ou possibles. Ces idées font partie de l'entendement divin, et quand Dieu crée un être, l'idée qui est dans son entendement passe dans la réalisation, en s'appliquant à une matière créée, laquelle en reçoit l'expression, l'effigie. L'idée, au dire de Platon, et ce qu'il a dit dans ce cas est fort bien dit, l'idée divine est l'original de la perfection, et quand par notre intelligence nous pouvons nous élever des choses créées aux choses incréées ou de la matière aux idées, et nous le pouvons, c'est ce qui fait la gloire de l'homme, nous arrivons à l'apogée de l'art et de la science. Car l'apogée de l'art et de la science est d'apercevoir l'idéal, et d'en faire descendre la raison des choses inférieures. Là seulement, dans les idées divines, règne la perfection, et c'est pourquoi elles sont à la fois la source

2.

de tout bien et le but du vrai progrès. Ces idées sont parfaites, parce qu'elles sont universelles, parce qu'elles sont divines, parce qu'elles sont Dieu même; il n'y a en elles ni défaut ni tache, elles contiennent la vérité absolue, la justice complète, la beauté sans défaut. C'est la source de tous nos idéaux; car l'idéal que nous pouvons concevoir est une représentation imparfaite dans notre esprit, une réflexion défectueuse en nous de ces archétypes, qui sont et vivent dans la sagesse divine. Donc quand Dieu crée, il crée d'après ses idées éternelles, et ainsi en toute créature il y a un élément temporel et un élément éternel. C'est pourquoi un grand philosophe, Leibnitz, a dit: il y a du divin en toutes choses, il y a de l'être en toute existence. Car tout ce que Dieu a fait est bon, parce qu'il l'a fait conformément à son idée, comme dit la Genèse : Dieu vit que les choses qu'il avait faites étaient bonnes, c'est-à-dire correspondantes, autant qu'il le fallait, à ce qu'il voulait faire, et s'approchant comme il convenait des idées éternelles, dont elles sont les images. Mais ces idées, qui sont leurs modèles, ne sont pas leur loi, pas plus que le plan de la machine n'en règle le mouvement et ne la fait fonctionner. La loi est dans l'application de la puissance divine aux êtres créés pour les développer, les conserver et les mener à leur fin. Les idées divines sont les archétypes, le plan divin de la création, mais elles ne la dirigent pas, elles ne la gouvernent pas. C'est à la loi qu'appartient le pouvoir directif et gouvernemental. Elle est un acte incessant qui va des idées aux choses, et y fait passer pour leur conservation et leur perfectionnement tout ce qui est dans les idées.

Il ne faut pas non plus confondre la loi avec la Providence. La Providence est aussi l'acte de Dieu, l'acte de sa puissance s'appliquant à tous les êtres particuliers, comme aux choses en général. Mais elle suppose la loi qui en est la raison ; en d'autres termes la Providence, qui pourvoit à l'existence et aux besoins des créatures, a un caractère de personnalité qui n'est pas dans la loi, toujours générale ou abstraite de sa nature. Par l'action de la Providence, la loi descend jusqu'aux êtres les plus faibles, jusqu'au moucheron et au grain de sable, et c'est pourquoi J.-C. a dit : Tous les cheveux de votre tête sont comptés, et pas un ne tombera sans la permission de votre Père céleste.

Ainsi, il y a une loi éternelle, qui est le rapport de Dieu à la création, et il ne faut pas la confondre avec les idées divines d'un côté, ni avec la Providence de l'autre. Mais pourquoi l'appelle-t-on éternelle, puisqu'elle a dû commencer avec la créature ? Car la loi étant le rapport d'un supérieur à un inférieur, avant la création il n'y avait point d'inférieur, par conséquent pas de sujet de la loi, donc point de loi.

Non, sans doute, la loi n'existait pas alors en acte, mais elle était en puissance au sein même de l'entendement divin, et par conséquent elle participe à l'éternité des idées divines. Elle est aussi éternelle en ce sens, qu'elle ne finira pas tant qu'il y aura des créatures, et il y en aura toujours, puisque Dieu par sa grâce daigne faire participer un grand nombre d'entre elles à son immortalité. Ainsi elle est vraiment éternelle, soit qu'on la considère du côté de l'entendement divin, où tous les êtres possibles sont contenus en puissance dans leurs idées avec tous leurs rapports possibles, et surtout avec le rapport principal à leur créateur futur ; soit qu'on la regarde dans les êtres créés, qui ne peuvent plus échapper à son action. Aussitôt que les créatures paraîtront, la loi passant de puissance en acte avec les idées, les saisira, et elle se promulguera elle-même en s'appliquant à tout ce qui a reçu l'existence ou la vie.

Passons maintenant à la seconde question, à savoir : quel est l'objet, ou comme disent les théologiens, la matière prochaine de la loi éternelle.

L'objet de la loi, c'est un acte à régir, une action à diriger. Or, nous pouvons distinguer trois espèces d'actes en raison de la nature des agents : l'acte de Dieu, l'Être éternel et universel ; à l'autre extrême l'acte de la créature sans raison, de l'être inintelligent ; enfin, au milieu, l'acte des intelligences bornées.

La loi éternelle s'applique-t-elle aux actes divins, à Dieu même ? Ici il faut considérer Dieu sous deux rapports, Dieu *ad intra* en lui-même, et *ad extra* dans ses actes extérieurs.

D'abord Dieu, avant la création, est Celui qui est, l'Être universel qui n'était pas obligé de créer, et qui a créé, parce qu'il l'a voulu. Donc, il y a eu un temps où la création n'existait pas. Alors, la vie divine était renfermée en elle-même, dans son mouvement divin, et de là, par la connaissance que Dieu a de lui, et l'amour de sa propre perfection, l'éternelle constitution de l'adorable Trinité, la génération du Verbe ou du Fils, la procession de l'Esprit-Saint ou de l'amour, en sorte que Dieu, considéré *ad intra*, n'a besoin des créatures, ni pour sa vie, ni pour sa gloire, ni pour l'exercice de sa puissance, ni pour son bonheur. Dans la connaissance et l'amour de lui-même, il a la plénitude de la lumière et de la vie. Il est donc évident que la loi ne s'applique pas dans la sphère divine ; car la loi est le rapport du supérieur à l'inférieur. Or, Dieu n'a pas de supérieur; donc il n'y a pas de loi qui le régisse; donc, le mot de loi, dans son sens propre et strict, ne peut lui être appliqué.

Mais Dieu *ad extra*, c'est Dieu considéré comme créateur, c'est-à-dire, posant en face de lui des êtres auxquels il donne une substance propre, qui n'est pas la sienne. C'est là ce qui distingue le Créateur de la créature, Dieu de tous les êtres. Ceux-ci ont une substance faite de rien, parce qu'il est impossible de concevoir autrement la création, et que d'ailleurs la parole divine est formelle à cet égard. Si donc Dieu est l'Être des êtres et crée les choses de rien, si la substance des créatures n'est ni une dérivation de la sienne, ni une modification d'une matière antérieure, il est souverainement libre dans l'acte créateur. Donc, il n'y a pas de loi pour Dieu qui crée. Il crée parce qu'il le veut, autrement la création serait une nécessité, elle serait l'effet d'une obligation. Or, qui l'obligera? Personne n'est supérieur à Dieu. Donc, Dieu considéré comme créateur n'est pas soumis à la loi, il est au-dessus de la loi.

Cependant des rapports de Dieu à la créature, il résulte une loi. Cette loi, qui a ses racines en Dieu, avant la création, n'est pas en acte mais en puissance. Dès qu'il y aura des créatures, elle leur sera inévitablement appliquée pour les gouverner et les diriger. Mais tant qu'il n'y en a pas, il n'y a point lieu à loi; la loi ne peut exister. Elle est donc en puissance jusqu'à ce qu'elle passe en actualité.

D'ailleurs, dans l'intelligence suprême il n'y a rien à redresser, il n'y a pas de défectuosités à combler, pas d'erreurs à combattre, pas d'injustices à détruire, pas d'écarts à craindre. Or, l'intelligence divine est identique à la volonté divine, c'est l'acte pur de Dieu, c'est Dieu lui-même. C'est pourquoi les philosophes qui ont voulu distinguer la loi de la volonté divine, sous prétexte de régler cette volonté et pour la préserver de l'arbitraire, ont fait un grossier anthropomorphisme. Ils ont considéré Dieu comme un homme qui peut se déjuger ; ils ont dit : si la volonté de Dieu fait la loi, elle peut donc changer la nature du bien et du mal à son gré ; il lui suffit de vouloir ou de ne vouloir pas pour qu'il y ait justice ou injustice. — Oui, sans doute, mais avec cette condition qu'ils oublient, que la volonté divine est identique à la sagesse suprême, et qu'ainsi elle ne peut vouloir que ce qui est souverainement sage, ou conforme à la raison parfaite. Concevoir la volonté divine autrement, c'est la détruire, ou, ce qui est la même chose, c'est en faire une volonté humaine. De Dieu seul on peut dire strictement : « Stat pro ratione voluntas, » car sa volonté est identique à sa raison. Si donc on admet que Dieu est l'Être souverainement parfait, qui renferme en lui, ou plutôt qui est la vérité, la justice et le bien, et comment ne pas l'admettre si on a l'idée véritable de Dieu, que peut-on craindre de sa volonté, qui est l'application de sa sagesse ? Si sa raison est droite, sa volonté le sera aussi, puisqu'il n'y a pour lui aucune cause possible d'erreur, ni en lui, ni hors de lui. En nous, il peut y avoir des écarts ; à cause de notre faiblesse la volonté peut n'être pas d'accord avec la droite raison. Mais en Dieu la puissance est égale à l'intelligence, elles sont une même chose. Dieu est acte pur, acte souverainement intelligent, souverainement libre ; par conséquent, il n'y a pas lieu à loi. Car la loi tend toujours à gouverner quelque chose, en commandant ou en défendant. Or, il n'y a pas lieu de gouverner Dieu, il n'y a personne pour lui commander, et encore moins pour lui défendre.

Donc, la loi n'existe en Dieu que dans ses rapports avec les créatures. Dès qu'il y a des créatures, la loi paraît et s'applique. Elle n'a sa place que là.

Mais pour les êtres sans raison, qu'est-ce que la loi dont nous parlons? Évidemment il y a des lois qui régissent les mouvements des astres, les règnes de la nature, tous les mouvements extérieurs et intérieurs qui se manifestent dans le monde. Qu'est-ce que ces lois pour de tels êtres? Ils ne les connaissent pas, car ils n'ont pas de raison. Comment donc peuvent-ils leur être soumis; et quand nous disons que pour être valable, la loi doit être connue, promulguée, ne peut-on pas objecter que les êtres incapables de comprendre leur loi par cela même n'y sont pas assujettis. Ce serait une erreur; car, il y a une obligation physique, et une obligation morale. Les êtres sans raison suivent la loi sans la comprendre. Entre eux et la loi ne se trouve pas l'intelligence; par conséquent, ils n'ont pas besoin d'une promulgation proprement dite. Mais il y a en eux quelque chose qui en tient lieu; car la promulgation est un motif ou une motion raisonnable qui porte la volonté à observer la loi. Dès que je reconnais la loi, je me sens obligé et je dois chercher à l'accomplir. C'est quelque chose d'extérieur qui passe de mon intelligence dans ma volonté et qui me pousse à l'accomplissement de la loi. Or, dans les animaux il y a quelque chose d'analogue, à savoir un mouvement interne qui les pousse à suivre la loi, d'autant plus efficacement qu'ils n'ont pas la liberté de choisir, ni le pouvoir de résister. Ce quelque chose est l'instinct, mot très-bien fait, *instinctus, impetus naturalis*. C'est cette impulsion cachée, qui, présidant à l'exécution des lois naturelles, gouverne d'une manière sûre et infaillible tous les êtres organiques ou inorganiques, dépourvus d'intelligence.

Ainsi l'attraction qui s'exerce sur la matière, la gravitation universelle est l'instinct de tous les corps graves. La pierre suit sa loi sans la sentir, sans la reconnaître , et elle est inévitablement entraînée vers le centre de la terre. Ainsi de tous les animaux qui sont portés à faire toujours la même chose, dans l'intérêt de la conservation ou de la propagation de leur espèce. Depuis le commencement du monde, l'abeille fait sa cellule de la même manière, le castor sa maison, l'oiseau son nid, et la fourmi ses provisions. Mais ces êtres ne sont pas perfectibles, parce qu'ils n'ont ni l'intelligence, ni la liberté; leurs facultés sont limitées par leur destination et leurs besoins. Ils ont cet avantage de faire bien du premier coup ce qu'ils font, et par un certain entraînement naturel d'aller au but qu'ils ne manquent jamais, excepté quand nous les troublons par une éducation artificielle à notre profit. Alors nous dérangeons leurs instincts en les dressant à notre service, et souvent nous les dénaturons sous prétexte de les perfectionner.

Restent les êtres intelligents, dont les actes sont l'objet immédiat de la loi éternelle. Car ils ont la raison pour la connaître et la conscience pour la sentir ; ils discernent ce qui est bien et ce qui est mal ; ils ont la liberté pour observer la loi ou la violer. C'est ce qui fait leur responsabilité, et c'est pourquoi la loi, dans le sens proprement dit, ne s'applique qu'à eux, bien que, dans un sens plus large, il ne faille pas la restreindre à l'être moral, puisqu'il y a des lois de la nature, comme des lois de la société. Le même mot doit donc s'appliquer aux unes et aux autres; car elles viennent toutes de la même source.

Personne, excepté Dieu, n'échappe à la loi, et parmi

les êtres libres, ceux qui la violent n'y échappent pas
non plus. Ceux qui l'observent acceptent sa direction,
son joug, et ainsi font le bien par la loi et avec la
loi. Mais ceux qui l'enfreignent la retrouveront dans
la souffrance par la justice, par les conséquences
mêmes des actes désordonnés dont ils sont les auteurs. Ils ont engagé leur responsabilité dans le
mal; ils ont mêlé dans l'univers aux actes de Dieu
leurs actes propres, lesquels, ayant leur égoïsme pour
principe et pour fin, entravent ou troublent l'enchaînement des faits par lesquels la Providence gouverne le
monde. Dans la société où ils veulent avant tout satisfaire leurs passions ou réaliser leurs desseins, ils mettent
leur intérêt ou leur plaisir au-dessus du bien public et
dès lors ils y introduisent, avec le désordre, l'anarchie,
la guerre et la mort. On recueille toujours ce qu'on a
semé, et toutes les fois que dans sa conduite on agit en
dehors de la loi éternelle et des lois humaines qui en
sont l'expression, pour rester son maître et ne relever
de personne, on se crée un monde individuel qu'on
place au milieu du monde social, et ce monde illusoire
entre en lutte avec la société, comme dans un corps
vivant un organe malade absorbe la vie commune, s'enflamme, fait la guerre au reste du corps et lui donne
la fièvre. Ainsi de l'égoïsme au sein d'une société quelconque; il y engendre la guerre et la guerre amène
la ruine. Toutes les fois que vous sortez de la loi,
vous entrez en collision avec l'ordre, qui seul produit
la paix, le bien-être et la stabilité. La famille est troublée et malheureuse, si l'un de ses membres veut
vivre aux dépens des autres. L'État est en péril, quand
des intérêts privés s'élèvent au-dessus de l'intérêt général. La paix des nations est menacée, si un peuple

veut dominer les autres pour augmenter sa puissance ou sa gloire, et qu'au lieu d'observer la loi éternelle et le droit des gens, il aspire à subjuguer le monde au mépris de l'équité et des droits établis. Soyez sûrs que dans ces terribles circonstances tôt ou tard la justice divine méconnue et foulée aux pieds se redressera, et reprendra avec éclat toute sa force. L'iniquité peut triompher momentanément par la violence, mais la justice se retrouvera dans les conséquences mêmes du désordre, et comme l'homme, qui a posé des actes pervers, doit en subir les suites par sa responsabilité, il recueillera un jour en douleurs et en désastres les conséquences des crimes et des iniquités qu'il aura semés autour de lui. Ainsi, personne n'échappe à la loi, et tous en ressentent les effets : le juste par la paix et le bonheur qu'il y trouve; l'injuste par les maux que le désordre enfante, et qui l'envelopperont de tous côtés comme un filet tendu par ses propres mains.

Voyons maintenant ce qu'est la loi éternelle vis-à-vis des autres lois, savoir : la loi naturelle, la loi divine, positive ou révélée, les lois humaines, politiques, civiles, et ecclésiastiques.

La loi éternelle est, comme dit Cicéron, « princeps et ultima, » la première et la dernière. Toutes les autres lois en découlent comme de leur source, et elles y reviennent comme à leur fin, en sorte que c'est par elle qu'elles sont obligatoires, c'est d'elle qu'elles tirent leur vertu. De là, cette belle parole des Proverbes : « Per me reges regnant, et legum conditores justa decernunt, » par moi les rois règnent, et les législateurs décrètent des choses justes. En d'autres termes, au-dessus des lois divines et humaines, il y a une loi éternelle qui règle, comme dit saint Thomas, toutes les actions et tous les mouvements, et ces lois ne valent que si elles y participent, comme, dans l'ordre de la science, au-dessus des théories, des doctrines, des opinions des hommes, au-dessus de tout ce qu'ils ont pu penser, imaginer, concevoir, il y a la vérité, et le sens de la vérité qu'on appelle le bon sens, en sorte que ce bon sens doit se retrouver dans tout ce que nous pensons, dans tout ce que nous disons. Ce n'est que par ce sens commun que le reste vaut, et s'il manque, il n'y a plus ni lumière, ni vérité dans l'esprit. Ainsi pour les lois humaines. Il faut que la loi éternelle les pénètre toutes, c'est le bon sens dans les lois, et tout ce qu'il y a de juste en elles en dérive et y prend sa force. Donc, s'il y a des lois humaines qui soient contraires à la loi éternelle, elles sont injustes et par cela même elles ne sont pas vraiment lois. En théorie cela est clair et facile à dire. Si dans un livre de science il y a des choses contre le bon sens, on affirme aussitôt qu'il est absurde : ainsi, dans la conduite des hommes tout ce qui est contre la loi éternelle est injuste; car elle est le principe de toute justice. « Per me legislatores justa decernunt. » Mais dans la pratique et pour les cas particuliers, de telles affirmations sont graves et dangereuses. Il est bien évident qu'une loi ne vaut que par la justice et qu'elle tire sa justice de la loi éternelle ; par conséquent, si une loi n'est pas équitable, elle n'est plus loi dans le sens propre. C'est la violence mise à la place du droit, et comme elle ne dérive point de la loi éternelle, elle manque du titre et de la sanction légitimes, en ce sens qu'elle ne tire plus sa vertu de son vrai principe, et qu'elle n'exprime plus autre chose qu'une volonté privée ou un intérêt humain.

Néanmoins ce discernement est très-délicat dans l'application, parce que, enfin, qui sera juge des lois iniques, des lois qui ne sont pas des lois, mais des actes de violence? L'appréciation n'est pas sans danger. Car celui qui est chargé de faire la loi humaine et de l'appliquer a un titre, il a une puissance; cette puissance vient de Dieu, et s'il a le pouvoir en main et que son titre soit bien établi, il est évident que, dans l'appréciation contradictoire, la présomption du droit est pour lui. Ainsi, toutes les fois qu'un gouvernement reconnu fait des lois, elles peuvent être justes, et elles le sont le plus souvent, mais elles peuvent aussi être injustes. Cependant, qui sera chargé de dire à la société qu'elles sont injustes? Qui? Est-ce vous? Est-ce moi? Moi, je ne me reconnais pas cette mission. Je puis bien penser qu'elles sont iniques, mais je puis aussi me tromper, et il n'y a personne d'entre nous qui ne soit dans le même cas.

A raisons égales certainement celui qui est au pouvoir, ou le gouvernement, a plus de chances de ne pas errer. Je ne dis pas qu'il soit infaillible; il peut se tromper, il se trompe quelquefois, mais il a pour lui la présomption du droit. Remarquez en outre qu'il est dans la meilleure condition, dans la condition de celui qui possède, et ici plus qu'ailleurs il faut dire : « Melior est conditio possidentis. » De plus, s'il n'a pas la justice pour lui d'une manière matérielle, comme on dit, il l'a formellement; car il est investi du pouvoir législatif et gouvernemental; il a l'autorité en main. Donc, s'il n'a pas l'équité pour lui, il a quelque chose qui y ressemble, qui en est le semblant ou l'analogue. Il a les apparences et les formes de son côté.

Critiquer ou attaquer les lois, sous prétexte qu'elles

sont iniques, est donc toujours quelque chose de très-grave, de périlleux pour la conscience et pour l'état social. C'est pourquoi il est sage de s'abstenir, non-seulement par crainte des risques et périls, mais surtout par conscience, car, dans ces matières, il est extrêmement difficile de dire qui a tort et qui a raison, et, en définitive, un particulier n'a vraiment pas la mission de faire la leçon à l'autorité, et d'exciter ses concitoyens à mépriser ou à combattre les lois de son pays. Je sais bien qu'il y a des circonstances extraordinaires où cela se fait tout seul, comme par une explosion de la conscience publique, ou par ces grands événements qui ne ressortent plus des hommes, mais de la force des choses, et dont Dieu se sert quelquefois pour rétablir la justice méconnue ou opprimée. Alors il faut bien accepter ou subir quand on ne peut pas empêcher. Mais ici encore on doit prendre garde de ne rien provoquer, parce qu'autrement on assume sur sa tête une immense responsabilité. Qu'y gagne-t-on en général? Le plus souvent on change de douleurs, en changeant de position, comme un homme qui se tourne et se retourne dans son lit, agité par la fièvre, croit en se remuant trouver un soulagement. Ces commotions, excitées par des volontés propres, par des intérêts particuliers, améliorent peu l'état de la société, et souvent à un mal léger on substitue un mal plus grave.

Il faut donc, dans ces conjonctures, respecter les événements, si je puis parler ainsi, les attendre et ne jamais se hâter, ni se précipiter, afin de ne pas engager cruellement sa conscience ; car tôt ou tard on recueille ce qu'on a semé. C'est pourquoi la doctrine chrétienne, toujours si sage, nous dit à son point de vue supérieur : Eh quoi ! tu ne sais pas supporter un tort, une injus-

tice, et tu veux rendre le mal pour le mal ! Mais tu
ne feras que l'augmenter, le multiplier, et bien loin de
te soulager en te vengeant, tu aggraveras la situation
par le mal des autres. Sache donc souffrir, et tu vain-
cras le mal par le bien. L'Évangile nous exhorte à la
patience dans tout ce que nous avons à supporter, et ses
conseils de perfection vont jusqu'à dire : on te prend
ta tunique, donne encore ton manteau, et si on te
frappe sur une joue, présente l'autre. Oui, la perfection
est à ce prix ; et bien qu'à ma grande honte je m'en
déclare encore incapable, j'admire profondément et
j'envie la force, la magnanimité des saints qui savent le
faire. Car par cette patience poussée jusqu'à l'abnégation, on sauve son ennemi en se sauvant soi-même,
on le gagne à Jésus-Christ en imitant Jésus-Christ, qui
nous a sauvés par la patience jusqu'à la mort, et jusqu'à
la mort de la Croix.

Or, ce que la doctrine chrétienne nous enseigne pour
la vie privée est vrai aussi dans la politique. Ainsi sous
la domination inique et abjecte des empereurs romains,
les soldats chrétiens ne furent jamais rebelles. Soumis à
l'autorité jusqu'à se laisser égorger sans résistance, ils
ne refusent l'obéissance que dans un seul cas, quand
on exige d'eux ce qui est contraire à leur foi. Le reste
à leurs yeux est peu de chose ; s'ils obtiennent la vie
éternelle à laquelle ils aspirent, les choses du monde
leur importent peu. La foi chrétienne élève l'âme au-
dessus des injustices des hommes, au-dessus des souffrances et des contradictions du moment, et quand on
a le bonheur de voir les choses humaines de si haut,
elles paraissent plus petites par la hauteur même d'où
on les regarde, surtout en les comparant à la vérité, à
la justice, à la bonté de Dieu, dont on jouit déjà par l'ex-

périence, et qui promettent un bonheur et une gloire sans proportion avec tout ce qu'on souffre ici-bas. Dans cette confiance on laisse la Providence disposer chaque chose en son lieu et en son temps, on se contente de l'observer et de la suivre, et l'on se garde de mettre les voies de l'homme à la place des voies de Dieu par une activité propre et désordonnée. Ainsi s'accomplissent, non pas les révolutions humaines, mais les évolutions providentielles. Ainsi les individus et les sociétés s'améliorent, se perfectionnent; de toute autre manière on les bouleverse ou on les ruine.

Il me reste à dire comment la loi éternelle est connue. D'abord, puisqu'elle est éternelle et universelle, tous les êtres, qui ont de l'intelligence, doivent la connaître; car toute loi non promulguée n'oblige pas. Mais nous ne la connaissons point directement, pas plus que Celui dont elle émane. Naturellement nous ne connaissons pas Dieu comme il est, « sicuti est, » dit saint Paul, « Deus nemo vidit unquam, » personne n'a jamais vu Dieu, dit saint Jean, mais nous le connaissons par ses œuvres, par son resplendissement dans la création, par les manifestations journalières de sa Providence, par tous les phénomènes du monde qui proclament un créateur, « cœli enarrant gloriam Dei, » les cieux proclament la gloire de leur auteur. Ainsi de la loi éternelle. Il n'y a que Dieu qui la connaisse directement, en lui, parce qu'il se connait lui-même, et qu'il est la raison et la loi de toutes choses; puis avec lui et par lui ceux qui ont la vue de Dieu, les anges admis par une grâce surnaturelle à participer à la vie divine, ainsi que les bienheureux, qui le contemplent dans sa lumière et qui jouissent de sa science, de sa gloire et de son bonheur. Mais ici-bas nous ne le voyons que comme par un miroir et dans une énigme, « tanquam per speculum in enigmate. » Qui dans ce monde voit la vérité face à face, la vérité totale, absolue, universelle ? Nous ne la connaissons que partiellement, dans ses manifestations à travers les voiles de la nature ou des langues humaines. Il en est ainsi de la loi éternelle.

Or, quelles sont les manifestations de la loi éternelle ? Ce sont les lois qui en dérivent, la loi naturelle d'abord, qu'il ne faut pas confondre avec la loi éternelle. Car la loi éternelle s'applique à tout l'univers, et la loi naturelle au gouvernement de l'homme. C'est en second lieu la loi positive révélée, qui est aussi une manifestation de la loi naturelle, mais non nécessaire, tandis que la loi éternelle et la loi naturelle sortent nécessairement des rapports des choses créées. La loi révélée est un enseignement volontaire et tout gratuit, par lequel Dieu dans sa bonté nous fait connaître plus positivement ce que la loi éternelle et la loi naturelle prescrivent. Donc elle doit s'accorder parfaitement avec les deux premières, et nous le montrerons en son temps. Enfin, les lois positives humaines, soit ecclésiastiques, pour le gouvernement spirituel de l'Église, soit politiques qui régissent les nations, soit civiles qui règlent les rapports des individus entre eux.

Toutes ces lois dérivent de la loi éternelle, elles en sont les conséquences et les applications. Elles n'ont de force obligatoire qu'en vertu du principe qui les produit et les sanctionne, et toutes y reviennent, refluent vers elle, et s'y absorbent comme dans leur source. Ainsi, l'éternelle loi est comme l'Océan d'où s'exhalent continuellement des vapeurs ; les vapeurs s'élèvent dans l'atmosphère et forment des nuages qui retombent en pluies sur les montagnes, et du sommet des montagnes les eaux, filtrant à travers les terres, produisent les sources, les sources des ruisseaux, les ruisseaux des fleuves et les fleuves retournent à l'Océan, qui est à la fois leur principe et leur fin.

CHAPITRE III

DE LA LOI NATURELLE.

Qu'il y a une loi naturelle, et ce qu'elle est. — L'existence de la loi naturelle prouvée par l'autorité, par la conscience, par la raison. — Pourquoi on l'appelle naturelle. — Elle est à la raison pratique ce que les premiers principes sont à la raison spéculative. — Double fondement de l'obligation de la loi naturelle.

En expliquant l'idée de la loi, nous avons cité la définition de Montesquieu : « Les lois sont les rapports nécessaires qui dérivent de la nature des choses. » Cependant, tout en nous appuyant de cette parole qui donne une indication lumineuse, nous ne l'avons pas adoptée complétement, nous lui avons reproché du vague et trop de généralité. Cette définition, du reste, n'est pas propre à Montesquieu. Cicéron avait dit avant lui, et mieux que lui : « Lex est ratio ex rerum natura profecta, » la loi est le rapport qui sort de la nature des choses. C'est absolument l'idée de Montesquieu, moins une erreur, et c'est pour signaler cette erreur que je reviens sur ce point, ne voulant pas laisser passer une définition fausse dans l'une de ses parties. Cette fausseté se trouve dans le mot *nécessaire*, qui est de trop, et voici pourquoi :

Il y a des rapports entre Dieu et la créature, rapports de la cause à l'effet, de l'auteur à son œuvre. Mais si vous admettez que ces rapports soient nécessaires ou dérivent nécessairement de la nature de Dieu d'un côté, et de la nature de l'homme de l'autre, vous êtes obligé d'admettre comme nécessaire aussi la création elle-même, qui, dès lors, n'étant plus un acte libre, devient forcément une sorte d'émanation, de projection, de prolation inhérente à la nature divine et qui la complète. Nous voilà conduits au Dieu - monde, au panthéisme.

Nous devions relever cette erreur grave, qui, dans le premier chapitre de l'*Esprit des lois*, en produit immédiatement une autre. Car Montesquieu, après avoir dit : « Les lois sont les rapports nécessaires qui dérivent de la nature des choses, » ajoute : « Aussi tous les êtres ont leurs lois : la Divinité, les intelligences supérieures, les hommes, les animaux. » En sorte qu'il soumet Dieu à la loi et aux lois qui dérivent de la nature des êtres, et comme ces êtres sont Dieu d'un côté, et les créatures de l'autre, le Créateur se trouverait lié par ses rapports avec les êtres qu'il a faits ; ce qui répugne à l'idée de Dieu ; car on ne peut concevoir Dieu que comme l'Être des êtres, qui a en lui la source de la vie, ne relevant de personne, et possédant la liberté absolue. Il est encore évident que si l'on considère Dieu *ad extra* ou comme créateur, d'après l'idée que nous avons de sa puissance souveraine, il faut admettre qu'il est parfaitement libre dans l'acte de la création. Il est donc absurde de le soumettre aux lois prétendues nécessaires qui régissent la nature des êtres, et de vouloir qu'il soit nécessité par leurs rapports.

Quand on lit l'*Esprit des lois*, il faut n'accepter la pensée de l'auteur qu'avec une certaine réserve en tout ce qui concerne la partie philosophique de ce livre, très-remarquable du reste, quand l'auteur traite des diverses sortes de gouvernements, des lois politiques et de toutes les circonstances qui s'y rapportent.

Suarès a donné, à mon sens, une définition plus exacte de la loi. Il dit : « Lex, si stricte sumatur, est coordinatio superioris ad inferiorem, per imperium proprium, » la loi, dans son sens strict, est la coordination du supérieur à l'inférieur par un empire propre au supérieur. Malheureusement nous ne pouvons pas rendre exactement en français le mot *coordinatio*, qui exprime très-bien ce que le supérieur est à l'inférieur, ou la manière dont ils sont mis en rapport hiérarchique, en raison de leur nature respective et par une puissance inhérente au supérieur. Cette définition revient absolument à celle que nous avons proposée : La loi est le rapport naturel du supérieur à l'inférieur, ou, pour nous servir de la proposition de Cicéron, en la complétant : « Lex est ratio ex natura superioris et inferioris profecta. »

Après avoir expliqué la loi éternelle, nous passons à la loi naturelle, qui en est la dérivation la plus prochaine. La loi naturelle est l'application de la loi éternelle au gouvernement de l'homme. Car par la loi naturelle, prise dans un sens général, on entend la loi naturelle humaine, ou morale, et non pas les lois de la nature, telles qu'elles s'appliquent aux êtres sans raison, et qui sont l'objet des sciences physiques.

Si, comme nous l'avons montré, il y a une Providence, si cette Providence conserve tout ce qu'elle a créé sur le modèle de ses idées éternelles, en sorte que les êtres ne peuvent parvenir à leur complément, à leur plein développement, qu'autant qu'ils se rapprochent de leur idéal qui est en Dieu, dans l'entendement divin, et qui a servi d'exemplaire ou d'archétype à leur création, il suit que le développement des êtres doit se faire progressivement sous la même influence qui les a produits. Ainsi, cette puissante influence préside aux évolutions successives et aux divers moments de leur existence. De là l'action de la Providence, qui est la raison divine appliquée à diriger, à maintenir, à perfectionner ce que la volonté divine a créé. C'est pourquoi nous avons distingué les idées divines de la loi éternelle. Les idées ne sont pas des lois; elles sont les concepts de Dieu, les idéaux de toutes les choses possibles ou réelles. Quand Dieu a créé, il a pour ainsi dire incarné ses idées, il les a imprimées dans les substances qu'il a faites, substances spirituelles ou matérielles. Mais comme toute substance créée est finie, l'idée qu'elle doit réaliser est à l'étroit dans ses limites. C'est pourquoi toute créature, comme dit saint Paul, est dans le travail de l'enfantement, en s'efforçant de devenir adéquate à son archétype. Là est la raison du progrès. Le progrès, n'est pas autre chose que la marche du temps vers l'éternité, l'aspiration de la créature imparfaite à la perfection de son idéal, et tant qu'elle ne l'aura pas atteinte, elle sera dans la peine et dans les gémissements, comme dit encore l'apôtre. Or, l'âme humaine est créée à l'image de Dieu, à sa ressemblance. Toute notre vie a donc pour but de nous rapprocher du divin modèle, et c'est pourquoi Jésus-Christ a dit : Soyez parfaits comme votre père céleste est parfait. Cicéron avait le pressentiment de cette haute vérité quand il écrivait : La perfection de l'homme est de ressembler aux dieux. Or, cette perfection, qu'il est impossible à la nature humaine d'atteindre par ses propres forces, nous a été facilitée par la grâce de Dieu, qui, pour nous rendre semblables à lui, a daigné se faire semblable à nous, s'est rabaissé à notre petitesse, ou est descendu jusqu'à nous pour nous élever jusqu'à lui. Platon avait entrevu cette vérité, quand il disait : En vérité, pour que nous sachions ce que c'est que Dieu, l'âme et les choses de l'éternité, il faut qu'un dieu descende lui-même sur la terre et vienne nous en instruire.

Les idées éternelles ne sont pas la loi. La loi préside au développement de l'idée, non pas en Dieu, car en Dieu l'idée est complète, et par conséquent immuable, mais dans les créatures, où se reflètent les idées divines, et c'est ce qui fait la conservation et le perfectionnement des existences. Donc, l'homme qui est une créature, et la plus noble des créatures ici-bas, l'homme aussi a sa loi, et c'est la loi éternelle qui, en tant qu'elle s'applique à sa vie, devient sa loi naturelle. Il y a donc une loi naturelle pour l'homme, il ne peut pas ne pas y en avoir, comme il y a des lois naturelles pour l'animal, pour le végétal, pour le règne inorganique, pour tout ce qui existe. Car rien n'existe sans loi.

Prouvons d'abord l'existence de la loi naturelle par l'autorité. Le psalmiste dit : « Quis ostendet nobis bona? Signatum est super nos lumen vultus tui. » Qui nous montrera le bien?

« C'est la lumière de votre visage qui a été empreinte sur nous, » c'est-à-dire qui luit dans l'intérieur de notre âme et à laquelle nous participons par notre raison.

Saint Paul a décidé complétement la question de la loi naturelle, quand il parle des païens, des hommes qui n'ont pas reçu la lumière surnaturelle de la révélation, et qui cependant, à l'aide de leur conscience et de leur raison, font ce qui est dans la loi, l'observent, et par conséquent se tiennent lieu de loi à eux-mêmes : « Cum enim gentes quæ legem non habent naturaliter ea quæ legis sunt faciunt, ejusmodi legem non habentes ipsi sibi sunt lex. » Quand les nations, les païens qui n'ont pas la loi révélée, font naturellement les choses de la loi, ils se tiennent lieu de loi à eux-mêmes. « Ostendunt opus legis scriptum in cordibus suis, testimonium reddente illis conscientia ipsorum et inter se invicem cogitationibus accusantibus aut defendentibus. » Ils montrent que l'œuvre de la loi est écrite dans leurs cœurs, la conscience leur rendant témoignage et leurs pensées diverses s'accusant ou se défendant les unes les autres tour à tour (Rom., chap. II).

Il est impossible de parler plus clairement. Voilà la loi naturelle parfaitement déterminée ; elle est innée à l'homme ; elle se développe en lui aussitôt qu'il acquiert la connaissance de lui-même, la conscience de sa personnalité. Il reconnaît alors qu'il est un être moral, qu'il y a une loi directrice de ses actes, lui défendant ce qui est mal et lui prescrivant ce qui est bien. Sa conscience parle avec autorité. Donc, il y a une loi qui s'impose en elle et par elle, puisqu'elle lui rend le témoignage du juste et de l'injuste, et alors en face de cette loi il s'accuse ou se défend, se condamne ou s'absout, en comparant ses actes faits ou à faire avec la loi promulguée dans son intérieur.

Voici encore un texte de saint Ambroise ; je le cite entre tant d'autres des saints Pères, parce qu'il est très-énergique : » Ea lex non scribitur, sed profluo quodam naturali fonte in singulis exprimitur. » Cette loi n'est pas écrite, mais elle est exprimée par une certaine source naturelle qui coule en chacun.

Saint Thomas a dit : « Lex naturalis nihil aliud est quam participatio legis æternæ in natura rationali. »

La loi naturelle est une participation de la loi éternelle dans la créature raisonnable.

Enfin, Cicéron dit dans le traité *De legibus* : « Lex est ratio summa insita in natura, quæ jubet quæ facienda sunt, prohibetque contraria. » La loi est la raison souveraine unie à la nature de l'homme, qui ordonne ce qu'il faut faire, et défend les choses contraires.

Après avoir invoqué l'autorité, nous en appelons à la raison, et la raison nous dit qu'il est impossible qu'un être quelconque existe et existe dans l'ordre sans une loi qui le gouverne. Rien n'échappe à cette règle, ni individu, ni société, ni être intelligent ou inintelligent, et c'est même dans les êtres sans raison que la loi s'exerce le plus strictement, parce que n'ayant point de liberté, ils ne peuvent troubler l'ordre établi par la Providence.

S'il en est ainsi, l'homme, qui est un être raisonnable, doit reconnaître ce qui est conforme à la raison et ce qui ne l'est pas ; et de plus, puisqu'il est libre, il peut faire ce qui est bien, et éviter ce qui est mal. Or, pour choisir le bien, il faut le connaître. Donc l'homme le connaît, il le connaît par une loi naturelle qui se manifeste en lui, et ainsi la raison prouve par l'exercice même de la pensée et de la liberté qu'il y a une loi morale, et que cette loi morale est naturelle à l'être moral, la loi étant la condition absolue de la moralité. La raison nous le dit spéculativement ; car le raisonnement n'est que dans l'esprit, et comme tel il oblige l'esprit dans les limites du sens commun, à moins que l'esprit ne préfère l'absurde ; ce qu'il peut faire et fait trop souvent quand la passion ou l'intérêt le domine. Mais le raisonnement n'oblige pas la conscience, n'enchaîne pas la liberté. Ainsi, je puis lire tous les livres de science avec leurs théories et leurs systèmes, je puis les approuver ou les nier, comme il me plaira, et mon âme n'en sera pas troublée. Mais pour la conduite morale c'est autre chose : je ne puis accepter ou refuser une vérité qui s'y rapporte, sans sentir que je suis obligé à quelque chose en vertu de ce que j'accepte ou refuse. A ma raison qui discerne spéculativement le bien ou le mal, ce qu'il faut faire ou éviter, se joint une force qui me pousse à agir ou me retient avec une certaine autorité, laquelle n'est pas celle de ma raison ni de ma volonté. C'est la voix de la conscience qui rend témoignage à la loi, ou qui la promulgue naturellement dans mon âme aussitôt qu'elle se développe ; et quand, par l'entraînement des instincts ou des passions, je sacrifie le devoir à l'emportement ou à l'égoïsme, faisant ce que ma conscience déclare mal et injuste, non-seulement je reconnais que j'ai agi contrairement à la raison ; s'il n'y avait que cela, on s'en préoccuperait peu ; mais, en outre, j'éprouve une inquiétude, un tourment qu'on appelle le remords ; car je me vois dans le désordre et comme hors la loi, je sens ma responsabilité engagée, et par conséquent j'appréhende une punition, un malheur, quelque chose qui doit me punir par cela seul que j'ai troublé l'ordre.

Le remords est donc le symptôme caractéristique de la loi naturelle. Il faut l'avoir éprouvé pour le connaître, et qui n'a pas éprouvé ce trouble, cette inquiétude dans le désordre, quand il a manqué à la justice, à la loi, à l'autorité, quand il a méprisé la voix de sa conscience, et foulé aux pieds la dignité du chrétien honoré de tant de lumières et de grâces, même dans le cercle de la nature ? Qui n'a pas ressenti la honte et la peur de la dégradation, après avoir immolé l'âme au corps, la nature raisonnable à la nature matérielle, et en se voyant ainsi descendu au niveau des animaux, rabaissé par sa faute dans la hiérarchie des êtres? On sent tout cela au milieu du désordre, à moins d'être entièrement perverti, et malheureusement l'homme peut arriver à ce point de perversion et d'abrutissement, qui, nous le montrerons plus tard, efface la loi naturelle de son âme.

Enfin, on prouve la loi naturelle par le consentement général. Chez tous les peuples on trouve le sentiment du juste et de l'injuste, du bien et du mal; on trouve des lois positives qui déterminent ce qu'il faut faire et ne pas faire au sein de la société. Ces lois ont une sanction légale qui punit ou récompense. Il y a partout des tribunaux chargés de maintenir l'ordre et de combattre le désordre. Il y a partout des justices établies, où les hommes jugent et châtient leurs semblables au nom d'une puissance supérieure aux juges et à ceux qui sont jugés. C'est au nom du souverain que la justice sociale s'exerce et s'accomplit. Nous dirons plus tard ce que l'on entend par la souveraineté, et comment elle tire sa légitimité et son autorité du pouvoir suprême dont elle dérive. Nous remarquons seulement ici, que s'il n'existait pas une loi naturelle, ces tribunaux, ces juges, et la force qui est par derrière pour exécuter leurs arrêts, tout cela n'aurait évidemment ni droit, ni juridiction, ni sanction. Cherchez un peuple, si sauvage qu'il soit, qui subsiste sans une distribution quelconque de la justice, sans une sorte de gouvernement, sans une législation, si peu raisonnable qu'elle paraisse, vous n'en trouverez pas, parce que ce sont les conditions essentielles à l'institution et à la conservation de toute société.

Mais pourquoi appelle-t-on cette loi naturelle? Pour deux raisons : la première, parce qu'elle prescrit ce qui

est conforme à la nature des êtres raisonnables ; la seconde, parce que ses dictées peuvent être connues au
moyen de la raison, ou par les lumières naturelles.
Examinons le premier point.

La loi naturelle est appelée ainsi, parce qu'elle prescrit ce qui est conforme à la nature de l'homme. Or,
dans la nature de l'homme il y a plusieurs choses et des
choses très-opposées. Il y a une bonne nature et une
mauvaise nature, je ne dis pas dans l'homme tel que
Dieu l'a fait, car alors tout était bien ; Dieu, dit la
Genèse, après avoir créé, vit que tout ce qu'il avait fait
était bon ; mais dans l'homme tel qu'il s'est fait luimême, ou plutôt tel qu'il s'est défait par sa volonté pervertie, et par le péché qui en a été la suite. Ainsi, il y
a en nous une nature irascible, c'est-à-dire prête à
s'irriter contre ce qui la gêne et à rejeter violemment
ce qui lui déplaît. Il y a en nous une nature concupiscible, c'est-à-dire qui veut avec passion et recherche
avec ardeur ce qui peut la satisfaire. La loi naturelle
prescrira-t-elle tout ce qui est conforme à ces penchants, à la nature irascible qui s'emporte à tout
propos et qui recourt aussitôt à la violence ; à la nature
concupiscible qui convoite ardemment les choses les
plus contraires à la dignité de l'homme et met son
bonheur à les obtenir. Au contraire, la loi naturelle est
faite pour tempérer ces mauvaises dispositions, pour les
gouverner, les réduire à la discipline et les maintenir
dans l'ordre. On voit donc combien sont insensées les
paroles de quelques hommes, des jeunes gens surtout,
chez qui l'appétit irascible est très-excitable, et l'appétit concupiscible très-inflammable, quand, pour se
justifier de rechercher certaines choses et d'en omettre
d'autres, par exemple, les devoirs qui exigent de la

peine, du travail, de l'empire sur soi-même, pour contenter des passions qui donnent une certaine jouissance peu durable et qui laisse après elle tant de conséquences fâcheuses, ils disent : mais c'est conforme à la nature, pourquoi ne pas jouir de ce qu'elle réclame? Pourquoi la frustrer de ce qu'elle convoite si vivement? On ajoute même quelquefois : mais Dieu nous a ainsi faits, pourquoi aller contre l'ordre de Dieu et résister aux penchants qu'il a mis en nous ? Non, certes, Dieu ne nous a pas faits ainsi. Il nous a donné, il est vrai, un corps et une âme; mais dans l'ordre qu'il a établi, le corps étant d'une nature inférieure, doit obéir à l'âme, comme l'âme doit obéir à Dieu, en sorte que le corps doit toujours suivre la direction de l'âme. Ce n'est pas qu'il ne doive avoir aussi ses satisfactions en raison de ses appétits et de ses instincts, mais dans son ordre, à sa place, et conformément à la loi générale de notre nature. Or, c'est cette loi qu'il faut rechercher.

Dans l'ordre de l'intelligence, ce qui domine tout, c'est l'idée de l'être ou de la vérité. Ainsi, quand vous exercez votre esprit en quoi que ce soit, vous recherchez le vrai. Qu'est-ce que la vérité? C'est ce qui est, c'est l'être. Donc dans l'ordre spéculatif, la fin de la pensée, du travail intellectuel, de tout exercice de la raison c'est l'être ou la vérité.

A côté de l'ordre spéculatif est l'ordre moral, et là encore se trouve une idée dominante, l'idée du bien. Quand vous pensez, vous ne cherchez qu'une chose, le vrai; quand vous agissez, vous ne voulez aussi qu'une chose, le bien; mais qu'est-ce que le bien? c'est tout ce qui est conforme à la nature d'un être et qui peut servir à le nourrir, à le faire jouir et à le développer dans son ordre. Donc, il y a dans chaque être, par l'effet même de son organisation, de sa constitution, une inclination native vers son bien, c'est-à-dire vers sa fin et ce qui peut l'y conduire, et ainsi dans les inclinations naturelles de chaque espèce d'êtres se trouve l'indication de la loi qu'il doit suivre. Par exemple, pour l'être inorganique la loi naturelle est de se conserver, de continuer à exister tel qu'il a été constitué et posé. Dans l'être organique se rencontre quelque chose de plus, il y a une fin à laquelle il tend par sa propre activité, et de cette inclination vers son bien résulte ce qu'on appelle ses appétits, ses instincts. Les plantes et les animaux cherchent leur bien, et le cherchent par plusieurs instincts, par celui de la nourriture d'abord, car c'est par la nourriture qu'ils se développent et se complètent ; puis quand l'animal est nourri il éprouve un autre instinct, celui de la reproduction, qui pourvoit à la propagation de l'espèce, comme la nourriture assure la conservation de l'individu. Après la reproduction naît un instinct nouveau qui le pousse vers ce qui est un bien dans cette circonstance, à savoir : l'éducation des nouveau-nés, des enfants, des petits, de manière à ce que la perpétuité de la race soit garantie. Là est la raison profonde de l'activité de tous les êtres vivants. Eh bien, dans l'homme il y a tout cela, instinct de la nourriture, instinct de la reproduction, instinct de l'éducation des enfants et tout ce qui s'y rattache, il y a, en un mot, tous les appétits divers et multiples de l'animal. Mais il y a de plus une nature raisonnable ; car il est encore un être qui pense et qui veut ; d'où une autre sphère, et par conséquent un autre bien et une autre inclination. Ce n'est plus seulement le bien de la pierre, le bien du végétal ou de l'animal, mais le bien de l'être intelligent et libre.

Voilà donc un bien supérieur, objet d'une tendance plus haute. Or, quel est l'objet de la pensée? C'est la vérité : la vérité à chercher et à trouver, voilà le bien de l'esprit. Et quel est le bien de l'être volontaire et libre? C'est la justice ou l'ordre, qui seuls lui garantissent ses droits par l'observation de ses devoirs. Voici donc une nouvelle nature qu'il faut aussi satisfaire, la nature de l'être qui pense et qui réclame la vérité et la science; la nature de l'être qui veut, et qui a toutes les exigences de la liberté, de la justice et de l'amour.

Or, au milieu de ces inclinations contraires, de ces exigences diverses, que fera l'homme, et comment reconnaîtra-t-il ce que prescrit la loi naturelle, ou ce qui est conforme à sa vraie nature? Cela s'explique de soi-même par la manière dont il est constitué. Il est évident que par sa pensée et sa liberté, l'homme est plus que la pierre, plus que le végétal, plus que l'animal, qu'en lui l'instinct divin de la liberté, et l'instinct plus divin encore de la justice et de la charité, sont plus nobles que ceux de l'animalité, les appétits de la nourriture, de la reproduction et les liens charnels qui l'unissent aux êtres qu'il a mis au monde par la génération. Il y a donc en lui quelque chose qui domine le corps et tout ce qui en ressort; c'est sa nature spirituelle qui est au-dessus de sa nature organique, comme l'esprit est supérieur à la matière. Donc, tout en accordant à la partie inférieure ce qu'elle a droit d'exiger pour subsister, il faut, pour qu'elle reste dans l'ordre, la soumettre à la partie supérieure, ou autrement il faut que l'âme gouverne le corps, que l'intelligence et la liberté dirigent les instincts, et qu'ainsi la satisfaction ne soit donnée à l'animal que conformément à la nature de l'être raisonnable. Voilà comment s'explique la loi naturelle de l'homme, qui ne prescrit en définitive que ce qui est conforme à la nature spirituelle.

On l'appelle encore naturelle, parce qu'elle peut être connue par les lumières de la raison. J'expliquerai ce point dans le chapitre suivant qui traitera de la connaissance de la loi naturelle.

Nous avons montré qu'il existe une loi naturelle, et ce qu'elle est ; il faut maintenant expliquer pourquoi cette loi oblige, ou chercher la raison de sa force obligatoire. Il y en a deux raisons : la première c'est la nature même des choses qu'elle prescrit ou défend ; la seconde c'est l'autorité du législateur, ou l'empire qui lui est propre. Cette distinction est importante.

La loi naturelle ordonne ou interdit des choses qui sont conformes ou contraires à la nature des êtres raisonnables. Ces choses sont immuables, car elles sortent nécessairement, ici on peut le dire, de la nature même de l'être raisonnable. Elles ne peuvent donc être changées tant qu'on ne changera pas cette nature. C'est pourquoi la raison les reconnaît comme des vérités universelles et nécessaires. Il en va dans l'ordre pratique comme dans l'ordre spéculatif. Dans ce dernier il y a des principes qui président à toutes nos pensées, nos jugements, nos raisonnements, et dont nous ne pouvons pas dévier. Il y a des axiomes que nous sommes obligés d'adopter même sans pouvoir les expliquer. Nous sommes donc liés par des lois inexorables, les lois de la logique, que nous devons suivre fidèlement sous peine de mal raisonner. Il y a des principes universels, nécessaires, évidents par eux-mêmes, qu'il faut accepter comme les données indispensables de la science, et sans lesquels il est impossible de porter un seul juge-

ment, de construire un seul raisonnement. Il en est de
même dans l'ordre moral. Là aussi se trouvent des principes universels, évidents par eux-mêmes, des axiomes
de la moralité sans lesquels on ne peut agir moralement,
et si l'on refuse de les admettre, on devient immoral
dans la conduite, comme si l'on nie les principes spéculatifs, les axiomes de la science, on devient absurde
dans la pensée. Mais l'absurdité n'est pas de l'immoralité, et je puis être déraisonnable sans être ni coupable, ni criminel. Sans doute, ce qui n'est pas raisonnable est contraire au bon sens et inquiète plus ou
moins l'esprit; mais cette inquiétude n'est pas un
remords. Qui a jamais éprouvé de remords pour avoir
mal raisonné? On peut en avoir du regret, mais il n'y a
pas lieu au repentir.

Au contraire, si l'on a négligé un devoir, manqué à la
loi, ou commis une injustice, et qui n'a pas un jour ou
l'autre de pareilles fautes à se reprocher, il y a plus que
du regret. Ce n'est pas seulement du déplaisir qu'on
éprouve, parce qu'on est diminué à ses propres yeux
et devant les autres, c'est quelque chose de plus profond
qui agite et tourmente la conscience par le sentiment
du démérite, de la culpabilité et de la crainte. Il y a
donc là autre chose que des principes spéculatifs; car,
après tout, ces principes sont des abstractions : et
pourquoi voulez-vous que des axiomes mathématiques
agitent ma conscience et me fassent trembler? En
vérité ils me laissent parfaitement tranquille, quoique
je ne puisse les nier; car ils n'ont rien à faire ni avec la
morale ni avec ma conduite. Supposez qu'en morale, il
n'y ait que des apophthegmes, des sentences, des maximes; ils ne me troubleront pas plus que les principes
spéculatifs de la science ou les axiomes de la logique ; je

les laisserai pour ce qu'ils sont, et ma moralité ne s'en ressentira guère, ma conscience n'en sera nullement tourmentée. Il faut donc qu'il y ait autre chose pour reconnaître qu'une action est essentiellement bonne, ou essentiellement mauvaise, et surtout pour se sentir obligé de faire l'une et d'éviter l'autre. Si ce n'est qu'une spéculation, je n'ai pas besoin de m'en inquiéter, car je risque tout au plus de mal raisonner ou d'être absurde. C'est un mal sans doute, mais non un mal moral. Mon amour-propre, ma réputation peuvent en souffrir, mais non pas ma conscience. J'agirai donc comme il me plaira, ou plutôt je me laisserai aller sans scrupule, ou du moins sans remords, à l'entraînement des instincts et des passions.

Donc, avec le discernement rationnel du bien et du mal et de leur différence essentielle, il doit y avoir encore la conviction que le bien est commandé, et le mal défendu par une loi qui ne dépend ni de ma raison ni de ma volonté, et comme je ne puis pas admettre une loi sans un législateur, la croyance en la loi me conduit en définitive à reconnaître un supérieur, qui me l'a imposée avec autorité par un empire qui lui appartient, et qui me fait un devoir de l'observer, en sorte que si je l'accomplis, j'identifie ma volonté avec la sienne et je recueillerai avec lui les fruits du bien. Mais si je ne l'accomplis pas, en me mettant hors la loi, j'entre en guerre avec l'ordre établi et j'en subirai les conséquences, c'est-à-dire, une lutte incessante avec mon supérieur naturel, avec celui qui m'a créé, qui me conserve et qui n'a qu'à se retirer de moi pour m'anéantir ; et plus ma liberté se révoltera, plus elle s'agitera, s'épuisera dans ce combat inégal, plus elle accroîtra son tourment et son malheur.

4

Il y a donc là quelqu'un, et non pas seulement quelque chose. Les philosophes veulent toujours avoir affaire à quelque chose, et jamais à quelqu'un. Ils parlent beaucoup de la loi et de la raison, et rarement du législateur et du juge, comme les physiciens parlent de la nature et point de celui qui la gouverne. En effet, c'est plus commode, parce que de quelque chose on fait parfois peu de chose, et souvent rien. Mais quelqu'un c'est plus embarrassant; ne fût-ce que mon égal, il faut que je compte avec lui, tandis que je n'ai pas à m'embarrasser d'une généralité ou d'une abstraction. Mais si ce quelqu'un est mon supérieur, si c'est le Tout-Puissant, Dieu lui-même, tel que je suis obligé de le concevoir par l'idée même de l'Être infini, s'il m'impose une loi, il veut apparemment qu'elle soit observée, et il sera un jour mon juge. Alors c'est lui qui comptera avec moi, et si je puis espérer en sa miséricorde, je dois aussi trembler devant sa justice.

Dans l'ordre moral, il y a donc plus qu'une théorie, il y a une conscience. Il y a non-seulement un jugement de la raison qui affirme que telle action est essentiellement bonne ou mauvaise, mais encore une voix qui proclame que je dois faire le bien et fuir le mal, accomplir la justice, respecter les droits de mon prochain, tenir ma parole quand je l'ai engagée. Et pourquoi? Est-ce à cause de ma dignité? Est-ce parce que je me suis imposé cette obligation à moi-même? La passion s'inquiète peu de la dignité, et ce qu'on s'est imposé on peut toujours le déposer. Il y a donc quelqu'un qui me prescrit mes devoirs; son autorité m'oblige à les remplir, et sa puissance, à laquelle je ne puis échapper, est la sanction de son autorité; c'est celui qui m'a créé et dont je dépends nécessairement pour être et pour exister. Son regard pénètre au fond de mon cœur et scrute les plus secrètes pensées de mon esprit, les derniers replis de mon âme, les mouvements les plus intimes de ma volonté, et c'est pourquoi il est le seul juge véritable, comme il est l'unique législateur, comme il est vraiment le seul roi, le seul maître et le seul père.

Analysons tout ce qui est nécessaire pour constituer l'obligation morale de la loi naturelle. Il faut d'abord que la raison discerne que telle action est conforme à la nature de l'homme ou lui est contraire. Mais cela ne suffit pas pour imposer l'obligation. Ce n'est qu'une vue préliminaire. Il faut que je reconnaisse encore que cette action m'est prescrite ou défendue par une loi, que cette loi dérive d'un plus puissant que moi ou d'un supérieur, qui, en me l'imposant, m'a donné l'intelligence pour la connaître et la liberté pour l'accomplir ; par conséquent ma liberté et ma raison engagent ma responsabilité vis-à-vis de la loi et du législateur. Donc, je dois rendre compte de ce pouvoir que j'ai reçu, et ainsi, je serai nécessairement jugé en raison de ce que j'aurai fait et de ce que j'aurais pu faire. Si j'ai violé la loi, j'en porterai la peine ; si je l'ai suivie, j'en aurai le mérite et la récompense. En d'autres termes, si j'accomplis la loi, je suis avec la loi, je vis dans l'ordre de la Providence, dans le vrai, et par conséquent, dans le bien ; si, au contraire, je m'oppose à la volonté divine par l'infraction de la loi, je deviens l'ennemi de Dieu. Je vis donc dans le désordre, et tout désordre mène à la mort. J'entre donc dans une voie de guerre, de douleur, de mort. Je récolte ce que j'ai semé ; car je suis puni par où j'ai péché, je trouve ma récompense dans le bien que j'ai fait, et toujours c'est ma propre liberté qui devient l'instrument de mon bonheur ou de mon supplice.

Dans tout cela, il n'y a rien d'arbitraire. Chacun sera traité en raison de ses œuvres ; il sera jugé, récompensé ou puni par les conséquences mêmes de ses actes qui reflueront un jour, avec tout le bien et le mal qu'elles auront produit, sur la volonté qui les a faits. La notion de l'arbitraire et du caprice est inconciliable avec l'idée de Dieu, qui est la raison suprême et la souveraine justice. Nous faisons nous-mêmes notre destinée, et déjà dans ce monde, si vous savez suivre les causes dans les effets, et que vous ayez la patience d'attendre, vous reconnaîtrez après maintes épreuves, que le crime y est toujours puni un jour ou l'autre, et qu'il est puni par lui-même et par où il a péché.

Voilà ce que nous apprend l'analyse de l'obligation morale imposée par la loi naturelle. Le spectacle de la nature nous donne le même enseignement sous une autre forme. Vous ne pouvez pas regarder le monde, considérer les choses qui vous entourent, sans que, en vertu du principe de causalité, qui est un des fondements de la raison, vous ne reconnaissiez aussitôt qu'il y a un auteur de toutes ces œuvres, et ainsi la seule contemplation de la nature démontre et proclame l'existence de Dieu. « Cœli enarrant gloriam Dei. » Car ne pouvant expliquer les existences par elles-mêmes, il faut recourir à un être supérieur qui les a faites.

De même dans le seul fait de l'obligation, et c'est la base de la morale, il y a une démonstration de l'existence de Dieu, et aussi une démonstration de l'ordre moral. Car cette obligation n'est pas une fatalité. Elle s'impose avec une loi que nous avons le pouvoir d'observer ou de violer. La loi n'est obligatoire pour nous qu'en vertu d'une autorité qui n'est pas la nôtre, et par conséquent elle proclame l'être supérieur dont elle dérive. En outre, nous ne reconnaissons l'obligation morale que si nous nous connaissons nous-mêmes comme êtres raisonnables. C'est pourquoi la loi n'oblige que les êtres qui se connaissent, qui ont la conscience d'eux-mêmes, et l'homme ne devient responsable que quand il arrive à la conscience de sa personne et à la connaissance de sa nature. L'enfant sans raison n'a pas encore de devoirs et l'insensé n'en a plus.

En résumé, la force obligatoire de la loi naturelle s'applique de deux manières, d'un côté par le discernement de la raison qui juge ce qui convient ou ne convient pas à la nature humaine, et cela est insuffisant pour obliger moralement; de l'autre par la croyance en celui qui impose la loi par l'autorité de sa volonté, par la crainte de sa puissance, et qui demandera compte de tout ce qui aura été fait pour ou contre la loi. Là est la raison dernière, ou le principe efficient de l'obligation morale.

CHAPITRE IV

OBJET DE LA LOI NATURELLE.

Objet de la loi naturelle. — Comment connaît-on la loi naturelle ? — Peut-on ignorer la loi naturelle ? — La loi naturelle peut-elle s'effacer du cœur de l'homme, dans les individus comme chez les peuples.

Nous avons dit qu'il y a une loi naturelle, ce qu'elle est, et comment elle oblige. Nous avons prouvé son existence par l'autorité, et par l'observation psychologique et historique, puis nous avons montré que la loi naturelle est la raison dictant à l'homme ce qu'il doit faire ou ne pas faire d'après une autorité supérieure. Enfin nous avons montré qu'elle oblige à deux titres : d'abord par la nature même des choses qu'elle ordonne et qu'elle défend, par la nature immuable, irréductible du bien et du mal, puis par l'autorité de celui qui a posé la loi, du législateur suprême. Ces deux titres se fortifient l'un l'autre ; le premier seul serait insuffisant, il ne vaudrait que pour la spéculation, et la spéculation n'oblige pas à la pratique. Le second au contraire donne à la loi sa vertu obligatoire, parce qu'il la revêt de la sanction supérieure dont elle a absolument besoin pour s'imposer. Il me reste maintenant, pour achever ce qui concerne la loi naturelle, à dire d'abord quel est son objet, sa matière prochaine, comme disent les théologiens, puis comment elle est connue, si elle peut être invinciblement et totalement ignorée, et enfin si l'on peut y déroger, ou en dispenser.

Quel est l'objet de la loi naturelle, c'est-à-dire sur quoi porte la loi naturelle? qu'est-ce qu'elle défend, qu'est-ce qu'elle ordonne ?

La loi naturelle a plusieurs objets, l'un qui comprend les principes de la moralité, et qu'on appelle objet primaire; l'autre qui se rapporte aux conséquences soit immédiates, soit plus éloignées qui sortent des principes : c'est l'objet secondaire.

Tout exercice de la raison suppose des données que nous ne faisons pas, que nous ne démontrons pas, et que nous ne pouvons contester. Ce sont les éléments mêmes du sens commun, et c'est avec ces données que nous raisonnons. Si elles venaient à nous manquer, tout raisonnement deviendrait impossible. Car le raisonnement consiste essentiellement à faire sortir une chose d'une autre; donc il faut avoir cette première chose pour en faire sortir l'autre. De là la nécessité de premiers principes, postulées indispensables sans lesquelles la raison ne peut rien faire, et qui sont indémontrables, vu que pour les démontrer, il faudrait avoir recours à d'autres principes, lesquels à leur tour devraient s'appuyer sur d'autres et ainsi indéfiniment.

Il en est de la morale comme de la science. Là aussi il y a des principes premiers, évidents par eux-mêmes, et qui sortent de la conscience naturelle que nous avons du bien et du mal. Ainsi c'est un principe évident par lui-même qu'il faut faire le bien et éviter le mal. Mais qu'est-ce qui est bien, qu'est-ce qui est mal? c'est une autre question. Ici la raison peut s'exercer et donner des explications, des définitions plus ou moins vraies ; mais quels que soient les hommes auxquels vous parlez, fût-ce même les plus grands criminels, vous pouvez toujours leur dire : il faut faire le bien et éviter le mal.

Sans doute il en est beaucoup qui placeront le bien dans le mal ; il en est même qui trouveront du mal dans le bien ; mais l'erreur dans l'appréciation des choses n'infirme pas les principes.

Uu autre principe évident, parce qu'il n'est qu'une expression du bon sens et de la justice, est ce précepte : il ne faut pas faire à autrui ce que vous ne voulez pas qu'on vous fasse. Cette proposition est évidente, dès que vous êtes capable de la concevoir, et la conscience ne vous oblige de l'observer que si vous en comprenez les termes. Aussi l'enfant qui n'a pas conscience de lui, et ne connaît pas encore son existence, la sentant simplement, et agissant instinctivement en raison des appétits ou des désirs qui le poussent, l'enfant à ce degré agit comme il lui plaît, ou comme il peut ; il se laisse aller à l'impulsion de ses instincts. N'étant pas capable de raisonner, ni d'appliquer sa raison, il ne connaîtra pas, il n'observera pas la loi. Mais aussitôt qu'il aura conscience de lui-même et se verra en face de son semblable, si vous lui proposez cette maxime : ne faites pas à autrui ce que vous ne voudriez pas qu'on vous fît, il l'admettra. Reste ensuite l'application. L'application, c'est le champ des passions, des intérêts, des mauvaises volontés ; mais quant à la conscience, elle ne peut pas ne pas admettre le principe.

Il en est de même de cette proposition : Il faut honorer Dieu, il faut rendre un culte à l'Être suprême. Assurément, celui qui ne connaît pas Dieu est incapable de comprendre qu'il faille lui rendre un culte. Mais dès qu'on le connaît, qu'on en a l'idée, qu'on le conçoit comme l'auteur du monde, le créateur des êtres et en particulier de l'homme, du rapport même qui s'établit par la raison entre Dieu notre créateur et nous, sort cette vérité qu'il faut l'honorer par un culte, ou qu'il y a des devoirs à remplir à son égard, comme envers tous ceux dont nous recevons quelque chose.

Autre principe : Il faut honorer ses parents ; tes pères et mères honoreras. Ce principe est évident et universel ; car aussitôt que l'enfant a l'intelligence des rapports qui l'unissent à ses parents, ou le sentiment filial, il ne peut pas ne pas admettre les devoirs qui en découlent.

Il faut tenir sa parole quand une fois on l'a donnée ; autre proposition évidente. La parole une fois donnée engage par cela même qu'on a promis ; on a concédé un droit à un autre, la justice exige qu'on le respecte.

Je pourrais encore en citer plusieurs autres. Mais en voilà assez pour faire comprendre ce que sont les premiers principes de la moralité, qu'on retrouve partout, parce qu'ils sont universels, et que tous les hommes, dès qu'ils ont la conscience de leur humanité, la conscience d'eux-mêmes, ne peuvent pas récuser, au moins en spéculation ; car dans la pratique, c'est autre chose.

Le second objet de la loi naturelle comprend les conséquences prochaines, ou celles qui sortent immédiatement des premiers principes. Les conséquences prochaines participent jusqu'à un certain point à l'évidence des premiers principes, mais elles ne sont pas toujours évidentes par elles-mêmes. Il faut pour les comprendre un certain exercice de raisonnement, par conséquent la manière de les entendre dépend de l'intelligence, de l'instruction, de l'éducation des individus, de leurs préjugés, de leurs habitudes, et ici il y a lieu à divergence. Par exemple, nous disions tout à l'heure : c'est un premier principe qu'il faut honorer Dieu, quand on le reconnaît comme Dieu. Mais n'y a-t-il qu'un seul Dieu, et quel culte faut-il lui rendre? Le polythéisme a régné bien longtemps dans le monde et il existe encore chez de grandes nations. Donc, puisque des peuples entiers se sont livrés pendant tant de siècles aux superstitions de l'idolâtrie, il ne faut pas croire qu'il soit si facile de reconnaître l'unité de Dieu, et de ne rendre hommage qu'au Dieu unique. Cela est si peu facile que, quoique dès l'origine, nous le savons par les annales sacrées, Dieu se soit révélé aux hommes et leur ait dit la manière dont il voulait être adoré, cependant nous voyons les peuples primitifs retourner à l'idolâtrie, se précipiter dans les superstitions, en abandonnant peu à peu la vérité des oracles divins ou la tradition, et quand ils ont une fois méconnu cette vérité première, qui est la source de toutes les autres, se livrer, comme dit l'apôtre, aux mauvaises passions de leur cœur, et tomber dans l'ignominie et la dégradation. Il est si peu facile de reconnaître l'unité de Dieu, ou d'en conserver l'idée, que même, quand Dieu s'est choisi un peuple auquel il a imposé sa loi de la manière la plus positive et la plus rigoureuse, après qu'il a pris la peine de se définir lui-même; Je suis celui qui suis; vous n'aurez pas d'autre Dieu devant moi; vous ne vous ferez aucun Dieu de ce qui rampe sur la terre, ni de ce qui vole dans les airs, ni de ce qui nage dans les eaux; malgré cette révélation si claire, malgré cette défense si positive, malgré la menace des plus terribles châtiments et les promesses de récompenses magnifiques, on voit toujours le peuple juif tendre à la superstition, à l'idolâtrie, au polythéisme, et s'exposer aux vengeances du Dieu qui a daigné l'instruire lui-même et le gouverner.

L'exemple des Israélites, instruits et conduits si providentiellement, et cependaut toujours prêts à se jeter dans l'erreur, fait comprendre les superstitions et les égarements des peuples païens en ce qui concerne le culte divin. On peut tout attendre des autres peuples, quand on voit l'aveuglement du peuple divin et son entraînement continuel vers les idoles. Et chose remarquable! ce n'est pas seulement la masse de la nation, la populace, c'est-à-dire les ignorants et les pauvres qui sont dominés par les folies du polythéisme, c'est encore les hommes les plus distingués par la science, par le génie; c'est un Socrate, un Platon, un Aristote. Socrate avant de mourir de cette belle mort qui l'a immortalisé plus que sa vie, parce qu'elle était un sacrifice aux lois de son pays, Socrate au milieu des angoisses de ses derniers moments, et déjà glacé par la ciguë, trouve encore un souvenir et une parole pour recommander de sacrifier un coq à Esculape. Est-ce un dernier démenti qu'il jette en mourant à ceux qui l'ont accusé de nier les dieux et la religion de son pays? Est-ce une dernière protestation contre sa condamnation pour cause d'athéisme? Il faut bien le croire; car on ne peut soupçonner la sincérité de Socrate, surtout à ses derniers moments. Mais alors ne s'ensuit-il pas que le plus sage des hommes, au dire de l'oracle de Delphes, le philosophe le plus célèbre de la Grèce, qui avait employé toute sa vie à enseigner la vérité et à confondre les sophistes, est resté attaché jusqu'au bout aux superstitions de l'idolâtrie.

On ne peut donc pas dire que le culte à rendre à un seul Dieu soit une chose évidente par elle-même. C'est un corollaire qui, l'histoire du monde nous l'apprend, n'a pas été tiré par tous les hommes.

Quand nous disons : Ne faites pas à autrui ce que vous ne voudriez pas qu'on vous fît; la proposition est évidente. Mais si nous disons : il ne faut pas voler; cela n'est déjà plus si clair, et, en effet, il y a bien des gens qui ne s'en font pas faute, d'une manière ou de l'autre. Pourquoi cette seconde proposition n'est-elle pas un principe immédiat ? parce que le vol suppose la notion de la propriété, laquelle n'est pas évidente par elle-même et demande une explication. On a cherché à l'éclaircir dans ces derniers temps et on l'a plutôt embrouillée, obscurcie. Cependant, malgré toutes ces tentatives plus ou moins désintéressées, l'idée de la propriété est restée inébranlable, elle a vaincu ses ennemis. Elle a subsisté, parce qu'elle est la base de la société, de la constitution politique; car une société ne peut pas plus vivre sans une propriété qui lui serve de point d'appui, que nos maisons et nos villes sans un terrain où elles soient assises. Mais la propriété est si peu un premier principe, qu'il y a encore aujourd'hui des théologiens pour soutenir qu'elle n'est pas de droit naturel. Ce qui est de droit naturel, selon eux, c'est la communauté de toutes choses. Or, le vol étant la violation de la propriété, pour comprendre le précepte contre le vol, il faut comprendre la propriété, et, pour cela, une instruction préalable est nécessaire.

On trouve chez les anciens philosophes cette maxime, vraie au fond, et dont la plupart font la base de leur doctrine : Il faut vivre conformément à la nature. Or cette règle n'est pas un premier principe, parce que, pour la comprendre et l'appliquer, il est nécessaire de savoir ce que c'est que la nature. Si l'homme ne connaît pas sa nature, comment pouvez-vous lui imposer la condition d'y conformer sa vie ? Il faut commencer par l'instruire, et si vous vous trompez dans l'appréciation de la nature humaine, vous risquez de l'entretenir dans l'erreur, dans l'immoralité et dans le malheur. Un philosophe matérialiste, qui ne voit dans l'homme que l'animalité, enseignera que vivre conformément à la nature c'est vivre comme l'animal, c'est-à-dire sans moralité. Au contraire, si on n'y voit qu'un esprit, comme Platon qui regarde le corps comme un accident, comme une prison, on soutiendra que vivre conformément à la nature, c'est vivre exclusivement par l'esprit, par l'âme, par la raison, et on en tirera des conséquences exagérées, qui mèneront à un spiritualisme outré, impraticable, parce qu'il n'est pas en rapport avec la constitution mixte de l'homme, composé d'une âme et d'un corps. Sans doute, la subordination du corps à l'âme est nécessaire; mais le corps a aussi ses droits; car il fait partie intégrante de l'humanité, et partie tellement intégrante que, suivant le dogme chrétien, au jour de la consommation des choses la réintégration de l'homme ne sera complète que par la réunion de l'âme et du corps, que la mort avait momentanément séparés.

Il en est de même de cette maxime : Il faut vivre avec tempérance. La maxime est vraie; car la tempérance est une vertu qui préserve de bien des maux et de beaucoup de vices. Mais elle n'est pas évidente par elle-même. Car qu'est-ce que la tempérance ? En quoi consiste-t-elle? Pourquoi faut-il être tempérant? Cela suppose qu'on connaît les rapports exacts de l'âme et du corps; que le corps ne doit avoir de satisfaction que dans une certaine mesure, avec certaines limites, et c'est justement dans la pondération des satisfactions de l'âme et du corps, dans la fixation de ces limites que consiste la tempérance. A coup sûr, il faut déjà savoir beaucoup de choses pour comprendre cette vérité.

5

Mais les conséquences éloignées des premiers principes nous présentent d'autres difficultés. Car à mesure qu'elles s'éloignent des propositions évidentes,
elles deviennent moins claires et, par conséquent, pour
les bien concevoir, il faut un plus grand travail de
raisonnement, donc plus d'instruction, une éducation
plus avancée, et enfin leur appréciation dépend des
passions, des intérêts, des préjugés, de toutes sortes de
choses qui peuvent obscurcir la raison humaine, et la
faire dévier de la droite ligne. Ainsi, par exemple,
dans la question de l'esclavage, il y a de très-fortes
raisons *pour* et *contre*. Aujourd'hui même, avec toutes
nos lumières, bien que le progrès de la civilisation et
surtout l'influence chrétienne tendent à le détruire,
en droit, on n'ose affirmer qu'il soit contraire à la loi
naturelle. Car par l'esclavage il ne faut pas entendre
l'aliénation de sa conscience, de sa pensée, de sa
volonté. On ne peut renoncer ni à sa conscience, ni à sa
pensée, ni à sa volonté proprement dite. Quel que soit
l'homme qui pèse sur moi par la force, en dépit de sa
puissance, de sa tyrannie, il lui est impossible de pénétrer dans mon for intérieur, et là je me rirai toujours
de lui et de ses violences. L'esclavage consiste en
ceci : qu'un homme puisse louer, sa vie durant, son
travail et ses forces à la condition d'être nourri, vêtu,
abrité, etc., etc. C'est un contrat de louage comme un
autre, et ici les jurisconsultes peuvent discuter longuement et trouver des raisons contradictoires. On ne peut
pas louer sa conscience, bien qu'on puisse la vendre
quelquefois, mais dans un autre sens. On ne peut pas
louer sa pensée, mais on peut louer ses bras, ses forces,
son temps, et la preuve, c'est que ces contrats se font
journellement; c'est qu'il y a dans toute société des

hommes pauvres qui vivent du louage de leur travail et qui vivent ainsi toute leur vie. C'est que par les lois mêmes de la société et pour sa conservation, il faut bien qu'à un certain âge, on engage son existence pendant plusieurs années à la défense du pays, la soumettant à la discipline la plus rigoureuse, au point qu'à la moindre réquisition de l'autorité il faut marcher comme un esclave, plus qu'un esclave; car la condition de l'esclavage est la conservation de la vie et il n'est pas obligé de se vouer à la mort pour son maître. Mais le soldat, si son capitaine, si son caporal lui dit d'aller là, il faut qu'il y aille, de rester là, il faut qu'il y reste, même en face de la mort! Ces questions ne sont rien moins que claires, parce qu'elles sont des conséquences plus ou moins éloignées des premiers principes de la morale naturelle, et c'est pourquoi il faut beaucoup de travail et de réflexion pour les éclaircir et les résoudre.

J'en dirai autant de la question de l'hérédité. Rien de plus naturel, ce semble, que d'hériter de ses parents, et cependant la question est controversée. Il y a des jurisconsultes pour soutenir que l'héritage n'est pas de droit naturel, qu'il est même une injustice, et dans ces derniers temps où la propriété a été attaquée, l'héritage ne l'était pas moins et par des arguments spécieux. Car, disait-on, l'héritage ou le testament ne vaut, ou ne donne droit, qu'après la mort des parents ou du testateur. Or la mort, en séparant ceux-ci des choses de ce monde, leur a ôté la propriété. Comment donc peuvent-ils donner ou léguer ce qu'ils ne possèdent plus et transmettre un droit qu'ils ont perdu? Comment une volonté enlevée à la terre peut-elle continuer à exercer des droits là où elle ne peut plus agir? Les morts n'ont de droit ici-bas qu'à notre reconnaissance et à nos respects. Cette raison, que je ne soutiens pas, a cependant sa force. D'autres ont dit : puisque les enfants sortent physiquement de leurs parents, ce qui sert à alimenter l'existence doit suivre l'existence, comme l'accessoire suit le principal, et si les parents par leur travail ont acquis une certaine fortune, il est juste qu'elle aille aux premiers objets de leur tendresse, plutôt qu'à des étrangers? C'est une très-bonne raison, mais elle prouve aussi notre thèse, que l'héritage n'est pas de droit naturel. Ce qui est de droit naturel, c'est que les parents doivent nourrir et élever les enfants qu'ils ont mis au monde, comme à leur tour, quand les parents sont affaiblis par l'âge et ne peuvent plus suffire à leur existence, les enfants doivent les alimenter et les soutenir. Quant à l'hérédité, elle est une conséquence plus ou moins éloignée de la loi de nature, toujours plus ou moins controversable, et c'est pourquoi elle a besoin d'être décrétée et confirmée par la loi civile.

Une preuve de la difficulté et de l'obscurité de la loi naturelle dans ses conséquences éloignées, c'est la question qui a été agitée entre deux grands hommes, qui sont aussi deux grands saints, saint Thomas d'Aquin et saint Bonaventure. Ils sont remarquables tous les deux par leur haute intelligence autant que par leur vertu, et l'on peut suivre l'un ou l'autre avec confiance. Cependant l'un a soutenu qu'un juge, personnellement convaincu de l'innocence d'un accusé, pouvait, néanmoins, par suite de la procédure, des plaidoiries, et de tous les moyens de droit, le condamner sans manquer à sa conscience, ni commettre une injustice.

J'avoue pencher pour l'opinion contraire, qui a été soutenue par saint Bonaventure. Quoi qu'il en soit, c'est une question qui a été agitée longtemps dans les écoles et qui est restée indécise. Nous en conclurons, au moins, qu'il ne faut pas trancher facilement en ces sortes de choses, et que la loi naturelle dans ses conséquences extrêmes reste souvent très-obscure.

Autre question souvent débattue aussi dans les écoles : Le mensonge est défendu par la loi naturelle. Les uns affirment qu'en aucun cas et pour quelque motif que ce soit, on ne doit pas mentir. D'autres soutiennent qu'un mensonge officieux qui pourrait préserver d'un grand mal ou amener un grand bien, comme de sauver un innocent ou de préserver un homme de la mort, n'est pas coupable. Qu'est-ce qui décidera ? Je crois, qu'en effet, le mensonge est toujours défendu, et qu'en aucun cas et sous aucun prétexte il ne faut mentir. Mais tout en reconnaissant cette vérité spéculativement, j'avoue que si dans la pratique il ne fallait qu'un léger mensonge pour sauver un innocent, je serais tenté de le faire et je crois bien que je succomberais à la tentation. La faute que je pourrais commettre dans ce cas en altérant la vérité, ce qui est toujours un mal, me paraîtrait excusable, sinon justifiable, par l'importance du résultat, bien qu'il soit vrai d'un autre côté que la fin ne justifie pas les moyens, et qu'on ne doit pas faire un mal pour obtenir un bien. Cette question est donc controversable dans la théorie, et embarrassante dans la pratique.

Autre question : Le suicide est défendu par la loi naturelle. L'homme ne doit pas s'ôter la vie parce qu'il ne se l'est pas donnée, et qu'il n'est pas maître de sa destinée. Mais il y a des cas où l'on ne peut presque pas vivre sans déshonneur, la vie devenant insupportable par la honte qu'elle traîne avec elle, soit l'exemple de Lucrèce ou celui de la veuve du Malabar. Est-il permis dans ce cas de se tuer pour sauver son honneur

qu'on estime plus que sa vie? Non, en principe. On
ne peut approuver le suicide en aucun cas. Néanmoins,
qui oserait condamner, et même qui n'admirerait pas
une femme qui se précipiterait par la fenêtre, ou s'en-
foncerait un poignard dans le sein pour échapper à
la violence ou au déshonneur? Ce serait cependant un
suicide. On dit qu'une vierge d'Alexandrie, convaincue
d'être chrétienne, et condamnée au feu parce qu'elle
se glorifiait de sa foi, était si avide du martyre, qu'ar-
rivée devant le bûcher elle s'y précipita d'elle-même.
On pourrait dire sans doute qu'elle eût mieux fait d'attendre, parce qu'elle commettait une sorte de suicide,
et que d'ailleurs ce qu'elle désirait si ardemment ne
pouvait lui manquer. Mais, d'un autre côté, comment ne
pas rendre hommage à cette ardeur, à cet élan de la
foi, qui emporte cette jeune fille au-dessus des craintes
si vives de la nature, et la pousse au milieu des flammes
pour hâter son sacrifice et son bonheur?

Vient maintenant la seconde question : comment reconnaître la loi naturelle? Ici il y a encore bien des dé-
bats, bien des obscurités. Cependant la doctrine générale
de l'Église est constante et elle a été définie plusieurs
fois d'une manière positive. Mais derrière ces définitions il y a encore des difficultés, qui ont donné lieu à
des controverses.

Comment connaît-on la loi naturelle? Nous répondons avec presque tous les théologiens : on connaît
la loi naturelle par la raison, et c'est pourquoi cette
loi est appelée la loi de nature. Oui, mais la raison
ne peut connaître la loi qu'autant qu'elle est suffisamment développée, et ainsi la première question en
amène une autre plus difficile : comment se développe
la raison naturelle? qu'est-ce qui l'instruit et la forme?

quelle est l'origine de l'éducation de la raison ? quel est son premier pédagogue, et comment l'homme apprend-il originairement à penser ? Ici vient le débat entre la raison et la tradition, entre cette doctrine qu'on appelle le traditionnalisme, et l'enseignement le plus ordinaire des écoles. Non pas que je veuille signaler en ce moment la tentative qui a été faite, il n'y a pas longtemps, par un homme d'esprit et de savoir pour raviver cette opinion. La philosophie traditionnaliste est très-ancienne et on l'a enseignée dans tous les siècles. La question est celle-ci : quel rapport y a-t-il entre la raison et la tradition ? Il est évident, et l'Église l'a toujours proclamé, en se fondant sur l'autorité de saint Paul, que la raison peut nous faire connaître la loi naturelle, d'après ces paroles de l'apôtre citées précédemment : « Que ceux qui n'ont pas la loi écrite, connaissent par leur conscience ce qu'il faut faire et ce qu'il ne faut pas faire, et ainsi se tiennent lieu de loi à eux-mêmes. » Mais à cela on a répondu que la raison, en effet, quand elle est développée, instruite, civilisée, peut reconnaître la loi naturelle, mais qu'il s'agit de savoir comment elle se développe dans l'origine, comment elle se forme, comment elle s'instruit, et alors on a montré la tradition, s'appuyant sur les révélations primitives, comme le pédagogue de la raison, en sorte que celle-ci ne peut arriver à son développement, à l'exercice de sa puissance, à son état normal que par le secours de la tradition. Là, en effet, est le véritable problème ; là est le nœud de la difficulté et du débat. Mais, il faut l'avouer, cette controverse, très-épineuse en théorie, est stérile pour la pratique. Les documents nous manquent pour connaître l'éducation première de la raison humaine, les conditions de son développement primitif, la manière dont elle a été instruite, formée dans l'origine, et quand on vient dire : la raison suffisamment développée peut faire cela, on peut toujours répliquer : mais qu'est-ce qui l'a développée, sinon la tradition ; et alors on rentre dans la difficulté. En ces graves questions il ne faut pas trancher légérement. Car souvent derrière des solutions qui paraissent claires et qui sont acceptées par la multitude, il y a pour les théologiens et les philosophes des points obscurs à éclaircir et bien des nuages à dissiper.

L'origine du langage est une difficulté du même genre. On dit : la raison est la faculté de penser, et l'on ne peut penser sans signes. Les signes du langage ne sont pas seulement les moyens de communiquer sa pensée, ils sont encore les éléments, les instruments nécessaires pour la former. Donc pour exercer sa raison, il faut une langue et pour faire une langue il faut la raison. Rousseau, auquel on ne peut refuser un esprit pénétrant, après avoir agité cette question, en désespère et s'écrie : en vérité il aurait fallu une langue pour créer la langue, c'est-à-dire qu'il renonce à résoudre le problème.

Vient maintenant cette question : Peut-on ignorer la loi naturelle ? Peut-on l'ignorer complétement, et d'une manière invincible? Nous répondrons : non, quant aux premiers principes. Il est impossible d'ignorer entièrement les premiers principes de la loi naturelle, parce qu'ils sont évidents par eux-mêmes et qu'ainsi, dès que l'homme arrive à l'exercice de sa raison, il appréhende les premiers principes de la loi de nature dans la pratique de la vie, comme il aperçoit les premiers principes de la logique, quand il se met à raisonner. Mais les conséquences, soit prochaines, soit éloignées, peut-on les ignorer assez pour être excusé et ne pas pécher quand on ne les observe pas? Peut-il y avoir dans ce cas une ignorance invincible? Oui, mais il faudrait discuter les cas, et ici nous ne faisons point de casuistique. Nous disons avec les théologiens qu'il ne peut y avoir d'ignorance invincible en ce qui concerne les premiers principes de la morale, ou la loi naturelle considérée dans sa généralité. Mais il peut y avoir ignorance invincible à l'égard de certaines conséquences, et la preuve, c'est que plusieurs sont très-controversées, qu'il y a des docteurs très-savants d'un côté et de l'autre. Si les théologiens les plus profonds ne sont pas d'accord, à plus forte raison des hommes peu instruits ou qui ne sont pas versés dans la matière.

La loi naturelle peut-elle s'effacer du cœur de l'homme? Non, sans doute, car les premiers principes sont inhérents à la conscience elle-même. L'homme le plus criminel, livré aux plus graves désordres, qui aura commis les forfaits les plus abominables, a toujours eu spéculativement, abstractivement, la notion des premiers principes du droit naturel, et dans sa plus grande perversion ils ne sont pas effacés complétement de son cœur. Mais il faut reconnaître que dans l'application ou la pratique la passion voile souvent les principes les plus évidents du droit naturel, et qu'alors les dictées de la conscience ne sont plus entendues. Il en est ainsi chez les individus comme chez les peuples. Quoi de plus contraire au droit naturel que de tuer son semblable? L'homicide, hors le cas de légitime défense, nous paraît une chose monstrueuse. Cependant vous voyez tous les jours des hommes, emportés par la fureur, ou aveuglés par la jalousie, enfoncer le poignard dans le cœur de ceux qu'ils haïssent. Il n'est pas douteux qu'en spéculation les assassins ne sachent très-bien qu'il n'est pas permis de

tuer son semblable, et, cependant, la passion obscurcit
tellement la conscience qu'ils ne comprennent plus ce
qui est bien ou mal, et ne sentent que le désir ou le
plaisir de se venger. Voilà où conduit l'habitude du
désordre et le dérèglement des mœurs, à la perversion,
à la dégradation de la nature humaine. L'homme s'a-
brutit par la satisfaction immodérée des appétits du
corps et des instincts charnels, par les excès de la nourriture, de l'ivrognerie, de l'impudicité qui l'animalisent
peu à peu et rendent son âme esclave et jouet de son
corps. Alors, comme la bête, il est entraîné par l'instinct, emporté par la convoitise ou la colère; sa raison
obscurcie est à peine capable de voir la loi, encore
moins ses conséquences, et sa liberté, qui existe toujours
en puissance, est comme garrottée ou paralysée par la
concupiscence.

Que sera-ce donc du parricide? Conçoit-on qu'un
fils tue son père et surtout sa mère? Il faut bien le concevoir cependant, puisqu'on en voit d'épouvantables
exemples. Les animaux ne connaissent plus leurs parents quand ils n'ont plus besoin d'eux; de même
quand l'homme leur devient semblable, il ne connaît
plus ni père ni mère. Alors s'ils le gênent ou ne le
servent plus dans l'assouvissement de ses passions
grossières, il ne voit plus en eux qu'un obstacle à
détruire, et il lève son bras sacrilége. Voilà un cas,
où la loi naturelle, si vivace dans les liens du sang,
est méconnue et foulée aux pieds. Aussi ces grands
coupables sont appelés des êtres dénaturés ou des
monstres.

La loi naturelle ordonne d'honorer Dieu, de lui
rendre un hommage, un culte; car il est notre-créa-
teur, donc notre maître, et plus encore, notre père.

Or, si nous devons beaucoup à nos parents, ne de-
vons-nous pas davantage à Dieu ? Qu'est-ce donc que
l'irréligion ? ce qu'il y a de plus dénaturé au monde ; et
si nous regardons comme un monstre un fils qui tue
son père, qui porte la main sur sa mère, qu'est-ce que
celui qui blasphème Dieu, qui renie Dieu, et quel nom
lui donner ? Et cependant on s'habitue aux blasphèmes,
à ces impiétés ricaneuses et prétendues spirituelles, on
s'en fait parfois une gloire et l'on ne sait pas que c'est
la plus grande honte, celle de l'ignorance ou de l'ingratitude. Que celui qui a le malheur de ne pas croire ne
se moque pas et reste au moins dans le respect de ce
qu'il ne comprend point. Là plus qu'ailleurs dans le
doute il faut s'abstenir. Autrement on viole la loi naturelle dans ce qu'elle a de plus grave ; on se rend aussi
coupable d'une sorte de parricide. Car peut-être, sans
le savoir, on tue Dieu dans les âmes. Si vous ne parve-
nez pas à connaître Dieu, à l'aimer, à l'honorer, dites-
vous que votre intelligence peut être obscurcie, votre
conscience faussée, ou plutôt descendez sincèrement au
fond de votre âme, et vous verrez qu'il y a là un motif
secret pour ne pas le reconnaître ou ne point l'écouter.
Sa voix vous est importune, parce que vous êtes dans le
désordre, et vous niez le législateur pour vous débarrasser de la loi. Si vous viviez dans l'ordre et dans la
paix de la conscience, vous ne nieriez pas l'une des
premières dictées de la loi naturelle.

J'irai plus loin ; et pour faire comprendre toute ma
pensée, j'emploierai une comparaison. Que dirait-on
d'un enfant qui resterait indifférent vis-à-vis de ses parents, de sa mère surtout, insensible à ses prévenances,
à ses caresses, à toutes les marques de sa tendresse, ou
n'y répondant que par des dédains et des duretés ? On

dirait que c'est un fils dénaturé. Eh bien, voilà ce qu'est l'indifférence religieuse! Quand on y réfléchit, on ne comprend pas comment il y a des hommes qui vivent complétement sans Dieu, sans rapport avec Dieu, sans aucune communication avec le ciel, n'y songeant jamais ni pour l'invoquer au milieu de tant de besoins et de périls, ni pour le remercier des bienfaits dont ils sont comblés. Ce sont aussi des enfants dénaturés, car on ne peut arriver là qu'en se mettant en dehors de la loi de nature. Sans doute cela est moins grave que de renier Dieu, de le blasphémer, de se révolter contre l'auteur de son être, de se mettre en guerre avec celui qui nous conserve et qui, s'il cessait un seul moment de nous soutenir, en nous donnant la lumière, la respiration et la vie, nous rejetterait dans le néant d'où il nous a tirés. Mais si la guerre contre Dieu est le comble de la folie et de l'ingratitude, n'y en a-t-il pas aussi et beaucoup dans l'indifférence religieuse? Et cette maladie de l'âme, pour être moins violente, ne conduit-elle pas aussi à la mort par l'atonie et la consomption? C'est la maladie, je dirai presque l'épidémie de notre époque; à savoir, cet état d'apathie, d'affadissement, d'étiolement de beaucoup d'âmes qui, par le manque d'un rapport vivant avec leur principe, ne recevant plus la lumière et la nourriture célestes, que la religion seule peut communiquer aux hommes, se dessèchent peu à peu, dépérissent, se désorganisent, pour ainsi dire, et se dénaturent.

Sous ce rapport, il en est des nations comme des individus. Elles peuvent aussi être dénaturées par de mauvaises lois contraires à la loi naturelle, et qui, par conséquent, ne sont pas des lois proprement dites, mais des violences légales, des ordonnances ou des traditions purement humaines qui prévalent contre les lois de la nature et les effacent du cœur des peuples. La politique chez les anciens dénaturait l'humanité, et c'est une des gloires du christianisme de l'avoir relevée de ces indignités, prétendues patriotiques, qui dégradent l'homme pour faire un citoyen. Pour habituer les jeunes Spartiates à se tirer d'affaire à la guerre et dans toutes les circonstances, on leur apprenait à voler habilement, à user de toute sorte de ruses, afin de se procurer le nécessaire. Ils allaient dans cette voie jusqu'à l'héroïsme; car l'un d'eux, dit-on, pour ne pas être découvert, se laissa, sans sourciller, dévorer la poitrine par un renard qu'il avait dérobé et caché sous sa robe. Singulier héroïsme que celui du brigandage! Cependant ce peuple est encore cité comme un peuple de héros, comme un peuple modèle, et il y a eu un temps où l'on voulait faire de nous des Spartiates! A Sparte encore le mariage était gêné. L'époux et l'épouse ne pouvaient habiter ensemble. Il fallait pour vivre maritalement chercher avec peine les rencontres et cela pour rendre les rapports plus vifs et ainsi les produits plus beaux. C'est ce que nous faisons dans nos haras. Les femmes étaient traitées et élevées comme les hommes; on les soumettait à la même discipline, on les exerçait aux arts de la guerre, à la lutte dans l'arène. La république en voulait faire ce que la nature n'a pas voulu, et l'on y perdait des deux côtés. Elles n'avaient plus les grâces et les vertus de la femme, sans prendre les qualités et la force de l'homme. Dans tous ces cas, la politique, les gouvernements, les lois des peuples sont en contradiction avec la loi naturelle. C'est pourquoi de pareilles institutions ne durent pas, parce que ce qui est contraire à la loi naturelle ne peut subsister.

Rappellerai-je ici ces honteuses liaisons qui n'étaient que trop communes chez les anciens et que les philosophes ne semblaient pas désapprouver? Le sage Socrate lui-même a été soupçonné de ce côté, à tort, j'aime à le croire, mais enfin son langage ou celui que Platon lui prête, ses rapports avec Alcibiade ont laissé un nuage, sinon une tache, sur ce nom tant célébré. Les politiques voyaient dans ces attachements dépravés une incitation plus vive au courage militaire. Unis par des affections tendres, les jeunes gens, disait-on, devaient mieux supporter les fatigues et les périls de la guerre, se soutenir et se défendre plus énergiquement les uns et les autres, et ainsi on prétendait faire de vaillants soldats en dégradant les penchants de l'humanité. Coutumes dénaturées, qui pervertissaient les consciences, et ne pouvaient produire que des monstruosités ! Et cependant tout cela s'est vu chez les peuples les plus éclairés, les plus savants, les plus civilisés, dont le développement intellectuel et artistique nous est encore présenté en modèle. Que d'erreurs, d'abominations, de choses monstrueuses, ou contraires à la loi naturelle, au milieu de cette brillante civilisation ! La parole de saint Paul ne s'y est-elle pas accomplie à la lettre. « Parce qu'ayant connu Dieu, ils ne l'ont pas glorifié comme Dieu et ne lui ont pas rendu grâce, Dieu les a livrés à un sens réprouvé, il les a abandonnés aux désirs de leur cœur, de sorte qu'ils ont déshonoré eux-mêmes leur propre corps, et dépravant les penchants de la nature, ils ont fait des choses indignes de l'homme. »

Enfin dans cette Rome, maîtresse du monde, les jeux de la paix sont aussi barbares que la guerre ; ce peuple ne peut être amusé que par l'effusion du sang, et il applaudit quand il rougit l'arène. Que dis-je? le peuple ! Ce sont aussi les matrones et les vierges qui vont se réjouir aux combats des gladiateurs. Ceux que la guerre a épargnés doivent s'entr'égorger pour divertir leurs vainqueurs, et il faut encore qu'en mourant ils tombent avec grâce. Des milliers d'hommes sont condamnés à s'entre-détruire dans le cirque, pour endurcir le courage des jeunes Romains par la vue du sang, et donner aux femmes les émotions du carnage. C'était une vestale, c'est-à-dire une vierge consacrée aux dieux, qui donnait le signal de la lutte où des hommes allaient s'entre-déchirer comme des bêtes féroces, et quand le gladiateur, hors de combat, était à la disposition de son adversaire, c'était encore elle qui, par un signe convenu, ordonnait qu'on lui plongeât le fer dans le cœur. Il y a loin de là à la vierge chrétienne, qui se dévoue à l'expiation de toutes les iniquités, au soulagement ou à la consolation de toutes les douleurs.

Voilà quelques traits de mœurs grecques et romaines ! Ce ne sont pas des faits isolés, exceptionnels ; ce sont des coutumes générales, des institutions nationales, la vie même des peuples. Ainsi tombe l'humanité, quand la loi naturelle s'efface de son cœur, quand des passions grossières, des préjugés absurdes, des mœurs barbares et de mauvaises lois faussent son esprit et pervertissent sa conscience ! Ainsi peut s'obscurcir la lumière de la loi naturelle, quand le flambeau de la parole divine ne vient pas en augmenter et en purifier la clarté !

CHAPITRE V

PEUT-ON DÉROGER A LA LOI NATURELLE?

Peut-on déroger à la loi naturelle? — Peut-on en dispenser? — Dieu
seul peut en dispenser, parce qu'il est le maître de la loi et de ses
applications. — Le droit des gens ou international est une conséquence
de la loi naturelle entre les peuples, comme le droit civil entre les particuliers. — Partie naturelle et partie positive du droit des gens, qui
n'est bien connu, et surtout bien observé, que depuis l'Évangile.

Peut-on déroger à la loi naturelle ? En principe,
non, car elle est immuable dans ses principes généraux,
elle ne varie pas dans ce qu'elle prescrit, ni dans ce
qu'elle défend. Là il n'y a pas moyen de transiger, de
s'accommoder avec elle. Ses prescriptions comme ses
défenses sont immuables, parce qu'elles expriment ce
qui est essentiellement bien, et ce qui est essentiellement mal. Le bien par essence ne peut pas changer, pas
plus que le mal essentiel. Mais dans ce que permet la
loi naturelle, il n'y a plus la même inflexibilité, il y a de
la latitude et du facultatif. En effet, défendre ou ordonner sont des actes positifs, catégoriques; mais permettre
seulement laisse de la marge, et c'est justement parce
qu'il y a possibilité de faire ou de ne pas faire, que la
loi naturelle permet. C'est pourquoi, en ce qui concerne
les conséquences des premiers principes de la loi de nature, surtout les conséquences éloignées, on trouve une
grande variété d'opinions chez les individus, de coutumes et d'institutions parmi les nations. Par exemple,

sur l'esclavage et l'hérédité, on ne peut pas dire que la loi naturelle se prononce d'une manière catégorique. Elle ne défend pas l'esclavage, mais elle ne l'ordonne pas non plus ; reste donc la conséquence qu'elle le permet. Mais, comme dit l'apôtre : *omnia mihi licent, sed non expediunt.* Bien des choses qui sont permises ne sont pas utiles. Aussi, tout en permettant l'esclavage, la loi naturelle déclare qu'il n'est pas avantageux. Or la question des avantages n'est plus une question de moralité, c'est une question d'intérêt social ou privé. La solution dépend donc des circonstances. Or ce qui dépend des circonstances est variable et par conséquent l'esclavage, qui pourra être permis dans certaines situations, pourra ne pas l'être en d'autres, et légitimement des deux côtés. On voit par là combien la doctrine chrétienne est sage et profonde sous ce rapport comme sous tous les autres ; elle ne condamne pas l'esclavage, mais elle tend de toutes ses forces à l'adoucir d'abord, à le détruire ensuite, non pas violemment comme une chose contraire à la loi naturelle, illégitime en soi, mais comme une institution peu digne de l'humanité et qui en définitive ne lui est pas avantageuse.

Il en est de même de l'hérédité. L'hérédité n'est pas fondée en nature d'une manière nécessaire et immuable. C'est bien plus un droit social qu'un droit naturel, quoiqu'il ait aussi des racines dans la nature. Cela est si vrai que les législations des peuples varient considérablement sur cet article, et même, en s'élevant au-dessus de ces législations diverses pour remonter à leurs principes, on peut très-bien discuter, controverser le principe même de l'hérédité.

En outre, pour l'application de ses principes immuables la loi naturelle demande à être interprétée, et c'est alors qu'elle laisse quelque chose de vague et d'incertain. Car, en tant que loi de la nature, elle n'a pas de héraut public, elle n'a pas de promulgation sociale ; elle reste donc un peu, et même beaucoup à l'arbitrage de chacun et par conséquent arbitraire. Aussi, quand il s'agit d'en appliquer les principes évidents, les conséquences les plus prochaines et à plus forte raison les plus éloignées, il y a encore lieu aux variations et aux dissidences.

C'est certainement un principe premier de la loi naturelle qu'il faut tenir ce qu'on a promis. Néanmoins il peut y avoir des cas où ce principe absolu éprouve des difficultés réelles dans la pratique, tirées de la moralité même, soit de la moralité de celui qui promet, soit de la moralité de ce qui est promis. Par exemple, si l'accomplissement de la promesse peut faciliter un crime ; si celui à qui on a promis veut faire un mauvais usage de la chose concédée soit contre des individus, soit contre le pays. Dans ce cas, sans être délié de sa promesse, il est prudent et sage d'en différer l'accomplissement.

Il en est de même du dépôt. C'est un premier principe de la loi naturelle, évident par lui-même, qu'il faut rendre le dépôt confié. Rendre à chacun ce qui lui appartient, c'est la formule la plus exacte de la justice : l'argent qui a été remis à votre garde pour un temps doit être livré au temps marqué. Cependant, si, en raison des dispositions de l'individu à qui vous devez rendre, vous avez lieu de craindre qu'il n'en abuse, non pas seulement sous le rapport de son intérêt, ce dont il est juge, mais sous le rapport de la moralité, de la justice, par exemple s'il veut s'en servir pour soudoyer un assassin, pour former ou soutenir un complot contre la société, en y excitant des troubles, des révolutions ou choses semblables, alors il y a lieu d'interpréter le principe, non pas en lui-même, mais dans son application ; car on s'exposerait à devenir complice de cet homme mal disposé, en lui fournissant les moyens d'accomplir ses mauvais desseins. Cela ne veut pas dire qu'on puisse s'approprier le dépôt, mais seulement qu'en raison des circonstances, qui peuvent, sinon faire fléchir le principe, au moins en retarder l'application, on doit prendre des précautions. Ce qui revient à dire, en d'autres termes, que dans les choses humaines il y a toujours le chapitre des circonstances et de l'opportunité, et que vouloir, dans la pratique des affaires publiques ou privées, appliquer les principes avec une rigueur mathématique, c'est vouloir tout entraver, tout embrouiller, tout rendre impossible. Dans les choses humaines, la logique ne peut jamais s'exercer d'une manière stricte. Il y a toujours un écart entre la théorie et la pratique. Des mathématiques pures aux mathématiques appliquées il y a une distance énorme, et quand il s'agit de réaliser ou de faire passer dans les faits ce qui a été posé par le raisonnement, il faut toujours accorder une certaine latitude et se résigner au plus et au moins. Il n'y a point dans la nature un cercle qui réponde à la définition mathématique, c'est-à-dire dont tous les points soient à égale distance du centre. L'idée divine, qui est éternelle et parfaite, ne peut jamais être réalisée d'une manière adéquate en ce monde, et le vrai progrès dans la science comme dans l'art consiste à s'en rapprocher indéfiniment dans la réalité.

Vient la seconde question : peut-on dispenser de la loi naturelle ? Oui, dans des cas particuliers, les principes subsistant toujours. Mais d'où peuvent venir ces

dispenses ? Évidemment de la même source que la loi
elle-même. Celui-là seul qui a fait la loi est le maître,
non de la détruire, parce que Dieu ne se contredit
pas lui-même et ne retire jamais ses dons, mais de la
suspendre dans son effet. Dans certains cas, en vertu
de sa toute-puissance et de sa souveraine sagesse, il est
possible que pour une fin surnaturelle, la loi de nature
soit arrêtée dans son exercice. Dans l'ordre général, les
lois physiques, astronomiques, chimiques, sont con-
stantes. Mais en particulier, dans tel cas spécial, Dieu,
qui a créé le monde et qui le gouverne par des intermédiaires, comme un roi commande par ses ministres,
peut, dans un intérêt surnaturel, opérer immédiatement
par lui-même. Qui l'en empêchera? Qui empêche un
prince de se passer un jour de ses ministres? Le miracle
n'est pas autre chose. C'est une action immédiate de
Dieu qui s'exerce en vue de certains desseins providen-
tiels que nous ne connaissons pas, ou que nous pouvons
quelquefois reconnaître par leurs effets. Alors, Dieu agit
directement, et comme c'est lui qui donne la vie à toutes
les créatures et qui les conserve par les lois qu'il a établies, et par les intermédiaires de divers degrés qu'il lui
a plu d'y préposer, en quoi répugne-t-il et quelle impossibilité voit-on à ce qu'il outrepasse ces degrés et applique directement sa puissance sur un être qu'il atteint
ordinairement par des moyens termes. Encore une fois,
qui l'en empêchera? N'est-il pas maître de supprimer les
intermédiaires? Dire le contraire, c'est soutenir qu'un
homme qui pense doit toujours raisonner pour découvrir
la vérité, ce qui n'est pas. Car s'il a le bonheur de saisir
immédiatement le rapport des deux extrêmes, il n'a pas
besoin de moyen terme. Sans doute, la voie ordinaire
pour démontrer la vérité, c'est de poser des principes,

et d'aller des principes, par l'enchaînement des idées, jusqu'à la conclusion. Mais le génie qui a une grande sagacité, une vive pénétration n'a pas besoin des intermédiaires ; il peut se passer de cette longue succession de comparaisons et de déductions ; car il saisit soudainement le rapport par l'intuition. Ce n'est pas un miracle assurément, puisque c'est dans la puissance de l'esprit humain ; mais c'est une merveille de la pensée, et c'est ainsi que se font la plupart des découvertes. Ce qui peut nous faire comprendre jusqu'à un certain point comment Dieu fait des miracles quand il lui plaît. De cette manière on peut, non pas expliquer, mais concevoir la possibilité des mystères proposés à notre foi parce qu'ils surpassent la portée de notre raison, et cette lumière, qui ne va jamais jusqu'à l'évidence, aide cependant la raison à admettre ce qu'elle ne comprend pas.

Un des dogmes fondamentaux de la religion chrétienne est l'incarnation du Fils de Dieu, du Verbe éternel dans le sein d'une vierge qui a conçu par l'opération directe de l'Esprit-Saint. Or, l'Esprit-Saint est l'esprit d'amour, l'esprit de vie, la vie même. Quand il y a conception humaine, enfantement dans l'ordre naturel, qu'arrive-t-il ? Il y a aussi un esprit de vie qui, passant à travers des intermédiaires, les parents, va féconder par eux un germe créé et produire un fruit de leur union. Mais la vie qui lui est donnée ne vient pas d'eux. Ils la transmettent, ils ne la produisent pas. C'est de Dieu qu'elle descend comme tout don parfait, et c'est pourquoi il est le seul père, le père de tous, et, comme dit saint Paul, c'est de lui que découle toute paternité. « Omnis paternitas in cœlo et in terra ex eo nominatur. » Si donc c'est l'Esprit de Dieu qui engendre partout, à tous les degrés de créature et par des intermédiaires, qu'y a-t-il de si étonnant que l'Esprit-Saint soit descendu une fois directement, immédiatement dans le sein d'une créature, y ait vivifié un germe humain, y ait engendré un être, Dieu et homme tout ensemble, Dieu par la nature de son père, et homme par celle de sa mère ? Je donne cette pensée pour ce qu'elle vaut, comme un aperçu philosophique sur la possibilité des dogmes en général, et nullement comme une explication rationnelle de l'Incarnation en particulier. Cette considération montre qu'en ce qui regarde les dogmes et les miracles, acceptés d'ailleurs avec foi, il y a encore des explications possibles qui aident à les concevoir, sinon à les comprendre, et que, si la raison, éclairée et conduite par le flambeau de la foi, scrute ces profondeurs avec sincérité, elle y trouvera de nouveaux motifs de croire dans les lumières naturelles ajoutées à celles de la foi.

Dieu peut donc, en certaines circonstances et pour une fin surnaturelle ou autre, dispenser de l'observation des lois de la nature morale, comme, dans les miracles proprement dits, il suspend l'exercice des lois de la nature physique, sans détruire ni les unes ni les autres, mais dérogeant seulement à leur application dans un cas donné. En voici un exemple très-grave et qu'on ne peut récuser. La loi naturelle prescrit aux parents d'aimer leurs enfants, de soigner et de défendre leur existence. Donc rien ne lui est plus contraire que de tuer son propre fils. Cependant ce sacrifice est commandé par Dieu à Abraham, et Abraham est prêt à obéir. L'autel est dressé, le feu est allumé et c'est au moment où il va égorger Isaac qu'un ange arrête son bras. L'épreuve à laquelle le père des croyants est soumis ne va pas jusqu'au bout dans la réalité, bien qu'elle soit complète dans son intention. Il a obéi en dépit de la nature et de la raison ; il a cru à la parole de Dieu plus qu'à son cœur, à sa conscience, à son sens propre. Sa foi a donc surpassé tous les obstacles, et c'est pourquoi elle lui a été imputée à justice. Cependant l'immolation de son fils, c'est-à-dire l'action la plus contraire à la loi naturelle, lui avait été commandée par Dieu, qui ne peut pas prescrire le mal. Abraham était donc dispensé dans ce cas de suivre la loi de la nature envers son fils, pour observer une loi supérieure, celle de l'obéissance à Dieu, qui, après tout, comme créateur, est le maître de la vie des hommes. Ce sacrifice, contraire à la loi naturelle, lui était demandé en vue d'une fin surnaturelle, c'est-à-dire pour éprouver, pour affermir la foi de celui qui devait être le père des croyants, et ainsi pour fonder la foi du genre humain, puisque tous les croyants sont appelés les enfants d'Abraham. Et comme le Messie devait sortir de la race d'Abraham, et qu'en lui toutes les nations de la terre devaient être bénies, en consolidant ainsi sa foi par cette terrible épreuve, Dieu préparait d'une manière inébranlable le fondement de son Église et le salut de l'humanité.

Voici un autre exemple de dérogation à la loi naturelle qui défend de prendre le bien d'autrui. Ce n'est pas à la vérité un premier principe évident par lui-même, puisque cette défense suppose la notion et l'établissement de la propriété, mais c'est une conséquence immédiate de l'idée de la justice, qui consiste à rendre à chacun ce qui lui appartient. Cependant, quand les Israélites quittent l'Égypte, Moïse leur dit d'emprunter aux Égyptiens des vases d'or et des vêtements, et ils les emportent avec eux, dépouillant ainsi ceux qui les leur avaient prêtés. Sans doute le cas est moins grave ; car on peut dire avec quelque raison que le peuple

hébreu, qui originairement était venu se réfugier en
Égypte à cause de la famine, y avait été réduit en servitude contre le droit des gens, parce qu'il était devenu
nombreux et redoutable, et que les Égyptiens les ayant
employés pendant plusieurs siècles aux travaux les plus
durs en leur donnant à peine de quoi vivre, il n'y avait
pas au fond d'injustice à s'en dédommager en prenant
le superflu de leurs tyrans qui les avaient si longtemps
privés du nécessaire et de ce qui leur était dû. Mais enfin, comme ils avaient emprunté et qu'ils ne devaient
pas rendre, on peut soutenir qu'ils commettaient matériellement un vol, et ce vol leur a été commandé par
Moïse. Il y a donc là une dérogation à la loi naturelle
qui défend de voler, dérogation dans l'intérêt du peuple
de Dieu, qui, sortant soudainement de l'esclavage et de
la misère, avait besoin dans sa fuite de certains moyens
d'existence et Dieu lui permet de les prendre là où il
avait été si longtemps opprimé et exploité.

Encore un autre exemple qui a plus d'importance, la
polygamie permise aux Juifs. Il est certain que la polygamie a été permise chez les Hébreux, l'Ancien Testament l'atteste et l'Évangile le témoigne dans ce passage
où N. S. J.-C. rétablit l'unité et l'indissolubilité du
mariage : l'homme ne doit pas séparer ce que Dieu a
uni, et par conséquent celui qui quitte sa femme pour
en épouser une autre, ou celui qui en épouse une autre
que son mari a renvoyée, est adultère. Mais alors, dirent
les pharisiens, pourquoi Moïse a-t-il permis qu'on ren-
voyât sa femme avec un billet de répudiation ? et Notre-
Seigneur leur répond : Moïse l'a permis à cause de la
dureté de vos cœurs, *propter duritiem cordis*, c'est-à-
dire parce que vous n'auriez pas été capables, à cause
de votre sensualité, de garder la pureté du mariage, il

a mieux aimé tolérer les unions multiples, pour que vous n'alliez pas vous dégrader en toutes sortes de fornications. Cependant reste une question, très-controversée en théologie, et que je n'agiterai pas ici, savoir si la monogamie est de droit naturel. Elle est certainement de droit divin, puisque Notre-Seigneur disait aux pharisiens : « c'est à cause de la dureté de vos cœurs que Moïse vous a permis d'avoir plusieurs femmes. Mais au commencement il n'en a pas été ainsi. Dieu créa l'homme mâle et femme et c'est pourquoi l'homme s'attachera à sa femme, et ils seront deux dans une même chair. » La loi divine positive est donc formelle, elle défend la polygamie. Quant à la loi naturelle, plusieurs théologiens ont soutenu que la polygamie ne lui était pas contraire, en ce sens que le mariage, ayant pour but la propagation du genre humain par la famille, peut atteindre ce but avec la pluralité des femmes, quoique avec des inconvénients, comme on le voit chez certains peuples. C'est une discussion oiseuse chez les nations chrétiennes, dont les législations ont toutes la loi divine pour fondement.

Il en est de même de plusieurs faits de l'Ancien Testament, qui effrayent et déconcertent la raison au premier abord, comme le massacre des peuples qui occupaient la terre promise, et l'extermination des Juifs rebelles et idolâtres par l'ordre de Dieu. Voltaire a profité de ces faits extraordinaires pour répandre de l'odieux et du ridicule sur les livres saints, et par suite sur la religion chrétienne. Ces accusations superficielles et ces plaisanteries indécentes prouvent seulement la légèreté et la mauvaise volonté de leur auteur. Ces choses doivent être considérées de plus haut pour être jugées sainement. Il faut s'élever jusqu'au plan divin, au dessein pro-

videntiel sur le peuple juif, préparé depuis Abraham et
Moïse à conserver et à perpétuer dans le monde l'idée
du Dieu créateur, afin de préserver l'humanité de l'idolâtrie universelle. Or depuis le péché originel, et à cause
de l'obscurcissement de l'intelligence et de la perversion de la volonté de l'homme, cela était si difficile, que
le peuple choisi lui-même, malgré les révélations qui lui
ont été faites, les prophètes et les guides qui lui furent
donnés, était toujours entraîné au polythéisme, et prêt
à s'allier aux nations étrangères. Voilà pourquoi ces
alliances lui étaient si sévèrement défendues, et c'est ce
qui explique l'extermination des races idolâtres, qui
occupaient la contrée réservée aux Hébreux, à la ville
sainte, et à l'apparition du Christ sur la terre.

Ici, pour comprendre quelque chose à l'histoire, il
faut se placer sur le terrain de la foi chrétienne, et expliquer les événements à la manière de Bossuet. Si on les
considère à un point de vue purement humain, rationnellement, selon la politique moderne et les idées actuelles, tout paraît obscur et inexplicable dans la liaison
des causes, si petites en apparence, avec des effets si prodigieux, et la raison déconcertée à chaque instant nie
ce qui la surpasse ou se moque de ce qui lui paraît absurde. N'ayant pas la force ou le courage de s'élever avec
Bossuet, elle se met à la queue de Voltaire.

Il nous reste à dire quelques mots sur le droit des
gens. Le droit des gens est une conséquence de la loi
naturelle ou la loi naturelle entre les nations, et c'est
pourquoi on l'appelle international. Mais il est plus écrit
et positif que naturel, c'est-à-dire qu'il y a deux parties
dans le droit des gens, une partie philosophique qui cor-
respond à la loi de nature et alors c'est la loi naturelle
appliquée aux relations des peuples entre eux : une partie

conventionnelle et positive, qui vient des traités et des conventions établis par les nations.

La partie naturelle a peu de force par elle-même; car si ce que prescrit ou défend la loi de nature est déjà si difficile à reconnaître et à observer d'individu à individu, que sera-ce de peuple à peuple? Là, il est bien difficile de s'entendre. Les individus ont une conscience, les nations n'en ont pas. Il n'y a pas de conscience dans un être collectif. Sans doute, cet être collectif se résume dans un gouvernement, quelle qu'en soit la forme, roi, sénat, ou assemblée populaire; mais est-ce que les assemblées ont une conscience? Est-ce que les gouvernements, comme gouvernements, en ont une ? Un roi encore est au moins un individu, une personne, et il peut avoir une responsabilité morale. Mais un corps politique, une collection d'hommes en face d'une autre, comment veut-on qu'ils s'entendent sans une règle positive, ou s'ils viennent à s'accorder en quelque chose, où sera la sanction ? Entre particuliers, là où il n'y a ni juges, ni gendarmes, ni intervention de l'État, quand on ne s'accorde pas, après avoir bien discuté et raisonné, si l'on conserve encore du sang-froid et son bon sens, on s'en ira chacun de son côté avec son opinion, et c'est le cas le plus favorable. Mais si l'on se passionne, si l'amour-propre se met de la partie, ce qui arrive souvent, on finit par se dire des choses désagréables et même des injures, et des injures on en vient aux coups, aux coups de poing chez le vulgaire, aux coups de pistolet ou d'épée parmi les gens bien élevés.

Qu'on juge, d'après cela, de ce qui arriverait entre des peuples qui n'auraient pour s'entendre que la loi naturelle avec ses premiers principes souvent si difficiles à appliquer, avec ses conséquences prochaines qui ne sont pas

toujours claires, et surtout les conséquences éloignées,
obscures et controversées. La plupart du temps on ne
s'entendrait pas. Alors on se battra, on se tuera, et celui
qui sera battu ou tué aura tort. Voilà où mènerait le
droit naturel tout seul entre les peuples. Il est certain
qu'à cause des passions, des intérêts, de tout de ce qui
peut séparer les hommes, il ne suffirait jamais à les
mettre d'accord ; c'est la violence ou la guerre qui en
serait la dernière raison, et la guerre est toujours un
malheur.

La partie positive du droit international est pour les
peuples ce que le droit civil est pour les citoyens d'un
même pays. Ce sont des conventions qui dérivent du
droit naturel, sans doute, mais qui sont déterminées
par des traités et réduites en formules. Sous ce rapport,
il y a toute une science du droit international ou du
droit des gens. On a écrit là-dessus des volumes, et des
volumes plus ou moins intéressants. Ce droit positif
traite de l'établissement de la propriété, de l'institution
des empires, du droit et des lois de la guerre et de la
paix, du commerce avec les étrangers, du privilége des
ambassadeurs et autres choses de ce genre. Ce droit
touche à tous les intérêts politiques et nationaux ; il est
la base de la diplomatie. Quelques écrivains font autorité en cette matière et jouissent d'un grand crédit. On
les cite beaucoup de nos jours, à cause de la situation
politique du monde, menacé d'une crise terrible et qu'on
cherche à raffermir. En ces matières, du reste, les théories ont moins de valeur que les antécédents ; la tradition joue un grand rôle dans les actes diplomatiques et
le chapitre des circonstances y est très-large.

Ici se présente une considération grave qui jettera, je
crois, quelque lumière sur l'état du monde depuis le

christianisme. Établir un droit civil chez une nation semble facile ; car une nation se composant d'individus unis par des affections et par intérêts, il s'agit de régler ces intérêts et de déterminer tous les rapports qui en dérivent. Fonder un droit politique, une constitution, un gouvernement chez un peuple, c'est encore possible ; car, après tout, ceux qui composent le peuple ont au fond le même intérêt public, et cet intérêt doit les réunir. Sans doute, cette institution est quelquefois difficile, à cause de l'opposition des partis ; cependant il y a toujours moyen de s'entendre. Mais s'il s'agit des intérêts, non plus d'une nation, mais de tous les peuples de la terre en rivalité ou en collision les uns avec les autres, comment les accorder ? Et même, comment avoir la pensée que l'humanité entière doive s'entendre sous certains rapports et que les hommes de tous les pays aient quelque chose de commun par quoi ils peuvent se réunir, et qui doit les maintenir en paix, et les empêcher de se faire la guerre? L'idée du droit des gens, dans sa plénitude, est vraiment toute chrétienne. Sans doute le droit des gens existait chez les anciens, puisque la loi de nature est éternelle. Mais il n'y était qu'en puissance, d'une manière obscure et presque toujours violé. Les Grecs et les Romains ne savaient pas même que le genre humain est un et constitue une seule famille. Ils ne donnaient pas la même origine à tous les hommes, par conséquent tous les peuples n'avaient pas à leurs yeux la même fin. Mais chaque peuple, se renfermant dans sa nationalité et ne voyant que son intérêt, ils se faisaient la guerre à outrance, luttant contre tout ce qui faisait obstacle à leur avantage, à leur domination ou à leur gloire. Le mot *hostis*, qui désignait l'ennemi, signifiait aussi l'étranger ; en sorte que tout étranger était un en-

nemi ou un barbare; et ç'a été une chose extraordinaire, une espèce de sentence révolutionnaire, quand
le poëte romain a dit pour la première fois : *Homo sum
et humani nihil a me alienum puta.* C'était l'aurore du
christianisme, ou une prophétie chrétienne dans la bouche de Térence.

Donc, jusque-là le droit des gens existait à peine. Il y
en avait un, puisque la loi naturelle doit exister entre les
peuples comme entre les individus. Mais les intérêts et
les passions l'annulaient le plus souvent, et quand il y
avait guerre entre deux peuples, il fallait que l'un ou
l'autre fût opprimé ou détruit. Le droit de l'esclavage
est sorti de là. Il y a plus : les philosophes n'étaient pas
plus éclairés que les politiques à cet égard, tellement que
l'esprit le plus vif et le plus pénétrant de l'antiquité, le
législateur de la logique, a été jusqu'à dire qu'il y avait
des races d'hommes faites pour commander et d'autres
pour servir. La victoire décidait donc de la noblesse des
races; car selon le droit des gens des anciens, les vaincus
devenaient esclaves s'ils ne pouvaient se racheter, comme
le débiteur était vendu s'il ne pouvait s'acquitter. Tout
était permis vis-à-vis de ces hommes dégradés; l'esclave
était livré à l'arbitraire du maître. Comment le droit des
gens pouvait-il s'établir avec cette manière de voir?

Qu'a-t-il donc fallu pour abolir ces indignités et fonder un droit nouveau? Cette idée admirable, que la parole
divine a révélée à la terre, savoir que l'humanité est fille
d'un même père, qu'elle descend d'une même famille,
que toutes les nations, quelles que soient leurs différences et leurs divisions, ont toutes leur origine dans une
souche commune, qu'ainsi le genre humain, avec toutes
ses branches, a une fin commune; et comme il a été dégradé dans la chute d'un seul homme et qu'il est tombé

dans la mort par la révolte de son premier père, de même il sera régénéré, revivifié, racheté et réconcilié avec Dieu par l'obéissance et l'immolation d'un seul, qui est Jésus-Christ. Il y a là un intérêt commun à tous les hommes et l'intérêt le plus grave, celui de leur fin dernière et de leur salut, et quand le christianisme est venu appeler tous les peuples à l'unité religieuse, pour les rattacher à Dieu par une même foi, il leur a appris par cela même à respecter et à aimer l'humanité dans tous ses membres. La doctrine chrétienne se résume en cette parole de J.-C. après la cène : *Pater, omnes unum sint, sicut et nos unum sumus, sicut tu in me et ego in te, ut et ipsi in nobis unum sint*, qu'ils soient uns, mon Père, comme vous et moi nous sommes un ; en sorte que cette grande unité de la famille chrétienne n'est plus seulement naturelle par le sang, elle devient spirituelle par le rachat, par la réconciliation avec Dieu, par le baptême, *unum baptisma, unus dominus, una fides.*

C'est l'idée politique la plus vaste qui ait jamais été enseignée au monde. Par elle nous savons que les hommes des différentes nations ne sont plus des ennemis, mais des frères, et qu'en chacun, outre le citoyen de tel pays, il y a l'homme, non pas seulement l'homme naturel sorti du sang d'Adam, mais l'homme sauvé et régénéré par le sang de Jésus-Christ. Alors l'humanité entière marche vers un même but. Toutes les nations chrétiennes comprennent que la guerre n'avance pas leurs affaires, ni temporelles ni spirituelles ; qu'il ne faut plus aujourd'hui chercher à détruire les nations ni les individus ; que tous les peuples ont droit à la vie par l'espérance du salut et parce qu'ils sont tous des enfants de Dieu, qu'ils doivent s'entr'aider pour parvenir à leur fin véritable, qui est le bien-être dans

l'ordre et par la justice ; que s'ils se font encore la
guerre, ce ne doit être que pour défendre ou réparer le
bon droit, et que, même au milieu des horreurs inévitables de la lutte, la dignité de l'homme et sa vie, doivent être respectées autant qu'il se pourra. Voilà ce qui
rend le droit des gens, je ne dirai pas possible, il l'a
toujours été, mais réel, effectif et complet. C'est seulement par l'Évangile et par la foi chrétienne qu'il a reçu
sa sanction véritable et toute son extension.

De cette grande idée en sort une autre qu'on méconnaît aujourd'hui, et qui cependant a formé la civilisation
moderne et l'a conservée dans sa véritable voie. Cette
unité morale pour être maintenue parmi les nations a
besoin d'une puissance, et ce n'est pas une puissance
physique, comme pour établir les choses humaines. Elle
a été fondée par une force spirituelle, et elle ne peut
être soutenue que par la vertu qui l'a fondée. On ne
constitue pas de telles choses par la violence ni par les
armes. L'empereur Napoléon avait peut-être rêvé de
réunir toutes les nations sous son sceptre, et il n'a réussi
qu'à faire des ruines. Voyez aussi ce que le Czar voulait faire et ce qu'il a fait. Tous les puissants de la terre
s'y sont brisés et s'y briseront toujours. Jamais la force
ne fondera une unité morale. C'est que les hommes,
après tout, êtres intelligents et libres, ne se laissent pas
dominer entièrement par la violence ; un jour ou l'autre
ils protestent, un jour ou l'autre ils brisent le joug.
Il fallait une puissance spirituelle, une puissance une
et universelle, qui atteignît d'une extrémité à l'autre
tous les temps et tous les lieux, *fortiter et suaviter*, ce
que la force physique ne peut jamais faire. Il fallait
l'Église, il fallait la tiare. C'est l'Église, c'est la papauté
qui a maintenu dans le monde l'unité spirituelle du

genre humain, établie par Jésus-Christ. C'est dans l'Église seulement que le dernier vœu du Sauveur, et qui est comme son testament, peut être accompli, *sint unum !* En cela aussi le souverain pontife est le vicaire de Jésus-Christ, et il continue son œuvre sur la terre. Au milieu des nations chrétiennes et comme au centre du monde civilisé est assis un vieillard qui enseigne au nom de Dieu à tous les peuples, et à tous les hommes qui veulent l'écouter, ce qui est conforme ou contraire à la loi divine, à la justice, aux droits des nations, et ses déclarations n'ont point d'autre sanction que l'autorité et la vertu de sa parole. Mais sa parole, qui est destituée des forces de la terre, porte en elle les foudres du ciel ; elle a le pouvoir de lier et délier en ce monde et dans l'autre, et la seule menace de l'exercice de ce pouvoir a toujours fait trembler les peuples et les rois. Ils ont raison de la redouter, car cette puissance est plus forte que la leur.

Il y a donc là quelque chose de très-grand, et qui s'est surtout manifesté au moyen âge pour la formation de la civilisation moderne. Je ne suis pas un partisan outré du moyen âge, je n'approuve pas tout ce que s'y est fait. Mais il s'y est accompli des choses magnifiques au milieu des abus les plus déplorables ; car il y a des abus partout où il y a des hommes. Mais les abus sont dans les actes et non dans les idées, et après qu'ils ont passé avec leurs erreurs et leurs malheurs, l'idée vraie subsiste inaltérable, immuable. Ainsi a subsisté cette grande idée du pouvoir spirituel en face de toutes les tyrannies, de toutes les violences de la terre, pour les contenir, les redresser et les adoucir. Le monde ancien n'avait rien connu de semblable. Dans les monarchies comme dans les républiques, le pouvoir temporel et le spirituel se confondaient dans la même main, et de là sous une forme ou sous une autre le despotisme de l'État auquel rien n'échappait. Jésus-Christ les a séparées. En fondant l'Église il a rendu la puissance spirituelle indépendante des rois et des peuples, et le chef qu'il lui a donné et qui ne relève que de Dieu, a eu la charge de maintenir l'unité de l'Église et l'universalité de sa puissance pour conserver l'unité spirituelle et la fraternité chrétienne du genre humain.

Voilà pourquoi l'institution dure, quoique toujours attaquée par les ennemis de Dieu, et peut être quelquefois obscurcie ou compromise par l'ignorance ou l'imprudence de ceux qui la défendent. Car tous les hommes sont fragiles ; mais les faiblesses des hommes ne prouvent rien contre les institutions. Je le dis à tous, même à ceux qui ne partagent pas notre foi, jusqu'à la fin du monde il y aura une Église catholique, et il y aura un pape, parce qu'il faut une unité morale dans le monde, et par conséquent un prince ou un chef qui la dirige et y préside.

Du reste, ce qui se passe de nos jours est vraiment consolant, et je crois qu'il y a là une compensation aux tristes effets de l'incrédulité de notre époque. Il y a beaucoup d'incrédules, cela est vrai, ou plutôt il y a beaucoup d'indifférents; ce qui arrive toujours quand la matière et les sens dominent la société et que la vie des hommes se porte de ce côté. Ils deviennent alors peu capables des choses spirituelles, et sans leur faire une opposition ouverte, ils ne s'en occupent pas ou ils laissent aller. Cependant n'apprécions pas l'état de l'humanité par des faits individuels, mais par les grands faits, par des faits généraux, comme ceux qui viennent de se produire. Or nous venons de voir le droit international

appliqué de la manière la plus admirable, la plus désintéressée, et je ne sache pas que dans l'histoire il y ait
un autre exemple d'une guerre entreprise avec autant
de raison, avec autant de générosité que celle de Crimée.
Car elle a eu pour unique fin d'arrêter l'invasion d'un
peuple puissant et de protéger le faible. Qu'on soit Turc
ou non, quand on est faible on a le droit d'être respecté.
On a pris les armes dans l'intérêt de la justice, et je me
plais à le dire, je le dis avec orgueil, c'est la France qui
a eu l'initiative de cette politique vraiment chrétienne.
C'est nous, les plus désintéressés dans la question, qui
avons travaillé le plus efficacement à la résoudre, et c'est
pourquoi nous avons réussi.

Il y a là un immense progrès, et nous avons plus fait
par cette guerre pour maintenir et consolider la tranquillité du genre humain que par tous les congrès de la
paix. Car rien ne résiste au désintéressement soutenu
par le courage et par la force. C'est un grand exemple
donné au monde, qui n'est pas habitué à cette noble
politique internationale. Notre siècle n'aura pas de plus
grande gloire, et la France qui, a-t-on dit, est toujours
assez riche pour payer sa gloire, ne le sera jamais assez
pour payer celle-là. Quand des peuples se conduisent
de la sorte, quand ils peuvent ainsi verser leur sang,
leurs trésors et sacrifier ce qu'ils ont de plus cher pour
rétablir la justice, protéger la faiblesse et repousser
l'oppression, quelles que soient d'ailleurs les erreurs et
les inconséquences des individus, ces peuples-là, nous
l'affirmons, sont profondément chrétiens. Ils le sont par
l'esprit et en vérité, et leur dévouement à la cause sainte
de la justice vient de le prouver au monde.

CHAPITRE VI

INSUFFISANCE DE LA LOI NATURELLE.

Insuffisance de la loi naturelle. — Nécessité d'une loi positive dans l'ordre religieux comme dans l'ordre civil et politique. — La loi positive religieuse devant enseigner aux hommes des vérités qui surpassent la raison, ou rendre plus claires et plus respectables celles qu'elle peut atteindre, ne peut être donnée que par un moyen surnaturel. — Nécessité morale de la révélation, sa possibilité, son existence.

Nous avons démontré l'existence et la vertu de la loi naturelle. Nous allons maintenant en prouver l'insuffisance, ce qui nous amènera a conclure la nécessité morale de la loi positive.

La loi naturelle est insuffisante, non-seulement pour gouverner les sociétés, mais même pour diriger les individus, et la raison le prouve. Elle le prouve par ce que nous avons dit précédemment, car dans la loi naturelle nous avons distingué deux choses : les principes qui sont évidents par eux-mêmes, et les conséquences prochaines ou éloignées qui en dérivent. Quant aux principes en eux-mêmes, point de contestation, dans la théorie du moins, car dans l'application il y en a toujours. Les conséquences prochaines, bien qu'elles participent à l'évidence des principes dont elles découlent, sont souvent controversées. Enfin les conséquences éloignées sont pleines de difficultés et de disputes.

Or s'il en est ainsi, si dans les conséquences prochaines il y a déjà de l'obscurité, si dans les conséquences lointaines il y en a beaucoup plus, et que même pour l'application des principes évidents il y ait encore de grands embarras, il sera fort difficile à l'homme d'être conduit sûrement par la loi naturelle, tant qu'elle restera vague, incertaine, indéterminée ; car, en définitive, chacun en resterait l'interprète dans la pratique.

Donc s'il n'y avait au milieu des hommes que des lois naturelles, si chacun pour sa conduite restait en face de ces lois, qu'il ne fait pas sans doute puisque sa conscience les proclame, mais enfin qu'il explique et qu'il applique à sa manière, la moralité serait singulièrement compromise. Car à la difficulté d'appliquer les principes, à l'obscurité des conséquences prochaines, à l'incertitude des conséquences éloignées, il faut ajouter l'influence des passions, des intérêts, des préjugés, de l'éducation, des imaginations, des sens, enfin tout ce qui compose l'individualité humaine. Il faut donc autre chose ; car la loi doit être nette et ponctuelle, si l'on veut qu'elle soit observée nettement, ponctuellement. Il faut qu'elle soit posée d'une manière catégorique, et pour cela qu'elle soit écrite. Et même quand elle est écrite, que de peines pour la faire accepter et respecter.

Je suppose donc qu'un philosophe vienne nous dire : à quoi bon les codes, à quoi bon les tribunaux, à quoi bon les écoles de droit ? nous sommes des êtres raisonnables, nous avons notre conscience, notre liberté, nous sommes majeurs, par conséquent nous pouvons nous conduire tout seuls ; cela va de soi pour des hommes raisonnables comme nous le sommes ; — car chacun se croit raisonnable, et il l'est jusqu'à un certain point, mais pas toujours autant qu'il le pense. — Pourquoi toutes ces entraves ? Pourquoi est-ce que nos ancêtres ont pensé pour nous, et nous ont fait des lois qu'il faille observer ? Pourquoi surtout y a-t-il à côté

7

de la loi une force qui nous oblige à la suivre, et qui nous frappe, quand nous ne l'observons pas? N'est-ce pas une atteinte à la liberté que cette force qui garantit la loi, et punit ceux qui l'enfreignent? D'un autre côté, ces codes, ces lois civiles, qui n'ont après tout de vertu que par leur participation à la loi naturelle, n'est-ce pas une insulte à la raison que de les lui imposer, et n'est-elle pas assez éclairée pour les reconnaître par elle-même, n'est-elle pas assez forte pour les exécuter?

Il y a dans le monde des hommes qui pensent de la sorte. Il s'en trouve pas mal aussi dans les colléges qui estiment que la discipline n'est pas absolument néces-saire, et que si on voulait les laisser à leur raison et à leur libre arbitre, ils ne s'en conduiraient que mieux. Jusqu'à présent cependant, qui a vu une société ainsi constituée et qui ait eu ce mode de vivre? Il est im-possible, en effet, qu'elle existe dans ces conditions, parce que si vous remettez à l'interprétation de chacun l'application de la loi naturelle, vous êtes sûrs qu'elle sera toujours commentée et tournée dans le sens des passions et des intérêts individuels. Cela est si vrai que, même avec les lois positives qu'on s'efforce de rendre aussi claires, aussi exactes qu'il est possible, pour pré-venir les équivoques et les malentendus; quand il surgit un procès, le même texte de loi se trouve expliqué con-tradictoirement dans le sens des deux parties, et cepen-dant la loi est là, elle est écrite, elle est positive, et il y a des antécédents. La jurisprudence est sinon fixée, au moins éclairée, et avec tout cela les intéressés ne peuvent s'entendre. Jugez de ce qu'il en serait, si l'on n'avait que des lois naturelles; si, par exemple, pour empêcher les voleurs qui fourmillent à Paris, on se contentait d'écrire au coin des rues sur un poteau :

ici il est défendu de voler; et encore ce serait une défense de la loi positive, puisqu'elle serait écrite. Pour être
conséquent, il faudrait s'en rapporter entièrement à la
conscience des voleurs. Quelle garantie pour la propriété!

Une société ne peut exister ainsi, il faut une loi
précise, il faut que la loi naturelle soit écrite en formules bien arrêtées, en caractères nets et clairs et qu'il
soit dit très-explicitement : tu ne feras pas cela. Et
cela ne suffit pas encore, car, malgré la loi positive, la
passion est toujours là. Si cette défense est dépourvue de
sanction, la loi sera violée; il faut qu'il soit dit encore :
si tu fais cela, tu seras puni. Il n'est pas possible autrement de gouverner les hommes. Toutes ces belles considérations de lois naturelles, de direction philosophique,
de gouvernement moral ont du vrai, mais en certaines
circonstances et dans une mesure donnée. Dans la pratique on ne peut pas conduire les hommes par la simple
persuasion, par la conviction seule. Je ne dis pas qu'on
ne doive les mener que par la force, avec le bâton ou
le glaive, ce serait les traiter comme des animaux;
mais je dis avec le texte sacré : « Initium sapientiæ timor
Domini, » le commencement de la sagesse est la crainte
du Seigneur, non-seulement la crainte des suites du
désordre, du trouble de l'âme et du remords, mais la
peur de s'exposer à la vindicte divine ou humaine, qui
frappe tôt ou tard les violateurs de la loi.

S'il en est ainsi pour les rapports réciproques des
hommes et dans la collision de leurs intérêts respectifs,
peut-il en être autrement en ce qui concerne la religion,
le culte, les devoirs envers Dieu? On ne peut sur ce
point important en rester à la loi purement naturelle,
qui n'enseigne qu'une chose, à savoir : qu'il faut honorer Dieu et lui rendre hommage. Mais en quel temps,

de quelle manière, elle n'en dit rien. Même sur Dieu que
nous apprend-elle? Tout au plus son existence et son
unité! Mais sa nature, mais ses rapports avec l'homme,
mais tout ce qui compose ce qu'on appelle la religion,
sur tout cela que nous enseigne-t-elle? Rien ou très-peu
de chose. Aussi quand on parle de religion naturelle, que
veut-on dire précisément? Qu'est-ce que la religion naturelle? Quels en sont les dogmes? Où sont-ils formulés?
Puis comment se représenter Dieu, comment le concevoir par les seules lumières de la raison? Car nous sommes toujours portés à concevoir les choses à notre façon,
par conséquent dans une idée que nous nous en for-
mons, dans une image que nous nous en faisons, ou
bien par des mots. L'idée de Dieu va être tirée du
monde extérieur ou de la ressemblance avec nous-mêmes; nous allons tomber dans le naturalisme ou dans
l'anthropomorphisme, et nous représenter Dieu comme
un homme; ou bien descendant plus bas, nous le pein-
drons sous la forme des agents naturels, des forces, de
la nature ou de ses produits; nous arriverons au polythéisme. Je ne fais pas d'hypothèses, je raconte l'histoire. L'humanité a toujours penché vers l'idolâtrie, et
l'idolâtrie entraîne la perversion de l'homme. Aussitôt
qu'il a perdu la vraie notion de Dieu, il se précipite
dans le polythéisme ou dans le panthéisme, et l'un et
l'autre conduisent aux abîmes. Le polythéisme engendre
les superstitions les plus grossières; il dégrade l'homme
au-dessous de tout ce qui l'entoure, puisqu'il rend un
culte à ce qui lui est inférieur. Le panthéisme lui ôte sa
liberté, détruit sa personnalité, le confond avec la nature et la nature avec Dieu, et alors il s'évanouit dans
je ne sais quel vague universel, où il n'y a plus ni règle,
ni ordre, ni morale.

Donc là aussi il faut une loi positive, et par conséquent une religion formulée, afin d'empêcher l'homme
de devenir idolâtre et de perdre la véritable notion de
Dieu, l'idée mère, l'idée fondamentale, sans laquelle
toutes les autres sont incompréhensibles, inexplicables.
J.-J. Rousseau a osé affirmer, qu'il ne faut point parler
de Dieu à l'enfant avant qu'il soit capable de le comprendre, et qu'ainsi avant quinze ans on ne doit point lui
parler de religion. Depuis ce temps on répète cette
maxime dans le monde, et ceux qui n'ont pas de religion ou qui veulent s'en passer, trouvent cette maxime
très-raisonnable et surtout très-commode, parce que
c'est le meilleur moyen de n'en avoir jamais. A cela il
n'y a qu'un inconvénient, c'est qu'à cet âge, où l'on
prétend que l'enfant sera en état de comprendre les
choses religieuses et de choisir entre les religions celle
qui lui plaira le plus, ce qui ne prouvera pas que ce
soit la meilleure, à cet âge-là l'homme a malheureusement toute autre chose à faire. C'est l'époque de la pu-
berté et du développement des instincts sensuels, où le
cœur commence à s'agiter, où le sang s'allume, où les
passions s'enflamment. Voilà, on l'avouera, une disposition peu favorable à une recherche philosophique, au
choix impartial d'une chose aussi grave qu'une religion,
et c'est assurément l'âge où l'on est le moins apte à s'en
occuper. Du reste, s'il faut attendre, pour parler de Dieu
à l'homme, qu'il soit capable de comprendre tout ce
qu'on lui en dira, j'ignore quand on lui en parlera. Car,
enfin, comme Dieu est infini et qu'il nous est impossible
de comprendre l'infini, c'est-à-dire de l'embrasser dans
notre entendement fini, il est évident qu'un enseignement religieux, avec cette condition, n'arrivera jamais
à propos.

De cette fausse maxime, mise en pratique, sort une conséquence très-fâcheuse ; c'est que si vous ne parlez point de Dieu à l'enfant dès le bas âge, vous n'implanterez pas en lui l'idée de l'Être infini, c'est-à-dire l'idée la plus profonde, l'idée fondamentale d'où découlent toutes les autres, le principe de toute science, de toute moralité, de toute civilisation, et alors, au lieu d'élargir l'entendement de l'homme dès son âge le plus tendre, vous le rétrécissez par toutes sortes d'idées générales ou particulières, de notions spéciales, d'images tirées de la nature, choses qui ont plus ou moins d'utilité à leur place et dans la pratique de la vie, mais qui ne peuvent fournir les principes du développement intellectuel et moral, les fondements du bon sens et de la conscience. Au contraire, insérant de bonne heure dans l'esprit de l'enfant l'idée de Dieu, l'idée de l'infini, vous dilatez son entendement, vous universalisez son intelligence, vous agrandissez tous ses horizons ; en le mettant en rapport vivant avec ce qu'il y a de plus élevé, vous lui donnez à la fois de la profondeur et de la largeur, vous lui communiquez une vie supérieure qui le transporte au-dessus des sens et de la réalité.

C'est donc un grand malheur que d'être éduqué selon le système de Rousseau, et son Émile en est la preuve. Le grand éducateur, avec tout son génie, n'a réussi, de son aveu, qu'à faire un homme médiocre, et, en vérité, il ne fallait ni tant de science ni tant d'embarras pour produire un si mince résultat. Cela n'empêche pas que l'éducation à la Jean-Jacques a encore des partisans. Une fois qu'une erreur ou un paradoxe a pris possession du monde, on a bien de la peine à l'extirper. Les hommes qui affichent le plus l'indépendance de la pensée jurent cependant volontiers sur la parole du maître, et de là des préjugés, des partis pris et de prétendues maximes, ou plutôt des phrases banales qu'on appuie de l'autorité d'un homme célèbre. On répète hardiment ce qu'a écrit Rousseau, Voltaire ou tout autre, dont le nom est fameux, et l'erreur se propage avec toutes ses misères, jusqu'à ce que ses déplorables conséquences en démontrent la fausseté, et ramènent au vrai par l'expérience et le dégoût de ce qui lui est contraire. Heureux alors s'il se trouve un homme assez courageux, assez chrétien pour oser dire tout haut ce que chacun commence à soupçonner, à savoir : que ces opinions, dont on a été engoué, sont des paradoxes, des erreurs ou des mensonges. Bien que les hommes d'esprit, qui les ont affirmées avec tant d'assurance, soient de grands écrivains ou des savants remarquables, le fait a prouvé le danger ou l'impuissance de leurs théories et qu'en ce qui concerne l'art d'élever les hommes, avec des vues plus ou moins ingénieuses, ils n'ont point saisi le point fondamental de l'éducation, parce que le sens religieux, la source des croyances salutaires, des sentiments élevés, des grandes idées, et sans lequel il est impossible d'instruire et de moraliser profondément les hommes, leur a manqué.

Du reste, l'histoire des nations païennes démontre l'insuffisance de la religion naturelle ; car la loi de la nature ne les a pas empêchées de tomber dans toutes les superstitions et dans tous les désordres. Il en est de même, et à plus forte raison, des peuplades sauvages qui, malgré la loi naturelle, sont abruties par le fétichisme et la barbarie.

L'exemple des plus grands philosophes le prouve aussi. Malgré leur génie, et en dépit de leur haute raison, nous trouvons dans leurs ouvrages les erreurs les plus grossières sur la religion et la morale. Dans Aristote, dans Platon, à côté d'idées sublimes, on rencontre de déplorables erreurs. Aussi les plus sincères d'entre eux ont-ils avoué qu'on ne pouvait sortir de l'incertitude en ces matières que par une révélation supérieure. Platon expliquant les opinions diverses des philosophes sur l'homme, sa nature, ses lois, sa fin, sur Dieu, la vie future, l'éternité, dit formellement qu'on ne pourra savoir quelque chose de définitif touchant ces vérités, que si quelqu'un descend du ciel et vient les enseigner aux hommes. Cicéron, après avoir comparé les systèmes de la philosophie sur Dieu, sur la nature des dieux, se demande ce qu'il y a de vrai en tout cela, et il répond avec franchise : la vérité, nous ne pourrons peut-être jamais la connaître, à moins qu'un Dieu ne vienne nous la dire.

Nous concluons qu'une loi positive et révélée est nécessaire, moralement nécessaire et non d'une nécessité absolue. Elle est nécessaire à deux fins : d'abord pour enseigner à l'homme des vérités qu'il a besoin de connaître et qui surpassent sa raison ; puis pour éclaircir et confirmer les vérités accessibles à la raison, comme l'existence et l'unité de Dieu, sa providence, la vie future et tout ce qui se rapporte à la moralité. Ces vérités, dit saint Thomas, que la raison peut atteindre, elle ne les découvre cependant qu'avec beaucoup de peine, de temps et de labeur, et au milieu d'un grand mélange d'erreurs, et encore très-peu d'hommes sont capables d'entreprendre ce travail et d'y réussir. C'est donc un immense bienfait que ces vérités fondamentales soient éclaircies, confirmées et formulées par la parole divine, qui, en les révélant, les pose nettement devant l'esprit des hommes, les propose à leur foi en même temps qu'à leur raison, et porte leur volonté par l'influence combinée de l'une et de l'autre à les appliquer plus exactement dans la pratique.

Ainsi la loi positive est nécessaire, puisque la loi naturelle ne suffit pas. Or elle ne suffit pas à notre conduite personnelle ; car si nous en restons complétement les juges et les maîtres, il est certain, et l'expérience le prouve, que nous la plierons à nos intérêts, à nos passions, malgré les dictées de la raison et les réclamations de la conscience, en supposant que notre conscience nous avertisse encore et que notre raison nous éclaire. La loi naturelle est insuffisante aux hommes réunis en société ; car, sans une loi précise et formulée, aucune société ne peut ni s'établir ni se conserver. Il faut donc autre chose ; il faut une autre loi, ou du moins une loi donnée sous une autre forme, qui s'impose d'une manière nouvelle et qui soit appuyée, sanctionnée, par une autorité plus haute que la raison de chacun.

D'où peut venir cette loi transcendante ? qui peut la proclamer et l'imposer ? Ici s'applique ce que nous avons dit en commençant : la loi est le rapport naturel du supérieur à l'inférieur. Donc personne ne peut se faire la loi à soi-même, parce qu'on ne peut pas être à la fois son supérieur et son inférieur, et que d'ailleurs on pourrait toujours abolir la loi qu'on se serait donnée. Donc encore et par la même raison, d'égal à égal il n'y a pas de loi, et par conséquent ni un homme, ni plusieurs, ni tous ensemble n'ont autorité pour faire la loi à leurs semblables. Donc pour qu'il y ait une loi, il faut un supérieur naturel et Dieu seul est ce supérieur. Donc la loi positive révélée ne peut être donnée que par Dieu, en dehors des moyens naturels ou par une voie surnaturelle. De là ce qu'on appelle la révélation.

7.

Ici prenons garde aux mots, et ne nous laissons pas abuser par des équivoques; car il y a sur ce point toutes sortes de doctrines qui faussent la vérité. Les philosophes donnent en général le nom de révélation à toute manière de connaître, en sorte qu'ils trouvent une révélation dans la lumière de la raison, comme dans les dictées de la conscience, et sous ce rapport leurs explications sont souvent obscures, soit de bonne foi, soit avec une intention perfide. La révélation dont nous parlons n'est pas la connaissance qu'on peut acquérir par la la raison et par la conscience. Elle est une manifestation extérieure et surnaturelle, faite par Dieu même, d'une vérité concernant la religion, la morale, ou autre chose, une institution civile, par exemple, comme chez les Juifs leur constitution politique ou les ordonnances judiciaires, les lois cérémonielles qui réglaient le culte. Cette manifestation extérieure, et dont par conséquent chacun ne reste pas le juge, orale ou écrite, formulée dans un langage intelligible à celui qui la reçoit, est au-dessus de la raison naturelle, et en certains cas la vérité qui en est l'objet ne peut être ni découverte ni expliquée par la raison, bien qu'elle puisse constater et démontrer par ses moyens propres le fait même et la vérité de la révélation.

La révélation avec les vérités surnaturelles qu'elle enseigne est le scandale et la pierre d'achoppement de la philosophie rationaliste. Il est donc à propos de voir en passant si réellement, comme on l'a prétendu, elle est impossible ou absurde.

La révélation est-elle possible? Se peut-il que Dieu nous manifeste extérieurement dans un langage parlé, écrit, ou de toute autre manière, une vérité quelconque accessible ou supérieure à la raison? Dieu peut-il communiquer avec nous par cette voie extraordinaire? En d'autres termes, pouvons-nous être instruits autrement que par nos sens qui perçoivent les objets, par notre raison qui combine les images et forme les notions et les idées, par notre conscience qui nous dit ce que nous devons faire ou ne pas faire? se peut-il que le genre humain reçoive un enseignement plus élevé par une autre voie? Pourquoi pas? qui osera dire que cela est impossible?

Qu'on dise qu'on ne l'a pas vu, soit. Ni moi non plus je ne l'ai pas vu, et cependant j'y crois; d'abord parce j'en comprends la possiblité, ensuite parce que le fait me paraît suffisamment attesté. Qu'on dise qu'on n'a jamais rencontré un homme qui l'ait vu, je conviendrai aussi que je n'en ai pas rencontré non plus. Mais qu'on affirme que Dieu qui a fait l'homme, qui le conserve par son action incessante, qui communique avec lui par le plus profond et le plus intime de son être, ne puisse pas encore entrer avec lui en une communication extérieure et sensible, c'est ce qu'aucun homme raisonnable et sérieux n'osera jamais affirmer. Car enfin le Créateur influe constamment sur l'être créé, et sans cet influx la créature ne subsisterait point; elle s'évanouirait aussitôt, n'étant plus animée et revivifiée à chaque instant par le rayon même qui l'a posée.

On ne peut nier qu'il n'y ait entre Dieu et l'homme une communication intime par son âme, par son esprit et même par ses sens, auxquels il a donné le spectacle de la nature et du monde, proclamant magnifiquement la pensée de leur auteur. Pourquoi Dieu ne pourrait-il pas se révéler encore à l'homme par un langage articulé? Pourquoi cette manière de parler paraîtrait-elle plus indigne de Dieu, ou plus inexplicable que les autres ? C'est cependant celle qui est la plus habituelle et la plus facile entre les esprits. Comment est-ce que nous communiquons les uns avec les autres ? Est-ce que celui qui écoute voit l'âme de celui qui parle ? Il la saisit cependant à travers sa parole, son visage et son geste. Il entrevoit, il sent cette âme qui cherche à le remplir de sa pensée, à le pénétrer de son sentiment, à lui faire partager sa conviction, son émotion, son désir. Mais voit-il la parole qui traverse l'air, pour entrer par l'oreille dans son esprit ? Non, et cependant les esprits se touchent à travers ces voiles, les âmes se communiquent, et la preuve, c'est que quand la parole est vivante, on sent très-bien qu'elle pénètre l'auditeur et le domine, et dans ces moments-là, sous l'influence d'une parole qui vient de plus haut, le maître et le disciple ne font plus qu'un seul esprit, qu'une seule âme, une même volonté. Voilà ce qui fait l'efficacité de l'enseignement, ce qui féconde les intelligences et y engendre les idées.

Si nous pouvons agir les uns sur les autres d'une manière aussi intime, aussi pénétrante en mettant nos esprits en communication par le langage articulé, pourquoi Dieu ne pourrait-il pas converser avec nous par un moyen semblable? Vous niez cette possibilité, et de quel droit ? Avez-vous jamais vu Dieu ? Nul ne l'a vu, dit l'apôtre : *Deum nemo vidit unquam.* Avez-vous scruté toutes ses voies? et qui êtes-vous pour lui dire : tu n'iras que jusque-là ?

Mais Dieu est un esprit pur ; comment pourrait-il communiquer avec un esprit enveloppé d'un corps ? Les hommes communiquent bien entre eux par des figures, par des mots, pourquoi Dieu, dont nous sommes la ressemblance, ne pourrait-il pas prendre aussi des mots pour nous parler extérieurement, comme il

nous parle intérieurement par la conscience? Qui empêche que des voix ne nous arrivent du ciel comme à
Moïse, aux prophètes, aux bergers de Bethléem, et à
tant d'autres? Car enfin n'y a-t-il rien au-dessus de
nous, et sommes-nous jetés au milieu de l'immensité
sans relations avec les mondes qui nous entourent? Que
de mystères entourent notre existence, et comme on a
mauvaise grâce, avec tant d'ignorance et une si courte
vue, à décider le possible et l'impossible, surtout à l'é-
gard du Tout-Puissant.

Voyez seulement ce qui se passe en nous pendant le
sommeil, cette image de la mort. Où sommes-nous plon-
gés, quand la conscience nous manque, et avec qui
notre âme se trouve-t-elle en rapport quand elle cesse
de communiquer avec le monde sensible? Et cependant
nous nous réveillons parfois avec de si bonnes pensées,
ivec de si heureuses dispositions, surtout quand nous
vons demandé le secours d'en haut, quand nous avons
rié avant de nous endormir dans une douce confiance!
ouvent, au réveil, la vérité, cherchée vainement pen-
nt la veille, nous apparaît, ou une généreuse inspira-
n nous est donnée, qui dissipe nos incertitudes et
'ume notre courage. Il y a donc encore là des com-
nications mystérieuses, invisibles, qu'on ne peut
liquer complétement, et dont on ressent vivement
ffets.

nsi, de la part de Dieu, la révélation ne répugne
ment. Dieu est amour, il aime l'homme, par con-
nt il se plaît à se communiquer à lui par ce qu'il a
is intime et dans le fond du cœur. Mais Dieu est
imière : il se manifeste par ses œuvres, et c'est
lement de la preuve cosmologique de son exis-
ar l'œuvre fait connaître l'ouvrier; et puisqu'il

nous parle par ses ouvrages, par l'ordre qui y préside,
par l'intelligence qui les gouverne, pourquoi ne nous
instruirait-il pas aussi par sa parole? Il y a deux manières de connaître un homme, d'abord par son extérieur et ses actes. Puis, si vous voulez mieux savoir ce
qu'il a voulu faire, écoutez-le quand il explique son
dessein, quand il expose son but et ses moyens : c'est
par là surtout que l'esprit se révèle. Or, comme nous
jugeons des hommes, ainsi nous jugeons de Dieu. Nous
apprenons à le connaître par la considération de ses œuvres; mais, après s'être révélé par les créatures, il
s'est encore manifesté plus clairement, plus pleinement, et, j'ose le dire, d'une manière plus digne de
lui. Car, après avoir conversé avec l'homme, dès le
commencement, et parlé en plusieurs occasions et de
différentes manières aux patriarches, à Moïse, aux prophètes, il a parlé en dernier lieu par J.-C., son Verbe
incarné, qui est la splendeur de sa gloire et la figure
de sa substance, qui a fait toutes choses et les soutient
toutes par la parole de sa vertu (Héb. I, v. 5). C'est
pour cela que le Verbe s'est fait chair et a habité parmi
nous.

Y a-t-il répugnance du côté de l'homme? Est-il contraire à sa nature que Dieu se révèle à lui par la parole?
Notre impuissance naturelle à connaître avec certitude
plusieurs vérités de la plus haute importance ne suffit-
elle pas pour justifier cette communication? Notre raison
soulève des questions formidables qu'elle ne peut résoudre. Pourquoi sommes-nous sur cette terre? Où étions-
nous avant d'y paraître? Où serons-nous quand nous en
sortirons? Qu'est-ce que la vie future? Comment rester
indifférent à ces grands problèmes, quand on a quelque
élévation dans l'esprit et une espérance dans le cœur.

Est-ce que nous n'allons pas tous à la mort ? Eh bien, après la mort, qu'en sera-t-il de nous ? Selon les uns nous devenons des sylphes, des bœufs ou autres animaux selon les autres, ou bien encore des anges ou des démons, et, selon quelques-uns rien du tout. Où sont les preuves de ces opinions ? Un philosophe du jour, apôtre de la métempsycose et de la transmigration des âmes, exposait un jour son système dans un salon. Une femme d'esprit, qui l'avait écouté, lui dit : « Mais, monsieur, de transmigration en transmigration, où est-ce que nous arriverons ? Car enfin il faut arriver à quelque chose et quelque part. Nous ne pouvons pas toujours changer de peau. » Le philosophe répondit froidement : « Mon Dieu, madame, est-ce que je suis le bon Dieu pour vous expliquer cela ? » Parole naïve et profonde ; car, c'est peut-être l'aveu le plus explicite et le plus sincère à la fois qui ait jamais été fait par un philosophe de la nécessité d'une révélation.

Une autre preuve que la révélation ne répugne point à l'esprit de l'homme, c'est le besoin du merveilleux qui se retrouve dans tous les temps et chez tous les peuples, ou le penchant à expliquer les phénomènes de la nature par des causes surnaturelles. Sans doute il y a souvent abus, erreur. Mais enfin le principe est là ; la tendance est universelle ; il y a un besoin inné dans le cœur de l'homme de croire aux choses qui surpassent sa raison. C'est pour cela qu'on a amusé notre enfance avec des fables et des contes de fées, et c'est en effet très-amusant.

> Si Peau d'âne m'était conté,
> J'y prendrais un plaisir extrême,

a dit La Fontaine.

Ce penchant subsiste avec l'âge ; il nous faut toujours du surnaturel, même quand les philosophes ne voudraient plus nous en laisser. Qu'est-ce qui plaît le plus au peuple dans les spectacles dont il est avide? Les choses surnaturelles. Il lui faut l'intervention des dieux, des déesses, des génies, des démons. Il lui faut des miracles, des choses au-dessus de ce monde. Les hommes qui passent pour éclairés, et qui ne veulent pas du surnaturel en fait de religion, probablement parce qu'il 'les gêne et que la religion l'enseigne, où vont-ils la plupart du temps, quand ils ont quelque grave inquiétude, s'ils sont malades, ou s'ils ont été volés? Ils vont consulter les somnambules. Ne pourrait-on pas leur dire : Soyez donc d'accord avec vous-mêmes? Vous ne croyez pas au surnaturel, et vous croyez à une femme qui, les yeux fermés, va regarder dans l'intérieur de votre corps et y verra le siége de votre maladie, puis apercevra sur une montagne éloignée ou dans un bocal de pharmacie la plante nécessaire à votre guérison. Cette femme, qui ne peut pas être pour vous une prophétesse, puisque vous ne croyez pas à l'inspiration prophétique, vous dira ce que vous avez fait, ce que vous avez dit, ce que vous avez pensé. Vous croyez à tout cela et vous ne croyez pas à la parole révélée. Vous acceptez comme vérité ce que vous affirme une somnambule, et vous révoquez en doute l'authenticité des livres de Moïse et des Évangiles. Vous n'avez pas de foi religieuse, et c'est pourquoi vous avez une foi superstitieuse. Tant il est vrai que vous avez besoin d'une foi quelconque, et c'est parce que ce besoin est inhérent à l'âme humaine que Dieu y a pourvu par la révélation. Car c'est une chose triste à dire; quand on ne croit pas en Dieu, on croit aux devins, aux sorciers, et les esprits les plus incroyants sont ordinairement les plus crédules. Puisque vous avez naturellement un si pressant besoin de foi, appliquez donc ce besoin de croire à la vérité que la parole de Dieu a manifestée. Il me semble que cette révélation vaut bien celle des poëtes, des illuminés, des esprits frappeurs et des somnambules.

La véritable religion propose comme objet de foi des dogmes, dont quelques-uns sont accessibles à la raison, dont les autres la dépassent, mais qui tous sont utiles pour éclairer la science humaine et surtout pour régler les mœurs. Chez toutes les nations, anciennes et modernes, il y a des croyances de ce genre. Sans doute il peut se cacher dans ces traditions des erreurs, des imaginations, des superstitions, et c'est pourquoi il faut diriger ce penchant de l'humanité, en déterminant les vérités auxquelles il doit s'appliquer. Autrement il précipitera les peuples dans l'idolâtrie et la dépravation.

Les philosophes les plus célèbres ont pensé sous ce rapport comme les peuples. La puissance de leur génie et l'élévation de leur raison ne les ont point empêchés d'avoir recours aux traditions antiques.

Pythagore, cet homme si remarquable, qui ne s'est pas contenté de philosopher dans l'école, mais qui soumettait ses disciples à une discipline sévère pour purifier et élever leur intelligence, voyait dans la science autre chose qu'une spéculation, et il ne croyait pas que la seule raison pût y suffire. Il voulait qu'on s'y adonnât tout entier, par son cœur, par son esprit et même par son corps. Il a gouverné des villes, donné des constitutions à des républiques, et pendant longtemps son école a régné, à la lettre, dans la Grande-Grèce. Ses disciples le regardaient presque comme un prophète, parce qu'il appuyait sa doctrine sur d'anciennes traditions, lesquelles étaient des débris de la révélation primitive, profondément altéréo sans doute, mais où il y avait encore des parcelles de vérité. Platon, dans toutes les questions profondes, en appelle toujours à la tradition, aux révélations d'autrefois, et quand il a une difficulté à résoudre, Socrate qu'il fait parler, invoque une parole transmise par une femme inspirée, par quelque Diotime. Ainsi les philosophes les plus sublimes, comme les peuples les plus ignorants s'accordent dans la croyance au surnaturel, et le genre humain a cru partout et toujours que Dieu a révélé aux hommes en divers temps et de diverses manières, par un langage extérieur, oral ou écrit, certaines vérités qui sont au-dessus de la raison humaine.

Enfin, non-seulement la révélation est possible et moralement nécessaire, mais encore elle est et elle a toujours été. Elle existe sur la terre depuis la création de l'homme, et tous les documents historiques, sacrés ou profanes s'accordent à l'affirmer. Il y a toujours eu dans le monde une croyance à une religion révélée. Il y a toujours eu une tradition pour en perpétuer le souvenir et en communiquer les enseignements. Nous voyons par la Genèse que Dieu parla à nos premiers parents dès l'origine, et quand l'humanité est tombée et s'est pervertie par le mépris de la parole divine, cette communication est devenue encore plus nécessaire à cause de l'obscurcissement de l'intelligence et de la corruption du cœur chez les enfants des hommes. Après la révélation patriarcale est venue celle de Moïse, et après la révélation mosaïque celle de l'Évangile, en sorte que le genre humain n'a jamais été destitué du secours surnaturel de la parole de Dieu, orale, écrite, ou traditionnelle.

Ce fait, qui est incontestable, simplifie singulièrement la question si controversée de nos jours, à savoir : Qu'est-ce que la raison peut faire seule, tant sous le rapport de la science que sous celui de la religion et de la morale? A quoi on peut répondre : mais si elle n'a jamais été seule, que sert de rechercher ce qu'elle peut faire dans une situation où elle ne s'est jamais trouvée ? Le problème est résolu par l'histoire. La raison n'a jamais été abandonnée à ses seules lumières. Dieu a parlé à l'homme dès le commencement et lui a communiqué les idées primitives avec le premier langage; puis cette révélation a été renouvelée après la chute. L'homme tombé et errant sur la terre a été conduit par les patriarches auxquels Dieu manifestait ses volontés. La révélation a suivi l'homme pour le secourir dans tous les degrés de son abaissement, et quand la loi naturelle et patriarcale a été foulée aux pieds par les nations, pour lui donner plus de clarté, plus de stabilité, Dieu ne s'est pas contenté de parler à Moïse, il a écrit de sa propre main les principes de la justice sur des tables de pierre, dont il a confié le dépôt et la garde à un peuple choisi, jusqu'à ce qu'il les gravât en caractères vivants dans le cœur de tous les hommes par le Verbe lui-même, par la parole de Jésus-Christ. Donc la raison n'a jamais été seule, et qu'importe alors ce qu'elle pourrait faire, si elle était laissée à ses propres forces?

Mais alors, dira-t-on, qu'est-ce que l'état de pure nature, dont parle la théologie? Les théologiens admettent l'état de pure nature comme une hypothèse, comme une possibilité, tout en reconnaissant qu'il n'a jamais existé. Car la théologie ne peut pas contredire la parole de Dieu, qui atteste l'existence de la révélation dès l'origine. Donc la raison n'a jamais été seule, donc il n'y a pas lieu de rechercher ce qu'elle a pu faire toute seule. C'est la meilleure réponse à faire aux déistes qui disent : Avec la raison seule, ses lumières et ses progrès, nous nous faisons fort d'expliquer tout ce qu'on attribue à l'influence surnaturelle de la religion. Comment le ferez-vous, puisque vous avez toujours été sous cette influence? Car vous avez été élevés chrétiennement, au sein d'une société chrétienne, au milieu d'institutions chrétiennes, par des parents et des maîtres formés eux-mêmes chrétiennement.

Vous avez sucé la séve du christianisme avec le lait de vos nourrices. Toutes vos idées les plus profondes et les plus élevées, tous vos meilleurs sentiments vous ont été inspirés dès le bas âge par cette influence chrétienne, à laquelle vous n'avez pu échapper.

Certains philosophes, pour se tirer de cette difficulté et prouver l'état de pure nature, imaginent une île déserte, où vivrait un enfant, sans doute tombé du ciel, et ils s'ingénient à décrire son développement intellectuel et moral, qu'ils imaginent, à l'exemple de Condillac, voulant expliquer la génération des idées, invente une statue dont il ouvre successivement les sens comme les fenêtres d'une maison, pour constater au passage tout ce qui entrera par chaque ouverture, ne s'apercevant pas dans sa naïveté philosophique, qu'il retrouve justement dans son homme-statue tout ce qu'il y a mis. Ainsi de l'explication de l'état de pure nature et de la religion naturelle selon les philosophes ; ils y mettent tout ce qu'ils veulent.

L'état de pure nature, tel que l'admettent les théologiens, est donc une simple possibilité, une hypothèse raisonnable, un être de raison que nous pouvons concevoir en puissance, mais qui n'a jamais passé de la puissance en acte. Il est donc très-difficile de le décrire, de le déterminer, et moralement cela n'est pas nécessaire puisqu'il n'a jamais existé. Alors pourquoi susciter des difficultés inutiles? Toutes ces questions sont oiseuses, embarrassantes, sinon périlleuses ; car elles sont pleines d'obscurités, de subtilités, et ne mènent à rien dans la pratique. On peut être un excellent chrétien, plein de foi, d'espérance et de charité, quel que soit le parti pris dans cette controverse. Pourquoi alors se passionner pour des opinions inutiles, aigrir ou troubler sa vie pour des choses qui ne peuvent la rendre meilleure ?

CHAPITRE·VII

DE LA LOI RÉVÉLÉE.

De la loi révélée. — Quatre époques principales de la révélation : 1° dans le paradis, avant et après la chute ; 2° la loi patriarcale, orale et traditionnelle ; 3° la loi mosaïque, qui a une double fin : 4° la loi évangélique, ou la loi nouvelle, complément de l'ancienne. — Différences principales entre la loi ancienne et la loi nouvelle.

Nous avons montré l'insuffisance de la loi naturelle, soit pour la direction de la conduite individuelle et la morale privée, soit pour le gouvernement des peuples et la vie sociale. Nous avons vu que, d'un côté comme de l'autre, tout en posant des principes évidents, et tirant de ces principes des conséquences prochaines ou éloignées, la raison restait souvent embarrassée dans l'application de ces principes et de ces conséquences, et que même il y a bien des cas où la loi naturelle seule serait impuissante. Cela est incontestable chez les nations. Il est clair que si on laissait les membres d'une société à la seule direction de la loi de nature, cette société ne pourrait subsister; il y a plus, elle ne pourrait pas se fonder. Car, en définitive, chacun restant l'interprète, le juge de la loi et de ses applications, en cas de division et de collision tous prétendraient avoir raison. Donc il faut une loi positive, soit civile et politique dans l'ordre social, soit révélée et religieuse pour l'ordre moral.

S'il faut une loi positive et que la loi, comme nous l'avons dit, ressorte du rapport du supérieur naturel à l'inférieur, cette loi, en vertu de notre définition, ne peut pas émaner des hommes; car aucun homme n'est supérieur à l'homme, ni individu, ni collection, ni peuple. Je ne prétends pas, on le pense bien, que les hommes ne puissent établir des conventions entre eux; cela est dans leur liberté et dans leur droit. Mais la convention n'est pas le principe de la loi, et elle n'en est pas non plus la sanction. Car les conventions ne valent qu'autant qu'elles sont conformes à la justice, et il n'y a de justice en elles que par leur conformité avec la loi principe. Donc il y a un principe qui les domine toutes, et c'est justement à ce principe que nous sommes ramenés. S'il faut une loi positive, si cette loi ne peut être donnée à l'homme que par un supérieur, comme l'homme n'a de supérieur naturel que Dieu, il est évident que la loi dérive de Dieu, *Omnis potestas a Deo*, dit l'apôtre. Mais comment Dieu donne-t-il à l'homme une loi positive? Ce ne peut être par des moyens naturels, puisqu'ils ont été trouvés insuffisants. Donc ce sera par un moyen extra-naturel, ou, plutôt surnaturel, qu'on appelle la révélation. La nécessité de la loi révélée est donc démontrée par l'impuissance même de la loi naturelle.

La révélation est, comme nous l'avons dit, la manifestation extérieure et surnaturelle d'une vérité, que Dieu fait à l'homme sur une matière quelconque, sur la religion, sur la morale, ou même sur des choses temporelles, comme chez les Juifs. Nous avons montré que la révélation ainsi basée est possible, c'est-à-dire qu'elle n'implique contradiction ni de la part de Dieu, ni de la part de l'homme, et qu'en outre elle répond admirablement au besoin du merveilleux, qui est inné à l'âme humaine.

Nous avons maintenant à expliquer ce qu'est la loi révélée. Nous avons déjà dit qu'elle a existé dès le commencement, qu'après avoir été obscurcie à travers les âges par les sens, l'imagination, les passions, les pensées des hommes, elle a été ravivée et proclamée en termes toujours plus clairs et plus positifs par la parole de Dieu, jusqu'à ce qu'enfin elle ait paru dans toute sa plénitude, avec tout son éclat dans l'Évangile. Il y a donc quatre époques principales de la loi révélée, et à chacune de ces époques elle s'est manifestée d'une manière spéciale. C'est ce que saint Paul nous dit au commencement de l'épître aux Hébreux : « Multifariam mul- « tisque modis olim Deus loquens patribus in prophetis, « novissime diebus istis locutus est in Filio, etc... » Dieu nous ayant parlé en différentes fois et de diverses manières par les prophètes, nous parla en dernier lieu par son Fils.

La première époque est à l'origine même de l'homme, dans l'Éden, dans le paradis. La seconde est après la chute, et elle se continue à travers l'ère patriarcale. La troisième est la loi de Moïse, et la loi chrétienne fait la quatrième.

Nous trouvons la première révélation dans la Genèse, qui est ici notre document unique ; car c'est le seul livre qui explique d'une manière claire l'origine de l'homme et son commencement. Nous y trouvons que Dieu a créé l'homme à son image, et l'a créé adulte avec le plein développement de ses facultés naturelles, et de plus avec un surcroît de dons surnaturels. Il a donc été constitué dans un état d'innocence, de justice et de sainteté. Mais dès sa création il n'était pas arrivé au terme de la perfection à laquelle Dieu le destinait. Il avait une épreuve à subir, car il était libre, et l'être libre ne peut être affermi dans

le bien que par un acte de sa volonté, qui choisisse librement le bien en face du mal ; ce qui revient à dire que
l'homme, bien qu'enrichi de grâces surnaturelles, ne
participait pas cependant encore à la plénitude de la vie
divine, dont il ne possédait que les prémices par la grâce.
Gratia inchoatio gloriæ, dit saint Thomas. Il ne devait y
entrer pleinement qu'au temps de sa consommation définitive, après le succès de l'épreuve.

Dans cet état primitif, il y avait une loi positive et la
Genèse l'énonce clairement. Dieu avait dit à l'homme :
Voici tous les végétaux, tous les fruits du paradis, vous
pouvez en manger ; mais l'arbre de la science du bien et
du mal vous est interdit, vous ne toucherez pas à son
fruit ; car si vous en mangez, vous mourrez. Voilà une
législation aussi nette que possible. Maintenant, qu'é-
tait-ce que ce fruit de l'arbre de la science du bien et du
mal ? Cela est mystérieux sans doute, mais enfin ce mystère n'est pas si obscur qu'on ne puisse y comprendre
quelque chose. Certainement il y avait un arbre et cet
arbre portait un fruit défendu ; ce sont des faits réels, et
je ne suis pas de ceux qui ne voient que des mythes dans
les paroles de la Genèse. Mais si les faits sont réels, là
aussi, comme dans tous les faits, il y a des idées dont ils
sont les symboles. Il est évident, au moins pour moi, que
cette défense interdisait à l'homme de scruter les profondeurs et les contradictions du bien et du mal, c'est-à-
dire de chercher à connaître le mal. Le but de la loi était
de préserver un être innocent et pur du mensonge, de
l'erreur et de toutes les misères qui en sortent ! Hélas !
c'est depuis que cette première loi a été violée que nous
savons les contraires en toutes choses, et que nous avons
tant de peine à sortir des contradictions. Nous passons
notre vie à chercher la vérité, la poursuivant sans cesse,

l'espérant toujours et ne l'atteignant que bien rarement. C'était là ce que Dieu voulait nous épargner. Ce qui était défendu, c'était la science du mal, dont l'homme n'avait pas besoin, puisqu'il avait la vue et le goût du bien. Dieu ne voulait pas qu'il connût ce qui lui serait funeste, le mal déjà existant, afin qu'il n'en fût pas infecté et perverti. Dieu voulait le conserver dans son état d'innocence, de pureté et de bonheur. Le fruit réel de l'arbre de la science du bien et du mal est le symbole de cette idée.

Quoi qu'il en soit, voilà déjà une loi positive dans le paradis, et ce n'est pas la seule. L'homme reçoit aussi le commandement de cultiver et de gouverner le monde où Dieu l'a placé. C'est la loi du travail et le témoignage de la supériorité de l'homme sur tous les êtres qui l'entourent, et cette supériorité, qui est de droit divin, a persisté après la chute. Nous exploitons toutes les existences, les employant à nos besoins, en vertu de ce droit primordial qui nous a été donné par le Créateur sur les autres créatures. Autrement, quel droit aurions-nous sur ces êtres, pourquoi serions-nous les maîtres de leur vie ? A coup sûr ce n'est point par le droit du plus fort, puisqu'elles nous dévorent quelquefois. D'ailleurs, jamais la force n'a fondé un droit ; il faut donc qu'il y ait là quelque chose de plus haut qui établisse et sanctionne notre puissance. C'est une question grave, que nous ne pouvons qu'indiquer en passant.

Nous trouvons encore à cette époque la loi fondamentale de la famille et de la société, celle qui rend le mariage un et indissoluble. La loi naturelle, comme nous l'avons vu, n'est ni claire ni décisive sur cet article. Il y a des raisons pour soutenir que la monogamie est de droit naturel, et d'autres aussi pour affirmer que la polygamie ne lui est pas contraire, et qu'ainsi elle est au moins permise. Mais la loi révélée la défend expressément. Il est écrit dans la Genèse : L'homme quittera son père et sa mère, s'attachera à sa femme, et les deux ne feront qu'une même chair. Il est impossible de poser plus nettement l'unité et l'indissolubilité du mariage.

Après le péché et la chute de nos premiers parents viennent de nouvelles lois, en raison des événements survenus et du changement de position du genre humain. Il est dit à l'homme, qui a enfreint le commandement divin, en voulant connaître le bien et le mal afin de régner et d'être égal à Dieu : tu travailleras à la sueur de ton front; cette terre, qui te donnait naturellement et d'elle-même tout ce qui t'était nécessaire, se couvrira de ronces et d'épines, et tu ne pourras en tirer ta nourriture qu'en lui déchirant les entrailles et l'arrosant de tes sueurs. Et toi, femme, qui t'es laissé séduire par le serpent, tu enfanteras dans la douleur et ton mari te dominera. Vous retournerez à la terre dont vous avez été tirés; car vous êtes poussière et vous redeviendrez poussière. Ces terribles lois pèsent aujourd'hui sur l'humanité. C'est pourquoi, non-seulement nous gagnons le pain du corps à la sueur de notre corps, mais aussi le pain et la nourriture de l'intelligence. Car tandis qu'auparavant Dieu se communiquait à l'homme et que dans ces communications divines la vérité se montrait à lui, spontanément, maintenant nous avons bien de la peine à en apercevoir quelques rayons au milieu des ombres qui nous entourent, et nos lumières sont toujours mêlées de ténèbres et d'erreurs. Le travail de l'esprit est devenu encore plus fatigant que celui du corps; et quand les hommes qui travaillent des mains envient nos positions, quand ils s'imaginent que nous sommes des oisifs, des fainéants, comme on disait il y a quelques années, et qu'eux seuls, parce qu'ils ont des mains noires et calleuses, sont des travailleurs, ils ne savent pas ce que coûte l'exercice de la pensée. Il est bien autrement pénible que de retourner la terre ou de façonner la matière. Que de fois, dans ma jeunesse, en préparant les leçons que je donnais en public, et quand il me fallait résumer et élaborer les idées de tout le monde pour m'en faire qui me fussent propres et en présenter le tableau clair et animé à mon auditoire; que de fois dans mes veilles et mes angoisses je me suis pris à envier le sort des gens qui gagnent leur vie avec leurs bras! Eux au moins, quand ils ont fini leur ouvrage, ils sont tranquilles! Mais celui qui cherche la vérité ne l'est jamais, et s'il a vraiment l'enthousiasme de la science, s'il veut la communiquer aux autres, il s'use à petit feu; il s'use si bien qu'il est souvent consumé avant l'âge.

A cette loi, qui condamne, a été ajoutée par la miséricorde de Dieu une loi d'espérance, la promesse du libérateur : la femme brisera la tête du serpent, et le serpent tâchera de la mordre au talon. De la race de la femme sortira celui qui écrasera l'ennemi du genre humain.

La loi après la chute a été appelée patriarcale, parce qu'elle a été donnée et renouvelée par les communications de Dieu avec les patriarches ou les premiers pères du genre humain. Elle comprend plusieurs vérités, d'abord toutes celles de la loi naturelle, puis d'autres qui la surpassent, à savoir : les dogmes de l'unité de Dieu, de la création, du culte dû à Dieu, de la distinction des esprits, des esprits du bien et des esprits du mal, la chute de l'homme et ses suites, l'attente du libérateur. On trouve des traces de ces vérités chez tous les peuples, en des traditions plus ou moins obscurcies. Sans doute on y rencontre aussi l'idolâtrie, le polythéisme et quelquefois le panthéisme. Mais la croyance à un Dieu supérieur, *optimus et maximus*, créateur des dieux et des hommes, *hominum sator atque deorum*, existe chez tous les peuples, bien que quelques savants aient prétendu que chez les Chinois, les Thibétains, et les Mongols on ne trouve pas même d'expressions pour signifier Dieu. Je ne sais pas ces langues, et ainsi je ne puis en juger philologiquement. Mais ce que je sais, c'est que ces nations ont des idoles, et par conséquent l'idée de la Divinité. Elles en ont une notion fausse, idolâtrique; mais on n'est point idolâtre sans reconnaître un dieu.

Il y a aussi chez tous les peuples la croyance à des esprits bons et à des esprits mauvais, aux bons et aux mauvais anges, c'est-à-dire à des êtres intermédiaires entre Dieu et l'homme, qui servent, soit à transmettre aux hommes les ordres et les bénédictions de Dieu, soit à porter jusqu'au trône de Dieu les prières, les supplications et les actions de grâces des hommes.

Ces traditions, qu'on retrouve partout plus ou moins pures, ramènent toutes à une tradition primitive, dont elles sont sorties; elles aboutissent toutes aussi, plus ou moins prochainement, à une fin commune, la croyance à une libération future, à une rédemption de l'humanité.

Voilà ce que renfermait la révélation patriarcale faite aux premiers pères de la famille humaine, et par eux à l'humanité. Elle s'est répandue par la tradition chez les nations, quand elles ont été dispersées, et c'est pourquoi on a raison d'affirmer que jamais l'humanité n'a existé sans révélation, sans loi positive divine. Cette révélation n'a pas été bornée à un seul peuple. Elle a été

8.

faite à tout le genre humain dès l'origine, et le genre
humain en grandissant l'a conservée, en sorte que tous
les peuples dans leurs habitudes sociales, dans leurs rites
religieux et dans leurs croyances offrent des vestiges de
la révélation primitive. Mais cette tradition, qui n'était
pas écrite, s'est altérée. La vraie doctrine révélée, d'a-
bord acceptée par les hommes telle que Dieu l'avait donnée, a été bientôt défigurée, parce que tout se transforme
dans l'imagination et par les passions des hommes.
L'imagination augmente ou diminue toujours; elle exagère afin de rendre les choses plus saillantes, plus remarquables, et pour exciter davantage l'attention. Puis
chaque homme, ayant sa manière de voir, veut mettre
du sien dans ce qu'il raconte, il appose son cachet à tout
ce qui passe par son esprit ou par ses mains; et ainsi la
tradition, qui traverse les générations, est semblable
à l'eau d'un fleuve qui traverse plusieurs terrains, dont
elle emporte le limon dans son cours. Qu'on juge comment une doctrine non écrite s'altère par ce qui se
passe parmi nous. Un événement a eu lieu, une parole
a été dite, vous avez vu, vous avez entendu, vous avez
connu les choses au moment où elles sont arrivées. Quelque temps après on vous rapporte le fait ou la parole,
toujours avec la particule *on*, on dit que, etc... Vous re-
connaissez ce dont vous avez été témoin, mais tellement
exagéré, tellement chargé de circonstances nouvelles,
qu'en vérité c'est tout au plus si vous pouvez le reconnaître. Toutes les fois qu'on se trouve à une source
quelconque de pouvoir, on est nécessairement initié à
des secrets, on sait les choses au moment même où elles
ont été décidées et avant leur révélation. Eh bien, quand
on compare les *on dit*, qu'on vous rapporte bientôt, avec
les décisions auxquelles on a pris part, on est ébahi de

voir combien elles ont changé en route, et comme les *on dit* ou les bruits populaires ont défiguré les faits les plus simples et qu'on sait pertinemment. Que sera-ce donc des traditions et des doctrines qui traversent les peuples et les siècles sans être fixées par l'Écriture? Chaque génération les transformera à sa guise, et ainsi la vérité se trouvera mélangée de toutes sortes d'erreurs.

La loi patriarcale devait donc être défigurée par la tradition changeante et mobile. Or ce que Dieu voulait surtout conserver pur parmi les hommes, c'était la véritable idée de lui-même, la connaissance du Dieu un et créateur, de ce que Dieu est pour l'homme et de ce que l'homme est pour Dieu, c'est-à-dire la vraie religion qui est la source de toutes les vérités. A cette fin Dieu a écrit lui-même la loi mosaïque.

Aujourd'hui encore, tout éclairés que nous sommes, nous chrétiens depuis dix-huit siècles, qui nous vantons de notre philosophie et de nos lumières, si nous n'avions pas des lois écrites pour régler nos sociétés et nos transactions, nous tomberions bientôt dans le désordre, l'anarchie et la confusion. A mesure que la faiblesse humaine s'est montrée, à mesure que les desseins de Dieu ont été contrariés par les passions de l'humanité toujours charnelle, raisonneuse, prête à se révolter et à se faire une science à elle, prétendant expliquer les choses à sa façon et mettre sa volonté en place de la volonté divine, Dieu dans sa bonté a proportionné son gouvernement à tant de misère, et il a abaissé les moyens de sa providence à l'imbécillité de ceux qu'il voulait sauver. Tout cela nous paraît extraordinaire, et cependant dans nos sociétés si fières de leur civilisation, n'est-ce pas toujours la même chose? En dehors de l'es-

prit chrétien, qui inspire l'obéissance, la patience et la
résignation, est-ce que chacun ne voudrait pas gouverner à sa guise, créer des constitutions et refaire les
lois ?

Tels nous sommes en face du pouvoir qui nous gouverne, telle l'humanité a été à l'égard de Dieu. C'est pourquoi dans sa miséricorde, toujours accommodée à leur
faiblesse, il a dit aux hommes : Vous ne pouvez conserver pure dans vos cœurs la loi que je vous ai donnée, eh
bien ! je vais l'écrire de mon propre doigt sur des tables
de pierre ; vous l'écrirez à votre tour sur les poteaux de
vos portes, sur les franges de vos robes, vous la mettrez
en bandeaux sur vos fronts , pour que vous l'ayez toujours devant les yeux, et qu'elle vous soit présente.

Voilà ce qui a donné lieu à la loi de Moïse, qui est
tout à la fois révélée et écrite. Elle a été écrite afin de
fixer d'une manière positive et en caractères sensibles
ce que la loi naturelle ordonne et défend. Le Décalogue
comprend en effet toutes les vérités de la loi naturelle,
mais il y ajoute des prescriptions nouvelles et une sanction extérieure. Il dit en termes clairs ce qu'il faut faire
ou ne pas faire. On ne peut pas s'y tromper, au lieu que
la loi naturelle, qui ne trouve nulle part une expression
rigoureuse et précise, est toujours livrée à l'interprétation de chacun.

La loi mosaïque a donc deux fins, une fin universelle
et une fin particulière. La fin universelle est la prépara-
tion de la venue du Libérateur et du salut du genre
humain. A ce titre elle est médiate et préfigurative. Elle
devait concentrer dans un peuple choisi la vraie doctrine
religieuse, y conserver l'idée pure de Dieu et de son
culte, et par conséquent tendre par tous les moyens à
préserver le peuple élu de l'idolâtrie. Voilà pourquoi

elle a été confiée à une petite nation. Si c'eût été un grand peuple, il eût été difficile de le préserver. La race d'Abraham, après avoir traversé toutes sortes d'infortunes, sort de l'Égypte, conduite par Moïse. Dieu la sépare soigneusement des autres nations, pour qu'elle ne soit pas infectée de leurs erreurs et de leurs vices, et qu'elle reste pure du culte des idoles. Il instruit et gouverne lui-même ce peuple, parce qu'il veut en faire sortir deux grandes choses, le Libérateur promis dès l'origine, qui doit naître de la postérité d'Abraham, et la vraie science de Dieu qui y sera conservée inaltérable et même avec un scrupule judaïque, afin que par l'immutabilité de la lettre la parole divine subsiste dans le monde. Le grand mérite des Juifs est d'avoir été le peuple conservateur de la vérité. Par là ce peuple, qui paraît si misérable, a eu l'honneur de recevoir la plus haute mission et de remplir dans les destinées du genre humain le plus grand rôle qui aient jamais été donnés par la Providence à une nation. On comprend alors pourquoi Dieu l'entoure de tant de barrières, pourquoi il l'excite sans cesse par des promesses ou l'effraye par des menaces, pourquoi il le frappe souvent de châtiments effroyables. C'est afin de le maintenir dans la ligne providentielle, pour qu'il ne dévie pas du but qui lui a été marqué, et qu'il ne faillisse pas à sa vocation, en se mêlant aux nations voisines qui le pervertiraient par la contagion de leurs erreurs et de leurs superstitions.

La loi mosaïque a encore une autre fin plus prochaine, la constitution du peuple hébreu. Dieu lui a donné lui-même les lois nécessaires à son gouvernement, et en même temps il le prépare par des lois morales au perfectionnement auquel il le destine. De là les différentes espèces de lois renfermées dans la révélation mosaïque, le Décalogue qui comprend et formule les principales dictées de la loi naturelle, les lois cérémonielles qui prescrivent tout ce qui se rapporte au culte, les lois judiciaires pour rendre la justice, et les lois politiques qui constituent l'État, en sorte que ce peuple est vraiment un peuple privilégié, un peuple à part. Il est le seul peuple au monde qui ait eu l'insigne honneur d'avoir immédiatement Dieu pour roi, et la plus grande faute qu'il ait jamais commise, son plus grand malheur, a été de se lasser du gouvernement divin et d'avoir voulu être gouverné par un homme. Il a demandé un roi, il l'a demandé à grands cris, et ce roi lui a été donné. Mais Dieu, en se rendant à son vœu insensé, lui annonce tout ce qu'il lui en coûtera. Vous voulez un roi qui vous ressemble, un roi de chair et d'os comme vous, vous l'aurez, puisque vous le demandez ; mais voici tout ce qu'il fera ; et alors vient une longue et terrible énumération des excès de la royauté humaine, que je ne veux pas rapporter ici pour ne pas donner occasion à des allusions qui sont loin de ma pensée.

Vient ensuite une quatrième phase de la loi révélée, ou la loi qu'on appelle nouvelle par opposition à la précédente, qui est nommée ancienne. C'est le Nouveau Testament en face de l'Ancien. Ici la parole révélée n'a pas été écrite dès l'origine. Jésus-Christ n'a rien écrit, ou plutôt il n'a pas écrit sur des tables de pierre, mais sur des tables de chair, c'est-à-dire dans les cœurs. Il est législateur aussi bien que Moïse, quoi qu'en ait dit Calvin. Calvin s'attache à démontrer que le titre de législateur ne convient pas à Jésus-Christ, parce qu'il n'a posé aucune loi nouvelle. Il a dit au contraire qu'il ne venait pas détruire l'ancienne loi, mais seulement l'accomplir et la perfectionner, ou plutôt, affirme Calvin, il est venu pour détruire toutes les lois, et rendre la liberté aux enfants de Dieu, ne leur demandant qu'une seule chose, la foi en sa parole, la foi en sa vérité. La foi seule peut sauver sans les œuvres humaines, qui sont toutes mauvaises, en sorte qu'il suffit de croire pour être justifié, les œuvres fussent-elles détestables. Et Luther ajoute : « Eussiez-vous commis dix mille adultères, si vous croyez en Jésus-Christ, ses mérites vous sont imputés en vertu de votre foi, et votre salut est assuré. » C'est commode, mais ce n'est pas beau.

Je n'ai pas mission de relever ici ces erreurs et de les combattre. Je ferai seulement remarquer en passant que cette théorie de la justification est l'erreur fondamentale du protestantisme, et qu'elle repose sur une fausse interprétation de plusieurs textes de saint Paul, où il oppose les œuvres extérieures de la loi ancienne, par lesquelles les Juifs croyaient être justifiés, à l'esprit de la loi nouvelle qui seule peut sauver par la grâce du Rédempteur, et qui s'acquiert uniquement par la foi en Jésus-Christ et la participation à ses œuvres.

Jésus-Christ est législateur, il a apporté une loi nouvelle. *Mandatum novum do vobis*, je vous donne une loi nouvelle, a-t-il dit à ses disciples. Donc il pose une loi, et quelle est-elle ? *Ut diligatis invicem, sicut dilexi vos*, que vous vous aimiez comme je vous ai aimés, ce que n'avait pas dit la loi ancienne. Elle avait dit : Aimez Dieu par-dessus tout, et votre prochain comme vous-même. Elle n'avait pas dit : aimez votre prochain plus que vous-mêmes, comme je vous ai aimés en donnant ma vie pour vous. Celui-là seul aime bien qui donne sa vie pour ce qu'il aime. Moi, je suis descendu du ciel pour vous, j'ai souffert pour vous, j'ai versé tout mon sang pour votre salut. Voilà le commandement de la loi nouvelle. On peut dire que c'est un conseil de perfection et non un précepte de justice. Ce serait à discuter. Mais voici d'autres lois positives que Jésus-Christ a nettement posées. Aux dictées de la loi naturelle et aux préceptes du Décalogue il a ajouté comme moyen nécessaire du salut la foi aux mystères qu'il a révélés, à la sainte Trinité, à l'incarnation du Verbe, à l'eucharistie, à la vertu réparatrice de son sacrifice, à sa résurrection, à sa grâce, mystères qui sont les fondements de la doctrine chrétienne. Il a établi comme moyens nécessaires du salut les sacrements qui engendrent la grâce et sans lesquels on ne peut être sauvé. Il a établi la nécessité du baptême comme celle de la foi ; celui qui croira en votre parole et sera baptisé sera sauvé. Jamais il n'y a eu de loi plus positive. Il a établi ce qui concerne la matière et la forme des sacrements ; il a donné le pouvoir de les administrer, avec les conditions auxquelles ce pouvoir peut être exercé et qui le rendent salutaire. Il a institué le grand sacrifice qui remplace tous les autres, et dont tous les autres tiraient leur vertu par anticipation. Donc il est législateur. La loi ancienne avait prophétisé, préfiguré toutes ces choses, mais elle ne les connaissait pas. Elle les faisait entrevoir à travers ses figures et ses ombres ; elle les préparait, mais elle ne pouvait produire par elle-même la grâce que les sacrements de la nouvelle loi communiquent.

Quelles sont les différences entre la loi nouvelle et la loi ancienne ? Il y en a beaucoup ; je citerai· seulement les principales.

Saint Paul a dit : *Lex nihil adduxit ad perfectum.* La loi ancienne n'a rien mené à la perfection. Elle ne peut rendre l'homme parfait. Or la perfection est la participation à la vie de Dieu, l'union intime avec Dieu. Dieu 'en créant l'homme l'a comblé de dons naturels et surnaturels. Les dons naturels font le développement humain de ses facultés ; les dons surnaturels viennent de la grâce , et la grâce est une émanation de la vertu divine. Car celui qui aime bien tend à s'unir à ce qu'il aime ; l'amour aspire toujours à l'union la plus intime. Or Dieu, dans sa bonté pour l'homme, a voulu s'unir immédiatement à lui, et c'est ce qu'il a fait par la grâce ; car jamais la vie humaine par ses seules forces ne pourrait atteindre à l'éternelle vie. Jamais notre nature, si perfectionnée qu'on la suppose, ne s'élèvera par sa propre vertu à la participation de la nature divine. Dieu seul a pu l'y élever. Il l'a admise à ce commerce divin, *consortes naturæ divinæ*, dit saint Pierre ; il nous a rendus participants à sa propre nature en Jésus-Christ par sa grâce et ses sacrements qui la distribuent. C'est ce que la loi ancienne ne faisait point ; car elle n'était pas une loi de grâce, mais de justice ; elle préparait l'homme à l'état de grâce, mais elle était impuissante à l'y introduire. *Lex nihil adduxit ad perfectum.* C'est le don de la loi nouvelle. Elle seule nous exalte à cette hauteur, et transfigure l'humanité. Alors, comme le dit saint Paul, ce n'est plus l'homme qui vit, mais Dieu qui vit en lui.

Si l'on veut se faire une idée, encore bien imparfaite sans doute, de cette glorification de l'humanité, qu'on considère le poëte , l'orateur, l'homme de génie, saisi tout d'un coup par une force qui l'emporte au-dessus de ses semblables, et alors il voit ce qui échappe au vulgaire, une idée sublime, un trait de lumière, une grande doctrine, une découverte dans l'art ou la science. *Deus, ecce Deus!* a dit le poëte. Oui, voilà le dieu qui vient et le ravit, et dans cette extase se produisent de grandes choses. L'homme est alors, comme la langue vulgaire le dit si bien, transporté hors de lui. Ce n'est pas encore cependant une participation à la vie divine, bien que ce soit une exaltation de l'humanité. Les anciens disaient le poëte inspiré par la muse. La muse signifie quelque chose de réel, d'objectif. Sans doute on peut se figurer ce qu'elle représente de diverses façons ; mais toujours est-il qu'il y a une source extérieure de l'inspiration, et qu'on ne s'inspire pas soi-même. Autrement nous serions tous inspirés, et des hommes de génie. Or, combien y en a-t-il sous le soleil? Qui donc inspire? C'est aussi un souffle, dont l'homme n'est pas le maître, et qui vient on ne sait d'où, ni où il va. Ce souffle inspirateur, qui fait le génie, vient d'en haut, et c'est pourquoi il produit les plus grandes choses dans l'ordre naturel. C'est une faible image de la vertu de la foi et de la charité, qui élèvent l'homme au-dessus de lui par l'infusion de l'Esprit-Saint, et le font vivre de la vie même de Dieu. Là est la perfection, et la loi mosaïque, comme dit saint Paul, ne pouvait y mener. Jésus-Christ seul pouvait l'effectuer, d'un côté par la vertu de son sacrifice expiatoire qui a satisfait à la justice divine en payant notre dette ; de l'autre, parce que, Dieu et homme tout ensemble, il a daigné assumer notre nature afin de nous faire participer à la sienne, et s'est abaissé jusqu'à nous pour nous relever jusqu'à lui.

Telle est la différence fondamentale des deux lois, et le caractère de chacune en ressort. La loi ancienne est plus littérale, plus matérielle en quelque sorte ; elle a été donnée à un peuple grossier, sensuel, toujours prêt au murmure et à la révolte. Il n'y a rien d'indocile comme le peuple juif. Sauvé de l'Égypte par miracle, conservé dans le désert par les moyens les plus extraordinaires, comblé à chaque instant des bienfaits de Dieu, il les oubliait sans cesse, et méconnaissait ou blasphémait son bienfaiteur. Il avait le cou roide, la tête dure et le cœur incirconcis, comme dit l'Écriture, et il en est encore ainsi aujourd'hui de tous ceux qui ont résisté à l'Évangile. Il fallait donc parler à ses sens d'une manière littérale et au milieu du tonnerre et des éclairs. Il fallait écrire les commandements sur des tables de pierre; et encore quand Moïse, resplendissant de l'éclat divin, descend du Sinaï pour les leur apporter, il trouve le peuple se divertissant avec les filles des Madianites et adorant le veau d'or. Il brise les tables du Décalogue dans son indignation, et Dieu, ayant toujours pitié de ce peuple, a la bonté de les refaire.

La loi nouvelle, comme dit saint Paul, a été écrite par Jésus-Christ sur des tables de chair, dans les cœurs. C'est sa vertu et sa gloire. Moïse descend de la montagne au milieu d'un appareil de terreur, et la loi qu'il apporte, gravée en caractères inflexibles, est soutenue par la menace des plus grands malheurs et des plus redoutables châtiments. La mort est presque derrière chaque article. Mais quand le fils de Dieu descend du ciel en terre, il prend la forme la plus humble ; il se fait petit, faible, misérable comme nous, et voulant gagner les cœurs et non les violenter, il n'emploie qu'une arme, celle de la parole, qui a seule la puissance de persuader. Il annonce l'Évangile, et il donne à ses apôtres la mission de le prêcher à toutes les nations jusqu'aux extrémités du monde, jusqu'à la fin des temps. Alors se présente ce spectacle extraordinaire, et qui ne s'était jamais vu sous le soleil, savoir : un homme pauvre, sans lettres humaines, sans puissance extérieure, surgit dans un coin du monde, dans une chétive bourgade, enseigne avec autorité les mystères du ciel à quelques pêcheurs gros-

siers et ignorants dont il fait ses apôtres, et les envoie
comme il a été envoyé pour annoncer à toutes les nations
la bonne nouvelle du salut et les moyens de l'obtenir.
Ceux-ci, à leur tour, conduits par son esprit et pleins de
foi en sa parole, se répandent par toute la terre et vont
évangéliser les peuples, sans autre arme que le glaive de
la parole, qui leur a été donné pour pénétrer les âmes.
Loin d'appeler à leur secours les puissances de ce monde,
ils ont au contraire à les combattre, et ces conquérants
d'une nouvelle espèce triomphent de leurs ennemis, non
en leur donnant la mort, mais en versant leur propre
sang en témoignage de leur doctrine.

Ainsi se fonde l'empire de l'Évangile par la vertu de
la parole, et par elle seule aussi il s'étendra et se conso-
lidera. C'est une nouvelle royauté qui s'établit dans le
monde, et elle sera universelle parce que l'esprit ne
connaît point de limites. C'est un nouveau monde qui
vient surmonter l'ancien. Depuis ce temps, il y a sur la
terre une principauté spirituelle, qui régit le monde
moral en face de la puissance temporelle qui gouverne
le monde civil. Il y a le royaume de Dieu, qui a son représentant au milieu des peuples, comme il y a l'empire de César. Les nations et les individus ne sont plus
livrés aux violences et aux caprices de la force brutale.
Il existe un souverain des consciences, dominant au nom
de Dieu les puissants et les faibles, sans faire acception
des personnes, et qui, à l'exemple de son divin maître,
ne craignant rien de la part des hommes, parce qu'il
se sait immortel, proclame publiquement la vérité pour
réparer la justice et arrêter ou punir l'iniquité. Dans
l'antiquité païenne on ne trouve pas même l'ombre
d'une telle puissance. Je m'imagine quelle eût été la
joie, le triomphe d'une âme comme celle de Platon,

qui a pressenti tant de grandes choses et a eu de si sublimes illuminations, au point qu'on l'a appelé le prophète païen de l'Évangile, s'il avait pu entrevoir dans un avenir plus ou moins lointain le règne de l'esprit s'établissant visiblement sur la terre en face de l'empire de la force, la parole triomphant de la violence, et protégeant par son autorité et le respect qu'elle inspire toutes les faiblesses opprimées, toutes les libertés menacées, toutes les dignités foulées aux pieds.

L'esprit des deux lois est différent comme leur origine. La loi ancienne est remplie d'un esprit de crainte et de rigueur, *lex timoris*, dit saint Augustin ; celui de la loi nouvelle est un esprit de douceur et d'amour, *lex amoris*. Elle ne fait plus consister l'hommage de l'homme à Dieu dans l'observation des cérémonies extérieures, mais surtout dans les pratiques de la vie intérieure, dans les actes de la foi, de l'espérance et de la charité.

Quant à la fin des deux lois, elle est analogue à leur esprit. La loi ancienne, parlant à des hommes charnels, à des Juifs, leur promettait des prospérités temporelles comme prix de leur fidélité, et des châtiments terribles s'ils étaient infidèles, en sorte que les Juifs pensaient que le Messie, qu'ils attendaient et qu'ils attendent encore, serait un roi puissant qui gouvernerait la terre et les élèverait au-dessus de toutes les nations. C'est pourquoi ils ont méprisé le roi du ciel, parce qu'il a paru parmi eux sous la plus humble forme et dans la pauvreté. La loi nouvelle, au contraire, dédaigne les biens terrestres, les grandeurs, les richesses et la puissance de ce monde. Elle cherche à élever nos âmes au-dessus de ces choses périssables, en nous montrant comme prix de nos efforts le royaume du ciel, la participation à la vie divine,

le bonheur en Dieu. Mais nous apprenant que tout le reste
est vain, passager, misérable, elle nous exhorte en même
temps à remplir avant tout les devoirs de notre condition. Elle n'est pas venue pour détruire l'ancienne loi,
mais pour la perfectionner; car il n'y a pas de charité
si la justice n'est d'abord accomplie, et la perfection
suppose l'équité. As-tu fait tout ce que la loi prescrit,
demande Jésus au jeune homme riche, qui aspirait au
royaume du ciel? — Oui, Seigneur, et dès mon enfance. — Eh bien, si tu veux être parfait, vends tout
ce que tu possèdes, donnes-en le prix aux pauvres, et
suis-moi. Ainsi, loin de nous promettre en récompense
les biens de ce monde, elle nous exhorte à les mépriser, à les abandonner pour les trésors impérissables du
ciel.

Enfin le caractère le plus saillant de la loi nouvelle
est son universalité. Elle est pour tous les hommes,
tandis que la loi judaïque était pour un petit peuple,
bornée à un coin de la terre, et ne s'appliquant qu'à un
nombre restreint d'individus. C'est pourquoi elle était
non-seulement religieuse et morale, mais aussi cérémo-
nielle et judiciaire. Formant la constitution du peuple
hébreu, elle lui donnait des institutions politiques, et
l'organisait tel qu'il devait vivre pour la fin à laquelle
Dieu l'avait destiné. Dans la loi nouvelle, la parole de
Dieu, qui descend du ciel dans toute sa pureté, ne s'applique plus à gouverner une seule nation, mais à éclairer et à diriger le genre humain. Toutes les barrières
tombent devant elle, toutes les divisions s'effacent. « Il
n'y a plus d'esclaves, ni d'hommes libres, plus de Grecs
ni de barbares, plus de Juifs, ni de Gentils, ni d'incirconcis. Il n'y a plus qu'une seule circoncision, celle du
cœur. Il n'y a plus qu'une manière d'être agréable à Dieu,

c'est de croire en lui et en celui qu'il a envoyé, de l'aimer, de le servir, et de lui rapporter toutes ses actions
par la foi, l'espérance et la charité. L'Évangile est uniquement une loi religieuse et morale, et sa doctrine
est tellement universelle et sublime, qu'elle plane au-
dessus de toutes les institutions politiques et de toutes
les formes de ce monde. Les protestants s'en prévalent
même contre l'Église et ils ont tort. Ils disent : Jésus-
Christ n'a pas fondé les cérémonies comme l'Église les
ordonne. Non, sans doute; Jésus-Christ n'a pas réglé
les formes du culte. Il a laissé ce soin aux apôtres,
remplis de son esprit, et comme ces formes du culte et
de la discipline religieuse peuvent être modifiées selon
les temps et les lieux, il a donné à son Église le pouvoir
de les établir et de les développer. Il n'a fait qu'une
chose, et c'est la vertu essentielle de la nouvelle loi, c'est
de gagner les âmes, de les racheter, de les sauver, et de
les réunir à Dieu. Voilà comment il a fondé la religion
universelle ou catholique. C'est pourquoi le christianisme est au-dessus de la politique. Indépendant de l'espace et du temps, il se mêle de leurs affaires si variables le moins possible. Sans doute, il ne doit pas s'en
retirer entièrement, puisqu'il existe au milieu des sociétés humaines pour les rallier dans une unité supérieure;
mais ce qu'il veut, c'est le salut des âmes dans un monde
surnaturel et la réintégration de l'humanité en Jésus-
Christ dans la vie divine. Il est donc par son principe
et par son but au-dessus du monde, et il ne se laisse
point enchaîner par les formes du monde. La parole de
Jésus-Christ n'est jamais liée ici-bas, et l'Église qui l'annonce, parce qu'elle est supérieure à tous les gouvernements de la terre, les accepte tous, s'ils acceptent
eux-mêmes la loi divine. Pour un chrétien, pour un

catholique, il n'y a vraiment qu'une chose nécessaire, c'est d'être fidèle à l'Évangile et d'obéir à l'Église. Tout le reste lui est donné par-dessus, et à quelque pays qu'il appartienne, qu'il vive sous un gouvernement monarchique, aristocratique ou républicain, s'il se conduit en vrai chrétien, il sera toujours et partout un bon citoyen.

CHAPITRE VIII

RÉPONSE

A PLUSIEURS OBJECTIONS CONTRE LA RÉVÉLATION.

Nous allons répondre en passant à trois objections contre la révélation, qu'on entend répéter souvent dans le monde sur la foi de quelques écrivains célèbres, ennemis du surnaturel, et qui croient grandir l'homme en le réduisant aux proportions et aux ressources de sa nature. Nous nous attaquons à celles-là, parce que presque toutes les autres peuvent s'y ramener, et surtout parce qu'elles ont le plus de cours parmi les incroyants, les sceptiques, et les indifférents en matière de religion.

La première, qui se trouve dans l'*Émile* de J.-J. Rousseau, peut se formuler ainsi : si la révélation est nécessaire, à cause de l'infériorité ou de l'obscurcissement de la raison humaine, pourquoi Dieu ne se révèle-t-il pas à tous les hommes?

A quoi nous répondons d'abord que Dieu s'est révélé au genre humain dès l'origine. Il a parlé aux hommes dans la famille primitive. Sa parole s'est ensuite perpétuée par la tradition, et toutes les fois que cette tradition s'est altérée, pervertie, la Providence en a épuré le courant par de nouvelles manifestations. Quand le fil de la tradition a paru se rompre, il a toujours été renoué, pour qu'à travers les siècles il y eût comme un conducteur électrique qui transmît à tous les peuples

9.

quelque chose de la vérité et de la vertu du ciel, où il a
son point de départ. Ainsi s'est conservée, s'est propagée la révélation primitive par une tradition pure ou
altérée. A la tradition primitive a succédé la révélation
patriarcale, et quand tous les peuples se sont séparés
après l'œuvre insensée de Babel, comme l'Écriture nous
l'apprend, chacun d'eux a emporté avec lui non-seulement la langue première qu'il avait reçue, mais les langues nouvelles formées par la confusion des langues, et
avec elles toutes les idées qui constituent le fond intellectuel et moral d'un peuple ; car un peuple ne peut
subsister sans un fond commun d'idées, de sentiments
et de croyances.

Chaque peuple a donc emporté de Babel sa tradition ;
et ainsi il n'est pas vrai de dire que Dieu ne s'est pas
révélé à tout le genre humain. Mais après cela la tradition s'est corrompue ; les hommes l'ont gâtée par leur
imagination, leurs passions et leurs intérêts. Faut-il donc
que Dieu fasse un miracle à chaque instant pour chaque
altération de la tradition, pour chaque corruption de la
révélation primitive ? On ne peut pas l'exiger ; car autrement on arriverait à dire comme Rousseau : Si Dieu s'est
révélé aux patriarches, aux prophètes, aux apôtres,
pourquoi pas à moi ? C'est à peu près comme si l'on disait : Le génie est un don céleste qui éclaire l'intelligence humaine d'une lumière supérieure et la rend capable d'apercevoir des vérités que les esprits ordinaires
ne voient pas ; ou encore l'héroïsme, ou la perfection de
la vertu, vient d'en haut, d'un secours du ciel ; c'est une
force plus qu'humaine communiquée à une volonté et
qui lui donne la puissance de s'élever au-dessus de ses
instincts, de ses passions, de ses intérêts et de tous les
attachements de la terre, au-dessus d'elle-même, et

ainsi d'accomplir de grandes choses même au péril de la
vie et avec le sacrifice de soi. Pourquoi donc ne suis-je
pas, moi, un homme de génie, pourquoi ne suis-je
pas un héros? Hélas! dans notre vanité, nous sommes
tous portés à parler ou du moins à penser ainsi. Nous
voudrions quelque chose d'extraordinaire, de surnaturel qui relevât notre existence, et c'est pourquoi nous
sommes si avides des choses merveilleuses ou roma-
nesques, et surtout d'y jouer un rôle. Quand on lit des
livres de médecine, si l'on n'est pas médecin, on croit
presque toujours avoir les maladies décrites. Un médecin
qui a de l'expérience est préservé de ces illusions. De
même, à un certain âge, quand on lit des romans où se
déploient au gré de l'auteur de grandes qualités et des
vertus héroïques, on cherche à s'y reconnaître, on se
tâte, pour ainsi dire, et on s'imagine volontiers approcher des perfections dont on admire la brillante image.
Ou encore, si l'on étudie les sciences ou les lettres, on
se croit trop facilement aussi capable que les hommes
les plus éminents, et alors on se demande : Ne puis-je
être aussi un grand littérateur, un savant illustre? Pourquoi ne serais-je pas comblé de ces dons transcendants?
Pourquoi seraient-ils tombés sur d'autres, à l'exclusion
de ma personne? A cela on ne peut répondre qu'une
chose, c'est que Dieu dispense ses dons comme il lui
plaît, et s'il lui a plu en effet, pour l'instruction du genre
humain ou d'un peuple, de se révéler à telles personnes,
aux patriarches, aux prophètes, aux apôtres, qui donc
a le droit de lui en demander compte? qui a le droit de
lui dire : Moi, je ne crois pas parce que je n'ai pas entendu, parce que je n'ai pas vu, parce que Dieu ne s'est
pas révélé à moi, parce qu'il ne s'est pas manifesté à
mes sens. Ah! s'il veut m'appeler sur le Sinaï comme

Moïse, et là m'apparaître au milieu du tonnerre et des éclairs, je croirai peut-être. Non, vous ne croiriez point, vous verriez, et par conséquent vous n'auriez pas la foi ni le mérite de la foi; car on ne croit pas ce qu'on voit.

Ce raisonnement singulier porte sur la fausse opinion, qu'on ne peut avoir de conviction certaine et de foi bien établie que si on a entendu ou vu soi-même. J'affirme le contraire, ou plutôt c'est Jésus-Christ qui le dit : « Heureux ceux qui ont cru sans avoir vu. Tu as cru, Thomas, parce que tu as vu, parce que tu as entendu, parce que tu as touché. Heureux ceux qui ont cru sans avoir vu ni entendu. » Thomas est resté apôtre malgré son incrédulité, et c'est très-heureux pour lui; mais certainement dans cette circonstance il n'avait pas montré une disposition analogue à la haute destinée que Dieu lui réservait. C'est pourquoi saint Augustin nous dit de l'excuser, parce que son incrédulité nous a fourni de la résurrection du Sauveur une preuve plus puissante, ou au moins plus sensible, que la foi des autres apôtres, Notre-Seigneur, dans sa bonté, a daigné laisser palper son corps par les mains de cet incrédule. Il lui a dit : « Porte ta main ici, et vois mes mains percées; mets ton doigt dans la plaie de mon côté, et ne sois plus incrédule mais fidèle. » Alors l'apôtre s'écrie : « Mon Seigneur et mon Dieu ! » mais le Seigneur, pour faire ressortir l'excellence de la foi, lui répond : « Tu as cru, Thomas, parce que tu as vu. Heureux ceux qui ont cru sans avoir vu. » (Saint Jean, ch. xx, 27.)

Et cependant on ne croit jamais sans motifs, sans raison. Il faut qu'il nous soit prouvé que la parole proposée à notre foi est bien la parole de Dieu, immédiatement révélée, ou transmise intacte par la tradition. Si cette preuve nous est donnée, si l'existence, l'authenticité, la vérité, la sincérité, la divinité de cette parole est démontrée, alors le principe de la foi est posé et l'on admet facilement tout ce que cette parole enseigne et promet ; car on croit que Dieu a parlé, et que la doctrine transmise et non altérée vient réellement de lui. Pourquoi alors demander un miracle ? car toute révélation est un miracle. Le monde ne marche pas à coups de miracles, il est gouverné et conservé par les lois de l'ordre naturel, et cependant, comme Dieu a daigné donner à l'humanité une destination au-dessus de sa nature en l'appelant à participer à la gloire et au bonheur de sa propre vie, il a employé dès le commencement, à travers les siècles, par les patriarches, par Moïse, par les prophètes, et en dernier lieu par Jésus-Christ, des moyens surhumains ou transcendants, pour lui faire connaître sa destinée sublime et lui donner la force de l'accomplir.

La seconde objection est celle-ci : Si la raison n'a jamais été seule en ce monde, ce n'est point son obscurcissement qui a rendu la révélation nécessaire.

A cela on peut répondre : Dieu s'est révélé dans l'origine, c'est un fait. Il s'est révélé, d'une part à cause de la faiblesse de la raison et des penchants charnels de l'homme, et de l'autre en vue de la fin surnaturelle que Dieu dans sa bonté lui a donnée, savoir, la participation à sa propre vie. Cependant, si par hypothèse nous voulons considérer les choses d'une manière purement rationnelle, nous pouvons dire : Dieu a créé l'homme fini et borné ; il lui a donné la liberté pour faire le bien et éviter le mal : par conséquent il pouvait le laisser aller au milieu du monde avec les seules conditions de sa nature, et l'homme, de son côté, pou-

vait se développer humainement, fonder la vie sociale, et
parvenir à une certaine perfection naturelle, où il aurait
trouvé la science, la moralité et le bonheur dont l'humanité est capable, en raison de ses facultés et de sa position. Certainement cette hypothèse est admissible ; seulement il y a à cela un inconvénient, ou au moins une
difficulté. C'est toujours cette fatale question à laquelle
nous sommes ramenés presque malgré nous, à savoir,
l'origine du développement humain. Car, si l'on veut
expliquer la chose rationnellement, indépendamment de
la Genèse et des traditions sacrées, dans quel état suppo-
sera-t-on que Dieu ait créé l'homme ? L'a-t-il créé enfant ? l'a-t-il créé adulte ? Qu'il l'ait fait enfant, cela
paraît peu probable, puisque l'homme a ce désavantage
sur tous les animaux que, dans ses premières années, il
a besoin d'un secours étranger, non-seulement pour son
existence physique, mais surtout pour son développement intellectuel et moral : il ne peut se suffire à lui-
même. S'il l'a fait adulte, vient un autre embarras ; car
un homme adulte n'est pas seulement un grand garçon
de cinq pieds six pouces, avec des organes bien formés
et un corps vigoureux. On est encore adulte par l'esprit,
par la volonté, par la liberté. Donc, si rationnellement
on affirme que Dieu a créé l'homme adulte, ou que
l'homme est sorti tout formé de ses mains, il faut qu'on
admette la plénitude de son développement intellectuel
et moral, comme celle de son développement physique.
Eh bien ! voilà un miracle, on ne peut pas l'éviter ; car
enfin ce nouveau-né aura une science toute faite, puisqu'il aura une raison développée ; il aura une morale,
puisqu'il aura une liberté éclairée, une volonté capable
de vertu. D'où lui viendra tout cela ? On tombe dans une
multitude d'inconvénients, qu'on croit éviter en s'écar-

tant de la Genèse, et en rejetant la doctrine sacrée on ne fait que changer les difficultés.

Mais ce qui éclaire davantage la question, et ce que la raison naturelle ne peut savoir par elle-même, c'est que l'homme n'a pas été créé pour une fin purement humaine, en vue seulement d'un bonheur terrestre, et ici paraît sa haute destinée et tout ce que Dieu a fait pour lui dans sa miséricorde et par son amour. Dieu a créé l'homme à son image et à sa ressemblance. Il a voulu que l'image se rapprochât du modèle autant que possible, et comme il l'a créé par amour, et que l'amour tend toujours à l'union, il a voulu s'unir à l'homme aussi intimement qu'il se pourrait, et par conséquent le faire participer à sa propre vie. Voilà qui change la face de la question, car le but surnaturel de l'existence humaine implique des moyens analogues. L'homme avec ces moyens n'est plus réduit aux seules conditions de sa nature, à une lumière et à une puissance naturelles. Il devient capable au delà de ces conditions, par la grâce surabondante qui le met en mesure de communiquer directement avec Dieu, de s'unir intimement à lui, et de vivre de sa vie en participant à sa lumière, à sa science, à sa puissance, à sa gloire, à son bonheur. C'est ce qui explique la convenance de la révélation primitive, que l'Écriture et la tradition sacrée affirment comme un fait.

Mais on dit alors : puisque la raison n'a jamais été seule, puisque la révélation a toujours existé, ce n'est donc pas l'obscurcissement de la raison qui a rendu la révélation nécessaire. Non, sans doute, ce n'est pas son obscurcissement dans l'origine, mais sa faiblesse, son imperfection ; car l'homme est composé d'une âme et d'un corps. L'âme est faite à l'image de Dieu, mais le

corps est tiré de la terre, et par conséquent il ne se peut
pas que de cette terre dont l'homme est enveloppé, de ce
limon auquel son âme est attachée, il ne sorte des influences ; il ne se peut pas qu'il n'ait des instincts terrestres, des appétits charnels. Sa raison unie à ce corps
animal, à cette existence matérielle, sera donc en butte
aux instigations, aux entraînements, aux penchants de la
chair, et comme Dieu, en composant l'homme de deux
substances, l'a fait un être intermédiaire entre l'esprit
et la matière, l'homme participe nécessairement aux
vertus et aux qualités du monde intelligible et en même
temps aux forces et aux faiblesses du monde matériel.
Il n'y a ici rien d'arbitraire ; c'est la force des choses ou
la conséquence nécessaire de la constitution humaine.
Donc il était à craindre que la nature matérielle ne l'em-
portât sur la nature spirituelle ; la raison pouvait être
entraînée vers les choses inférieures, et, en effet, elle l'a
été malgré la révélation divine. Qu'est-ce que cela
prouve ? Que l'homme était faible et par sa partie charnelle et par sa raison bornée, que son esprit pouvait se
laisser dominer par son corps, que sa volonté libre, qui
connaissait la loi de Dieu, pouvait cependant lui préférer
son vouloir propre et se mettre en opposition avec le
commandement divin ; et cela est arrivé en effet. On
dira peut-être : comment cela a-t-il pu arriver ? et je ré-
pondrai simplement : parce que l'homme est libre. On
oublie toujours la liberté, qui est l'explication de l'état
présent de l'humanité. Dieu ayant donné à l'homme la
liberté, il ne pouvait ni la lui retirer, ni en empêcher les
conséquences ; car Dieu ne retire point ses dons. Il a
consenti aux suites possibles de ce qu'il avait donné, et
par conséquent au mal, qui pouvait en sortir.

En effet, la chair l'a emporté sur l'esprit ; le corps a

dominé la raison qui devait le conduire ; l'homme, devenu esclave des sens, s'est dégradé et le désordre s'est introduit dans son existence. Dès lors la révélation primitive n'a plus suffi ; elle a dû devenir plus extérieure, plus positive. A mesure que l'homme s'est abaissé, sensualisé, la miséricorde divine l'a comme poursuivi en se proportionnant à sa faiblesse, et la parole de Dieu dans ses manifestations successives s'est formulée d'une manière plus sensible, pour ramener l'homme dégénéré dans les voies providentielles. De là les différentes phases de la révélation.

Nous arrivons à la troisième objection ainsi conçue : Si la révélation est nécessaire, pourquoi tant d'hommes ne la connaissent-ils pas ? Dieu alors ne peut-il pas être accusé de partialité ?

C'est une grave question. Elle aboutit à demander dans quel état se trouvent vis-à-vis de Dieu ceux qui ne connaissent point la révélation. Il est incontestable que beaucoup ne la connaissent point, par leur faute ou sans leur faute. Il y a encore des peuples assis à l'ombre de la mort, comme dit l'Écriture, et chez lesquels la parole révélée n'a pas pénétré. Cependant l'objection a été prévue par la parole sacrée, car il est dit formellement que l'Évangile doit être annoncé par toute la terre et prêché à toute créature. « In omnem terram exivit sonus « eorum, et in fines orbis terræ verba eorum. » Leur parole ira jusqu'aux extrémités du monde. Il est même écrit que le monde ne finira qu'après que l'Évangile aura été annoncé à toutes les nations, ce qui ne veut pas dire que tous les hommes le recevront. Donc, on ne peut pas accuser Dieu de partialité, puisque la parole divine doit être annoncée à tous. Mais jusqu'à ce que tous les peuples l'aient entendue, il y aura beaucoup d'individus enlevés par la mort. Quel sera le sort de ceux-là ? en d'autres termes, dans quel état se trouveront vis-à-vis de Dieu ceux qui seront morts sans connaître sa révélation ?

Ceux qui l'auront entendue et repoussée se condamnent eux-mêmes, c'est évident. Ceux qui l'auront ignorée, ou l'ignoraient invinciblement, c'est-à-dire ne pouvant la connaître, ou l'ignoraient vinciblement, c'est-à-dire avec les moyens de cette connaissance. Dans ce dernier cas ils sont coupables, si réellement ils pouvaient la connaître, et qu'ils l'aient refusée, ou n'aient pas cherché à s'en instruire. Dans le premier ils sont excusables, puisque leur erreur a été insurmontable. Ici encore Dieu ne peut pas être accusé de partialité. Il sera demandé à chacun en raison de ce qu'il aura reçu, et le texte sacré affirme que Dieu ne fait pas acception des personnes, que partout où il trouve une âme sincère qui aime le bien, la vérité par-dessus tout, et qui est prête à sacrifier ses intérêts, ses affections, sa vie même pour la vérité et le bien reconnus, cette âme lui est agréable. On peut même dire que cet homme a un christianisme anticipé. Plusieurs Pères de l'Église, saint Clément d'Alexandrie, saint Justin et même saint Augustin, donnent à penser que parmi les païens les hommes les plus vertueux, autant qu'on pouvait l'être dans cette condition, étaient comme des chrétiens en puissance. On a dit que Platon avait été le prophète de l'éternelle vérité pour la gentilité, comme les prophètes hébreux l'étaient pour le peuple juif. Saint Clément d'Alexandrie, disant que Jésus-Christ est le pédagogue de l'humanité, parce qu'il est la lumière éclairant tout homme venant en ce monde, et le Verbe divin qui a tout créé et qui explique tout, ajoute : Toutes les fois qu'une âme a été éclairée d'une manière ou de l'autre par cette lumière du ciel, qu'elle en a été pénétrée, et que sa volonté, suivant les bonnes inspirations qui en sortent, s'est tournée vers la source de cette lumière, et a cherché à pratiquer dans toute la sincérité du cœur ce bien qui lui était présenté, cette vérité qui lui était offerte, cette âme-là est déjà en rapport avec Jésus-Christ qui est la voie, la vérité et la vie. Et comme les justes d'entre les Juifs, quoiqu'ils ne pussent encore participer à la vie divine, étaient sauvés d'avance par leur foi au Messie futur, ainsi parmi les païens, s'il y a eu des hommes qui par leur foi en la vérité et leur dévouement au bien, tels qu'ils les connaissaient, les cherchaient par-dessus tout, jusqu'à y sacrifier leurs intérêts et leur vie, ces hommes-là accomplissaient naturellement le premier commandement : Tu aimeras Dieu par-dessus tout, et ils l'adoraient comme il veut être adoré, en esprit et en vérité. Le désintéressement a toujours été la meilleure preuve de l'amour ; celui qui aime bien se dévoue pour ce qu'il aime. On peut donc croire que ces âmes d'élite d'entre les gentils, qui se sont dévouées à la cause de la vérité, de la justice et du bien, ont été sauvées d'avance par leur foi et leur espérance en la manifestation future de la vérité par Jésus-Christ, mais toujours à la condition de cette foi, qui les faisait participer d'une manière anticipée aux mérites du Verbe fait chair.

CHAPITRE IX

DES LOIS FAITES PAR LES HOMMES.

Des lois faites par les hommes. — En quoi elles se distinguent des lois naturelles. — Quels sont ceux qui ont le pouvoir de faire des lois? — Souveraineté temporelle, souveraineté spirituelle. — Le pouvoir de faire les lois implique nécessairement celui de contraindre à les observer. — Division de l'autorité, pouvoir législatif, exécutif et judiciaire. — Distinction essentielle de la puissance spirituelle et de la puissance temporelle. — Elles doivent se soutenir mutuellement, puisqu'elles tendent au même but. — Tristes effets de leur collision.

Après avoir parlé de la loi éternelle, de la loi naturelle et de la loi révélée, orale ou écrite, nous allons considérer les lois humaines.

Les lois humaines sont faites par les hommes, mais non au nom des hommes. Car nous avons montré que toute loi dérive d'un terme supérieur qui s'impose à un terme inférieur, que le terme supérieur doit l'être par nature, et que celui-là seul a droit de faire la loi d'un être, qui est naturellement au-dessus de lui. Nous avons montré en outre que la loi humaine, quelle qu'elle soit, politique ou civile, n'est vraiment loi et n'a de puissance légitime, que si elle est conforme à la loi éternelle et en découle, comme dit Cicéron. C'est la loi principe ou fondamentale qui donne l'autorité, la vertu, la sanction à toutes les autres lois. Donc les hommes, qui font des lois, ne peuvent les faire légitimes qu'au nom de Dieu. *Omnis potestas a Deo*, car Dieu seul est le supérieur naturel de l'homme. Or, dans le monde on appelle ceux qui font la

loi des souverains. La puissance de faire la loi est nommée la souveraineté, et il y a sur la terre deux espèces
de souveraineté, l'une spirituelle, l'autre temporelle.
Donc il y a deux espèces de lois humaines, les lois civiles
qui dérivent de la souveraineté temporelle, et les lois
ecclésiastiques qui émanent de la souveraineté spirituelle.

Voici comment un grand Pape, Gélase, pose ces
deux souverainetés : « Duo sunt quibus principali-
« ter hic mundus regitur : auctoritas sacra pontificum
« et regalis potestas, utraque neque in officio suo alteri
« obnoxia. » Il y a deux choses par lesquelles ce monde
est gouverné *principièrement*, l'autorité sacrée des pontifes et la puissance royale ; l'une et l'autre est souveraine, et aucune des deux dans son exercice n'est soumise à l'autre.

Il est impossible de déterminer plus clairement l'existence des deux puissances et leurs rapports. C'est la
parole de Jésus-Christ qui a posé cette grande distinction. Elle a fondé les deux autorités par ces mots :
« Rendez à César ce qui est à César, et à Dieu ce qui est
à Dieu. » Depuis ce moment César a été distingué de
Dieu, et ç'a été un progrès immense, un bienfait in-
comparable, parce que César voulait se faire Dieu, et
qu'il a toujours une tendance à le devenir. C'est donc
une grande idée, l'idée la plus favorable à la liberté et à
la dignité humaine, que d'avoir opposé une puissance
indépendante à celle de César, et une puissance d'une
tout autre nature, la puissance de l'esprit, de la lumière, de la science, de la vérité, la puissance de l'autorité purement morale. Tel est le pouvoir spirituel
de l'Église dont Jésus-Christ est le fondateur. Jusque-là
on ne l'avait pas vu dans le monde, ni chez les Juifs, ni

chez les païens, en sorte que voici une royauté nouvelle et une royauté qui ne ressemble à aucune autre,
une royauté plus puissante que les autres, en ce sens
qu'elle commande aux âmes et gouverne les esprits,
influe sur les volontés, pénètre au fond même des
cœurs, et n'a pas besoin de violence pour régner. Au
contraire, la violence lui répugne. La puissance spirituelle est descendue du ciel en terre avec Jésus-
Christ, elle s'est incarnée et personnifiée en lui, et quand
il a fondé son Église, il l'a laissée à celui qui le représente ici-bas; c'est pourquoi le souverain pontife
s'appelle le vicaire de Jésus-Christ. Il l'a transmise à ses
apôtres, auxquels il a donné la mission d'annoncer la
vérité à toutes les nations, et de faire prévaloir cette vérité devant les rois, devant les peuples, en face des violences, des outrages, des supplices et au prix de leur
sang. Allez, enseignez à toutes les créatures ce que je
vous ai enseigné, les vérités que je vous ai révélées;
allez les proclamer au milieu du monde. Ils vous traîne-
ront devant les tribunaux, ils vous condamneront, vous
frapperont, vous insulteront, vous tueront. N'importe,
allez sans crainte, et prêchez-leur la bonne nouvelle. Je
vous revêts de ma puissance; l'Esprit-Saint descendra
sur vous et vous rendra plus forts que les plus puissants
de la terre.

Ainsi a été constituée ici-bas une souveraineté nouvelle, la royauté des âmes, qui s'est établie sur la terre
et a posé son trône là même où avait été autrefois le
siége de la puissance matérielle. Rome temporelle est
devenue Rome spirituelle. A l'empire de la matière a
succédé celui de l'esprit, et à la place de ces empereurs,
qui se faisaient adorer par la terreur, règne un homme
de Dieu qui s'appelle le serviteur des serviteurs, et qui

se fait respecter et obéir par la seule vertu de la parole. Je dis que c'est là un magnifique spectacle, quelque chose de prodigieux, qu'on ne connaît pas assez, qu'on n'admire pas assez. On ne sait pas tout ce que cette institution divine a fait pour sauvegarder la dignité et la liberté des hommes, qui ont trouvé en elle un refuge contre la violence, contre tous les moyens physiques de contraindre les âmes, un refuge de la conviction et de la conscience. Cette puissance spirituelle est toujours là pour soutenir l'affirmation désintéressée de la vérité et de la justice. Elle brave les haines, les persécutions, les supplices en faveur de la cause de Dieu, dont elle est le représentant ici-bas, et quand elle ne peut empêcher l'iniquité de prévaloir, elle proteste contre son triomphe d'un jour. La dignité des chrétiens ne peut plus être foulée aux pieds impunément par le pouvoir temporel, et partout où il opprime les hommes, et cherche à les dégrader, il y a une voix qui réclame, pour annoncer ce qui est bien, ce qui est vrai, ce qui est divin, ce que Jésus-Christ a enseigné. Cette voix ose dire aux monarques les plus terribles, à ces rois francs qui avaient toujours la framée à la main et le casque en tête : Courbe ton front, fier Sicambre, brûle ce que tu as adoré, adore ce que tu as brûlé. Elle les arrête dans le mal, elle les pousse dans le bien, et par quels moyens? par la seule vertu de la parole, mais d'une parole qui vient du ciel. Et qu'on ne croie pas que cette merveille ne se soit vue que dans les premiers temps et au moyen âge. Non, de nos jours encore, dans notre siècle plein d'incrédulité, quand le plus grand potentat du monde, celui dont le nom revit maintenant parmi nous, s'est exalté dans sa gloire, et a voulu tout courber sous son sceptre, les rois, les peuples, et jusqu'à la papauté, un mot du vicaire de Jésus-Christ l'a brisé, et celui que toute l'Europe n'avait pu vaincre, a été vaincu par un vieillard sans armes.

Dernièrement encore cet autre géant du pouvoir temporel, qui, comme tous les humains, vient de disparaître à son tour de la scène du monde, l'autocrate, qui rêvait aussi la monarchie universelle, quand il est allé à Rome, et s'est vu face à face avec le représentant de Jésus-Christ, a été frappé, déconcerté par cette majesté surhumaine, et cette parole si humble et si forte à la fois a troublé son âme. Lui aussi prétendait à la souveraineté spirituelle; mais il a senti en ce moment solennel, qu'il y avait quelqu'un plus grand que lui sur la terre, et les peuples l'ont senti avec lui. Certes le schisme et l'hérésie ont peu compris la dignité et la liberté des hommes! Comment! de César on a fait de nouveau un dieu! On a fait rétrograder le christianisme de quinze siècles, en sorte qu'on est arrivé à avoir pour représentant de l'autorité divine, pour vicaire de Jésus-Christ sur la terre, soit un homme qui a le casque en tête et le fer à la main, c'est-à-dire ce qu'il y a de plus contraire à l'esprit de Jésus-Christ, soit un enfant ou même une femme. Et voilà comme on croit réformer en déformant, avancer en reculant! Voilà ce qu'on appelle un progrès! On nous ramène au paganisme, au judaïsme, et l'on s'imagine faire un christianisme épuré! Oh! il y a là de grandes illusions ou de grandes déceptions. Nous voyons ce qui se passe en Russie, en Suède, en Norvége, en Danemark, en Angleterre même. Les chrétiens qui ont reconnu la vérité ne peuvent plus l'embrasser, la professer publiquement, sans être en proie à toutes les persécutions. On les chasse, on confisque leurs biens, on les met hors la loi, on les dépouille de tous les bénéfices de la société à laquelle ils appartiennent. Cette réunion dans une main laïque du pouvoir spirituel et du pouvoir temporel constitue la plénitude du despotisme ; car là il n'y a plus même de refuge au fond de la conscience, si on a de la foi, et ainsi on peut être opprimé non-seulement dans son corps et ses biens par le souverain du dehors, mais encore dans le for intérieur, dans le fond même de son âme, puisque, en vertu de sa puissance spirituelle, il a encore le droit de prescrire ce qu'on doit croire et adorer.

Ces aperçus, que nous donnons en passant, ne sont, sans doute, ni des preuves, ni des démonstrations ; mais ils montrent à ceux qui ont le bonheur de la posséder ce que vaut la foi catholique, et ils feront peut-être sentir et regretter à d'autres moins heureux ce qui leur manque.

C'est pourquoi cette grande distinction des deux puissances, telle que Jésus-Christ l'a établie sur la terre, doit subsister inviolablement à travers les siècles : la puissance temporelle, chargée de gouverner au dehors et de maintenir l'ordre dans la société civile, et la puissance spirituelle, qui a la mission de diriger les âmes, de les soutenir, de les perfectionner en leur montrant le chemin du ciel et la voie unique qui mène à Dieu. C'est un grand bonheur pour une nation, quand ces deux puissances qui la gouvernent, l'une au dehors, l'autre au dedans, sont parfaitement d'accord. Au contraire c'est un immense malheur, et nous en sommes un exemple et d'autres peuples encore, quand elles entrent en collision ou ne s'entendent plus. Or il est difficile qu'elles s'accordent quand, dans une même société, il y a des religions diverses ou des communions séparées. Non que je demande la suppression violente de ces dissensions dans nos sociétés modernes, et que je veuille empêcher la liberté des croyances et des cultes séparés de l'Église. C'est un fait accompli et je n'ai pas à le juger. Mais je puis le déplorer, je puis regretter que ce qui donne le plus d'unité et de force à une nation n'existe plus, que, par la force même des choses et le malheur des temps, un gouvernement soit obligé de n'avoir point de foi ou de les accepter toutes, et ainsi, non pas de se faire athée, comme on l'a dit, mais d'être tout au plus déiste, et de se tenir prudemment dans une espèce de religion naturelle, afin de pouvoir s'accorder avec tous ceux qui ont une foi quelconque et même avec ceux qui n'en ont pas.

Les lois humaines se distinguent des lois naturelles par un caractère bien tranché : elles ont toujours quelque chose d'arbitraire et de variable, tandis que les lois naturelles sont nécessaires et immuables. Quand j'affirme des lois humaines qu'elles sont arbitraires, je ne veux pas dire qu'elles soient capricieuses, sans raison, et livrées à toutes les mutations des volontés humaines. Je veux dire seulement qu'il y a en elles quelque chose qui dépend de la volonté des hommes, si bien qu'en beaucoup de cas elles auraient pu être tout autres, en raison des circonstances.

Prenons pour exemple le droit de succession. Ce droit, comme nous l'avons montré, peut passer pour un droit naturel, quoiqu'il y ait controverse à cet égard. Puisque les enfants sont une partie de l'existence des parents, la chair de leur chair, les os de leurs os, leur sang même propagé et continué, et que les parents par devoir doivent les soigner, les élever, faire tout pour les conserver et les établir avantageusement dans le monde, rien de plus logique et de plus naturel, ce semble, que les enfants succèdent à leurs parents dans la jouissance de leurs biens, l'accessoire devant suivre le principal. Or le principal c'est la vie de la famille transmise par la génération. L'accessoire, ce sont les moyens de vivre, qui sont toujours plus ou moins extérieurs, et comme les parents se sont procuré ces moyens par leur travail ou les ont reçus de leurs ascendants, il paraît conforme à l'ordre de la nature que les enfants héritent de leurs parents. D'ailleurs ils leur succèdent en beaucoup d'autres choses, dans leurs habitudes physiques et morales, dans la ressemblance du corps, du caractère, dans certaines aptitudes et facultés, dans certaines maladies constitutionnelles. On voit même, par des raisons que nous ne connaissons pas, cette hérédité sauter parfois une génération, et telle affection congéniale épargner la génération actuelle pour reparaître dans la suivante. En outre, dans la société les enfants héritent jusqu'à un certain point de la considération des parents, de leur gloire, de leurs antécédents, comme aussi malheureusement de la mauvaise réputation, de l'ignominie, de la honte qu'ils laissent après eux, et dont on ne peut répudier la triste succession aux yeux de l'opinion. En supposant donc que la succession est de droit naturel, et cette supposition est très-soutenable, il y a encore une multitude de lois humaines pour en régler l'application. C'est un des chapitres les plus longs et les plus difficultueux du Code civil. Or ces lois qui fixent les successions à tel degré ou à tel autre, et les précautions dont elles s'entourent, sont arbitraires, c'est-à-dire conventionnelles, et c'est pourquoi elles varient dans leurs dispositions suivant les temps et les lieux.

Il en est de même du droit de tester, connexe au droit de succession. Dans la législation romaine il y a eu beaucoup de variations à cet égard. Tantôt on a enlevé au mourant le droit de tester ; tantôt on le lui a accordé dans certaines proportions ; tantôt il a pu disposer de tout, et tantôt de rien. Cependant on peut soutenir que le droit de tester comme celui de succéder appartient au droit naturel. Il est conforme à la nature que celui qui a acquis ait le droit de transporter ce qui lui appartient à ceux qu'il aime, d'abord à ses enfants, qu'il ne doit pas pouvoir dépouiller entièrement, ensuite à d'autres personnes en raison de ses affections ou des services rendus. Cependant ce droit est soumis à une multitude de formalités diverses en chaque pays, et les nombreuses lois, que les hommes ont portées en cette matière, tendent à réglementer, à organiser le droit naturel pour le mettre en exercice.

Il en est ainsi de la prescription, qui paraît également fondée en nature. Quand une propriété a été abandonnée par son propriétaire, et qu'elle se trouve occupée par un autre qui la fait valoir, au bout d'un certain temps la possession actuelle vaut titre, et la propriété est transférée par prescription. Car les propriétés ne doivent pas rester désertes ni incultes, et il est de l'intérêt de la société qu'elles soient conservées, entretenues et mises en valeur. Le droit se forme ici, comme pour la coutume, par une occupation plus ou moins longue, non contestée, et par le travail. C'est ainsi que les dynasties nouvelles se légitiment. Quand le pouvoir est exercé utilement pendant un certain temps par un homme ou par une famille, la prescription s'établit en vertu de l'occupation explicitement ou implicitement acceptée par le peuple. Or combien de temps faut-il pour établir la prescription ? Trente ans, quarante ans ? Je ne le sais pas. Les lois humaines sont très-diverses, très-variables à cet égard, et elles servent à déterminer l'application d'un droit naturel.

Il en est encore ainsi de l'âge de majorité. Il n'est rien au monde qui soit plus du droit naturel que la majorité. Seulement il faut la fixer en son point et à son temps. De nos jours on est très-pressé d'être majeur pour agir à sa guise, et si l'on écoutait la jeunesse, on ne l'émanciperait jamais assez tôt. Quelles que soient les différences des lois humaines à cet égard, il reste vrai qu'il y a un âge où l'homme devient maître de lui-même, de l'exercice de sa liberté, et seul responsable de ses actes ; et comme alors il est un être moral, capable de se gouverner, il prend en main sa conduite, et n'est plus sous la direction de ses tuteurs naturels ou légaux. Par là l'homme se constitue, se complète, et se pose au sein de la société. Rien n'est plus conforme à la nature ; mais à quel âge arrivera la majorité ? On s'accorde généralement à la fixer à vingt et un ans. Pourquoi pas vingt-deux, pourquoi pas vingt-cinq ? Le droit naturel ne détermine rien sur la limite. Elle reste arbitraire, et peut se reculer ou s'avancer en raison des personnes, des circonstances ou des climats. Car dans les pays chauds, les hommes se développent plus vite, et dans le nord plus lentement. Puis, quand l'âge n'est pas arrivé, en certaines circonstances on y supplée par l'émancipation.

Ainsi, dans tous ces cas, où les lois humaines ont pour objet de régler l'application de la loi naturelle, il y a beaucoup d'arbitraire et de conventionnel. Il en est encore de même quand elles organisent les institutions utiles à la société. Quelle variété, quelle multiplicité dans les formes de gouvernement ! Il y a du bonheur et du malheur partout, car il y a partout du bien et du mal. Qui osera affirmer catégoriquement que tel gouverne-

ment est bon, que tel autre est mauvais, que telle
société est bien constituée, et telle autre mal organisée?
Il y a en toutes des imperfections, des vices, des misères. Mais où n'en trouve-t-on pas, non-seulement
dans la sphère politique, mais dans la conduite privée?
C'est la vie de l'humanité sur la terre, c'est l'histoire.
L'organisation des sociétés est toujours quelque chose
de relatif et de très-variable, et quand les faiseurs d'utopie
viennent dire : voilà le gouvernement par excellence,
voilà celui qui doit servir de type, de modèle à tous les
autres, on peut toujours leur demander : où avez-vous
pris votre type, votre modèle? Avez-vous reçu une révélation particulière, qui vous ait montré le plus excellent des gouvernements, celui qui doit servir de règle à
tous les autres? Il y aura toujours dans la police des
États beaucoup de choses arbitraires, car ce qui convient à l'un ne convient pas à l'autre. Ainsi, par exemple, en ce qui concerne la pénalité, ou la détermination des peines à attribuer aux délits, il est de droit
naturel, et la conscience humaine le proclame, que la
justice doit être accomplie, et que toute violation de la
loi mérite punition, exige réparation. Tout le monde
le sent et le reconnaît. Cependant les délits civils sont
quelquefois distincts des délits moraux. Il y a telle infraction des règlements de l'État qui n'est pas proprement une faute morale ; par exemple un oubli, une né-
gligence, la violation d'une ordonnance de police utile
à l'ordre public, qui n'engage pas proprement la conscience, au moins d'une manière positive, mais seulement indirectement, parce qu'en définitive un bon citoyen doit observer toutes les lois de la société où il vit.
Attribuer précisément à chaque délit de ce genre telle
peine, en faire une échelle, une proportion, cela dépend

de la volonté du législateur, et par conséquent des circonstances et de l'état du peuple auquel la loi s'applique. Chez un peuple de mœurs simples et honnêtes, où la civilisation est peu avancée et le crime rare, la pénalité sera plus douce que chez les nations très-civilisées, où les passions sont plus excitées et se développent avec plus d'ardeur. Chez un même peuple la pénalité pourra changer, et, en effet, elle change continuellement sur un point ou sur un autre, en raison des temps et des lieux.

Il en va de même pour l'ordre judiciaire, la hiérarchie de la justice et la manière de la rendre ; la législation est différente en différents pays.

Enfin les usages qui règlent la communauté des biens entre le mari et la femme, le douaire, la légitime, sont arbitraires, c'est-à-dire dépendent de l'arbitre de l'homme, de son jugement, de sa volonté, de sa liberté.

Tel est le caractère général qui distingue les lois humaines des lois divines. Celles-ci sont immuables, pour tous les lieux et pour toujours. Celles-là sont variables, pour tel temps, pour tel peuple. Les hommes les ont faites, les hommes peuvent les défaire.

Vient maintenant cette question : quels sont ceux qui ont le pouvoir de faire des lois ? A quoi nous répondons : Ceux qui ont le pouvoir de faire des lois sont les hommes investis de l'autorité. Il y a deux espèces d'autorité : l'autorité publique et l'autorité privée. L'autorité publique se divise en autorité temporelle et autorité spirituelle. Dans l'ordre temporel, celui qui a le droit de faire des lois s'appelle le souverain, ou, pour parler le langage reçu en cette matière, le *prince*, ce qui ne veut pas dire *homo princeps*, mais *principatus*. C'est la souveraineté, où qu'elle soit placée, soit dans le corps du peuple, ce qui est la démocratie, soit dans quelques hommes choisis, ce qui fait l'aristocratie, soit dans un seul homme qui exerce le pouvoir au nom de tous et pour tous, ce qui constitue la monarchie.

La puissance spirituelle est d'un autre ordre. Elle vient directement de Dieu et ne dépend pas des hommes. Son autorité est toute morale et c'est la plus efficace. Car elle a bien plus d'influence que la puissance physique; elle pénètre plus avant dans l'homme; elle s'empare de son âme, et elle agit en lui malgré lui. L'autorité spirituelle appartient exclusivement à ceux auxquels Dieu l'a confiée. La question n'est pas controversée là où règne la foi chrétienne. L'Église en est le dépositaire, et elle exerce cette souveraineté, qui vient du ciel, par le Pape et les évêques.

Mais il existe aussi dans les rapports privés des hommes entre eux un pouvoir de faire la loi, et cela par droit naturel, comme dans la famille, Ainsi le mari a une autorité naturelle sur la femme; il est le chef de la communauté, et il a le droit d'y commander, sans doute en accomplissant les conditions du mariage, et avec tous les égards que réclament la nature et la position de l'être plus faible auquel il est uni. C'est le droit marital. Le mari est le directeur-né de la famille; c'est lui qui doit la gouverner et l'administrer, et quoiqu'il puisse, et doive même en certains cas, consulter celle qui lui obéit, cependant il n'est pas tenu par son avis. Il est le maître, il ordonne et sa parole fait loi.

De même pour le père. Le droit du père vient de son devoir. Il est chargé par Dieu même, qui seul donne la vie, de la vie de ses enfants; il faut qu'il la conserve, la développe et la forme, et tant que l'enfant n'est pas majeur, c'est le père qui répond. Il a donc le droit d'être obéi; il fait la loi, il est la loi vivante de la famille.

Il y a encore une autre espèce de droit, qui ne vient pas précisément de la nature, mais du droit des gens. Très-contesté de nos jours, ce droit n'a jamais été nié complétement. C'est celui du maître sur l'esclave. Je sais bien qu'à ce mot nos cœurs émus sont portés à se révolter. Des hommes esclaves! Et s'ils y consentent, voulez-vous contrarier leur liberté? Si un homme, par exemple, veut engager sa vie entière au service d'un autre par un contrat, ou bien si, prêt à perdre la vie dans un combat, il la reçoit comme grâce de son vainqueur, et s'engage à ne pas profiter de l'existence qu'on lui laisse pour se tourner contre celui qui l'épargne, etc...? Je n'ai pas à exposer ici toutes les raisons de l'esclavage. Certes, je n'en suis pas un défenseur quand même, et je souhaite vivement qu'il disparaisse du monde. Mais enfin les faits sont les faits; l'esclavage existe encore, et puisque l'Église l'a toléré ou ne l'a jamais combattu que d'une manière morale et indirecte, il faut bien qu'il y ait là un droit. De là la loi hérile ou du maître, imposée par celui auquel l'esclave obéit, et qui doit être appliquée avec tous les ménagements qui l'adoucissent, l'humanisent et la christianisent. Il faut saisir dans les faits et au-dessus des faits la vérité, le droit, et, quand une fois on les a reconnus, en dépit des sentiments, des intérêts ou des préjugés, on doit avoir le courage de les accepter.

Le pouvoir d'imposer la loi entraîne l'obligation de la faire exécuter. C'est ce qui constitue la responsabilité du législateur, et c'est pourquoi toute loi est vaine si elle n'est accompagnée d'un certain pouvoir de coërcition. C'est un axiome de l'ancienne jurisprudence qui sera vrai dans tous les temps : « Nulla jurisdictio sine saltem parvâ coercitione. » Car à quoi sert de porter des lois si elles ne sont pas observées, si l'on n'a pas les moyens de les faire respecter? Les lois qu'on n'accomplit pas révèlent la faiblesse de l'autorité. Moins lui importe d'édicter des lois, de formuler des règlements et de commander, que de savoir se faire obéir. On ne gagne rien à multiplier les ordonnances; il faut très-peu de lois et beaucoup d'obéissance; mais pour cela à toute parole d'autorité il faut une sanction. On ne gouverne pas les hommes avec des paroles seulement; car ils ne sont pas des anges, ils ont une âme et un corps, et il faut faire marcher à la fois l'un et l'autre et l'un par l'autre. On est donc obligé de prendre l'âme, non pas seulement par les oreilles, c'est-à-dire par la persuasion, mais par le corps tout entier; et, si l'on ne trouve pas le moyen d'imprimer à l'homme une crainte salutaire de la loi en infligeant des peines à l'infraction, soyez sûrs que la loi sera violée.

Il faut donc une sanction, par conséquent une force pour prévenir le mal ou le réprimer, et toute juridiction implique nécessairement une certaine coercition. Ainsi, dans le cercle intime de la famille, le mari est le chef; il a le droit de poser la loi. Si on lui résiste, qu'est-ce qu'il fera? Dans les mœurs barbares on suit le droit de nature. Cela arrive encore quelquefois dans notre civilisation raffinée, et ce n'est pas toujours un mal; seulement il faut que ces coups d'autorité viennent à propos. Il y a des orages qui se calment subitement par un peu de pluie; c'est aussi le plus souvent l'effet des larmes que fait jaillir la contrainte, et dans certains cas une légère violence, légalement exercée, peut amener un grand bien. Cependant il faut y prendre garde, car c'est un remède dangereux et dont on ne peut prévoir toutes les suites.

Il en va de même de la puissance paternelle : car le père a une autorité naturelle sur les enfants ; il a le droit de leur commander, donc de les punir. Qu'arrivera-t-il, s'ils refusent d'obéir ? Quand ils sont petits, tout le monde sait ce qu'on en fait. Il ne faut pas abuser de ce moyen, mais il faut en user, et il est certain que bien employé il préserve l'enfant de beaucoup de colères, de mauvaises volontés, et par conséquent de maladies. Autrefois, dans l'éducation traditionnelle de nos pères, ce remède passait de la famille dans les colléges avec la délégation de la puissance paternelle, et il s'y trouvait un fonctionnaire chargé de cette manière de convaincre et de corriger. On a aboli cet usage, et je ne le regrette pas. Mais vraiment aujourd'hui il est bien difficile de conduire les enfants. On veut tout obtenir par la douceur, par la persuasion, et, quand ils résistent, on ne sait plus par où les prendre ni les retenir. On raisonne beaucoup avec un âge qui n'a pas de raison, et, le respect de la loi n'étant pas inculqué de bonne heure dans les âmes par la crainte, il se trouve qu'il n'y a plus d'autorité dans la famille ni dans ce qui la représente. Interrogez les éducateurs du jour, et ils vous diront ce qu'il leur en coûte pour faire observer à peu près la discipline et les règlements imposés. C'est un grand mal, parce que si l'on ne s'habitue pas dès l'enfance au joug salutaire de la loi, plus tard on s'y habituera moins encore, et alors on arrive à un état de choses où les hommes qui vivent en société, se jouant des lois et cherchant tous les moyens de se soustraire à leur empire pour satisfaire leurs passions, sont toujours prêts à s'insurger contre l'autorité au nom de la liberté, qu'ils confondent avec la licence, et méditent sans cesse la ruine du pouvoir établi; ce qui rend les sociétés ingouvernables.

Comment s'exerce la souveraineté? Elle se manifeste et s'applique de trois manières, et ces trois manières, qui lui sont essentielles, on les retrouve dans toute société sous une forme ou sous une autre.

D'abord il faut écrire la loi et la poser. Ici, il n'est plus question de loi naturelle, de loi éternelle, de loi révélée. C'est la sphère des lois humaines, il faut donc commencer par les faire. La souveraineté, où qu'elle soit placée, s'exprime donc d'abord par le pouvoir législatif. Nous verrons plus tard comment ce pouvoir s'organise. Puis, la loi étant posée, elle doit être observée, autrement à quoi sert-elle? Il faut donc une institution, une fonction employée à mettre la loi en pratique, à en surveiller l'application : c'est la fonction administrative, le pouvoir exécutif. Mais les hommes sont libres, ils sont passionnés, ils sont instinctivement et naturellement opposés à la loi depuis le péché, et il suffit, nous le savons tous, d'imposer une loi à quelqu'un pour qu'il regimbe ; il suffit de lui commander une chose pour qu'il n'en veuille rien faire, depuis l'enfant au berceau jusqu'à nous tous. Dès lors il y a imminence de délit ou d'infraction à la loi. Donc toute violation de la loi doit être combattue, arrêtée, punie, réparée ; mais avant tout il faut qu'elle soit jugée, et par conséquent il faut une fonction judiciaire.

Ainsi partout où l'autorité s'exerce il y a un pouvoir législatif, un pouvoir exécutif et un pouvoir judiciaire. Ces trois actes de l'autorité, qui sont pour ainsi dire la trinité du gouvernement, s'accomplissent au nom de la souveraineté. La souveraineté agit elle-même au nom de Dieu ; car on ne peut gouverner les hommes et les juger qu'au nom de Dieu, et la preuve c'est que la justice dans ses vindictes va jusqu'à ôter la vie. Or, je le demande, comment un homme oserait-il en son nom ôter la vie à un autre homme? Puisqu'il ne peut pas la donner, il ne peut l'ôter. Si donc la loi ose prononcer la peine de mort, ce ne doit être qu'au nom de celui qui seul est le maître de la vie. Hors de là, la peine de mort est à la fois une absurdité et une abomination, car elle n'a pas de raison d'être.

Telles sont les conditions générales de l'organisation de l'autorité.

Mais il y a deux autorités, la puissance temporelle et la puissance spirituelle. La distinction de ces deux puissances est essentielle; elles ne peuvent plus être confondues sans un immense danger pour les peuples et les individus. Cette distinction n'est connue que depuis le christianisme, et c'est surtout en l'établissant d'une manière inébranlable dans le monde qu'il a fondé la vraie liberté des nations et garanti la dignité des hommes. Chez les anciens la puissance temporelle et la puissance spirituelle étaient une; le souverain était en même temps le pontife, et les deux autorités résidaient dans la même main. Les anciens, même les Juifs, bien qu'on puisse prouver, comme l'a fait un homme d'esprit dans un livre sur la vie future, qu'ils connaissaient l'immortalité de l'âme, s'occupaient peu de l'autre monde, et maintenant les juifs eux-mêmes, les véritables juifs ne s'en occupent guère, mais beaucoup des affaires de celui-ci. Les païens avaient des idées très-vagues de la vie future; ils admettaient sans doute ce qui est dans la loi naturelle, que le crime mérite une punition et la vertu une récompense; que si l'un et l'autre ne la reçoivent point ici-bas, il y aura une réparation ailleurs. La tra-

dition, d'ailleurs, confirmait ces dictées de la loi de
nature. Mais ils ne connaissaient pas le monde surnaturel
que le christianisme nous a découvert, cette cité céleste,
cette patrie impérissable, cette Jérusalem éternelle, où
nous jouirons de la vue de Dieu, où nous serons admis à
la contemplation de sa lumière, à la participation de sa
gloire, de sa puissance, de sa nature même, et ainsi à sa
liberté et à son bonheur.

Ces grandes vérités étaient couvertes d'un voile avant
Jésus-Christ; elles nous ont été révélées par sa parole,
qui a illuminé à nos yeux le monde du temps et celui
de l'éternité. Or la distinction des deux puissances répond à celle de ces deux mondes, et elle est aujour-
d'hui aussi inébranlable sur la terre et dans la conviction
des chrétiens que la parole de Dieu, dont elle dérive.
C'est ce qui rend de nos jours la position des hommes
en société, et au milieu des tribulations inévitables de
l'état politique, plus supportable et plus digne. Car,
quoi qu'il arrive ici-bas au citoyen chrétien, injustice,
oppression, tyrannie populaire, aristocratique, ou monarchique, il a l'espérance d'un monde meilleur, d'une
patrie véritable où règnera la justice, et, au milieu des
tristes réalités de la vie présente, quand il se débat avec
les puissances de la terre et dans leurs serres, il trouve
souvent un refuge dans la puissance spirituelle, dont la
mission est de proclamer la justice de Dieu et d'arrêter
l'iniquité. Même, si Dieu permet qu'elle prévale momentanément, il trouve dans sa foi un refuge assuré, où
les violences des hommes ne peuvent plus l'atteindre.
Elle lui ouvre un monde nouveau, une cité permanente,
où, s'il est resté fidèle à la loi et aux promesses de son
divin maître, il recevra en puissance, en gloire et en
félicité bien au delà de ce qu'il a souffert ici-bas.

Les deux puissances, essentiellement distinctes par leur nature, diffèrent encore par l'objet sur lequel elles s'exercent. La puissance temporelle ne s'occupe que de l'intérêt social et des choses qui concernent la condition civile des hommes, tandis que la puissance spirituelle s'occupe des âmes, de leur direction, de leur perfectionnement, de leur salut. Mais elles ont plusieurs points communs. Ainsi d'abord l'origine, *Omnis potestas a Deo*, toute puissance vient de Dieu, a dit l'apôtre ; seulement la puissance spirituelle vient de Dieu immédiatement et surnaturellement. Elle a été constituée directement par la parole divine, ce qui lui donne une légitimité incontestable, et la met par sa nature même, et par la manière dont elle a été constituée, au-dessus de toutes les puissances de la terre. Elle a quelque chose de plus pur, de plus fort, de plus divin, en raison de son origine transcendante et de la foi qui va au delà de ce monde. Allez et enseignez toutes les nations, enseignez-leur tout ce que je vous ai enseigné ; celui qui vous écoute, m'écoute, celui qui vous méprise, me méprise ; ce que vous délierez sur la terre sera délié dans le ciel, ce que vous lierez sur la terre sera lié au ciel, etc. Ces paroles sont claires, la mission est évidente, c'est Dieu qui a parlé, c'est Dieu qui a envoyé, et par conséquent cette puissance, qui parle et agit en son nom, a un caractère surhumain.

Mais bien qu'elle soit au-dessus des puissances du monde, cela ne veut pas dire qu'elle doive s'ingérer dans les affaires temporelles et les gouverner. Ce n'est pas l'objet de sa mission, et elle perdrait son caractère et sa vertu, si elle s'en mêlait autrement que par son influence morale et l'autorité de sa parole. L'empire de la terre et le gouvernement des peuples appartient à la puissance temporelle qui vient aussi de Dieu, et qui à ce titre est indépendante, quant à sa mission, du pouvoir spirituel. Rendez à César ce qui est à César, et à Dieu ce qui est à Dieu. Vous n'auriez pas ce pouvoir, dit Jésus à Pilate, s'il ne vous avait été donné d'en haut. La puissance temporelle est donc aussi de droit divin ; elle est ordonnée de Dieu pour le bien, et celui qui l'exerce est le ministre de Dieu pour la justice. Mais cela n'implique point que Dieu institue lui-même directement le gouvernement et les princes. Quand cela est arrivé, comme chez les Juifs dans l'élévation de Saül et de David à la royauté, il s'est passé quelque chose de surnaturel, en dehors de l'ordre habituel de ce monde, et qui fait exception. Encore Dieu a-t-il voulu que les hommes de son choix fussent acceptés par le peuple. Mais, hors de là, comment cette puissance est-elle constituée et organisée ? Par des moyens naturels, c'est-à-dire par l'intermédiaire des hommes, ou par leur consentement. Elle vient de Dieu, en effet, comme toute vie, toute lumière, toute force, tout don parfait ; elle vient de Dieu comme auteur de la nature, « ut naturæ auctore », mais au moyen des actes libres de ceux qu'elle doit régir, qui consentent à investir de leur puissance un homme ou plusieurs, et à leur soumettre leur volonté en tout ce qui regarde l'intérêt général, et pour le bien de la société. « Potestas a Deo, mediante consensu hominum, » dit saint Thomas.

Les deux puissances ont la même fin, l'intérêt public, le bien de l'association. Mais la puissance temporelle gouverne le peuple par l'extérieur ; le prince, comme on disait autrefois, est l'évêque du dehors, tandis que la puissance spirituelle dirige l'homme par le dedans, par la volonté. Aussi elle a plus de force et elle entre plus avant, Elle va droit à l'âme même, tandis que l'autre ne peut l'atteindre qu'indirectement et par le corps. Puis il y a encore autre chose dans la puissance spirituelle. Tout en voulant tout ce que veut la souveraineté temporelle pour le bon ordre de l'État, des familles et des individus, et contribuant par tous ses moyens à assurer l'empire des lois civiles et la paix publique par l'observation de la justice et le respect de l'autorité, elle a un autre but qui dépasse celui de l'institution politique, et c'est l'objet de sa mission spéciale. Car elle n'a pas été constituée sur la terre dans un intérêt purement terrestre. Elle n'y est descendue, elle n'y parle, elle n'y agit qu'en vue du ciel et pour ramener les hommes à leur patrie céleste, dont le péché les a exilés, et que le sacrifice de l'Homme-Dieu leur a rouverte. Elle entend donc le bien des peuples autrement que les gouvernements du monde. Elle veut, comme eux, leur bonheur temporel autant qu'il est possible ici-bas, mais par-dessus et avant tout elle s'inquiète de leur bonheur éternel ou de leur salut, dont elle procure seule les moyens.

Les deux puissances, quoique indépendante l'une de l'autre par leur nature, s'obéissent cependant mutuellement, et elles ne peuvent pas ne pas se soumettre l'une à l'autre, en tout ce qui est de leur compétence respective. Ainsi le gouvernement, de quelque manière qu'il soit constitué, doit obéir à l'Église en tout ce qui concerne les lois de Dieu et de la morale. De son côté, l'Église et ses ministres doivent accepter et observer les lois du pays, et donner l'exemple des vertus sociales. Comme citoyens, ils rendent à César ce qui est à César, de même que César et ceux qui le servent, s'ils sont chrétiens, sont obligés de rendre à Dieu, à son représentant et à ses ministres, ce qui appartient à Dieu.

Il y a plus, les deux pouvoirs se soutiennent réciproquement. En effet, il serait impossible de fonder une nation et de la conserver sans religion. Cicéron le dit : Il n'y a pas de peuplade si barbare, de peuple si grossier où le nom de Dieu ne soit connu et où une religion n'existe. La religion est le meilleur auxiliaire de la puissance civile, parce qu'elle apprend à obéir, comme dit l'apôtre, non pas seulement sous l'œil du maître et par la crainte du châtiment, mais en conscience et par le sentiment du devoir. C'est la meilleure obéissance parce qu'elle part de la volonté, surtout si elle est animée dans ses sacrifices par l'espérance d'une récompense supérieure. Il n'y a rien au monde qui soit plus utile à un gouvernement pour maintenir la société, que la foi religieuse des populations; car l'homme qui a la foi et l'espérance qu'elle donne n'agit plus servilement ou par un intérêt humain, mais pour satisfaire sa conscience, sauver sa responsabilité et plaire à Dieu.

La puissance temporelle est donc éminemment intéressée à favoriser, à étendre l'influence religieuse, le plus excellent moyen pour tenir les hommes dans le respect des lois, dans l'obéissance et dans l'ordre. Sans cette influence, il faut bien le dire, les nations deviennent ingouvernables. Or, pour entretenir l'action de la religion sur les peuples, il faut la conserver dans sa pureté et la préserver soigneusement de toute altération. Aussitôt que l'hérésie s'élève, comme le dogme est le principe de la morale, si la foi au dogme est ébranlée ou viciée, la morale est atteinte, et bientôt les mauvaises passions nieront le dogme pour secouer l'autorité et la morale qui les gênent. Dans ce cas, jusqu'à quel point la puissance temporelle peut-elle protéger la religion, de manière à empêcher l'altération du dogme et à écarter toute tentative des esprits inquiets et rebelles, qui tendent à opérer des divisions ou des schismes dans la religion et par conséquent dans le pays? En considérant la chose *in abstracto*, nous pouvons dire : c'est un grand bonheur pour une nation, quand il y a un accord parfait entre la puissance temporelle et la puissance spirituelle. Mais cette harmonie si désirable ne peut exister pleinement que là où se trouve une seule religion reconnue et publiquement professée. S'il y en a plusieurs non-seulement tolérées, mais autorisées, c'est une source intarissable de divisions, de discordes et de tiraillements. Car elles s'attaqueront inévitablement l'une l'autre, et celles qui sont en minorité s'allieront contre le culte de la majorité. Ces discussions publiques ébranlent la foi des peuples, diminuent leur respect, faussent leur conscience, et finissent presque toujours par détruire les barrières qui retiennent les mauvaises passions. Dans tous les cas il y a cet immense malheur, que ce qui doit le plus unir les hommes contribue à les diviser, et que l'influence la plus efficace pour mettre la paix dans la société est compromise ou détruite.

Nos sociétés modernes en sont un triste exemple. Autrefois en certains pays, comme la France et l'Espagne, quand la nation possédait des états généraux, institutions très-belles et qu'on a laissées se gâter, toutes les parties de la société étaient représentées dans la confection des lois et y prenaient part; la religion elle-même y assistait par la députation du clergé. Par sa présence, ses conseils et sa science, elle ajoutait aux autres influences son action morale et divine, qui augmentait l'autorité de la loi, et la rendait plus respectable et comme sacrée aux yeux des peuples. On a détruit ces anciennes institutions, qui étaient sorties du sol

de la France et de ses mœurs. Je le regrette dans l'intérêt de mon pays, bien que les affaires de ce monde me
touchent infiniment moins que celles de l'autre. Mais
je ne puis m'empêcher de reconnaître que cette entente des deux puissances était sous tous les rapports
une belle et bonne chose ; qu'elle établissait et garantis-
sait dans le peuple une unité morale qui n'existe plus,
et que la foi religieuse, n'étant point séparée de la vie
politique comme aujourd'hui, il y avait plus de conscience, plus d'enthousiasme dans le patriotisme, et
quelque chose de plus national dans la religion.

La réforme a changé tout cela. Les princes temporels
l'ont exploitée dans leur intérêt et ils se sont insurgés
contre l'Église pour secouer ce qui les gênait et s'approprier ce qu'elle possédait. Ils se sont adjugé à la fois
son autorité et ses biens. Depuis ce temps, en dehors de
l'Église, l'anarchie est dans la religion comme dans la
politique. Il y a à peu près autant de papes que de souverains, autant de croyances que d'individus, et même
chez les nations catholiques il y a une telle bigarrure,
une si grande confusion d'opinions religieuses, à cause
du mélange inévitable des dissidents et des incroyants,
qu'on en est réduit, par la force des circonstances et
de certains droits acquis, à laisser aller les choses religieuses comme elles peuvent, pourvu qu'elles n'excitent
point de désordres extérieurs et ne troublent pas la paix
de l'État. Ce n'est plus guère qu'une affaire de police.
On appelle cela aujourd'hui la liberté de conscience, et
on s'en vante comme d'un immense progrès, sans trop
savoir ce qu'on entend par là. Car s'il s'agit seulement
pour chacun de croire ce que bon lui semble dans son
for intérieur, cela n'est pas nouveau, c'est même aussi
ancien que la raison et la conscience, que personne ne

peut atteindre ni violenter en elles-mêmes. Je puis penser, ou croire en moi tout ce qu'il me plaira, sans que tous les potentats du monde, républicains ou monarques, puissent m'en empêcher. C'est comme pour la liberté de la presse. Pensez tout ce que vous voudrez tout bas et dans votre coin, qui peut vous l'interdire, et à quoi servirait cette défense? Mais pensez tout haut, en public, par des écrits, par des livres, par des journaux, ce n'est plus la liberté de penser, c'est la liberté de publier, c'est-à-dire de jeter au milieu des esprits toutes sortes d'idées bonnes ou mauvaises, vraies ou fausses, où chacun prendra ce qui lui plaira, aliment, remède, poison, ou tout cela à la fois. Là évidemment il y a un danger pour la société. Ainsi en va-t-il avec la liberté de conscience. Que vous croyiez ou ne croyiez pas dans votre intérieur, peu importe aux autres si cela ne paraît pas au dehors. Mais si l'on veut que cette liberté de la croyance se réalise par un culte extérieur, dès lors il faut aussi admettre pour tous la liberté de faire et de professer toutes sortes de religions, et comme ces religions seront en opposition avec la religion du pays ou au moins avec celle de la majorité, il suit qu'en les acceptant, en les tolérant, l'État autorise, ou même paye différents cultes, et ainsi organise la guerre au sein de la société. Dieu me garde de parler contre les lois de mon pays. Je les respecte de tout mon cœur, mais je ne puis m'empêcher de faire remarquer la situation bizarre, où on nous place en admettant la liberté de tous les cultes reconnus par l'État. D'abord par qui ces cultes sont-ils reconnus? par l'État. Voilà donc l'État qui se fait juge en matière de religion. Donc il se met au-dessus de toutes les religions, puisqu'il les juge, les autorise ou les interdit, et si nous poussions les con-

11.

séquences jusqu'au bout, nous dirions qu'il usurpe la puissance spirituelle et se met à sa place. Mais il ne vise pas si haut et ses prétentions sont plus modestes. Ce n'est pas usurpation de sa part, c'est de l'indifférence, qu'on appelle aujourd'hui tolérance, et qui consiste à accepter tous les faits accomplis et à faire la part à chacun. L'État dit aux cultes qu'il trouve établis : faites chacun votre affaire, le mieux que vous pourrez, et pourvu que vous soyez tranquilles et que vous ne vous disputiez pas trop, de manière à troubler la paix publique, je ne m'inquiète point du reste. J'autorise la religion catholique, bien entendu, parce qu'elle est la religion antique de la France et celle de la majorité; mais j'autorise aussi le protestantisme qui en est la négation, la contradiction formelle. J'irai même jusqu'à autoriser, jusqu'à payer le judaïsme, quoique les Juifs aient crucifié Notre-Seigneur, et qu'il n'y ait rien de plus contraire au christianisme qu'un vrai juif qui abhorre et blasphème l'Évangile.

Cependant il y a encore les Turcs, qui sont devenus nos amis et même nos compatriotes, car l'Algérie est la France. S'ils participent à notre gouvernement et à nos lois, ils doivent en avoir les bénéfices comme les charges, et dès lors il faudra aussi reconnaître leur religion, autoriser leur culte, payer leurs marabouts et bâtir leurs mosquées. Voilà donc les croyances et les opinions religieuses les plus contradictoires établies et autorisées dans une même société, et comme elles se combattent sans cesse, au lieu de cette unité morale, la plus profonde de toutes, que produirait entre les citoyens une même religion, on introduit dans le sein de la même nation des germes de discorde, les principes les plus actifs de la division et de la guerre. Car rien ne sépare plus profondément les hommes que les dissidences religieuses.

L'État le voit, et ne croyant pas pouvoir l'empêcher ou ne le désirant pas, il s'en lave les mains. Il dit à tous : observez les lois, le reste ne me regarde pas. Que vous alliez à l'église catholique, au prêche protestant, à la synagogue, à la mosquée, si vous ne faites rien contre les lois du pays et que vous n'ayez rien à démêler avec la justice, je n'ai rien de plus à vous demander.

Que sort-il de là? Une apparence d'ordre et au fond un grand désordre, quelque chose de monstrueux, logiquement, moralement, et politiquement. Logiquement, car en rassemblant toutes les contradictions dans une même société, on travaille contre sa foi, qui est le lien de l'union et de la paix. Moralement, car cette apparence d'ordre cache une indifférence profonde en matière de religion et la propage. Comment voulez-vous que les fidèles ou les infidèles de toutes les religions vivent à côté les uns des autres et en bon accord, s'ils ne participent pas à cette indifférence, dont l'État leur donne l'exemple? La foi vivante n'est pas si accommodante, elle cherche au moins à se répandre et à convertir. Elle milite et est toujours prête à combattre pour la vérité, et si l'indifférence au dogme la remplace, que deviendra la morale qui en découle, qui reçoit de la foi son ardeur et sa plus grande énergie? Vous n'aurez plus que la morale du vicaire savoyard, du Dieu des bonnes gens, et de la police. Politiquement; car c'est quelque chose de fatal à la société, que la puissance qui la gouverne affecte de n'avoir point de religion. Or il n'y a plus de religion et il ne peut plus guère y en avoir, quand on se croit obligé d'accepter, de respecter, de tolérer, d'autoriser et même de payer tous les cultes. L'État déclare par le fait que toutes les religions sont bonnes; donc qu'il n'y en pas une seule exclusivement vraie, et il se met en dehors et au-dessus de toutes, ne voulant recevoir l'influence d'aucune, et prétendant tout régler par sa toute-puissance. C'est ce qu'on appelle séculariser le gouvernement, et par suite on sécularise la législation dont on a exclu l'ordre du clergé, la justice à laquelle il prenait part autrefois dans les parlements et par des tribunaux particuliers, l'administration où il ne paraît plus, l'enseignement public où il paraît peu. On voudrait bien séculariser aussi l'éducation, si l'on pouvait se passer du prêtre pour former les âmes. Mais on n'a pas encore osé faire officiellement l'éducation du peuple sans l'intervention de la religion.

Telle est la triste situation politique et morale que nous ont faite les révolutions de notre pays. Je ne les condamne pas en toutes choses, et j'admets comme un autre les avantages qu'elles ont pu apporter. Mais je ne puis pas ne pas reconnaître, qu'en provoquant un divorce, et même une certaine hostilité entre la puissance spirituelle et la puissance temporelle, elles ont ruiné l'État dans son unité fondamentale, et en introduisant des religions diverses elles y ont mis des ferments de discorde. Le pouvoir temporel s'est diminué en croyant s'augmenter; car il s'est privé du concours actif de la puissance spirituelle, que rien ne peut suppléer dans l'esprit des peuples. Il a été obligé de se faire, non pas athée, comme on l'a dit, mais indifférent en matière de religion, pour avoir l'air d'être impartial, et les peuples ont suivi ses maximes et ses exemples.

Ce présent fâcheux est plein de menaces pour l'avenir. Car si un jour ou l'autre, pour une cause quelconque, et surtout dans les matières mixtes qui tombent sous les deux juridictions, une collision s'élève entre le pouvoir temporel et la puissance spirituelle qui seule mérite ce nom, l'Église catholique et son chef, comme celle-ci, qui a la conscience de son institution divine et de son immutabilité, ne peut céder en certains points et ne recule jamais, et que celui-là, poussé par l'esprit du siècle, dominé par les exigences de sa position fausse ou équivoque en face des autres cultes qu'il tolère, ménage ou autorise, et ne trouvant pas d'ailleurs dans sa foi la mesure et l'adoucissement de ses prétentions, sera forcé de demander ce qu'on ne pourra lui accorder, on ne saurait prévoir l'issue d'une pareille lutte, qui doit ébranler profondément les bases mêmes de la société, comme nous le voyons maintenant chez une nation voisine.

Voilà la vérité de la situation. Nous la signalons, sans en accuser ceux qui gouvernent aujourd'hui. Ils ont trouvé la position faite et ils s'en tirent comme ils peuvent, dans la mauvaise voie et au milieu des embarras de tous genres où le dévergondage de la raison en matière de religion nous a jetés depuis longtemps. La faute en est, avant tout, à ce qu'on appelle la réforme, c'est-à-dire à la révolte contre la souveraineté spirituelle, établie de Dieu et constituée dans l'Église, aux princes qui l'ont favorisée, et enfin à tous ceux qui depuis l'ont propagée et la soutiennent. Car les hérésies et les schismes qui déchirent le sein de l'Église détruisent aussi ou du moins affaiblissent considérablement l'unité, et par conséquent la force des nations.

CHAPITRE X

LE POUVOIR LÉGISLATIF DANS L'ÉGLISE.

L'Église a le pouvoir de faire des lois. — Réfutation des erreurs d'Aërius, des Vaudois, de Jean Hus, de Luther et de Calvin à ce sujet. — Le pouvoir législatif de l'Église prouvé par la révélation, par la tradition et par la coutume. — Quels sont ceux qui, dans l'Église, ont le pouvoir de faire des lois ? — Erreur grave du protestantisme et du richerisme. — Le pouvoir judiciaire de l'Église est la conséquence de son pouvoir législatif.

Nous avons reconnu l'existence des deux puissances. Nous avons dit qu'elles sont indépendantes l'une de l'autre par leur origine et par leurs droits, et que néanmoins elles sont continuellement en rapport l'une avec l'autre, devant s'entendre et se soutenir pour le bien de ceux qui leur sont soumis. Nous avons indiqué leur différence qui est grande, car la diversité de nature entraîne une différence de sphère et d'objet, et en même temps leur ressemblance et leurs relations.

Nous allons maintenant les considérer successivement pour nous assurer qu'elles ont le pouvoir de faire des lois, comment, et à quelles conditions. Nous parlerons d'abord de la souveraineté spirituelle, qui réside dans l'Église.

La première question qui se présente est celle-ci : Y a-t-il dans l'Église une autorité législative ? Au premier abord, la question peut paraître singulière, puisque l'Église est une société. En effet une société quelconque, temporelle ou spirituelle, ne peut subsister sans une loi, spirituelle pour la société spirituelle, civile pour la société civile, et comment veut-on qu'une loi s'établisse et se conserve sans une autorité chargée de la faire et d'en surveiller l'exécution? Eh bien! cependant, car tout est possible en ce monde, cette autorité qui doit fonder et conserver la société spirituelle a été niée, et c'est là même un des points principaux de ce qu'on appelle la réforme.

Du reste en cela la réforme n'a rien fait de nouveau. Il y a eu dans tous les temps des opposants à l'Eglise et à son autorité. Dès le ive siècle, nous rencontrons Aërius, qui a donné son nom à une secte dite des Aëriens, lesquels niaient formellement la différence entre le sacerdoce et l'épiscopat, prétendant que J.-C. n'a établi que des prêtres et que l'autorité épiscopale est une usurpation, à plus forte raison l'autorité pontificale. Puis sont venus les Vaudois qui ont nié la suprématie romaine, l'autorité épiscopale, et par conséquent toute autorité dans l'Église. Car il n'y a pas de milieu : il faut accepter l'autorité telle que Dieu l'a constituée ou n'en reconnaître aucune. Il pourra se trouver parmi les négateurs des esprits modérés qui, tout en niant par esprit d'opposition, n'ont pas la conscience de ce qu'ils font et admettent dans la pratique ce qu'ils excluent dans la théorie. Mais la rigueur de la logique, quand elle part de principes faux, entre en guerre avec le bon sens, et alors l'inconséquence devient un bonheur. Elle nous sauve souvent, sous l'influence du sens commun, de la conscience et des mœurs, des suites absurdes et déplorables de nos systèmes, de nos préjugés et de nos erreurs.

Après les Vaudois, Jean Hus a soutenu la même thèse et enfin Luther et Calvin l'ont fait triompher dans une partie du monde chrétien. Ils ont réussi à déchirer l'unité de l'Église, en récusant l'autorité de son chef, et en entraînant plusieurs peuples dans leur révolte.

Luther a prétendu que le pape n'a pas le droit de captiver la liberté qui nous a été donnée par le baptême, et qu'aucun évêque ni personne ne peut imposer une seule syllabe à un chrétien sans son consentement. Voici ses paroles : « Quis dedit papæ potestatem captivandi libertatem nostram per baptismum nobis donatam, cum neque episcopus, neque ullus hominum habeat jus unius syllabæ constituendæ super christianum hominem, nisi ejus consensu ? » (Luther, de captivit. Babylonis, cap. de baptismo.)

Vraiment, cela n'est pas raisonnable et pour un homme qui raisonne tant, et qui met la raison au-dessus de tout, ce n'est pas lui faire honneur. Une société quelconque peut-elle subsister sans une autorité, sans une loi ? et parce que nous avons été baptisés, c'est-à-dire délivrés du joug du démon et des peines éternelles par l'application du sang et des mérites du Rédempteur, parce que nous avons acquis la liberté spirituelle des enfants de Dieu, qu'il ne faut jamais confondre avec la liberté morale, ni avec la liberté civile, s'ensuit-il que nous sommes affranchis de toute loi ici-bas, et que nous ne devons plus reconnaître aucune autorité ? Alors il faut renoncer à toute société. Luther ajoute que personne n'a le droit d'imposer une seule syllabe à un chrétien sans son consentement. C'est une autre erreur, qui malheureusement s'est répandue dans les sociétés modernes et les a rendues bien difficiles à gouverner. Mais ici encore la nature, la conscience et l'expérience protestent. Je demande, par exemple, si dans l'institution de la loi divine Dieu nous a demandé notre consentement.

Il en est de même de la loi naturelle. Est-ce que notre consentement fait le bien et le mal? Est-ce qu'une action devient bonne parce que je crois qu'elle est bonne? Est-ce le consentement des hommes, la majorité des voix, ou même l'unanimité qui font le crime ou la vertu? Voilà donc des lois qu'il faut accepter sans délibération, sans consentement préalable. Et dans la famille, est-ce que l'enfant consent d'abord à la loi paternelle, ou ne la trouve-t-il pas toute faite quand il vient au monde? Voulez-vous qu'il se mette à raisonner avec son père, et discute avec lui comment il doit le conduire et l'élever? Est-ce que sa raison et sa volonté y sont pour quelque chose, au moins quant à la juridiction à laquelle il est soumis, et son père n'a-t-il d'autorité sur lui que par son consentement exprimé? N'en peut-il rien exiger légitimement qu'à cette condition? Hélas! on a l'air de le croire dans les familles de nos jours, et c'est pourquoi l'autorité paternelle est perdue. Les parents, aveuglés par leur tendresse naturelle, écoutant la voix de la chair et du sang plus que celle de la conscience et de la raison, n'osent plus gouverner leurs enfants et leur parler d'une manière un peu sévère. Au lieu de commander avec autorité, au nom de Dieu dont ils sont les représentants et qui leur a délégué le pouvoir qu'ils ont en main, ils aiment mieux raisonner avec leurs enfants pour obtenir tout par la conviction, par la persuasion; ils leur adressent de beaux discours pour leur prouver ce qu'ils doivent faire ou ne pas faire, et des dissertations à perte de vue afin de gagner leur volonté. Qu'arrive-t-il? Les enfants, qui sont très-fins, voient tout de suite qu'on a peur d'eux, qu'on n'ose pas leur commander ni les contraindre, et comme ils ont leurs désirs propres, désirs la plupart du temps très-peu raisonnables, parce qu'ils n'ont pas d'expérience, ils savent très-bien que s'ils se mettent à raisonner de leur côté et à disputer avec persistance, ils l'emporteront. Ils l'emportent en effet le plus souvent, et la famille est gouvernée par un enfant. S'il n'y a plus d'autorité dans la famille, comment y en aurait-il dans les colléges, qui en sont les délégués ? N'étant point soutenu par la puissance paternelle, on est obligé de recourir à une discipline tout extérieure pour maintenir l'ordre, et alors au régime moral, nécessaire pour diriger et former les âmes, on substitue une administration quasi militaire, qui ne fait marcher que les corps et endurcit les cœurs.

Ainsi l'assertion de Luther est fausse de tout point. Il y a dans l'Église une autorité ; cette autorité pose la loi par sa parole, et la loi est légitime sans avoir été consentie par ceux qui la reçoivent.

Pour soutenir leur accusation d'usurpation, les protestants, comme toujours, citent l'Écriture, et ils citent des textes mal compris, mal interprétés, dont ils font les principes de leurs raisonnements. Ils en appellent à la parole de saint Paul, que Dieu est le législateur unique. Donc tout homme, quel qu'il soit, évêque ou laïque, qui s'ingère de faire des lois, usurpe la puissance de Dieu, et il ne doit y avoir d'autre loi sur la terre que la loi divine. Or la loi divine se manifeste de deux manières, intérieurement par la voix de la conscience, et extérieurement par la sainte Écriture qui contient la parole de Dieu. Hors de là il n'y a point de législation légitime pour le chrétien. Soit ; mais cette explication, loin de terminer la difficulté, la rend plus grave et ne donne point de solution. Car comment distinguer les dictées législatives de la conscience des simples conseils ou des inspirations plus ou moins facultatives ? Puis la conscience ne peut-elle pas être obscurcie, faussée ou au moins aveuglée par les passions? Et enfin, qui est chargé en définitive de l'interpréter au dedans de nous? N'est-ce pas nous-mêmes, et la conscience est-elle autre chose que le jugement de la raison appliqué aux choses morales? Nous risquons donc fort de nous faire la loi à nous-mêmes et pour nous. Alors on en appelle à l'Ecriture, à la parole divine, qui doit éclairer et diriger la conscience par la signification des commandements divins. Nous le voulons bien. Mais il nous reste un embarras tout aussi grave que le précédent, c'est de savoir comment nous connaîtrons précisément le sens écrit de la parole sacrée, s'il n'y a personne au monde qui soit chargé de l'interpréter et de nous l'expliquer. Non, dit-on, personne n'a reçu cette mission, et l'enseignement de l'Église catholique, qui se l'arroge, est une usurpation; elle substitue les opinions et les traditions des hommes à la vérité de la parole de Dieu. Cependant comme, si claire qu'on suppose l'Écriture, on ne peut nier qu'elle n'ait des endroits obscurs et que tout le monde n'est pas capable de comprendre, pour échapper à l'autorité enseignante de l'Église, on a recours directement à l'Esprit-Saint lui-même, et l'on est réduit à affirmer qu'en tout chrétien qui lit les livres saints avec sincérité et de bonne foi le Saint-Esprit descend avec ses lumières et lui en révèle le sens véritable.

C'est admettre une révélation particulière pour chaque homme, et alors, au lieu de l'autorité législative et enseignante de l'Église, on en aura mille. Car chacun, s'il se croit sérieusement inspiré par le Saint-Esprit, se regardera comme un prophète et se mettra à dogmatiser. Et comme, malheureusement, si cent personnes expliquent le même texte, il y aura cent explications différentes ou contradictoires, il devient difficile de comprendre cette diversité, cette contrariété d'interprétations, et comment l'Esprit divin n'est point d'accord avec lui-même. Enfin il y a encore ce grave inconvénient d'ouvrir une large porte à l'illuminisme, au mysticisme, au fanatisme. Comment! parce qu'un homme se met à lire la parole sacrée, voilà qu'aussitôt l'Esprit va descendre en lui, le couvrir de son ombre et le remplir de ses lumières, pour lui donner l'explication vraie de ce qu'il lit! Il devra regarder comme inspiré de Dieu même tout ce qui lui passe par la tête ou par le cœur en ce moment! C'est Dieu qui l'éclaire, qui le pousse, qui parle par sa bouche après avoir parlé à son âme, et il doit en conscience annoncer et faire tout ce qui lui est suggéré d'en haut! Le voilà prophète, apôtre, docteur, ministre des ordres du Très-Haut, et ceux qui lui résistent résistent à Dieu même. Il n'y a point d'extrémités auxquelles on ne puisse arriver avec de telles opinions. C'est le fanatisme mis à la portée de tout le monde.

Voilà comment, par esprit d'opposition et pour ruiner l'autorité de l'Église établie par Dieu même, on a été entraîné hors du bon sens et de la raison. Sans doute Dieu a déposé sa parole dans les saintes Écritures. Mais ce livre a une lettre qui enveloppe le sens divin ; cette lettre est obscure et aride ; cette lettre, il faut qu'on l'explique, et si chacun se met à l'interpréter, il faut qu'au-dessus de toutes ces explications, il y en ait une que Dieu garantisse. S'il nous a donné un livre qui a des obscurités, et il ne peut pas ne pas en avoir puisqu'il parle des choses du ciel, de l'infini, de l'éternité, il doit avoir constitué une autorité qui nous dise en définitive : voilà le véritable sens, non pas le sens mystique, allégorique, accommodatif, mais le sens vrai, auquel vous devez vous tenir comme règle de votre foi, et pour travailler avec confiance et simplicité de cœur à votre salut. Tout le monde comprend cela. L'Église fait ce que nous faisons tous avec ceux que nous instruisons. Dans un enseignement quelconque il faut une part d'autorité et de confiance. Il faut que le maître soit écouté, quand il dit : voilà ce que vous devez croire, penser et faire. Sans doute on essayera de penser à son tour, mais ce sera toujours et d'abord sur la parole et avec la direction du maître. Dans les choses pratiques il faut avant tout suivre le bon sens. Mais quand on fait de l'opposition pour arriver au pouvoir, quand il y a un parti pris de démolir l'autorité qu'on veut usurper, alors on se passionne, on perd la raison, et quand on veut édifier à son tour, on ne peut plus sortir des ruines qu'on a faites.

Cette expression *unus legislator* veut donc dire que Dieu est la source unique de l'autorité, de même que de la vie et de la vérité. On lit aussi dans l'Écriture cette parole : *unus pater*, il n'y a qu'un père, duquel dérive toute paternité au ciel et sur la terre. S'appuyera-t-on sur cette parole pour soutenir qu'il n'y a aucune paternité dans le monde ? Le monde répondra par les milliers de paternités de chaque jour. Ces choses paraissent ridicules, et cependant ce sont des esprits distingués qui les ont affirmées, et s'ils n'avaient pas été si puissants par l'intelligence, ils n'auraient pas produit de si graves erreurs et de si grands malheurs. Cela montre jusqu'où l'homme peut descendre, quand il est hors de la vérité. Alors plus il a de génie et de force, plus il s'égare.

Notre-Seigneur dit un jour à ses disciples qui l'appelaient *præceptor bone*, bon maître : Pourquoi m'appelez-vous bon? Dieu seul est bon ; ce qui veut dire que Dieu seul est bon en lui-même et de lui-même, parce qu'il est le souverain bien, la source de toute bonté, et que tout don parfait vient de lui. S'ensuit-il qu'il n'y a pas des gens de bien, des hommes honnêtes et vertueux dans le monde? Si l'on prend cette parole à la lettre, on arrive à une conclusion absurde. L'Évangile dit aussi : *unus magister*, il n'y a qu'un maître. Saint Augustin commente admirablement cette parole. Ce maître unique, ce n'est ni Platon, ni Aristote, ni tel autre écrivain. C'est Dieu qui est la vérité même et qui la fait luire par sa lumière dans les ténèbres de l'intelligence. Malebranche a admirablement développé ce commentaire de saint Augustin. S'ensuit-il qu'aucun homme n'ait le droit d'instruire son semblable, et que nous devions récuser comme une usurpation tous les enseignements publics ou privés de la société? Les absurdités qui en sortent montrent la démence de pareilles assertions. Sans doute il n'y a qu'un maître, c'est le grand maître, le maître des maîtres, celui duquel dérive toute lumière et toute vérité, le père des lumières et des sciences, et c'est pourquoi on n'enseigne légitimement et efficacement qu'en son nom.

On dit encore qu'il n'est pas permis de rien ajouter à l'Écriture, et qu'ainsi il faut prendre le texte sacré tel qu'il est en ce qui concerne le dogme, la morale et la discipline, et que faire des lois, des canons et des règlements qui s'y rapportent est une usurpation et une profanation. Mais l'Église n'a-t-elle pas toujours défendu de rien changer ou ajouter aux textes des livres saints, à la parole de Dieu? Cela veut-il dire qu'il n'est pas permis de l'expliquer et de l'appliquer? Et comment instruire et diriger les chrétiens sans cela? La formule du dogme doit le ramener à des termes clairs et précis. Dans le texte sacré, le dogme n'est pas défini d'une manière rigoureuse, et c'est pourquoi la discussion de ce texte a donné lieu à beaucoup de controverses et à une multitude d'erreurs. Alors il a fallu se réunir, non pour discuter le texte lui-même par le raisonnement, jamais l'Église ne l'a entendu ainsi, mais pour constater la manière dont il avait été interprété dans les différentes Églises depuis le commencement du christianisme. Les conciles ne font pas autre chose; et alors, quand on a constaté toutes les interprétations traditionnelles, on formule, on définit. Voilà ce qu'on appelle une définition de dogme, et par là on n'ajoute rien à la parole divine.

Il en est de même des prescriptions de la morale et des pratiques de la discipline; il faut les réduire en préceptes, en règlements, pour les faire reconnaître et accepter. Ainsi, par exemple, il est dit dans l'Écriture : « Vigilate et orate ut non intretis in tentationem, » et dans plusieurs autres endroits le texte sacré recommande la prière : cela prouve seulement qu'il faut prier. Mais quand et comment? qui le dira? laisserez-vous chacun maître de le faire à son gré? On le peut sans doute, mais alors que devient le culte public? Si vous en voulez-vous un, il faudra réglementer la prière commune; l'autorité ecclésiastique déterminera les jours, les heures et les rits des offices. Est-ce une usurpation de la puissance divine? C'est tout simplement l'organisation de la prière. L'Église vous dit quand et comment il faut prier avec vos frères, pour vous édifier les uns les autres, et donner plus de vertu et d'efficacité à vos hommages et à vos vœux. Cela ne vous empêchera pas de prier comme vous voudrez, et surtout comme vous pourrez, quand vous

serez seul. Autre exemple : Notre-Seigneur répond à ses
apôtres qui n'avaient pu chasser les démons de certains
possédés : Ces démons-là ne sont expulsés que par le
jeûne et la prière. Donc il recommande de jeûner en
certains cas, pour combattre les tentations, triompher
des mauvais esprits, et se délivrer du mal et de ses
causes. Mais quand faut-il jeûner, comment faut-il
jeûner ? Voulez-vous le faire à votre tête, à votre guise ?
Pour vous en particulier je n'y vois pas d'inconvénient ;
mais si vous admettez un culte public, une discipline
commune, il faut bien que ces choses soient réglées.
Qui les réglera ? L'autorité ecclésiastique en ordonnant
des jours de jeûne et d'abstinence. Est-ce qu'elle im-
posera quelque chose qui ne soit pas dans l'Écriture ?
Est-ce qu'elle attentera à la liberté des chrétiens ? Elle
ne fera que réglementer le précepte divin, pour qu'il
soit plus facilement et plus sûrement observé par tous.
Elle dit la manière de faire ce que Jésus-Christ a commandé.

Non-seulement l'opinion de Luther est déraisonnable, elle est contraire à l'Écriture et à la tradition. L'É-
criture établit l'autorité spirituelle de la manière la plus
positive par ces paroles de Jésus-Christ : « Comme mon
Père m'a envoyé, je vous envoie, — qui vous écoute m'é-
coute, qui vous méprise me méprise. Si quelqu'un n'é-
coute pas l'Église, qu'il soit traité comme un païen et un
publicain. » Jésus-Christ a dit aux apôtres réunis : Ce que
vous lierez sur la terre sera lié au ciel, et ce que vous
délierez sur la terre sera délié dans le ciel. Il a dit personnellement à saint Pierre comme au chef des apôtres,
comme devant gouverner tous les fidèles, comme au
prince de l'apostolat : « Pasce oves meas, pasce agnos
meos. » Ce qui a toujours été entendu, depuis le com-

mencement, des évêques et des peuples, les évêques
étant aux fidèles ce que les brebis sont aux agneaux, et
les fidèles étant les ouailles des évêques. Notre-Seigneur
a dit aussi à saint Pierre : Tu es pierre et sur cette
pierre je bâtirai mon Église et les portes de l'enfer ne
prévaudront pas contre elle. Par ces paroles, il a institué
Pierre le chef de son Église, il l'a posé comme l'autorité suprême et principale, sur laquelle s'appuient
toutes les autres, comme dans un édifice toutes les
pierres reposent sur la pierre fondamentale. C'est enfin
à Pierre seul qu'il a dit : Je te donnerai les clefs du
royaume des cieux, ce qui est le symbole et la marque
distinctive de la souveraineté spirituelle.

Quant à la tradition, elle est évidente depuis les temps
apostoliques. Saint Paul, visitant les Églises, leur ordonne de faire observer les règlements imposés par les
apôtres : « Laudo vos quod sicut tradidi vobis, prœcepta
mea teneatis, quæ dederim vobis per Jesum Christum ;
cætera, cum venero disponam. » Il retranche de l'É-
glise l'incestueux de Corinthe au nom du Seigneur. Partout où il exerce son saint ministère, il parle avec la
même autorité. Dans le premier concile tenu à Jérusalem, la décision prise se résume en ces termes, qui
sont devenus la formule de tous les conciles jusqu'à nos
jours: « Visum est Spiritui Sancto et nobis nihil ultró
imponere, nisi, etc. »

Les conciles ont toujours eu lieu dans l'Église,
conciles œcuméniques, conciles nationaux, conciles
provinciaux. Ils ont toujours défini, imposé tout ce
qui regarde le dogme, la morale et la discipline, et l'autorité, fondée par la parole divine, s'est perpétuée par
la tradition. La nier et la repousser par des raisons
si peu solides est, comme nous l'avons dit, une chose

12

déraisonnable. Il y a plus : les protestants sous ce rapport sont en contradiction avec eux-mêmes. Ils rejettent plusieurs articles sous ce prétexte qu'ils ne sont point textuellement écrits dans les livres saints, et qu'on ne doit admettre que ce qui est écrit, et cependant, comme tous les chrétiens, ils ont remplacé le jour du sabbat par le dimanche, quoiqu'aucun passage de l'Écriture ne mentionne cette substitution. Ils baptisent les petits enfants qui viennent de naître, et ils les baptisent par infusion, bien que ces deux pratiques ne soient autorisées par aucun texte formel des livres saints. Pour être conséquents, ils devraient donc revenir à la célébration du sabbat et se faire juifs de nouveau, au moins en ce point. Ils devraient tous adopter la doctrine des Baptistes, des Anabaptistes, et ne déclarer le baptême valable qu'autant qu'on est plongé dans l'eau jusque par-dessus la tête.

Mais à qui appartient le pouvoir législatif dans l'Église ? C'est demander quelle est la source de l'autorité spirituelle. Cette source unique est Jésus-Christ. Il a été envoyé par son Père et il envoie ses apôtres comme il a été envoyé. Tout ce qu'il dit, tout ce qu'il fait, il le tient de son Père avec lequel il est un, et ses apôtres n'enseigneront, n'ordonneront et ne feront que ce qu'il leur a prescrit. « Allez et enseignez toutes les nations, les baptisant au nom du Père, du Fils et du Saint-Esprit, et vous leur expliquerez tout ce que je vous ai dit, vous ferez tout ce que j'ai fait et même des choses encore plus merveilleuses. Celui qui vous écoute m'écoute, celui qui vous méprise me méprise, et je serai avec vous jusqu'à la consommation des siècles. » Les apôtres n'ont d'autorité que celle de leur maître et ils la transmettront à leurs successeurs, comme ils l'ont reçue, dépôt sacré qui vient du ciel et qui passe pur et avec toute sa vertu à travers les générations, qu'il doit vivifier, éclairer et diriger dans la voie du salut jusqu'à la fin des temps.

La puissance de l'Église est donc surnaturelle, elle n'a de légitimité et d'efficacité qu'à cette condition. Quand Dieu a créé le premier homme, l'homme terrestre, il a commencé par former un corps, puis il y a inspiré une âme pour le vivifier. Quand Dieu a fait l'homme nouveau, le second Adam, l'homme céleste, qui est l'Église, il a commencé par l'esprit, par l'âme. « Et factus est in spiritum vivificantem. » L'esprit, l'âme de l'Église, c'est la parole du ciel, qui a fait les apôtres, les docteurs, les dispensateurs de ses mystères, de sa puissance, de ses grâces, les ministres et les ambassadeurs du Verbe divin, « sic nos existimet homo ut ministros Christi et dispensatores mysteriorum Dei. Pro Christo legatione fungimur. Paulus apostolus, non ab hominibus neque per hominem sed per Jesum Christum et Deum patrem. »

L'esprit a formé le corps, ou autrement les fidèles qui sont le corps de l'Église ont été gagnés peu à peu à Jésus-Christ par la parole apostolique, qui les a appelés, attirés, réunis dans une même foi, dans une même espérance, dans un même amour, et qui les maintient dans la vie spirituelle, qu'elle leur a donnée, par la nourriture de l'enseignement, et par l'autorité qui lui vient d'en haut. Tous les ministres de Jésus-Christ sont investis de cette autorité dans une certaine mesure et suivant leur degré. Elle leur est transmise avec le caractère sacré par l'imposition des mains, et avec le sacrement de l'ordination ils reçoivent leur mission et la puissance de l'accomplir, « non ab hominibus, neque per hominem sed per Jesum Christum et Deum patrem. » Sous ce rapport ils ne ressemblent donc pas aux autres hommes, et c'est le plus grand malheur pour un prêtre que de leur ressembler. Car ayant reçu une mission surnaturelle et des grâces spéciales, on a le droit de lui demander des vertus surnaturelles, une vie surnaturelle qui le distingue des simples fidèles. Il y a des gens qui s'en étonnent, doutant de notre haute mission et de notre fidélité à la remplir. Nous avouons, nous sommes les premiers à reconnaître que l'œuvre qui nous est confiée, que le fardeau qui nous est imposé, dépassent nos forces et nous disons humblement avec saint Paul : Je ne puis rien de moi-même, je suis le plus faible des hommes; mais je puis tout en celui qui me fortifie. C'est ma faiblesse qui fait ma force, car ce n'est plus moi qui vis, c'est Jésus-Christ qui vit en moi. Voilà le prêtre selon Jésus-Christ. Sa vie devient surnaturelle, comme l'autorité qu'il a reçue d'en haut.

Ici encore les protestants ont tout rabaissé, ont tout gâté. Au lieu d'une puissance surnaturelle, provenant immédiatement de Dieu, qui le représente et qui, à ce titre, en même temps qu'elle inspire le respect aux peuples, donne à celui qui l'exerce une pleine confiance en sa mission divine, ils ont établi un pouvoir humain, n'émanant plus de Jésus-Christ, mais de la souveraineté populaire, en sorte que dans leur manière de voir ce n'est plus Dieu qui choisit et envoie ses ministres, c'est le peuple qui les lui donne. De cette façon, nous n'avons plus seulement un peuple-roi, nous avons encore un peuple-Dieu. Il y a là un renversement complet de la tradition et du bon sens. La souveraineté du peuple, que nous ne craindrons pas d'examiner, serait tout au plus applicable dans l'ordre temporel, dans les choses de ce monde, et pour les lois qui règlent les affaires terrestres. Mais dans les choses de la foi, qui surpassent notre raison, et pour la définition des dogmes et la direction des âmes dans la voie spirituelle et vers le salut, en un mot dans tout ce qui se rapporte à l'éternité, est-ce le peuple qui peut décider, enseigner, gouverner? Est-ce en vertu d'une délibération du peuple que le Verbe divin s'est incarné, s'est fait homme? Si Jésus, fils de Dieu, est descendu en terre pour racheter l'homme pécheur et réhabiliter l'humanité déchue, c'est un pur effet de sa bonté, de sa miséricorde, et la raison humaine avec tous ses conseils n'y a rien fait. Le Dieu-Homme a fondé son Église sur la croix par l'effusion de son sang, il a promis qu'il serait avec elle jusqu'à la consommation des siècles, et il n'aurait point mis en elle la puissance de se perpétuer par le renouvellement du sacerdoce et l'institution de ses ministres! On conçoit très-bien, dit Bossuet, qu'un peuple puisse aliéner sa liberté et se donner un maître. Mais qu'il se donne un sauveur, un rédempteur et qu'il lui nomme ses officiers, cela ne se conçoit pas. C'est confondre le naturel et le surnaturel, c'est introduire le droit de la nature dans un ordre de choses qui la dépasse. D'ailleurs comment le peuple pourrait-il choisir les ministres de Dieu? Outre la compétence qui lui manque, a-t-il la science et la sagesse nécessaires pour un pareil choix? Qu'il élise ceux qui s'occupent de ses affaires temporelles, cela se comprend, les circonstances et ses besoins l'instruisent. Mais les intérêts spirituels, les dogmes, les croyances, les choses de l'autre monde, c'est le peuple qui va en décider! C'est sur la place publique qu'on définira les articles de foi! hélas! on a bien de la peine à y fonder, à y faire fonctionner un gouvernement humain, et vous voulez qu'on y institue le gouvernement de l'Église, l'administration des choses éternelles! Non, ce

n'est pas là qu'on peut s'occuper utilement des choses
de Dieu, et ce n'est point à ces sortes d'assemblées qu'a
été promise l'assistance de l'Esprit-Saint. L'Église fondée divinement, et divinement conservée pour le gouvernement spirituel des peuples, ne s'inquiète pas dans
ses décisions de ce que pensent les hommes et elle ne
se règle pas par leurs opinions. Il s'agit uniquement
pour elle de savoir ce que Jésus-Christ et ses apôtres
ont enseigné, et ce qui a été cru et pratiqué partout et
toujours, là où la parole de Dieu a été reçue. Alors les
évêques s'assemblent et chacun d'eux dit : Voilà ce qui
toujours a été cru et pratiqué dans mon Église, et de la
comparaison de ces traditions se forme la définition du
point à décider et à formuler. Voilà une parole autorisée et compétente. Mais appeler à juger en ces cas des
hommes qui n'ont ni mission d'en haut, ni instruction
suffisante, c'est-à-dire la multitude, c'est renverser le
christianisme par sa base. C'est à la fois un blasphème et
une absurdité.

Cette malheureuse doctrine, reprise au dernier siècle
par un prêtre nommé Richer, a été de nouveau condamnée par le saint-siége. Comme Luther et Calvin, Richer
prétend que le pouvoir spirituel est délégué par le peuple,
et que les prêtres en sont les ministres, ne le possèdent
qu'*instrumentaliter* et *materialiter*, le peuple seul le possédant *potentialiter*. Ce qui veut dire que le peuple a le
droit en puissance ; mais comme il ne peut l'exercer, il
le délègue à d'autres qui deviennent ses instruments,
parce qu'il leur donne le pouvoir matériel de l'appliquer.
Dans cette manière de voir le peuple est le chef spirituel, comme dans l'ordre civil, en vertu de la souveraineté populaire que les protestants ont toujours soutenue
et qu'ils doivent soutenir s'ils sont conséquents, il est la

source de la puissance temporelle. Il est donc doublement souverain par l'esprit et par le corps, spirituellement et temporellement. Qui s'en douterait? Je suis sûr
que dans son bon sens il ne s'en doute pas lui-même, et
toutes les fois qu'on le lui fait accroire, et qu'il se ré-
veille, un jour de révolution, avec la pensée qu'il est
souverain et se dit : Maintenant je vais exercer ma souveraineté, nous savons ce qu'il fait pour montrer sa puissance. Il renverse tout, et dans ces quelques heures de
royauté qui sont pour lui des heures de désordre, il fait
des ruines, et encore des ruines. Après cela il faut
rétablir ; car l'ordre reprend toujours ses droits, et pour
restaurer ce qui a été bouleversé il faut beaucoup de
temps, beaucoup de patience et beaucoup d'argent.

L'Église ayant le pouvoir d'édicter des lois, ce pouvoir,
qui lui vient de Dieu, doit être accompagné d'un pouvoir
judiciaire. L'autorité, chargée de faire la loi, doit aussi
avoir la puissance d'en surveiller l'observation ; donc un
pouvoir exécutif ou administratif, et en même temps
celui de réprimer ou de punir les infractions de la loi ;
donc un pouvoir judiciaire. Toute souveraineté, quelle
qu'elle soit, ne l'est qu'à cette triple condition, d'être à
la fois puissance législative, exécutive et judiciaire. Mais
l'Église étant une souveraineté spirituelle, son pouvoir
judiciaire est spirituel, et comme il n'y a pas de juridiction *sine parvâ saltem coercitione*, l'Église qui a le droit
de juger a aussi le droit de punir. Mais comme sa puissance est spirituelle, elle ne peut punir que spirituellement et les peines qu'elle inflige sont purement morales.
Telle est la nature de sa puissance et les conditions auxquelles elle l'exerce.

L'Église n'inflige donc que des peines spirituelles et
cela en deux tribunaux différents : d'abord dans un

tribunal intérieur, le confessionnal ou le tribunal de la pénitence ; puis au for. extérieur, dans un tribunal ecclésiastique qui se nomme officialité, devant lequel on peut être appelé, cité, défendu , jugé, et condamné. Au tribunal de la pénitence, comme la puissance morale n'a pas de moyens extérieurs, les peines sont pénitentiaires et en même temps médicinales. Elles tendent à une double fin : d'un côté, l'expiation par la réparation des fautes commises autant qu'il est possible, et par l'acceptation des peines infligées ; de l'autre, l'amendement du coupable, sa guérison et son salut. Ici la législation est aussi large que possible. Car le juge est obligé de s'en remettre à la bonne foi du coupable pour ses aveux et l'accomplissement des peines. Il s'accuse lui-même, il vient exposer ses fautes, demander secours, remède. Donc, s'il veut les obtenir, il faut qu'il avoue son mal, qu'il s'ouvre entièrement, sincèrement, et de là l'utilité d'une bonne confession, partant du cœur, *ex abundantiâ cordis*, franche , complète, comme un malade qui dit à son médecin tout ce qu'il a senti, tout ce qu'il a éprouvé, tout ce qu'il a fait, et qui découvre ses plaies les plus intimes, les plus honteuses, pour recevoir le traitement dont il a besoin. La confession est une des institutions les plus essentielles au gouvernement de l'Église, à la direction des âmes, et justement le protestantisme l'a repoussée. En cela il a été conséquent ; car si chacun est juge de sa foi, il doit être aussi juge de ses actes, ce qui rend bien difficile l'expiation, la réparation des fautes, et l'amendement du coupable. Ici encore, par emportement contre l'autorité et pour en secouer le joug, on a brisé l'instrument le plus efficace du perfectionnement spirituel ; car après le baptème qui donne la vie du ciel, après l'eucharistie qui la nourrit, il n'y a rien de plus important que le sacrement qui guérit les âmes malades et ressuscite les âmes mortes. C'est la médecine des âmes, et Dieu sait si elles ont besoin de remèdes dans cette triste vie où le mal et les maladies abondent. On ne peut ni les traiter ni les diriger sans la confession. Comment les soigner et les conduire sans les connaître? Comment les connaître si elles ne s'ouvrent pas et comment s'ouvriront-elles si, indépendamment du sentiment de leur mal, qui les porte à chercher le soulagement et la guérison, elles n'ont pas confiance au médecin, en sa science, en sa discrétion, et surtout en son autorité. Il faut donc que par leur foi au sacrement elles se croient obligées en conscience d'avouer leurs fautes, de recevoir avec respect la sentence et les avis du ministre de Dieu, et de s'y conformer. Le prêtre est donc juge au saint tribunal, et plus juge que personne ; car il ne doit compte qu'à Dieu de ses jugements, et nulle puissance humaine, spirituelle ou temporelle, n'y peut intervenir.

. Il y a en outre le jugement du for extérieur au tribunal de l'officialité. Là s'encourent deux sortes de peines, celles qu'on appelle *latæ sententiæ*, qu'on encourt sans jugement, par le seul accomplissement de l'acte défendu ; puis celles qu'on nomme *ferendæ sententiæ*, applicables seulement après un jugement rendu par le tribunal institué à cet effet, et investi du pouvoir judiciaire de l'évêque du lieu, chef de la justice ecclésiastique de son diocèse.

· Le pouvoir souverain de l'Église, qui est à la fois législatif, exécutif et judiciaire, s'exerce d'abord par les conciles œcuméniques. Les conciles œcuméniques sont formés par la réunion des évêques de la catholicité, non pas de tous, parce que tous ne peuvent pas quitter l'administration de leur diocèse, mais par un certain nombre d'évêques, convoqués par le souverain pontife, qui les appelle de toutes les parties du monde. Il n'y a pas de concile général sans la convocation et la présidence du souverain pontife. Car saint Pierre étant le prince de l'apostolat, le successeur de saint Pierre est le prince des évêques, par conséquent seul il a le droit de les convoquer et de les présider soit en personne, soit par un délégué. Le concile est un corps vivant, et comme un corps ne peut point vivre sans tête, il ne peut pas y avoir de concile sans un chef, qui est le pape. Par cela même, le pape a la part principale dans la souveraineté spirituelle; je dis principale dans le sens vrai, *principalem partem*, la part princière, la part du chef. C'est à lui que Jésus-Christ a donné en saint Pierre le droit de paître les brebis et les agneaux, par conséquent de gouverner les évêques, et les évêques gouvernent leurs troupeaux. En cette qualité il n'est pas possible qu'il ne soit investi de la souveraineté. Il a donc le pouvoir législatif, exécutif et judiciaire dans l'Église, parce qu'il est le vicaire de Jésus-Christ, le prince des apôtres et le chef de tous les évêques. Il les institue, les dirige, leur commande; donc il a la puissance de faire la loi, de l'imposer et en même temps d'en surveiller l'exécution, d'en punir les infractions. Il ne peut gouverner l'Église universelle sans cette triple autorité, qu'il exerce le plus souvent avec l'assistance des évêques réunis ou dispersés, mais qu'il peut exercer seul, parce qu'il est le pontife suprême, c'est-à-dire le prince des évêques, comme saint Pierre était le chef des apôtres. En considérant ces choses simplement, les difficultés s'évanouissent et la fameuse discussion, si le concile œcuménique est au-dessus du pape, devient oiseuse.

C'est comme si l'on demandait si le corps est au-dessus de la tête. Pour constituer un être vivant il faut un corps avec une tête ; l'un et l'autre sont essentiels ici-bas à l'exercice de la vie, qui ne peut pas plus se développer sans la tête que sans le corps. Le pape ne pourrait rien faire s'il n'y avait pas d'évêques, et les évêques ne pourraient rien sans le pape qui les unit et les dirige.

Après les conciles œcuméniques viennent les conciles nationaux. Les conciles nationaux doivent être convoqués sous l'autorité du pape et tous leurs décrets approuvés par le saint-siège. Il en est de même des conciles provinciaux où sont assemblés les évêques d'une même province sous la présidence du métropolitain. En outre, chaque évêque exerce la puissance spirituelle dans son diocèse. Il y est juge de la foi ; il a droit de faire des lois, non pas des canons, des dogmes de l'Église, mais des ordonnances, des statuts, des mandements qui ont force de loi dans sa juridiction. C'est la prérogative du pouvoir épiscopal, qui est soumis dans son exercice à la direction et au contrôle du souverain pontife, pour que l'ordre et l'unité subsistent dans le gouvernement de l'Église. Enfin dans chaque diocèse, à la mort de l'évêque, « sede vacante, » la puissance spirituelle est dévolue par le chapitre à des vicaires capitulaires chargés de gouverner à sa place. Dans ce cas le chapitre a l'autorité, mais seulement pour administrer le diocèse pendant la vacance, et la tradition défend de rien innover dans l'interrègne.

Après la mort du pape le collége des cardinaux, dont la principale mission est de nommer un nouveau pape, administre temporairement l'Église, à la condition aussi de ne rien innover qu'en cas de nécessité.

Dans l'Église il y a des sociétés particulières, qu'on appelle congrégations. Aucune société ne pouvant subsister sans une autorité ni sans règles, il y a dans ces communautés une puissance qui a le droit de prescrire. Quand ces prescriptions ou règlements sont approuvés par le saint-siége ou par l'évêque du lieu, elles ont force de loi pour tous les membres de la communauté, qui du reste n'entrent dans son sein que de leur pleine volonté, à la condition d'en accepter la discipline et d'en suivre la règle.

On appelle canons les définitions des conciles œcuméniques, nationaux, et provinciaux.

Les ordonnances des papes sont nommées décrets, bulles, constitutions.

Celles des évêques s'appellent statuts, ordonnances, mandements.

CHAPITRE XI

DES LOIS CIVILES FAITES PAR LES HOMMES.

Deux remarques importantes ajoutées au dernier chapitre. — Des lois civiles faites par les hommes. — Institution de la loi. — Origine de la souveraineté, et comment elle s'établit dans une société. — Consentement explicite ou implicite de ceux qui la composent. — Pacte primitif d'union et de soumission.

Nous ajouterons deux observations au dernier chapitre en ce qui concerne le pouvoir judiciaire de l'Église. Ce pouvoir est établi d'une manière irréfragable par l'Écriture, par la tradition, par la raison elle-même. Il est impossible, en effet, qu'une souveraineté quelconque, temporelle ou spirituelle, existe et s'exerce sans un pouvoir judiciaire. Si elle doit faire la loi, si elle doit présider à l'exécution de la loi, elle doit aussi empêcher et surtout réprimer les infractions de la loi. Or, comme on ne punit pas sans juger, au moins la justice le défend, il faut un pouvoir judiciaire, et un pouvoir judiciaire, qui punit, suppose une pénalité ; par conséquent il y a une pénalité ecclésiastique. Cette pénalité, comme nous l'avons vu, est toute spirituelle, puisque l'Église est une puissance spirituelle. Ainsi pour le prêtre les trois peines les plus graves sont la suspense, qui lui défend l'exercice de certaines fonctions du saint ministère ; l'interdit, qui lui ôte tous les pouvoirs ; la dégradation, qui le rend radicalement incapable des fonctions sacrées. Pour les laïques, ou les fidèles soumis à l'Église, il y a d'abord les peines péni-

13

tentiaires ou médicinales qui sont infligées au tribunal
de la pénitence, et ensuite des peines extérieures, savoir des abstinences, des jeûnes, des aumônes, des mor-
tifications, et enfin la plus grave de toutes, l'excommunication, qui retranche celui auquel elle s'applique de la
communion de l'Église.

L'Église est une puissance spirituelle et les peines
qu'elle prononce sont purement spirituelles. Cependant
elle a paru quelquefois infliger des peines temporelles.
On lui en a fait un grand crime et ç'a été l'objet de beaucoup de déclamations. La chose s'explique cependant
très-simplement. On sait qu'autrefois les princes assis-
taient souvent aux assemblées ecclésiastiques, et alors,
prenant part à ce qui s'y faisait, ils mêlaient leur juridiction à celle de l'Église, dont les décisions se trouvaient ainsi appuyées par les deux autorités, donc par
deux sortes de pénalités. De là l'effet des lois civiles
dans les choses ecclésiastiques, et par conséquent des
peines corporelles, que l'Église n'imposait pas, ont pu
être appliquées avec les peines spirituelles. C'était sub-
sidiairement et secondairement, en vertu des lois civiles,
par l'intervention de l'autorité séculière et dans son
intérêt.

Il est arrivé aussi, et c'était une chose très-utile, que
dans certains états, par exemple en France et en Espagne, la législation fondamentale s'établissait par les
trois ordres réunis, c'est-à-dire que toutes les classes de
la société y avaient leurs représentants, et y participaient. Or parmi ces classes de la société le clergé avait
sa place. Il y avait dans les états généraux des députés
de la noblesse, du clergé et du tiers état. Donc tout ce
qui s'y décidait était sanctionné par le clergé, puisqu'il
votait. Le temporel et le spirituel se trouvaient donc

mêlés en beaucoup de cas, et comme le clergé fortifiait par son concours moral les lois civiles, l'autorité civile à son tour, intervenant dans les choses spirituelles, y ajoutait sa puissance pour les imposer et les garantir. De là une solidarité souvent fâcheuse pour l'Église.

En d'autres circonstances, quand des décisions ecclésiastiques ont été déclarées lois de l'État, comme sous Louis XIV, bien que ces décisions purement spirituelles aient été portées et imposées ecclésiastiquement, la puissance temporelle les faisait siennes, y attachait des effets qui ne ressortaient plus de l'Eglise ni de son autorité, et qui cependant lui étaient imputés dans l'opinion publique. Dans ce cas, les deux puissances étaient solidaires, et alors tout ce qu'il y avait de pénible dans l'application de ces peines retombait sur l'Eglise, qui cependant ne les avait ni prescrites ni appliquées.

Enfin, dans une chose encore plus grave et qui a servi et sert encore de texte aux accusations les plus passionnées, l'Eglise a été exposée à des reproches injustes et à beaucoup d'injures ; je veux parler de l'inquisition.

Il y a deux espèces d'inquisitions : l'inquisition ecclésiastique et l'inquisition politique. La première a toujours existé et ne peut pas ne pas exister. Car l'Église étant une souveraineté spirituelle et ayant le droit de faire les lois ecclésiastiques, de surveiller leur exécution, et en même temps de réprimer et de punir leur infraction, il est évident que s'il se commet des délits contre ces lois, c'est-à-dire si l'on porte atteinte au dogme, à la morale, à la discipline, le pouvoir qui surveille l'application de la législation doit s'inquiéter de ces délits, opinions, doctrines ou actions, les rechercher, les signaler, les juger et les punir.

Il y a certains mots qu'on ne peut prononcer aujourd'hui sans qu'aussitôt des fantômes ne soient évoqués et n'épouvantent l'imagination. Dès qu'on parle d'inquisition, on voit tout de suite des chaînes, des instruments de torture, des bûchers, des supplices. Il y a eu de tout cela malheureusement, mais il s'agit de savoir quelle est la cause de ces choses, comment elles ont été amenées, et à qui elles doivent être attribuées. Le mot inquisition, dans son sens naturel, veut dire recherche, investigation, recherche des délits religieux et poursuite de ces délits. Or l'Église, qui doit conserver pur le dépôt de la foi, a le droit naturel et surnaturel de signaler et d'empêcher tout ce qui peut l'altérer. Maintenant qu'à cette recherche on ait attaché un jour ou l'autre des supplices, des tortures, des auto-da-fé, c'est une autre question, et si on veut l'approfondir historiquement et avec sincérité, on reconnaîtra que l'inquisition, qui a produit ces excès, n'est point celle de l'Église, qui n'en a été que la cause occasionnelle, parce qu'elle seule pouvait constater les délits contre la religion. C'est le bras séculier qui a fait le reste, sous le prétexte de venir en aide à l'Église, dont il adoptait les lois, et en réalité pour affermir ou venger sa domination. Ainsi s'est formée en Espagne l'inquisition politique, en vertu de l'union des deux autorités dont nous parlions tout à l'heure, en sorte que le pouvoir civil, adoptant et sanctionnant les jugements ecclésiastiques, ajoutait la pénalité temporelle aux peines spirituelles de l'Église. Le prévenu, objet de ces poursuites, tombait donc à la fois sous deux juridictions, sous la juridiction ecclésiastique qui ne lui imposait que des peines morales, et sous celle du prince qui infligeait aux mêmes délits des peines corporelles.

Pour me faire mieux comprendre, je prendrai un exemple. Les étudiants qui commettent des délits ou font du désordre dans l'enceinte académique ou en ville, sont justiciables de deux autorités qui sont chargées de les poursuivre et de les punir : l'autorité universitaire et l'autorité civile ; car il y a péché à la fois contre la discipline de l'école et contre l'ordre social. La juridiction académique est très-douce, elle est paternelle. La peine se réduit le plus souvent soit à une admonestation qui n'a pas grand effet, surtout si elle n'est pas publique ; soit, ce qui est plus grave, à une privation d'inscriptions, ce qui n'afflige pas beaucoup certains étudiants, ou enfin, et c'est la peine la plus sévère, à l'exclusion. Mais la police n'est pas si commode ; elle fait cause commune avec l'autorité universitaire, quoique leurs juridictions soient séparées, et aux peines disciplinaires elle en ajoute d'autres, dont on s'inquiète davantage : l'amende, la prison et une certaine flétrissure. Dans ce cas l'autorité académique n'est pas vraiment responsable des peines plus sévères, infligées par la justice. Mais les deux autorités se soutiennent et les deux pénalités se confondent. C'est ce qui est arrivé à la juridiction ecclésiastique en ce qui concerne l'inquisition, et voilà pourquoi en général il est malheureux pour elle de se trouver trop intimement mêlée au pouvoir temporel, bien que ce soit parfois indispensable, et qu'on ne puisse toujours l'éviter. Car nous sommes âme et corps, nous ne pouvons pas vivre en société par l'esprit seulement, et ainsi l'âme et le corps, ayant leur part dans tous nos actes bons ou mauvais, doivent l'avoir aussi dans leurs conséquences bonnes ou mauvaises.

Une seconde observation s'applique à la juridiction spirituelle de l'Église, qui lui appartient exclusivement, et dans laquelle les laïques n'ont pas le droit de s'immiscer. L'Église seule a le droit d'imposer les dogmes qu'elle définit, les règles de morale qu'elle détermine, la discipline qu'elle prescrit. Elle exerce ce droit par le souverain pontife, les conciles œcuméniques, les évêques, les conciles provinciaux. Les rois, les empereurs, les princes, quels qu'ils soient, n'ont pas mission pour cet objet. Ils ont reçu l'autorité temporelle, non l'autorité spirituelle, et toutes les fois qu'ils veulent s'y ingérer, c'est un grand malheur, parce qu'il y a confusion des juridictions. Il en serait de même si l'autorité spirituelle prétendait se mêler du gouvernement civil et le dominer. Ah ! sans doute il y a des influences qu'on ne peut et ne doit pas empêcher, et celle de l'Église sur les gouvernements s'exercera toujours dans une certaine mesure, parce que l'Église, comme puissance morale qui dirige la conscience des peuples, pèsera toujours d'un grand poids dans les événements du monde. Sans doute aussi les gouvernements peuvent être pour quelque chose dans les décisions de l'Église, au moins en ce qui regarde la discipline et les matières mixtes. Mais ils n'ont aucune compétence pour formuler des définitions dogmatiques ou des préceptes moraux. C'est pourquoi l'empereur Valentinien disait : Ce n'est pas à moi, qui ne suis qu'un laïque, à prononcer sur les dogmes de foi. Il n'est permis qu'aux évêques, écrivait Théodose au concile d'Ephèse, de s'immiscer dans les affaires ecclésiastiques. Osius disait à l'empereur Constance : « Ne te immisceas, imperator, rebus ecclesiasticis, neque nobis in hoc genere præcipe, sed potius a nobis disce. Tibi Deus imperium commisit, nobis ea quæ sunt Ecclesiæ concredidit. »

Cela tombe sous le sens ; car les choses ecclésiastiques ne se jugent pas, ne se décident pas par la raison commune. Non-seulement il faut pour les régler une mission et un caractère sacré, mais encore pour les comprendre une instruction spéciale est nécessaire. On ne naît pas théologien, on le devient, et on a bien de la peine à le devenir. Il faut pour cela beaucoup étudier, puiser aux sources la saine doctrine, connaître les traditions, les conserver et les suivre scrupuleusement. En ces matières le changement d'une seule lettre peut avoir des conséquences extrêmes, comme le prouve l'hérésie arienne concentrée en définitive dans un iota, ομοιουσιος au lieu d'ομουσιος, ce qui substituait la ressemblance de nature à l'égalité entre le Père et le Fils.

Il est donc déplorable qu'on en soit venu dans les communions séparées à transporter l'autorité ecclésiastique au pouvoir temporel. On y a été entraîné par l'orgueil et par l'intérêt. L'autorité du saint-siége gênait, on a voulu la secouer et comme il en fallait une autre, parce qu'une société spirituelle ne peut pas plus que les autres subsister sans une autorité, on a eu recours à celle du prince, que Dieu n'a pas établie pour cette fin, mais qui présentait au moins encore un certain caractère de légitimité et de droit divin. Puis, en vertu du libre examen et de la souveraineté de chacun, on a bientôt nié le pouvoir des rois, comme celui de l'Église, et l'on a fait descendre l'un et l'autre dans les mains de la multitude qui seule, a-t-on dit, a le droit naturel de choisir les ministres de sa souveraineté dans l'ordre spirituel comme dans l'ordre temporel, les uns et les autres n'étant que ses mandataires ou ses instruments, qu'elle établit ou brise à son gré. C'est le monde renversé. On a voulu tirer d'en bas ce qui ne peut venir que d'en haut, et la société temporelle comme la société spirituelle est tombée dans la confusion. S'il y règne encore un certain ordre, c'est en dépit des principes posés et par une heureuse inconséquence, qui parfois sauve les nations comme les individus.

Nous savons par notre propre expérience si chacun est apte à se faire sa religion, et dans ce cas quelle autorité elle aurait sur lui. Sans consulter personne, les réformateurs se sont mis à la place du pape et des évêques, et les princes, qui avaient la force en main, se sont mis à la place des réformateurs. Ainsi ont agi Henri VIII et les souverains d'Allemagne qui ont embrassé la réforme ; ils ont confisqué à la fois les biens temporels de l'Église et sa puissance spirituelle ; ils se sont investis eux-mêmes de ses prérogatives. De rois qu'ils étaient, ils se sont faits chefs de l'Église, apôtres, pontifes ! On peut dire, il est vrai, que c'est le Saint-Esprit qui les y a poussés, comme il inspire tout chrétien lisant la Bible. Seulement il est difficile d'accorder toutes ces inspirations entre elles, et surtout avec le bon sens et la justice. Le monde protestant se débat aujourd'hui contre les conséquences de ces principes qui le dévorent. En proie à l'anarchie de la multitude, qui le dissout, il est tenté d'en appeler à l'autorité, qu'il ne sait plus où placer, ni comment établir. A Berlin, en Angleterre, en France même, plusieurs de ses théologiens, qui ont plus de bon sens que les autres, proclament hautement qu'à force de liberté il n'y a plus ni ordre, ni unité possible. Un savant distingué, M. Stahl, en réponse à M. Bunsen, a publié dernièrement une brochure en faveur de l'autorité en matière de religion et qui a scandalisé, non les protestants de la vieille roche qui sont assez de son avis, mais les néo-protestants qui veulent que chacun soit maître de se faire sa religion, et de l'appliquer comme bon lui semble. On l'accuse de puséisme, de romanisme, de néocatholicisme. Les Anglais, qui ont beaucoup de bon sens

et d'esprit pratique, n'ont jamais détruit la hiérarchie
chez eux afin de conserver un semblant d'autorité ; ils
ont laissé subsister les archevêques, les évêques, et à la
place du pape, qui les gênait, ils ont mis le roi, la reine,
ou un enfant. C'est une grande inconséquence sans
doute ; car ils ont détruit à sa source même la puissance
spirituelle, et ce qu'ils en ont laissé debout n'a plus de
vie par la séparation du principe. Aussi les choses religieuses y sont complétement mêlées avec les affaires
politiques, et de là la confusion qu'on voit maintenant
en ce pays. Dernièrement un ministre anglican se met
à enseigner que le baptême n'est pas un sacrement, et
qu'ainsi il est inutile de l'administrer. L'évêque d'Exe-
ter, qui croit à la vertu du baptême, écrit contre ce
prêtre qui est sous son obédience et le frappe de suspense. Le prêtre interdit en appelle au conseil d'État
d'Angleterre, présidé par la reine. Le conseil d'État était
très-embarrassé ; on lui demandait une décision ! Il s'en
est tiré comme on s'en tire quand on ne sait que résoudre, en gagnant du temps, c'est-à-dire qu'il ne s'en est
pas tiré et les choses en sont restées là. Comment cela
finira-t-il ? Comment veut-on qu'un prince temporel,
conseil d'État, sénateurs, députés, ou qui que ce soit du
même genre, jugent des choses spirituelles, du dogme,
de la morale, de la discipline ? Ils n'ont à cette fin ni
mission, ni caractère, ni compétence.

Cependant, même dans l'état normal, quand les deux
puissances restent dans leurs limites et se respectent,
il y a un terrain où elles se rencontrent journellement
et où elles risquent d'entrer en collision : ce sont les affaires mixtes. Les affaires mixtes sont comme les frontières entre deux États. Il est difficile de les délimiter
exactement, et il y a toujours lieu à discussion. Ces

13.

sortes d'affaires tiennent à la religion d'un côté et à la
police des États de l'autre, et par conséquent les deux
autorités ont le droit d'y mettre la main ; de là des dé-
bats et des conflits. Ainsi le mariage est une matière
mixte, parce que, s'il est sacrement dans l'Église catholique, et à ce titre de l'ordre spirituel, d'un autre côté
il est un contrat naturel et en même temps un contrat
civil. Donc l'État a le droit d'y intervenir, en tant qu'il
stipule sur des choses temporelles, et modifie l'état civil
des personnes.

La division des diocèses est du ressort de la puissance
spirituelle ; car c'est elle qui donne la juridiction épiscopale, et les évêques ne peuvent exercer leur autorité
que sur la portion de population qui leur est assignée par
le saint-siége. Mais, d'un autre côté, les intérêts temporels de l'État, des provinces et des villes sont engagés
dans cette délimitation. Elle touche à beaucoup de choses
de l'ordre matériel et par conséquent le pouvoir civil a
le droit de s'en inquiéter, parce que les divisions de
territoire peuvent apporter des avantages ou des inconvénients à son administration. Il faut donc que les deux
autorités s'entendent, se concertent et règlent les choses
en commun ; ce qui n'est pas toujours facile.

La fondation et l'administration des biens ecclésiastiques donnent encore lieu parfois à de graves difficultés.
L'Église étant une puissance spirituelle qui doit agir
en ce monde, il est évident que, comme tout esprit, elle
ne peut se manifester ici-bas que par des instruments,
par la parole, par des actes, et conséquemment par
certains moyens physiques, nécessaires à l'exercice de
son autorité. Ainsi les biens ecclésiastiques sont d'institution naturelle, en ce sens qu'ils sont indispensables
à la subsistance à la conservation, et au gouverne-

ment de l'Eglise. Mais comment ces biens seront-ils fondés? Comment seront-ils administrés? Puisqu'ils sont sur son terrain et garantis par sa protection, l'État n'a-t-il pas un certain droit de surveillance? Ne peut-il pas s'ingérer dans leur administration jusqu'à un certain point? Et jusqu'à quel point? Ici il y a encore matière à discussion. Trop souvent les discussions de ce genre sont tranchées par la force, et l'Église est violentée; ce qui est arrivé chez nous. On s'est cru en droit, du droit du plus fort qui n'en est pas un, de dépouiller le clergé de tous ses biens au profit de la nation. C'était une grande iniquité, déplorable à ce titre, mais que Dieu qui tire le bien du mal a fait servir comme moyen d'épreuve et de régénération pour l'Église de France. Il est bien difficile que les riches se sauvent, a dit Jésus-Christ, et les sollicitudes du siècle produites par l'opulence sont les épines et les mauvaises herbes qui étouffent la bonne semence. La richesse est une source d'embarras, une cause de tentation, et on ne voit pas que ceux qui en ont le plus soient les meilleurs ni par l'intelligence, ni par la volonté. Nous surtout, ministres de l'Évangile, qui avons le droit et le devoir de vivre de notre travail comme ouvriers du Seigneur, plus que d'autres nous pouvons nous passer de richesse, puisque nous n'avons pas de famille sur la terre, et que, comme dit l'apôtre, celui qui est enrôlé dans la milice de Dieu ne doit plus se mêler aux affaires du siècle. En outre, la vie trop facile ou luxueuse peut être pour le prêtre une cause de relâchement, d'indifférence. Elle peut diminuer, ralentir son zèle; car les prêtres sont aussi des hommes; ils participent aux faiblesses de la nature humaine, et tout ce qui peut réveiller en eux les mauvaises passions de cette nature est un obstacle de plus à leur haute mission. Il n'est donc pas bon que le prêtre soit riche ; et en général, au point de vue chrétien et pour le salut, cela n'est avantageux à personne. Mais ce n'est pas une raison pour dépouiller ceux qui possèdent à juste titre, le clergé pas plus que les autres. Ses propriétés étaient aussi légitimes que possible, et leur possession était consacrée par les siècles. Elles provenaient la plupart de donations et de fondations pieuses acceptées à certaines conditions qui étaient remplies, et elles s'étaient augmentées par une sage administration. On n'avait donc pas le droit de les lui prendre. L'Église de France, sur la parole du saint-siége, s'est résignée à cette grande iniquité. Plus pauvre des biens de ce monde, elle est devenue plus riche des richesses de Dieu. Elle s'est rappelé, et elle a accompli la parole de son divin maître : on lui a pris son manteau, elle donne encore sa tunique. On l'a dépouillée de son superflu, elle donne de son nécessaire, en partageant avec les pauvres le morceau de pain qui lui reste.

La même chose se renouvelle en ce moment dans un pays voisin qui, on le dirait, prend à tâche de nous suivre dans nos fautes et dans nos malheurs. On dépouille l'Église, on supprime les ordres religieux, on détruit les pieuses institutions, on sécularise l'éducation, on réduit le clergé à l'abaissement et à la misère ; en un mot on *décatholise* le pays, autant qu'on le peut. C'est la même injustice, et si elle prévaut, elle aura probablement les mêmes conséquences. Les nations qui croient s'enrichir de la sorte se trompent. Elles ne réussissent qu'à ruiner l'Église, sans remplir leur trésor. Le vol profite rarement aux voleurs ; car ceux qui volent sont volés.

Nous passons aux lois de la société civile. Ici nous entrons sur un terrain plus difficile. L'institution des lois ecclésiastiques est claire. Le droit de l'Église dérive de son origine. Elle descend du ciel, elle a été fondée par la parole de Dieu; elle prescrit donc au nom de Dieu, et sa puissance s'impose par un droit surnaturel. Elle n'a pas besoin pour s'exercer de l'assentiment de ceux qui lui sont soumis, puisque c'est Dieu qui parle et gouverne. Mais dans les lois civiles les choses ne vont pas ainsi. Quand on y recherche l'origine du pouvoir, on rencontre toutes sortes de systèmes divers ou contradictoires, et même si l'on reconnaît dans les souverainetés humaines une délégation de la souveraineté divine, il reste encore à expliquer comment s'établissent sur la terre les ministres, les représentants de cette souveraineté, les gouvernements. Cette dernière question est la plus délicate, surtout de nos jours, où tant d'opinions, d'intérêts et de passions sont aux prises. Je dirai très-sincèrement ma pensée, qui du reste n'est pas la mienne. Je l'ai prise tout entière dans les ouvrages de saint Thomas et de Suarès, deux théologiens célèbres, l'un dominicain, l'autre jésuite, et ce qui étonnera sans doute ceux qui ne connaissent ces hommes illustres que de nom, et qui les jugent peut-être sur leur robe, ces deux grands théologiens, qui sont aussi de profonds politiques, ont posé et professé dans le sujet qui nous occupe des principes vraiment libéraux. Pour mon compte, je n'en suis pas fâché, et j'aime à pouvoir m'appuyer de leur exemple et de leurs paroles. Ainsi je n'avancerai rien que je ne puisse confirmer par leurs textes, non que je veuille rapporter ici tous les textes, ce serait fastidieux, mais je citerai les principaux, et comme je crois avoir bien étudié leur doctrine, j'en reproduirai l'esprit.

Voici l'ordre des matières que nous traiterons dans les chapitres suivants.

Nous parlerons d'abord de l'institution des lois civiles; nous chercherons comment elles s'établissent, puis comment elles obligent et à quelles conditions.

La loi étant posée avec son caractère obligatoire et les conditions de sa légitimité, nous considérerons d'abord le sujet de la loi ou ceux auxquels elle s'applique, puis l'objet de la loi ou ce qu'elle peut prescrire.

Ensuite, comme les lois sont écrites en caractères humains, en langage de l'homme, qui n'est pas toujours clair, et là moins qu'ailleurs, nous traiterons de l'interprétation des lois et des règles qui la dirigent.

En outre, comme les lois civiles souffrent des exceptions par cela qu'elles sont humaines et qu'il y a lieu à dispense en certains cas, nous examinerons les cas de dispenses et ce qui les autorise.

Enfin, puisque les lois ne sont pas plus immuables que les sociétés, et que, si elles ont commencé, elles finiront, nous expliquerons comment elles s'abolissent ou perdent leur autorité.

J'aborde le premier point, l'institution de la loi. Il s'agit de savoir comment les lois civiles ou politiques, je prends ici ces deux mots à peu près dans le même sens, doivent s'établir et à quelles conditions pour commander légitimement aux hommes et s'imposer à leur conscience, en un mot d'où la loi humaine tire son autorité.

La puissance spirituelle qui dirige la société des âmes, ou l'Église, commande au nom de la loi éternelle, au nom de la loi naturelle, au nom de la loi révélée, par conséquent dans tous ces cas au nom de Dieu, dont elle est le représentant sur la terre, et quand elle fait des lois humaines, pour aider à l'application des lois divines, nous voyons clairement la raison de son autorité et de notre obéissance. Mais dans l'ordre civil la position est différente. Le pouvoir n'est pas institué directement par Dieu, et la parole révélée n'est point au fond des lois qu'il impose. Nous avons toujours le droit de demander d'où viennent ces lois, quelle est leur autorité, et pourquoi nous devons leur obéir. On ne peut résoudre ces questions, que si l'on comprend d'abord ce que c'est qu'une société civile, et d'où lui vient la souveraineté, sans laquelle elle ne peut subsister.

Qu'est-ce qu'une société civile? Il y a deux sociétés parmi les hommes : l'une qu'on appelle imparfaite et l'autre qu'on appelle complète ou parfaite, c'est-à-dire qui ne dépend d'aucune autre et a en elle-même tout ce qu'il lui faut pour se gouverner, sans relever d'un autre pouvoir humain.

La société imparfaite est la famille. La famille n'est pas une société complète ; car elle ne dure pas et ne peut pas durer comme famille. Elle est fondée naturellement, par l'ordre même de la nature, par la génération, et tant que les enfants sont mineurs ils sont soumis à la juridiction du père. La volonté du père fait loi pour eux. Si le père vient à mourir, il y a un tuteur qui le remplace jusqu'à la majorité de l'enfant, et le tuteur a droit de diriger et de commander. Mais la majorité émancipe les enfants, et alors il reste encore dans la famille un lien d'amour, de déférence, de respect entre les parents et les enfants, mais l'autorité ne subsiste plus. Prétendre que cette autorité doive s'exercer strictement jusqu'à la mort du père, c'est aller contre la nature. Les Romains l'ont essayé, et ils n'ont pas réussi. L'autorité paternelle est une autorité qui vient de Dieu par la nature, et à ce titre elle est de droit divin, mais « mediante natura et conditionibus naturæ. » Donc, aussitôt que les enfants deviennent des hommes et vont s'établir ailleurs et pour leur compte, la famille se dissout comme société, et le père n'est plus chef que de nom ou par déférence. Donc par cette voie on ne peut fonder une société complète et durable. Pour constituer une société civile ou politique il faut que les familles s'unissent en communautés, celles-ci en cités, les cités en provinces, en États, en royaumes. Donc on ne peut pas dériver le pouvoir politique de la paternité. Sans doute on peut dire en style figuré que les princes sont les pères des peuples, et autres expressions semblables. Cela signifie seulement qu'ils ont pour leurs sujets des sentiments paternels, et qu'ils veillent à leur bien-être avec la même sollicitude qu'un père soigne ses enfants. Mais en réalité ils ne sont pères ni selon la nature, ni selon l'esprit.

Ainsi la paternité ne peut pas être la racine de la souveraineté civile. Car le père n'a plus de droit strict sur ses enfants, lesquels, quand ils sont majeurs, s'établissent et deviennent chefs de famille à leur tour. L'autorité paternelle s'affaiblit à mesure que les générations se multiplient et grandissent. Elle se disperse dans les nouveaux chefs de famille par la voie naturelle de la propagation ; l'unité se brise à chaque génération, au lieu de se fortifier. Comment donc constituer une unité sociale entre ces familles, entre les individus qui les composent, et d'où surgira la puissance ou la souveraineté qui doit la régir ?

Si vous considérez une multitude d'hommes isolés, vous voyez des grains de sable qu'un souffle de vent va agiter et disperser, parce qu'il n'y a rien qui les unisse. Chacun en effet dans cet état n'a d'autre motif d'agir que ses instincts, sa pensée, sa volonté. Pour les constituer en société, il faut donc quelque chose qui les rapproche, les attache l'un à l'autre, et tous à un point commun, qui devient le centre attractif de ces volontés divergentes, les rallie et forme lien entre elles, en sorte que de ces membres épars se forme une unité collective, un corps moral, un état social. Mais par la loi même de la nature, en vertu des lois de l'organisation qui sont les mêmes dans tous les règnes, dès qu'un corps vivant se constitue, une tête, ou quelque chose qui en tient lieu, lui arrive pour diriger l'ensemble et dominer les parties. Donc en toute société, aussitôt qu'elle se pose, il y a nécessité naturelle, pour qu'elle vive, qu'une puissance directive paraisse, un chef, une tête, un *principatus* ou *princeps*, en un mot une souveraineté pour la gouverner, c'est-à-dire pour faire la loi, veiller à son exécution, et en punir les infractions. Il n'y a pas de société si barbare, si elle persiste comme société, qui n'ait au moins une image de ce pouvoir.

D'où vient ce pouvoir directif qui surgit nécessairement avec la société? Quel est le principe de cette souveraineté, qui s'impose inévitablement à une communauté politique dès qu'elle se forme, et de qui tient-elle son autorité? Pour répondre à ces questions, considérons les caractères généraux de la souveraineté civile, tels que nous les retrouvons partout.

1° Partout le pouvoir prescrit ou défend ; il dit ce qu'on doit faire ou ne pas faire dans l'ordre civil : tu feras ou ne feras pas cela. De quel droit un homme peut-il en son nom faire la loi à un autre homme ? En dehors de la famille il n'y a plus ni pères ni enfants; il y a des chefs de famille qui constituent l'État par leur association, et aucun n'a le droit naturel de commander aux autres. Comment donc un homme ou quelques hommes viennent-ils dire à leurs semblables : voilà ce

que vous ferez, on ne ferez pas ? et si vous faites ce que
je vous défends, vous serez punis. Il n'y a qu'un supérieur qui puisse parler ainsi, et les hommes sont tous
égaux par nature. En dehors du cercle de la famille aucun homme n'est le supérieur naturel de son semblable,
à moins d'admettre avec Aristote que les uns naissent
pour commander et les autres pour obéir ; ce qui est
contraire à la nature et au bon sens. Cependant cette
autorité existe en toute société ; elle est un attribut essentiel de la souveraineté. D'où vient-elle, si elle n'émane
pas des hommes ?

2° Les lois obligent en conscience, on est moralement
coupable de les violer. Est-ce qu'un homme peut imposer des obligations à la conscience d'un autre homme?
Est-ce que sa volonté peut devenir un devoir pour son
semblable, en sorte qu'elle le lie, non pas seulement au
dehors par la contrainte, mais au dedans, dans le for
intérieur, et par la force morale. Qui donne donc à la
loi civile sa vertu obligatoire ?

3° La souveraineté se pose au milieu de la communauté comme ministre de la justice et du bien. Elle porte
le glaive pour punir les méchants et protéger les bons.
Elle poursuit le crime, redresse les torts, venge les
injures. Elle se substitue à la défense naturelle de chacun, et se fait le protecteur de tous. Personne ne lui
conteste ce droit, sans lequel elle ne peut remplir sa
mission et qui est un de ses attributs essentiels. Aucun
individu n'a ce droit par lui-même, et par conséquent
les individus réunis ne peuvent l'avoir. Comment se
trouve-t-il donc dans la société?

4° Enfin, non-seulement la puissance civile empêche
ou redresse les injustices, mais elle punit ceux qui les
commettent, et elle les punit parfois jusqu'à la mort. Or

qui a le droit de punir son semblable, sauf le père dans le cercle de la famille ? Qu'on se défende soi-même, c'est un droit naturel ; qu'on se laisse aller à venger ses propres injures, c'est encore de la justice naturelle ; mais une fois en société on perd le droit de se faire justice à soi-même. On remet la défense de sa propriété, de sa personne et de son honneur jusqu'à un certain point à la puissance publique, à la souveraineté, qui est chargée de punir les malfaiteurs et qui peut même leur ôter la vie. Or, quoi qu'on pense de la légitimité de la peine capitale, on ne peut nier qu'elle ait été appliquée dans tous les temps, et ce qui s'est fait partout et toujours ne peut pas être dépourvu de droit. Qu'on en restreigne l'usage le plus qu'il sera possible, nous le demandons aussi. Mais enfin le droit existe, et la société civile, la vraie société, non pas les philosophes et les utopistes, s'est toujours crue autorisée à ôter la vie dans certains cas, à infliger la peine de mort. Or, pour ôter la vie, il faut pouvoir la donner ; celui-là seul en est le maître qui la donne et la retire quand il lui plaît. Mais la société ne donne pas la vie à ses membres, elle leur accorde la protection, la confirmation de leurs droits naturels, elle ne leur donne pas l'existence. Donc en son propre nom, par elle-même, elle n'a pas le droit de l'ôter, et si en certains cas elle l'ôte avec droit, d'où lui vient ce droit ?

Il est clair, d'après tout cela, que la souveraineté sociale ne peut pas sortir d'un pouvoir purement humain ; que, considérée en elle-même, dans ses propriétés essentielles, dans ses prérogatives inaliénables, elle a et exerce des droits qui ne viennent pas de l'homme, et qui par conséquent supposent une puissance supérieure. Ainsi la puissance de faire la loi n'appartient qu'à un supérieur ; car la loi est le rapport naturel du supérieur à l'inférieur. La puissance d'obliger moralement ou en conscience n'appartient qu'à Dieu, principe de la justice et du bien. La puissance de punir n'appartient qu'à Dieu, *mihi vindicta*. La puissance d'ôter la vie n'appartient qu'à Dieu qui seul la donne. Donc, *omnis potestas a Deo*, toute puissance vient de Dieu ; objectivement, en soi, essentiellement, elle ne peut venir d'ailleurs, et vouloir la dériver d'une autre source, c'est la rendre usurpatrice, invalide, inconsistante ; c'est la fonder sur le sable, sur le caprice des hommes ; en un mot, c'est mettre l'arbitraire et la violence à la place du droit.

Il en est donc de la souveraineté sociale comme de la loi morale. L'homme ne fait pas la loi morale, ce n'est pas nous qui constituons le devoir, et la preuve, c'est que si nous pouvions le faire, nous ne le ferions pas, ou nous le déferions le plus tôt possible. Nous ne sommes pas les maîtres dans notre conscience ; elle proclame le devoir malgré nous, contre nous, et la preuve, c'est le trouble éprouvé avant de commettre le mal, et le remords après l'avoir commis. De même dans l'ordre politique. La souveraineté, qui est dans la société ce que Dieu est dans l'univers, c'est-à-dire le principe de l'ordre et de la justice, tient ses pouvoirs de celui qu'elle représente et non de ceux qu'elle régit, lesquels ne peuvent lui donner les droits qu'ils n'ont pas. En principe et objectivement elle vient de Dieu seul ; elle agit en son nom, et c'est pourquoi elle a le droit d'imposer la loi, d'obliger la conscience, de redresser les torts, et de punir jusqu'à la mort.

Mais ce n'est pas le point le plus difficile. Étant posé que la souveraineté, considérée abstractivement, en

droit vient de Dieu seul, et que la société la reçoit par
une délégation divine, comment cette souveraineté en
puissance passe-t-elle en acte ? Comment se réalise-t-elle
dans un gouvernement quelconque et par certains hommes ? Telle est la question, sinon la plus ardue, au
moins la plus délicate. A cette question je réponds par
l'explication de Suarès, qui me paraît à la fois très-sim-
ple et très-philosophique. Il dit : la souveraineté qui
vient de Dieu se réalise « per modum proprietatis consequentis naturam » à la manière d'une propriété qui
suit la nature de la chose, c'est-à-dire qu'elle se réalise
naturellement, comme tout ce qui prend vie et s'organise dans la nature. La société politique est un produit
naturel, elle ne se constitue point par des miracles, et
ainsi ceux qui sont chargés du pouvoir ne sont pas insti-
tués par des moyens surnaturels, sauf dans l'histoire des
Juifs qui est une histoire exceptionnelle par son but.
Encore dans les cas rares où Dieu intervient, tout en
désignant celui qui doit gouverner, il le fait tirer au
sort, ou choisir par le peuple. Restons donc dans l'ordre
ordinaire, et tâchons d'expliquer l'institution morale du
gouvernement, comme en physique, en chimie ou en
physiologie on se rend compte de la formation physique
d'un fait naturel. Car, je le répète, sauf les cas extraordinaires de l'intervention divine, qui mettent du surnaturel dans l'histoire comme les miracles en mettent
dans la nature, les gouvernements du monde sont de ce
monde et par conséquent naissent, se développent et
périssent selon les lois du monde.

J'explique donc la pensée de Suarès, et je dis qu'en vertu
de cette loi, par laquelle les propriétés se manifestent dès
qu'une nature vivante est posée et se développe, quand
une société se constitue, elle ne peut pas ne point produire

spontanément le gouvernement qui la mettra en exercice et la forme de ce gouvernement. Dans la nature, un corps organique ne se forme pas de morceaux rapportés. Il s'établit par intussusception, par évolution graduelle, et quand le centre est posé et animé, tous les membres en sortent par rayonnement et gravitent autour de lui. Un corps vivant ne peut pas exister et se développer sans une tête qui le dirige. Quand l'homme spirituel se forme, s'organise psychologiquement, la volonté vient se mettre spontanément à la tête des autres facultés. C'est le chef spirituel qui saisit le gouvernement de l'homme moral. Ainsi dans la famille les enfants sortent des parents, et dès qu'ils paraissent, le gouvernement paternel se pose et la famille s'organise.

Il en va de même dans la société. Dès qu'une multitude d'hommes s'agrége, comme il est impossible que l'agrégation se forme et subsiste sans un lien commun, il est impossible aussi qu'une unité directive ne s'établisse pas; car un corps ne saurait vivre sans tête. Maintenant, qui sera cette tête? Aucun membre de cette association en tant qu'homme n'a le droit naturel d'être le chef de la société. Car les hommes sont égaux par nature. Ils sont tous des êtres raisonnables et libres. On se met en société, quand on est majeur, quand on a la puissance de son intelligence et de sa volonté. Par conséquent on ne peut reconnaître dans aucun homme, à moins d'une désignation divine, à moins que le prophète n'arrive et ne dise : voici l'élu du Seigneur, et alors c'est du surnaturel, on ne peut, dis-je, reconnaître à aucun homme un titre pour commander légitimement aux autres. Comment donc la tête de la société sera-t-elle constituée ? La communauté civile, la nation est un corps, mais un corps qui a une âme, puisqu'il est composé d'hommes doués d'intelligence et de liberté. C'est donc un corps moral, et qui doit s'organiser moralement, c'est-à-dire par l'exercice de la raison et de la volonté de ses membres. Autrement ce serait un troupeau d'animaux, et non plus une association d'hommes. Il faut donc que, comme les individus qui vont former la société y apportent leurs forces, leur activité, leurs biens, ils y apportent aussi leur raison, leur intelligence, leur liberté, et cela ne peut se faire que par l'application de leur raison et de leur volonté à la formation de l'union civile, c'est-à-dire par le consentement de tous ceux qui veulent en faire partie. Ce consentement est inévitable ; il est explicite ou implicite, peu importe, mais il est nécessaire à l'institution légitime du gouvernement, et pour effectuer le passage de la souveraineté en puissance à la souveraineté en acte.

Donc la souveraineté, qui objectivement vient de Dieu, se réalise subjectivement « per modum proprie- « tatis consequentis naturam, » c'est-à-dire que la vertu morale du corps social produit nécessairement par l'acte raisonnable et libre des membres une tête pour le gouverner, une volonté pour le diriger et tout le reste s'organise alentour, comme les conséquences en face du principe, ou les rayons autour du centre. C'est pourquoi l'apôtre qui avait dit : « omnis potestas a Deo, » ajoute : « qui resistit potestati, Dei ordinationi resistit, » celui qui résiste au pouvoir qui vient de Dieu, résiste à l'ordination de Dieu, à l'ordre établi par Dieu. Car il est impossible qu'une société se constitue, sans qu'une certaine ordination arrive pour qu'elle se développe régulièrement. Donc l'institution légitime du gouvernement prend sa racine et son droit dans un pacte primitif, implicite ou explicite, par lequel tous les membres de l'association confèrent ou confient la puissance, qui leur vient naturellement de Dieu, soit à un homme, ce qui forme une monarchie, soit à plusieurs hommes, ce qui fera une aristocratie; ou ils gardent cette puissance pour l'exercer en commun, ce qui constitue une démocratie. La forme du gouvernement est donnée par l'institution même, elle est le résultat d'un pacte, d'une convention formelle ou d'un consentement tacite, et il est impossible qu'une société légitime se constitue autrement. Elle ne peut se fonder ni se conserver régulièrement sans une institution de ce genre, qui constitue le gouvernement et l'organise d'une certaine manière, avec une certaine forme et en raison des circonstances. Car il y a ici de l'arbitraire, puisque le consentement des hommes intervient. C'est pourquoi il n'y a rien de nécessaire dans les formes de gouvernement. Toutes peuvent être bonnes relativement, suivant les lieux et les temps, et surtout en raison de l'état moral des peuples et des gouvernants.

En résumé la puissance civile, considérée en soi, objectivement, vient nécessairement de Dieu, comme toute puissance naturelle avec ses propriétés; mais considérée subjectivement, dans celui qui l'exerce, et dans ses moyens de l'exercer, elle est attribuée et constituée par le consentement des hommes ou par un pacte d'union et de soumission. Quelles sont les conditions de ce pacte? C'est ce que nous allons examiner avec les conséquences politiques des principes que nous venons de poser.

CHAPITRE XII

CONDITIONS DU PACTE SOCIAL.

Condition essentielle du pacte social. — Conditions secondaires qui lui
servent de garanties. — La souveraineté temporelle, qui vient de Dieu
indirectement, est relative, muable et aliénable. — La souveraineté
spirituelle, qui vient directement de Dieu, est immuable, inconditionnelle, universelle. — Corollaires pour la pratique.

Quelles sont les conditions du pacte social ? Il y en a
de deux sortes : d'abord une condition fondamentale,
essentielle, sans laquelle ce pacte n'aurait point de sens :
puis des conditions accessoires ou secondaires, conséquences de la condition principale et qui servent à en
garantir l'accomplissement.

La condition principale est l'intérêt commun de l'association. C'est dans ce but que les hommes se réunissent
en société, et ce ne peut être pour une autre fin. Tous
ceux qui font partie d'une association quelconque, par
cela qu'ils sont des êtres raisonnables, doivent trouver
dans cette réunion la satisfaction d'un intérêt propre,
c'est-à-dire la garantie de l'existence, la protection de
la famille et tout ce qui peut assurer le développement
des facultés physiques, intellectuelles et morales de la
nature humaine. On ne peut pas désintéresser l'homme
complétement dans ces sortes de choses. On ne fait une
association que dans un but utile et pour en retirer un
avantage.

Mais si chaque membre de la société doit y trouver
son intérêt, il est évident qu'il ne doit pas l'y trouver

14

aux dépens des autres, et ainsi il faut que tous ces intérêts privés s'accordent, se balancent de manière à être
satisfaits, sans se nuire ni se combattre. Donc dans toute
association avec les intérêts particuliers de chacun il y
a un intérêt commun, qui doit être la fusion des intérêts
de tous. Cet intérêt commun regarde chaque membre,
puisqu'il doit lui fournir la garantie de son existence et
de ses intérêts propres, et par conséquent chacun doit,
en vue du bien public, et pour le produire, concéder
quelque chose de sa liberté individuelle, de son temps,
de sa pensée, de ses biens, de tous ses moyens de vivre.
L'intérêt commun devient donc le pivot de la société.
Il en est le principe et la fin, tout doit y tendre, y con-
verger. Une société ne peut exister sans un gouvernement, pas plus qu'un homme ne peut naître sans un
cœur qui envoie la vie avec le sang à tous les organes,
ni prendre possession de la vie morale sans une volonté qui dirige ses autres facultés, et l'un et l'autre se
fait naturellement, spontanément, pour le bien de l'existence humaine. De même dans la société civile le gouvernement, qui surgit tout aussi naturellement dès qu'elle se
forme, ne peut avoir d'autre raison d'être que l'intérêt
du corps social et le bien de tous ses membres. Le premier devoir, l'obligation essentielle de tout gouvernement est de travailler à effectuer ce bien public par tous
ses moyens, et ainsi de procurer ou d'aider, autant qu'il
est possible, la satisfaction des intérêts de chacun.
C'est ce que saint Paul exprime admirablement. Car
après avoir dit : *omnis potestas a Deo*, il ajoute que celui
qui en est le dépositaire est le ministre de Dieu pour le
bien, *minister Dei in bonum*, en sorte que le premier
commandement de Dieu pour le pouvoir peut se formuler en ces termes : Tu aimeras par-dessus tout le bien

du peuple, et tu y travailleras de toute ton âme, de tout ton esprit et de toutes tes forces. Or le premier de tous les biens pour une nation, c'est la justice. Donc tout pouvoir, de quelque manière qu'il soit constitué, par cela qu'il préside à une société et la dirige, est le ministre de Dieu pour la justice, et c'est pourquoi il porte le glaive pour empêcher l'iniquité et punir les désordres. C'est là ce qui fait la légitimité essentielle du pouvoir, non quant à l'origine, mais la légitimité relative à la fin et au but.

Telle est la condition fondamentale du pacte social, et tant que les hommes seront des êtres doués de raison et de liberté, on ne peut le concevoir sans cette condition. Cependant en parlant de pacte, je ne prétends pas qu'il doive intervenir dans la constitution de la société une convention formelle, un contrat social, comme dit J.-J. Rousseau ; je dis seulement que la chose est comprise implicitement dans toute organisation civile, si elle n'est pas expressément formulée, et qu'il n'en peut être autrement, parce que vous ne pouvez associer convenablement des hommes raisonnables sans leur consentement, et que le droit politique de la souveraineté ne peut se constituer autrement dans le principe. Que s'ils sont réunis seulement par la violence et maintenus en société par la contrainte, ce n'est plus une société humaine, une nation, c'est un troupeau d'hommes conduit et exploité par un maître ; c'est la supériorité de la force, qui par elle-même ne constitue jamais un droit. Il y a cependant des nations qui ont commencé de la sorte, et dont le gouvernement, né de la violence, a pu ensuite se légitimer par la justice en cherchant sincèrement le bien du peuple dont il était devenu le maître, et en rentrant ainsi dans l'ordre par l'accomplissement de la condition essentielle de toute société humaine. Alors le droit a reparu avec l'équité et le désintéressement du pouvoir. La puissance usurpatrice est devenue légitime par le consentement tacite du peuple, et la vertu d'une souveraineté mal acquise a purifié et racheté le vice de son origine. C'est ainsi qu'un gouvernement de fait peut devenir un gouvernement de droit.

Un gouvernement, quel qu'il soit, qui méconnaît ou viole cette condition essentielle de la souveraineté, tourne au despotisme, à la tyrannie. Car au lieu de vouloir avant tout le bien commun, l'intérêt général, et de le chercher sincèrement, ce gouvernement, homme, sénat, ou peuple, poursuit un intérêt particulier, l'intérêt d'un individu, d'une famille, d'une caste, d'un corps, ou même de la classe la plus nombreuse du peuple, en opposition avec les autres classes et qui devient privilégiée. Ce qu'on appelle le despotisme n'est pas autre chose ; c'est l'exploitation de la souveraineté, de l'autorité, de la puissance publique au profit d'un homme ou de quelques hommes, et au détriment des autres. Ce qui montre que le despotisme n'est pas essentiel au gouvernement d'un seul.

Il y a toutes sortes de despotismes. Il y a le despotisme de la monarchie, et c'est le plus fréquent. Mais il y a aussi celui de l'aristocratie, celui de la démocratie, et ainsi nous pouvons y être exposés sous toutes les formes de gouvernement et par des moyens différents. Qu'un prince dans l'intérêt de sa famille ou de sa propre grandeur exploite un peuple, le pressure, le foule, ce sera un despote assurément, puisqu'il se préfère lui et sa dynastie au bien du peuple qu'il est appelé à gouverner. Que ce soit un sénat comme à Venise, une aristocratie fortement constituée comme à Rome, qui domine l'État et tend plus à l'agrandissement de sa puissance, à l'exaltation de sa caste ou de sa tribu qu'à l'intérêt public, il y aura encore despotisme, car il y a exploitation de l'État au profit de quelques-uns. Allons plus loin. Que ce soit la démocratie d'Athènes, par exemple, qui nomme aux emplois ceux qui la flattent et non ceux qui les méritent, et qui frappe d'ostracisme les plus vertueux et les plus illustres citoyens, parce qu'elle est jalouse de leurs talents, de leur gloire, et même de leurs services ; que ce soit la masse populaire, comme nous l'avons vu chez nous en 93, qui, sous prétexte d'égalité, persécute toute supériorité sociale et même naturelle, et condamne à mort tout ce qui s'élève par la naissance, la richesse, le talent, et la vertu ! C'est encore là du despotisme et le pire de tous, car en fait de despotes, si l'on est obligé d'en subir, mieux vaut un seul que mille.

Dans tous ces cas, il y a tyrannie ; car la loi fondamentale est foulée aux pieds, et l'État est exploité au profit d'un intérêt privé. Mais alors qu'arrive-t-il, ou du moins que peut-il arriver ? Si réellement la condition essentielle est violée, ne s'ensuit-il pas que le pacte est rompu ? En droit cela est vrai. Il est évident que si un pacte a lieu entre deux parties et que l'une des deux n'en accomplisse pas les conditions, l'autre est dégagée. Mais dans la réalité, il y a une distance immense entre la théorie et l'application, entre la spéculation et le fait. Dans la pratique, comment distinguerons-nous si le pacte est rompu essentiellement et qui en sera le juge ? Quand vous avez une contestation avec un individu, si vous ne pouvez vous mettre d'accord, ou vous prenez des arbitres ou vous allez devant les tribunaux, et alors vous

14.

trouvez un juge désintéressé pour décider entre vous.
Mais quand la difficulté est entre le peuple et son gouvernement, qui s'accusent l'un l'autre d'injustice, et se
mettent en hostilité, l'un prétendant que le pacte est
rompu par le pouvoir et qu'ainsi il n'est plus tenu à
l'obéissance, l'autre soutenant qu'il est resté dans son
droit, et que les accusations dont il est l'objet sont injustes, les passions s'en mêlent des deux côtés, et nous
savons par de tristes expériences comme en pareilles
conjonctures les passions enveniment tout et rendent
l'entente difficile. Alors n'ayant pas de juge commun et
à bout de voies des deux côtés, on finit par en appeler à
la force faute de raisons, à la force, *lex ultima regum*,
et malheureusement aussi *populorum*.

Je dis que c'est là une situation excessivement grave,
et tout en ne pouvant nier qu'en droit et spéculativement,
si les conditions du pacte sont violées, le pacte n'existe
plus, j'affirme aussi que, dans la réalité, il est très-difficile de déterminer le cas de rupture, le *casus belli*
entre le peuple et le souverain. Comme il n'y a pas
de juges pour décider entre eux, chacun restant en face
de l'autre avec ses griefs est à la fois juge et partie.
On peut imaginer quelle bonne justice cela va donner.
C'est le plus malheureux de tous les procès. Tout procès est un malheur, même quand on a des juges inté-
gres, parce que tout procès dévore beaucoup de temps
et d'argent, et ne rapporte pas grand'chose, même à celui
qui le gagne. Car la justice est obligée de vivre, et elle
vit nécessairement aux dépens de ceux qui plaident ; ce
qui est une excellente raison pour ne pas plaider. Mais,
ici, dans ce grand procès d'un peuple avec son gouvernement, quand on ne peut prendre un juge international, ce qui semble contraire à la dignité et à l'indépen-

dance d'une nation, qui ne doit pas aimer qu'une autre se mêle de ses affaires, dans ce cas la prudence commande de respecter, autant qu'il se peut, le pouvoir établi, lequel, parce qu'il est en possession, a toujours pour lui la présomption du droit ; d'employer dans l'opposition qu'on lui fait et jusqu'à la dernière limite tous les moyens légaux ; de ne pas pousser les choses à l'extrémité par légèreté, par ambition ou par haine, et enfin de patienter autant qu'il se pourra, de se résigner à beaucoup de choses, et entre plusieurs maux de choisir le moindre. Or, pour un peuple le plus grand mal est presque toujours une révolution violente. On ne peut jamais prévoir comment elle finira, ni ce qu'elle amènera après elle, et en général c'est un remède pire que le mal qu'on veut guérir. Nous en savons quelque chose.

En pareille matière, on ne peut rien décider d'une manière absolue. Cela est seulement évident, qu'on doit éviter ce genre de procès le plus qu'il est possible ; que, le cas échéant, il faut y mettre le moins qu'on pourra de son action et de sa responsabilité, et savoir supporter et attendre jusqu'à la dernière extrémité. Après cela, on sait comment ces situations se dénouent. La force des choses l'emporte le plus souvent sur les volontés des hommes. Les uns disent que c'est par la fatalité, les autres par la Providence, qui conduit la fatalité. Dans ces terribles événements, qui renouvellent les peuples et le monde, il y a presque toujours des fautes de tous les côtés et les conséquences longtemps accumulées amènent de formidables explosions. Mais la justice de Dieu est toujours au fond de ces bouleversements. Elle agit sourdement pendant la tempête, et quand celle-ci est passée, elle se remontre de nouveau avec éclat et pour réparer les ruines, comme le soleil après l'orage.

En second lieu, il y a des conditions accessoires qui servent à l'accomplissement de la condition principale, c'est-à-dire à réaliser le bien général par des garanties de stabilité, en sorte qu'on ait plus de chances de l'obtenir et de le conserver. Ces conditions donnent lieu à des institutions diverses. Ainsi, par exemple, dans l'organisation de la société il pourra être établi que tous les membres participeront à l'exercice de la souveraineté dans une certaine mesure, qu'ils y auront une part plus ou moins grande comme électeurs ou éligibles, et qu'ainsi tous ou presque tous auront quelque influence dans les affaires publiques, au moins en choisissant ceux qui les feront. On pourra convenir qu'un certain nombre de citoyens, nommés par le peuple ou par le pouvoir, concourront à former les lois, seront législateurs, pairs, députés, sénateurs, ou comme on voudra les appeler. On pourra attacher à ces fonctions des conditions de savoir, de lumières, de fortune, d'âge, de cens électoral ou d'éligibilité, pour donner plus de gages à l'intérêt général et à l'ordre public. Dans l'administration de la justice, qui est une partie de la souveraineté, les citoyens pourront avoir leur part par ce qu'on appelle le jury, institution qui paraît promettre une meilleure distribution de la justice, au moins en théorie. Car son influence dépend évidemment de la moralité des citoyens, heureuse s'ils en remplissent les fonctions avec conscience, ne consultant que l'équité naturelle et l'humanité, et jugeant leurs semblables avec désintéressement ; malheureuse s'ils sont dominés par des préjugés, des passions, par des intérêts de parti ou de vanité. Ce sont les hommes qui font la valeur efficace des institutions. Les meilleures avec de mauvais citoyens ne produiront que du mal, et des institutions médiocres, ou même mauvaises, avec d'honnêtes gens ou des gens capables, donneront de bons résultats. La souveraineté étant chargée de défendre le pays, on peut arrêter que chaque citoyen y contribuera pour sa part. De là l'institution d'une garde civique ou nationale pour assurer à la fois l'indépendance au dehors et la liberté au dedans : institution qui peut être utile à la sécurité publique, comme aussi elle peut devenir une cause de ruine, quand malheureusement un grand nombre d'hommes se trouvent moins intéressés à l'ordre qu'au désordre, comme nous l'avons vu chez nous et comme on le voit maintenant en d'autres pays.

On peut encore établir qu'aucun impôt ne sera levé sans le consentement de ceux qui le payent ; ce qui paraît conforme à l'équité et au bon sens. C'est une garantie pour la propriété individuelle et contre les exactions des gouvernements. Il y a aussi des institutions pour garantir la liberté des personnes, à savoir, qu'on ne puisse arrêter un homme sans un mandat d'un magistrat, ni l'écrouer en prison sans une pièce qui en constate le motif ; l'interrogatoire par le juge pour décider s'il y a lieu à suivre ; la limite du temps de la prévention pour ne pas le retenir indéfiniment et lui faire perdre inutilement son temps, sa fortune, sa réputation, et quelquefois sa moralité par la vie oisive et contagieuse des prisons, etc., etc.

On peut encore regarder comme l'une des garanties sociales le pouvoir donné à tous d'écrire et de publier ses pensées : ce qu'on appelle la liberté de la presse. Sans doute cette liberté plus ou moins mesurée est utile en plusieurs circonstances. Mais, comme toute arme défensive, elle peut aussi servir à attaquer. Elle devient un instrument des mauvaises passions aussi bien que de la vérité et de la justice, et ainsi, n'étant ni bonne ni mauvaise en soi, elle tire son caractère utile ou nuisible de l'usage qu'on en fait et de la fin à laquelle on l'applique. Elle est bonne, si elle propage de bonnes choses ; elle est malheureusement très-mauvaise quand elle en publie de funestes, et c'est ce qui arrive le plus souvent. Cette faculté laissée à chacun d'imprimer chaque jour tout ce qui lui passe par la tête paraît en soi quelque chose de dangereux pour l'ordre social, surtout quand on considère qu'il y a dans le monde mille erreurs en face d'une vérité, et que sur toute question on rencontre autant d'opinions que de têtes. Néanmoins chez les peuples qu'on appelle libres on tient beaucoup à ce droit, dont l'usage raisonnable peut en effet quelquefois éclairer le pouvoir et l'empêcher de mal faire.

Voilà plusieurs conditions secondaires. Il y en a encore d'autres et je ne finirais pas si je voulais les énumérer ici. Il faudrait passer en revue tout l'arsenal des gouvernements constitutionnels, gouvernements très-compliqués à cause de la défiance qu'on y a du pouvoir, et qui souvent, avec la louable intention de protéger la liberté, paralysent l'autorité, ou rendent son action très-difficile. Il est presque impossible qu'un jour ou l'autre l'une de ces conditions secondaires ne soit plus ou moins restreinte ou même violée. Les abus sont inévitables, tant que des hommes gouverneront, et si à chaque faute du pouvoir, que l'opposition relève et exagère, on crie que le pacte social est rompu, et que par conséquent le peuple n'est plus tenu à l'obéissance, il n'y a pas un seul gouvernement qui puisse subsister, pas une société qui vive en paix. Il est évident que, dans l'intérêt même du peuple, on doit apporter une grande prudence dans cette appréciation.

Mais ce qui est certain aussi, c'est que si ces conditions,

et surtout la première, sont observées sincèrement par le pouvoir, autant que les circonstances le comportent, le pacte social subsiste comme tout pacte, en vertu de la justice, à cause des engagements pris et du contrat formé. Car la justice veut que ceux qui s'engagent réciproquement tiennent leur parole et accomplissent les conditions acceptées.

Cependant ce pacte n'est pas immuable. Comme toute chose humaine il est relatif et variable ; il peut être modifié, changé, et même la souveraineté d'une nation peut dans certains cas être aliénée. Il peut être changé, comme il a été établi, par le consentement des deux parties, et par le renouvellement de ce consentement. Quand nous avons fait un contrat, nous pouvons le changer d'un commun accord, si les circonstances le demandent, et que les deux parties y trouvent leur intérêt. De ce qu'une nation est constituée en monarchie, il ne s'ensuit pas qu'elle ne puisse devenir une aristocratie ou une démocratie. Rome est devenue une aristocratie après avoir été monarchie. Quand les tribuns se sont introduits dans le sénat et ont envahi le patriciat, elle a penché vers la démocratie, puis enfin elle est redevenue monarchie sous le despotisme des empereurs. Cela s'est vu de tout temps en raison des circonstances. Un peuple et un gouvernement ne s'engagent pas à tout jamais, et il y a beaucoup d'instabilité dans la destinée des nations et dans le cours des choses humaines. Le temps amène et emporte les institutions. Rien n'est permanent ici-bas, pas plus dans les sociétés que dans les individus, et la face du monde se renouvelle sans cesse.

Il y a plus, cette souveraineté qui appartient en puissance à un peuple peut être aliénée par son consentement, et cela s'est vu plus d'une fois. Elle peut être

aliénée à une autre nation, par exemple à une nation victorieuse avec laquelle les vaincus font un pacte,
en prêtant serment et hommage à leur vainqueur et
s'engageant à lui obéir. Cela est parfaitement légitime,
si l'aliénation est volontaire. Ce n'est pas la victoire qui
en fait la légitimité ; la victoire est une force qui se
légitime par le droit. Il faut qu'un pacte intervienne, et
si une nation consent à se soumettre à une autre, si un
petit État au milieu de plusieurs États puissants remet sa
souveraineté à l'un pour être protégé contre les autres,
le protecteur en devient le légitime souverain. La souveraineté peut encore être aliénée, en des cas extrêmes,
entre les mains d'un homme, qui alors devient le maître
de ce peuple par son consentement et à la condition de
le sauver. C'est ce qui se voit après les révolutions entreprises pour conquérir la liberté, et qui amènent la servitude par l'anarchie. Car l'anarchie est la mort de l'état
social ; c'est la dissolution de la société qui, comme tout
corps vivant, ne peut exister sans une tête, et quand
elle a été violemment troublée, désorganisée, il lui faut
une tête forte et un bras de fer pour la reconstituer et
la remettre en ordre. Dans ce cas le peuple aliène par le
fait sa souveraineté pour retrouver l'ordre. Il se soumet
à ce pouvoir sauveur, quel qu'il soit, et il reprend la
vie en sacrifiant sa liberté. Car avant tout il faut vivre ;
la liberté politique, sans l'existence assurée, est une
illusion : « Primo vivere, deinde philosophari. »

Il y a eu de ces faits dans les temps modernes, et nous
l'avons donné cet exemple à deux reprises. Dans l'antiquité cela se voyait souvent. Les petites républiques de
la Grèce et de l'Italie passaient leur temps à se constituer
et à se désorganiser, toujours déchirées par les désordres
des citoyens ; et enfin fatiguées de luttes, elles appe-

laient un sage, un législateur. Pythagore a institué
plusieurs de ces petites républiques. Ce grand philosophe
était aussi un profond politique, un homme éminemment
pratique, tandis que nous autres, nous philosophons
dans nos chaires, dans nos livres, mais nous ne donnons
pas de lois aux nations, et au fond c'est fort heureux.
Lycurgue a eu dans sa main la souveraineté de Lacédé-
mone et il en fit cette république singulière et rude
dont on a tant parlé. Solon a fait la constitution d'A-
thènes, et à Rome ces citoyens si fiers de leur liberté
dans les cas difficiles sauvaient l'État par la dictature,
qui conférait le pouvoir absolu. Pendant un temps marqué, le sénat et le peuple romain abdiquaient leur autorité et remettaient la souveraineté à un seul homme. Le
dictateur avait tout pouvoir sur tout et sur tous, pouvoir
de vie et de mort. C'est un remède héroïque pour éviter
la ruine. Mais en certains cas toutes les nations du monde
en sont là. Il faut se sauver avant tout, l'État est en danger, *caveant consules*, et si cela ne suffit pas, *imperet dic-
tator*. Et pourtant, en fait de liberté, les Romains à coup
sûr étaient aussi exigeants et s'y entendaient autant que
nous.

De ces considérations ressort la différence entre la
souveraineté spirituelle et la souveraineté temporelle.
Celle-ci est une chose purement humaine, quant à son
organisation et à son exercice. Elle est divine dans son
origine et dans son essence, parce que, comme nous l'a-
vons dit, elle est le produit naturel de la formation de la
société. Car une société ne peut s'établir sans qu'une
souveraineté quelconque ne surgisse en elle. Mais elle
est humaine dans sa réalisation, et à ce titre toujours
relative, toujours changeante ; car elle ne peut s'établir
que par le consentement des hommes, « per consensum

hominum, mediante natura. » C'est le contraire de la souveraineté spirituelle, qui vient directement de Dieu, descend du ciel, et n'a pas besoin du consentement des hommes ni de ceux qui lui obéissent. Commandant au nom de Dieu et par le droit divin, elle impose à la volonté humaine ce qu'elle doit faire ou ne pas faire. Dieu lui-même l'a organisée en fondant l'Église, et l'Esprit-Saint l'éclaire, la développe et la dirige à travers les siècles. Quant à ses ministres, c'est encore Dieu qui les appelle, les choisit, les prépare et les consacre. Ils reçoivent d'en haut un caractère sacré avec une mission céleste. C'est pourquoi la souveraineté spirituelle ne change jamais, parce qu'elle est au-dessus du temps et de l'espace ; elle s'avance vers l'éternité, entraînant avec elle les âmes pour les en rapprocher et les y faire entrer. Elle marche lentement à travers les résistances du monde, parce qu'elle n'est point animée par les passions du temps ; mais elle ne s'écarte jamais de son but et ne recule jamais. Son gouvernement est toujours le même parce qu'il ne relève pas des hommes, et il est patient parce qu'il est éternel. C'est l'autorité la plus forte, parce qu'elle est la plus douce et toute morale. Elle est la seule universelle, parce qu'elle ne s'applique qu'aux esprits, et c'est pourquoi on l'appelle catholique. Elle a le gouvernement des âmes, qui, étant au-dessus du temps et de l'espace, n'appartiennent ni aux nations ni aux climats ; elles viennent de l'éternité et retournent à l'éternité. La souveraineté spirituelle les atteint d'une extrémité de la terre à l'autre et les régit *fortiter et suaviter*, à la manière de la sagesse divine. Son empire, s'étendant sans cesse, forme un cercle toujours plus large, jusqu'à ce qu'il se confonde avec l'infini.

Voilà la souveraineté spirituelle. Heureux quand ceux qui l'exercent ne la confondent pas avec la puissance du siècle, comme cela a pu arriver, et qu'ainsi, recherchant exclusivement, comme c'est leur mission, la conduite des âmes, le salut des âmes, sans s'immiscer dans le gouvernement temporel des nations, ils ne prêtent point à l'accusation d'affecter une domination universelle et l'empire du monde. Ce serait l'abus de la puissance spirituelle. Mais dans chaque situation il y a un excès possible, et les abus d'une chose vraie et bonne en soi ne prescrivent pas contre l'usage. Les instruments les plus purs, que Dieu emploie ici-bas, sont encore des hommes, et ainsi aux choses divines, qu'ils sont chargés de réaliser sur la terre, ils peuvent mêler du terrestre et de l'humain.

Il nous reste à tirer quelques corollaires des principes posés et des considérations développées dans les deux derniers chapitres.

1° La souveraineté en soi est de droit naturel, par conséquent divine, comme tout ce qui est de droit naturel. Le droit naturel est le droit divin non écrit, par opposition au droit révélé, qui est oral ou écrit. Elle est de droit naturel, parce qu'il est impossible que la société se forme sans qu'une souveraineté s'établisse. Mais l'exercice de la souveraineté et la manière dont elle se constitue, c'est-à-dire le gouvernement et sa forme, sont de droit conventionnel : *ex arbitrio humano*. Quelle que soit cette forme, elle est consentie par ceux qui composent la société; car qui peut décider que tel homme doit gouverner et non pas tel autre, sinon les membres de l'association, à moins que le ciel n'intervienne? A coup sûr Dieu s'en mêle toujours indirectement, « mediante natura, et per consensum hominum. » Mais s'il

le fait directement, immédiatement, alors il y a un miracle, et c'est une souveraineté surnaturelle qui est
établie d'en haut. On sort dans ce cas de l'état politique
ordinaire, de l'ordre de la nature, et la science n'a pas à
s'en occuper.

2° Le pouvoir, ou la souveraineté en exercice, n'est
légitime dans l'ordre naturel, que s'il sort du peuple immédiatement ou médiatement. J'énonce ici l'opinion
de saint Thomas. Voici ses paroles : « Non potest aliter
haberi ut justa sit ». Il n'en peut être autrement pour
qu'il soit juste. La raison confirme l'opinion de saint
Thomas; car puisque ceux qui vivent en société sont des
êtres intelligents et libres, personne n'a le droit de leur
imposer un gouvernement, sauf Dieu, qui seul est leur
supérieur naturel. Dans tout autre cas, et c'est l'ordinaire, ils doivent se le donner à eux-mêmes. Remarquons
seulement, qu'en constituant ou légitimant un gouvernement par leur consentement, ils ne créent pas pour
cela la souveraineté, et c'est ici que les partisans de la
souveraineté du peuple s'égarent. Ils prétendent qu'elle
appartient essentiellement au peuple et qu'il la fait par
sa volonté. Nous avons montré, au contraire, qu'elle est
de droit naturel, et qu'ainsi elle naît avec la société et
sans la volonté des hommes, comme la puissance du
père dans la famille et celle de la volonté dans l'individu. Le peuple ne fait pas plus la souveraineté qu'il ne
fait la justice ou la loi de nature. Mais il a le droit de se
mêler dans l'application et l'exercice de cette souveraineté, et elle ne peut même se réaliser justement sans son
intervention, « non potest aliter haberi ut justa sit. » Des
êtres doués de raison doivent agir raisonnablement, en
politique comme ailleurs, et comme nul d'entre eux n'a
le droit de gouverner les autres en son propre nom,

puisqu'ils sont tous égaux en nature, il faut bien que celui ou ceux qui gouvernent tirent leur puissance du consentement des gouvernés. Là est la source première de toute légitimité politique dans l'ordre naturel.

Ici, nous touchons à un sujet délicat, et nous tâcherons de le traiter délicatement. Il y a deux sortes de légitimité : la légitimité par l'origine et la légitimité par la fin. Un pouvoir peut devenir légitime, de quelque manière qu'il s'établisse, fût-ce par la plus affreuse violence. Illégitime par son origine, s'il s'amende, si, reconnaissant l'intérêt de la société et le sien, il cherche avant tout le bien public et finit par y subordonner son bien propre ; si, accomplissant sincèrement la condition fondamentale de tout pacte social, il rentre dans l'ordre, alors il devient légitime quant au but ; car le pacte social ayant pour condition fondamentale le bien de la société, si ce pouvoir intrus fait ce bien, il agit conformément au pacte, et par conséquent il se légitime quant à la fin. C'est une légitimation par la vertu ou le génie, réparant le crime de la violence à force d'habileté ou de désintéressement.

Il y a encore une autre espèce de légitimité, mais qui est secondaire, celle de la succession au pouvoir établi dans une famille par le pacte social et les lois du pays. Elle est secondaire, parce qu'elle ne peut jamais venir qu'en seconde ligne ; car, pour qu'il y ait succession, il faut qu'il y ait quelque chose à transmettre, et comme le pouvoir a commencé un jour, il est évident que celui qui l'a exercé le premier, le fondateur de la dynastie, n'a pu se succéder à lui-même. Donc on remonte nécessairement par la succession à un droit primitif dont elle est une dérivation.

Mais il y a encore un autre inconvénient à la succession, c'est que, comme elle ne commence pas le droit, elle ne peut pas non plus le perpétuer indéfiniment. Car dans ce monde rien n'est éternel. Toute succession finit un jour ou l'autre. Une famille s'éteint, et alors à qui se transmettra le pouvoir? Il n'y a plus de successeur, et cependant un peuple ne peut pas rester sans gouvernement. Il faut donc revenir au droit primitif. Ainsi, la succession, ou la légitimité par héritage, qui est réelle et légale si elle est établie par la loi du pays, défaille aux deux bouts de la chaine. A l'origine elle suppose un droit qu'elle transmet, et à sa fin, quand elle n'a plus personne à qui communiquer le pouvoir puisqu'il n'y a plus d'héritier, elle le laisse disponible, et par conséquent il revient naturellement à son principe qui posera, s'il y a lieu, une nouvelle dynastie. Ainsi se renouvelle la face du monde et des empires.

Bien que ces questions soient délicates, elles ne sont cependant pas si embarrassantes qu'on le dit, et on leur fait beaucoup trop d'honneur ou d'affront en les supposant si dangereuses. Il faut seulement les étudier sans esprit de parti, et ne pas chercher dans les problèmes des solutions voulues d'avance. Il faut laisser parler les faits, en les examinant avec sincérité et avec la résolution bien arrêtée de ne pas substituer à leurs réponses, toujours intelligibles quand on veut les écouter et en tenir compte, les suggestions des préjugés, de l'intérêt ou de la passion.

3° Mais voici une autre conséquence grave, sur laquelle j'appelle l'attention, parce qu'elle conjure le péril de cette fausse doctrine trop répandue de nos jours, qui, exaltant le peuple au-dessus du pouvoir, lequel ne serait que son mandataire, en soumettant l'autorité au bon plaisir de ceux qu'elle doit gouverner, lui ôte sa force en lui ôtant son principe. Ce troisième corollaire peut être formulé en ces termes : la souveraineté n'est pas déléguée par le peuple, et le gouvernement, quel qu'il soit, n'est point son mandataire. Elle n'est ni une délégation ni un mandat, parce que le peuple ne la faisant pas, il n'en est ni le principe ni le maître. Elle naît spontanément aussitôt que la société se forme, et par conséquent le peuple qui la possède en puissance, s'il ne veut pas l'exercer par lui-même, peut en remettre l'exercice ou l'usage à un homme ou à plusieurs. Mais alors cet homme n'est ni son délégué ni son agent. Il le substitue à sa puissance, lui remettant entre les mains son droit de souveraineté à certaines conditions marquées par le pacte social. Par là cet homme ou ce corps, investi de l'autorité par le peuple, devient le représentant de Dieu, en ce sens qu'il jouit de la souveraineté qui est de droit naturel ou divin, et d'un autre côté, il est le représentant ou plutôt le substitué du peuple qui lui abandonne, non pas la souveraineté en soi, dont il n'est pas le maître, mais l'usage de l'autorité qu'il est incapable d'exercer. Pour me servir d'une comparaison triviale qui rend assez bien ma pensée, il se fait entre le peuple et le gouvernement une espèce de contrat semblable à un bail entre un propriétaire et un locataire, bail en vertu duquel le propriétaire ayant loué sa maison ne peut plus en jouir, et substitue le locataire dans tous ses droits, quant à l'habitation. Il ne peut le renvoyer, tant qu'il ne viole pas les conditions du bail, et s'il les viole, il faut un procès pour l'évincer. De même dans un État, celui auquel l'exercice de la souveraineté a été remis en jouit, l'applique, l'exerce. Le peuple la lui a mise entre les mains, l'a transportée en lui à certaines conditions ; il y a un pacte et tant que ce pacte est observé, ce qui a été concédé ne peut pas être retiré. On ne le peut selon la justice, bien qu'on le puisse toujours par la violence. Mais en politique comme ailleurs, et plus qu'ailleurs, quand la violence prend la place de l'équité, tout tourne à mal et on en subit bientôt les tristes conséquences.

Si le souverain n'est pas le mandataire du peuple, le peuple n'a pas le droit de le changer à sa guise, tant qu'il fait son devoir et accomplit les conditions du pacte social. Il n'est pas le délégué du peuple, mais il en est le représentant, ou plutôt le substitué, c'est-à-dire que le peuple lui ayant remis ses droits à l'exercice de la puissance, s'en est dépouillé en faveur d'un homme ou d'un corps; il ne la possède plus, il ne peut plus en user; car on ne peut pas en même temps donner et garder. S'il a transporté le gouvernement dans un autre, il ne doit plus gouverner lui-même, et en concédant à un homme l'autorité il s'est par cela même engagé à lui obéir. L'homme, qu'il a fait souverain ou prince, est devenu son supérieur par l'institution même du gouvernement.

CHAPITRE XIII

PROMULGATION DE LA LOI.

Suite des corollaires pratiques. — Promulgation de la loi. — La publication est-elle une propriété de la loi ou seulement une condition essentielle ? — Nécessité de la promulgation et ses motifs. — Promulgation de la loi naturelle, de la loi ancienne par Moïse, de la loi évangélique par Jésus-Christ et ses apôtres. — Publication des lois civiles et ses formes diverses.

Le gouvernement devient réellement le supérieur du gouverné ; car la souveraineté, qui appartient à tous en puissance, lui est transmise en acte et pour l'exercice du pouvoir. Il est substitué complétement à la totalité. Or, le devoir et le droit de la souveraineté sont de faire la loi, de l'imposer, de l'appliquer, d'en surveiller l'observation, d'en punir les infractions. Ces fonctions sont impératives, et puisque la nation ou la communauté, comme on voudra l'appeler, consent par la substitution d'un souverain de fait à remettre entre ses mains l'autorité, il est évident qu'elle consent par là même à lui obéir, qu'elle se fait son inférieure. Ainsi elle établit et reconnaît la supériorité de celui ou de ceux qui la gouvernent.

Je reviens à dessein sur cette distinction essentielle, parce que seule elle peut nous sauver des conséquences anarchiques de la doctrine de la souveraineté du peuple. Il y a du vrai dans cette doctrine, comme nous venons de le voir ; mais l'application qu'en font les hommes de désordre est fausse, et de là sont sorties toutes les révolutions de la société moderne, lesquelles ont pu prévaloir par intervalle et par surprise, mais n'ont jamais rien fondé, parce qu'une société ne peut se conserver par cette voie. Nous avons payé cher nos tristes expériences en cette matière, et nous savons maintenant, par les désastres et les indignités des essais que nous avons subis, ce que valent ces systèmes fantastiques d'indépendance dont on a flatté notre orgueil, et qui sous le prétexte de réaliser parfaitement la souveraineté nationale, et de constituer la société d'une manière conforme à la dignité et aux droits de tous, la troublent, la désorganisent, la jettent en proie à l'anarchie.

Nous passons au quatrième corollaire : en fait de souveraineté, comme en toute autre chose, la force ne fait jamais droit. Ainsi là comme partout, quoi qu'en dise le fabuliste, qui nous donne parfois de très-mauvaises leçons, la raison du plus fort n'est pas toujours la meilleure. Au contraire la raison du plus fort, si elle est seule, est toujours la plus mauvaise devant la justice. Mais cependant la force, qui ne fait pas le droit, peut le confirmer; et même c'est là ce qui la justifie et l'ennoblit. Elle est légitime et nécessaire pour garantir la vérité, la justice, et le bon droit. Néanmoins comme en fait de souveraineté, ainsi que nous l'avons vu, il faut toujours un consentement, par conséquent un contrat, un pacte explicite ou implicite, pour que les résultats de la force deviennent légitimes et se confirment, le consentement du vaincu doit intervenir. Ainsi, par exemple, la guerre, qui en soi est une abomination, puisque c'est la destruction des hommes, n'est licite que comme moyen de rétablir la justice et de réprimer l'iniquité. Alors elle prend un sens moral, et avec ce caractère, quoique toujours déplorable parce qu'elle entraîne la violence et le meurtre, elle devient grande et louable ; car elle est au service de ce qu'il y a de plus vrai, de plus beau, de plus respectable dans le monde, au service de la justice. Si donc deux peuples entrent en guerre, et que l'un des deux succombant, l'autre envahisse son territoire, c'est une maxime du droit des gens que le pays conquis est occupé légitimement. Mais pour que cette occupation armée tourne en droit reconnu, il faut encore quelque chose, il faut que le peuple vaincu accepte, je ne dis pas l'occupation, il y est bien forcé, mais la loi que lui impose la souveraineté du peuple vainqueur, et qu'ainsi il remette sa propre souveraineté entre les mains de celui qui a triomphé, ou la lui abandonne volontairement. Dans ce cas il y a contrat, il y a pacte. Quand les choses arrivent autrement, le vaincu devenant l'esclave ou le jouet du vainqueur, il peut y avoir encore une application de la justice, mais c'est de la justice de Dieu. Lorsqu'une nation, qui a abusé de sa puissance pour asservir ou détruire les autres, a mérité d'être châtiée, la Providence prépare des instruments de sa vindicte. Elle punit les peuples les uns par les autres, et ceux qui s'étaient exaltés dans leur orgueil, dans leur force et dans leurs richesses, sont jetés par terre, foulés aux pieds, écrasés sous le joug, et ils payent par leur avilissement et leurs douleurs les indignités qu'ils ont infligées aux autres. Laissez passer la justice de Dieu ! La justice divine se retrouve infailliblement un jour ou l'autre, même dans ce monde, et si vous suivez l'histoire des nations, l'histoire du passé comme celle du présent, vous demeurerez convaincus de cette vérité qui s'applique aussi aux individus. Mais il faut les suivre longtemps, il faut pour cela vieillir, il faut avoir vu l'iniquité jeune et l'iniquité vieille. Il faut avoir vu le vice exalté, triomphant, superbe, puis le vice abattu, humilié, dégradé. On reconnaît alors l'éternelle équité dans les conséquences mêmes des actes des hommes. On voit que chacun est puni par où il a péché, et avant même que la grande réparation se fasse dans un autre monde et devant le tribunal de Dieu, déjà sa justice, qui se réserve cependant l'avenir et l'éternité, s'accomplit ici-bas. C'est pourquoi les nations, qui ont mérité ce châtiment, ont bien de la peine à s'en relever. Il y en a une qui occupe beaucoup le monde en ce moment, et qui avec toutes ses velléités d'indépendance, de liberté et même de domination ne peut pas même arriver à un état supportable. Avec des prétentions qui semblent aller jusqu'au ciel, elle ne peut parvenir à vivre honorablement et pacifiquement sur la terre, et pourquoi? C'est que longtemps cette malheureuse Italie a tyrannisé les nations; elle a lourdement pesé sur le monde, et le monde à son tour pèse sur elle comme un châtiment.

En ce qui concerne la question présente : Si un peuple est simplement subjugué, et que le vainqueur l'opprime de toute la force de ses armes, sans que le consentement du vaincu intervienne, sans qu'un pacte régularise sa position par une acceptation volontaire, alors il est dans une servitude à laquelle il peut échapper, dès que l'occasion s'en présentera. Mais s'il y a pacte, s'il y a eu consentement, s'il a accepté la loi du vainqueur, qui à cette condition seulement lui a laissé son existence de peuple et un reste de nationalité, il est évident qu'il est lié, et dès lors l'insurrection lui est interdite par l'équité, tandis que dans l'autre cas elle reste licite comme moyen de défense naturelle. C'est à peu près comme dans l'esclavage appliqué aux individus. L'esclavage est né de plusieurs causes, mais surtout de la prépondérance de la force et de la victoire. Le vainqueur pouvant tuer le vaincu lui laisse la vie. Le vaincu tombe sous son joug, en sa puissance, il est dans ses mains et là il peut arriver deux choses. Le vaincu peut accepter la vie sans rien promettre, parce que son existence devient profitable au vainqueur. Un homme est toujours un instrument utile, et probablement, si le vainqueur l'épargne, c'est pour l'employer à son service. Si donc il n'accepte point par un contrat cette domination, aussitôt qu'il pourra y échapper, il sera en droit de le faire. Mais s'il entre en pourparler avec son vainqueur, si celui-ci lui laisse la vie à la condition que, ne cherchant point à fuir ni à se révolter, il aliène à son usage ses forces, ses facultés, son temps, il est lié certainement, car il a donné un droit sur lui. C'est la seule origine de l'esclavage qui ne soit pas trop indigne de l'homme. Ainsi des peuples, soit vis-à-vis d'autres peuples qui les dominent par la victoire, soit même quelquefois à l'égard d'un seul homme, que la nation met à sa tête dans un moment critique à la condition d'être sauvée par lui. Nous avons dans l'histoire, et dans la plus récente, des exemples de peuples tellement malades, si déchirés par l'anarchie et affaiblis par la lutte des partis et les fureurs des révolutions, qu'ils ne pouvaient être sauvés autrement. C'est un peu cher, sans doute, que d'acheter l'existence par la servitude. Mais il y a quelque chose de plus précieux encore au cœur de l'homme, quoi qu'on en dise, et même aux yeux des peuples, que la liberté, c'est la vie. La conservation de la vie est le premier besoin et l'instinct le plus impérieux de la nature.

Enfin, comme dernier corollaire, nous appliquerons tout ce qui vient d'être dit à éclaircir une question qu'on pose souvent sans la résoudre. Quel est le meilleur gouvernement? Est-ce la monarchie, l'aristocratie, ou la démocratie? Les uns parlent pour la monarchie, ils en font valoir les avantages, bien qu'elle ait aussi de graves inconvénients. Les autres vantent l'aristocratie, en démontrent les qualités, mais on y trouve encore de grands embarras qui valent bien ceux de la monarchie. Enfin, d'autres, et beaucoup d'autres en ce temps-ci, veulent la démocratie et la proclament le plus vrai, le plus beau des gouvernements. Nous n'en contestons pas les avantages, mais on avouera aussi qu'il y a beaucoup à reprendre. Si donc, on nous pose cette question : quel est le meilleur des gouvernements? Nous répondrons : le meilleur gouvernement est le plus honnête, c'est-à-dire le plus désintéressé, celui qui fait les affaires du pays avec le plus de bonne foi, de dévouement, d'abnégation de lui-même, en cherchant l'intérêt général plus que son intérêt particulier, plus que l'intérêt de famille, de race et de caste. Voilà certainement le meilleur des gouvernements, que ce soit une monarchie, une aristocratie ou une démocratie, peu importe. Il y a des monarchies très-honnêtes, ou plutôt des monarques, mais il y en a eu aussi de très-criminels. Il a existé des aristocraties très-nobles, très-dignes, moins vertueuses en général que les monarchies à cause de l'esprit de corps, et enfin il peut exister des démocraties honnêtes, bien que plus difficilement, parce que là il y a trop de monde dans les affaires, et si parmi les hommes, comme l'a dit le poëte,

> Les sots depuis Adam sont en majorité,

les honnêtes gens sont aussi en minorité, en sorte

qu'avec l'institution démocratique nous avons moins de chances pour un gouvernement équitable et désintéressé.

Si nous considérons maintenant la question sous un autre point de vue, au point de vue de la force de l'administration et de la manière plus énergique et plus sûre de faire les lois et de les appliquer, nous devons reconnaître que le meilleur des gouvernements est celui qui est le plus un. Là les affaires se font mieux et s'expédient plus rapidement. Plus le pouvoir est concentré, plus il a de vitalité, mieux il gouverne. Plus il y a d'ensemble et de persévérance dans les affaires, mieux elles marchent. Sous ce rapport la monarchie a de grands avantages, et c'est la démocratie qui en offre le moins. Quand tout le monde se mêle de l'administration, elle ne va pas ou elle va mal; car il est très-difficile de réaliser à plusieurs une bonne pensée, et d'accorder dans une même œuvre, non-seulement les opinions, mais surtout les volontés d'un grand nombre, à moins qu'ils ne soient dominés par la discipline. Ah! s'il y a comme dans un régiment un colonel, des capitaines, des lieutenants, on pourra marcher ensemble. Mais si tous sont égaux comme des associés, il y aura autant de sentiments que de têtes, et quand il s'agira d'organiser une affaire, de la mettre en train et de la conduire à terme, on aura bien de la peine à mettre tout ce monde à l'unisson, et nécessairement la chose publique en souffrira.

Le meilleur gouvernement est donc le plus honnête, le plus désintéressé. Je ne parle pas d'un désintéressement absolu. Il n'y a de désintéressement complet que chez les saints, et les gouvernements ne sont pas des saints. On l'est rarement dans les affaires humaines, et les saints en général n'y sont pas très-experts. Leur royaume n'est pas non plus de ce monde, et dans l'ordre temporel, comme l'a dit Jésus-Christ, les enfants du siècle sont plus habiles que les enfants de lumière. Sous le rapport de l'exercice de la puissance, le meilleur gouvernement est aussi le plus un, parce que la fin du gouvernement étant de diriger un ensemble, plus il aura d'unité intelligente, mieux il coordonnera toutes les parties et plus il aura de chances de succès.

Considérée sous le rapport de l'équité, la question change de face. Je dis l'équité, pour ne pas employer un autre mot très-estimable en lui-même, mais dont on a trop abusé, l'égalité. Le meilleur gouvernement, sous le rapport de l'équité ou de l'égalité, est celui où tous les membres de la société se trouvent intéressés, et cela non pas seulement par le profit qu'ils en retirent, par la protection qu'ils en reçoivent, mais par une certaine participation active à la souveraineté. Je dis une certaine participation; car si vous en laissez à tous l'exercice complet, c'est-à-dire si le peuple ne remet ses pouvoirs à personne et veut les exercer lui-même, ce sera le gouvernement démocratique. Mais il y a tant d'inconvénients à ce gouvernement, il est si difficile qu'une multitude dirige, administre, qu'en vérité on ne peut guère le recommander comme favorable au bonheur d'un peuple, et que, sauf dans une petite république, il est à peine réalisable. La multitude peut délibérer, voter, donner son opinion; mais lui abandonner l'administration, c'est livrer les affaires au hasard, aux caprices, à tous les vents.

Tout ce que je viens de dire se résume et est confirmé par un passage de saint Thomas. J'ai promis en commençant ce livre de m'appuyer sur la doctrine de ce grand homme, qui a aussi l'honneur d'être un saint, et en matière politique je ne puis mieux couvrir ma responsabilité qu'en m'abritant sous son nom. Or, ce que nous avons exposé n'est qu'un commentaire de l'opinion de cet illustre théologien. Quelques-uns s'étonneront peut-être que saint Thomas, prêtre, théologien, et par-dessus tout dominicain, ait pu émettre des opinions aussi libérales. Pour moi, qui l'ai beaucoup étudié, je n'en suis pas surpris et je suis heureux de les rencontrer dans les ouvrages d'un docteur d'une si grande autorité, et dont l'enseignement, admirablement lié dans toutes ses parties, procède toujours avec tant de maturité et de réflexion. D'ailleurs on retrouve la même manière de voir dans plusieurs de ses ouvrages, et ainsi ce n'est pas une surprise, mais une conviction profonde et arrêtée.

Voici ce passage qui est tiré de la Somme théologique, quest. 105, art. 1er. En commençant, saint Thomas cite Aristote : « A l'égard de la bonne organisation des chefs dans une cité, dans une nation, il y a deux choses à observer (on voit qu'il s'agit ici de l'organisation de la souveraineté dont nous venons de parler). La première c'est que tout le monde ait sa part de souveraineté. C'est le moyen de conserver la paix des peuples, de faire aimer et respecter de chacun l'ordre qui a été établi, comme on le voit par le texte d'Aristote, » et il cite la *Politique* d'Aristote, liv. Ier, chap. 1er, d'où ce passage a été tiré.

« La seconde se rapporte aux différentes espèces de gouvernement. Le meilleur pour un État, c'est de n'avoir qu'un prince vertueux qui commande à tous, que sous lui il y ait des chefs subalternes qui, à son exemple, usent de leur autorité conformément à la vertu, de manière que le pouvoir n'en appartienne pas moins à tout le monde ; où par conséquent tous les citoyens soient éligibles, et ainsi tous électeurs. C'est ce qu'on trouve dans les gouvernements mixtes qui représentent la totalité parce qu'il n'y a qu'un chef, l'aristocratie parce qu'il y en a beaucoup qui participent au pouvoir en raison de leur vertu, et la démocratie ou le pouvoir populaire, parce que les derniers hommes du peuple peuvent être élevés au rang de princes, et que d'ailleurs tous les citoyens sont électeurs. »

Ce sont les propres paroles de saint Thomas. Mais ce n'est pas tout. Il va citer un exemple qui fait remonter le gouvernement mixte, le gouvernement tempéré, non plus aux origines de la civilisation moderne, mais jusque chez les Juifs, à Moïse. Il ajoute : « C'est le gouvernement qui fut établi par la loi de Dieu. Moïse et ses successeurs gouvernaient le peuple comme un chef qui commande à tout le reste. Leur pouvoir ressemble à une royauté. Puis on élisait soixante-douze vieillards d'après leur vertu. Car il est dit : Choisissez dans tout le peuple des hommes sages (Deutéronome, chap. Ier, v. 13 et 15), ce qui représente l'élément aristocratique ; et enfin tous étaient électeurs, puisqu'il est dit à tous : Choisissez des hommes sages, ce qui représente l'élément démocratique. »

Voilà donc en théorie, selon saint Thomas, le meilleur des gouvernements.

La monarchie est certainement le gouvernement le plus fort et en même temps le plus heureux, lorsque, comme disent Aristote et saint Thomas, le prince est un homme vertueux. Mais si c'est un homme vicieux, un ignorant, un sot, et cela peut arriver, si c'est un homme passionné et esclave de ses passions, tous ces avantages sont perdus par la faute d'un homme, bien qu'on ne puisse en accuser l'institution. L'aristocratie aussi a des avantages. En général c'est un gouvernement solide, durable, persévérant dans ses maximes, parce que dans l'aristocratie les traditions se conservent fidèlement. Mais il a cet inconvénient presque inévitable, qu'à la longue l'esprit de corps l'emporte sur l'esprit national, et qu'alors au lieu d'une famille, c'est toute une caste qui met sa puissance et sa gloire au-dessus de l'intérêt général.

Je ne dis rien de la démocratie. Ce qui précède suffit.

Vient le gouvernement mixte qui paraît en effet le plus rationnel, au moins spéculativement. Mais dans la pratique, le fonctionnement en est malaisé ; car trop de personnes y mettent la main. Il a cela de bon, que tous les citoyens y ont une certaine part, au moins par le vote électoral, qui est l'expression la plus réduite de la souveraineté. Cette part, nous l'avouerons, n'est pas très-large et encore elle ne profite guère. Car un peuple honnête est plus difficile à trouver qu'un prince vertueux. Avec de bons citoyens on aura toujours de bonnes élections. Mais si vous avez une multitude d'hommes qui cherchent avant tout leur profit, leur plaisir ou leur gloire, sacrifiant le bien public à leur intérêt privé, l'institution sera viciée à sa source, et de cette source pleine de corruption vont sortir des erreurs et des abus qui infecteront l'État et pervertiront le gouvernement. On ne peut pas dire qu'en soi un gouvernement soit meilleur qu'un autre. L'un l'emporte sous un rapport, l'autre sous un autre, et celui qui semble les réunir tous et se vante de posséder les avantages de chacun, souvent aussi en rassemble les inconvénients. Nous l'avons expérimenté, et nos essais jusqu'à présent ne nous ont guère réussi, puisque dans ce moment encore nous en sommes à nous reposer de ces tentatives, comme des malades épuisés par un travail forcé, par une activité exagérée, ont besoin de calme pour se refaire.

Je passe à une autre question. Voilà le gouvernement constitué, il sera ce que vous voudrez, monarchique, aristocratique, ou démocratique, peu importe. Il a l'autorité en main, et dès lors il exerce la souveraineté. Donc il a le droit de faire la loi. Comment la loi est-elle instituée? Elle ne peut l'être que par un décret de l'autorité. Cela est évident, car l'autorité est le pouvoir public qui peut seul confectionner la loi et l'imposer, et suivant la forme du gouvernement elle sera faite de diverses manières et établie autrement. Ainsi dans une monarchie pure, comme on dit, c'est la volonté du prince qui fait loi ; ses décrets constituent des lois. Je parle ici d'une manière générale, car il n'y a jamais de monarchies purement absolues. Il existe toujours dans les choses ou par les hommes des correctifs, des obstacles, des épreuves, qui font que la volonté d'un homme, avant de s'imposer à tout peuple, est plus ou moins modifiée. Il y a des conseils, des représentations, des remontrances, des conditions d'enregistrement, ou quoi que ce soit, sous une forme ou sous une autre, pour tempérer la volonté du monarque. Si c'est une aristocratie, ce sont les décisions du sénat, les sénatus-consultes qui ont force de loi par eux-mêmes ou consentis par le peuple. Si c'est une démocratie, les lois seront des plébiscites. On fera voter le peuple tout entier et comme on pourra. A Rome on faisait voter cent mille citoyens sur la place publique ; il y en avait jusque sur les toits. Il n'était pas facile de bien constater les votes de cette manière. Mais les choses s'arrangeaient à peu près, comme le patriciat l'entendait.

Dans les gouvernements mixtes la machine est plus

compliquée. Pour avoir plus de sûretés, de garanties, il
y a toutes sortes de conditions plus ou moins arbitraires ;
car toutes ces choses sont d'institution humaine. Dans
cette espèce de gouvernement, il y a trois éléments qui
concourent à former la loi : le peuple par ses représentants, le prince par son consentement ou son *velo*, puis
un intermédiaire qui les départage, pour empêcher le
choc de ces deux puissances d'en bas et d'en haut. C'est
un moyen terme qui doit réunir les deux extrêmes, afin
qu'une conclusion soit possible. La loi ne peut être
établie que par le concours de ces trois pouvoirs, de la
puissance exécutive ou du prince, de la puissance populaire, déléguée à des députés ou représentants, et de la
puissance aristocratique qui doit les concilier. Il y a à
l'exercice de ces trois pouvoirs certaines conditions formulées dans la charte.

Mais tout cela ne suffit pas pour qu'une loi oblige ; il
faut encore qu'elle soit promulguée ou publiée. Ici se
présente une question, qui a divisé les jurisconsultes et
les théologiens, à savoir, si la promulgation est une
partie essentielle de la loi, et ainsi s'il faut la faire entrer dans la définition de la loi politique ou civile ; ou
bien si elle est seulement une condition nécessaire pour
l'appliquer. Au fond la question est oiseuse ; car dans
la pratique c'est absolument la même chose, la promulgation étant indispensable pour que la loi soit connue et
devienne obligatoire.

Cette nécessité de la promulgation ressort de la nature même de la loi. Car toute loi humaine est une loi
morale, qui ne ressemble pas aux lois de la nature physique. Celles-ci s'imposent d'elles-mêmes aux êtres qui
n'ont ni intelligence, ni liberté. Mais l'être moral, soumis à des lois qu'il peut observer ou violer, doit les con-

naître d'abord ; car en vertu de sa raison il n'agit pas
sans motif, et le motif doit être pris dans la connaissance de la loi. Donc il faut qu'il la connaisse. Sa responsabilité y est engagée comme sa raison. Il ne mérite
une peine ou une récompense que par le choix de sa
volonté libre, et sa liberté ne peut se décider qu'en
sachant ce qu'il faut faire ou ne pas faire.

La nécessité de la promulgation dérive encore de la
source dont la loi émane, ou de la nature même de
l'autorité. Le gouvernement est la représentation de la
société tout entière ; il est posé par la souveraineté sociale, à laquelle il est substitué. Donc, comme gouvernement, il a une action générale, et cette action doit
pénétrer jusqu'aux derniers éléments de la société et
atteindre tous les citoyens. Par conséquent il faut que
sa parole soit connue de tous, et que les lois qu'il impose
soient publiées pour qu'elles aient leur effet.

Enfin cette nécessité se tire encore de la fin même
de la loi, qui est faite pour la société entière et dont
par conséquent tous les membres doivent être infor-
més. Mais il faut prendre garde. Quelle que soit la
publicité de la promulgation, il y a toujours des gens
qui ignorent. Allez demander à l'ouvrier, au paysan, à
beaucoup d'autres, ce que veut la loi sur tel ou tel point,
la plupart ne le savent point, et qui de nous le sait pertinemment ? Mais il y a des hommes d'affaires qui connaissent les lois pour tous, et on est bien obligé d'y avoir
recours. Il faut donc admettre certaines conditions de
publicité comme suffisantes, et quand une fois elles sont
accomplies, la promulgation est faite, et personne ne
peut plus prétexter l'ignorance de la loi. De là cet axiome
du droit : *Ignorantia juris non excusat.* La promulgation est une condition si essentielle, que nous la retrou-

vons dans toutes les lois, divines et humaines. La loi
naturelle se promulgue spontanément dans notre cœur,
dans notre conscience. C'est ce qui fait la force du droit
naturel ; personne ne peut prétexter d'en ignorer les
principes fondamentaux. Quant aux conséquences plus
ou moins éloignées, il y a lieu à controverse et par conséquent à excuse. Quand Dieu a donné sa loi sur le
Sinaï, il l'a révélée à Moïse et Moïse l'a annoncée au
peuple. Il y a eu la promulgation la plus solennelle au
milieu du tonnerre et des éclairs, et ensuite Moïse, descendant de la montagne, les tables de la loi à la main et
tout rayonnant de lumière, l'a publiée devant Israël avec
l'autorité du législateur.

La loi nouvelle, apportée par Notre-Seigneur Jésus-
Christ, a été promulguée par l'apostolat. C'était la mission des apôtres ; allez, enseignez toutes les nations, leur
apprenant à faire ce que je vous ai commandé. Le prophète avait déjà dit, en signalant le Messie et ses envoyés : leur voix ira jusqu'aux confins de la terre et tous
les peuples l'entendront.

La promulgation des lois civiles s'accomplit de différentes manières. La plus simple est faite dans les communes à son de trompe ou au bruit du tambour par
le garde champêtre, le *prœco* du maire, le héraut de la
municipalité. Il annonce les arrêtés du maire, qui ont
force de loi dans la commune, sous peine d'amende ou
même de prison. Car le maire du plus petit village y représente l'autorité. Il n'a pas le droit de porter des lois,
mais, pour les appliquer, il a le droit d'ordonnancer,
c'est-à-dire de faire connaître à tous ce qui est défendu
en vertu de telle loi.

Dans l'ancienne monarchie française, le moyen principal de la promulgation des lois était l'enregistrement

des ordonnances royales par le parlement. Le roi ordonnait en son conseil, et par des lettres patentes il envoyait la loi au parlement pour y être entérinée, et le parlement, après avoir rempli cette formalité, envoyait l'ordonnance à tous les bailliages et sénéchaussées du royaume, ce qui constituait la promulgation. Mais les parlements n'avaient aucune puissance législative. Ils ne pouvaient ni changer ni modifier la loi, et l'enregistrement n'ajoutait rien à sa vertu. Ils accomplissaient seulement la condition de la promulgation. Mais dans ce monde la forme tend toujours à l'emporter sur le fond, et les moyens se substituent à la fin. De là les prétentions croissantes de ces corps à s'arroger une partie du pouvoir législatif. Les parlements n'étaient originairement que des cours de judicature, des tribunaux pour rendre la justice. Il ne faut pas les confondre avec les états généraux qui, s'assemblant à des époques déterminées par le roi, participaient réellement à l'autorité législative, soit en préparant les lois, soit en votant les impôts. Le parlement devait rendre la justice d'après les lois du royaume. C'est une vérité reconnue de tous aujourd'hui, que le pouvoir judiciaire ne doit pas faire la loi ; car autrement il pourrait la faire pour les cas qu'il a à juger. Le pouvoir judiciaire n'est pas un pouvoir constituant. De là la fausse position que les parlements ont prise en voulant s'immiscer dans la législature, et alors le droit de remontrance qui leur avait été accordé avant l'enregistrement, et qui a été souvent utile, est devenu parfois entre leurs mains le point d'appui et l'instrument d'une opposition fâcheuse et en certains cas factieuse. Les remontrances étaient de simples observations qui n'obligeaient en rien le pouvoir royal, quand il ne jugeait pas à propos d'en tenir compte. Si le parlement insistait, le roi tenait ce qu'on appelait un lit de justice, et il déclarait dans la plénitude de sa souveraineté qu'il serait passé outre, nonobstant les représentations. Mais de pareilles choses n'arrivaient pas sans une grande émotion de l'opinion publique. Le parlement, auquel on paraissait forcer la main, se posait en défenseur des intérêts du peuple, en victime de la violence ou de l'arbitraire royal, et de là, sous les derniers règnes, des oppositions, des entreprises plus ou moins séditieuses, qui, en troublant la paix publique et le bon ordre de l'État, en divisant les citoyens par les partis et l'esprit de faction, minant peu à peu l'autorité royale, l'ont mise en collision avec le peuple et ont amené la ruine de la monarchie. Les parlements avaient tort au fond. Leur fonction était purement judiciaire, et ils ont voulu indirectement la rendre législative. Le droit de faire des remontrances, avant d'enregistrer les lois, leur donnait tout au plus une voix consultative, qui dans sa mesure avait son utilité. Ils ont fini par en faire une arme agressive qui a porté la guerre dans l'État, et a tout bouleversé, royauté, parlement et peuple. Cet abus de pouvoir, qui semblait peu de chose à l'origine, est devenu une des causes principales de la révolution française.

Aujourd'hui la publication des lois civiles se fait par le *Moniteur universel*, par le *Bulletin des lois*, par l'affichage et la publication jusque dans les plus petites communes.

CHAPITRE XIV

PROMULGATION DES LOIS ECCLÉSIASTIQUES.

Promulgation des lois ecclésiastiques — par les décisions des conciles œcuméniques, sanctionnées par le souverain pontife et envoyées aux évêques
absents ; — par les décrets des papes envoyés aux évêques ; — controverse à cet égard ; — par les actes des comités provinciaux, sanctionnés
par le chef de l'Église ; — par les mandements et ordonnances des évêques dans leurs diocèses ; — par le prône et l'affiche à la porte de l'église
dans chaque paroisse.

Nous avons dit comment la souveraineté politique ou
civile, qui vient de Dieu, comme tout pouvoir, s'établit et
s'organise cependant par le consentement des hommes,
ainsi que l'enseigne saint Thomas. Une fois instituée,
la souveraineté civile a le droit de faire des lois, et de
les imposer. Or, la première condition, quelques-uns
disent la qualité essentielle de la loi, est la promulgation. Nous en avons expliqué la nécessité dans le dernier chapitre. Nous avons montré comment se promul-
guent les lois civiles ; il nous reste à dire comment sont
promulguées les lois ecclésiastiques.

Les lois ecclésiastiques ont encore plus besoin de
promulgation que les lois civiles, ou plutôt la promulgation doit en être plus éclatante, parce qu'elles sont
plus générales et s'adressent à toutes les nations du
monde catholique. Ce n'est plus seulement à un peuple,
à une cité qu'elles commandent, c'est à tous les hommes sans distinction de temps ni de lieu, parce que la
vérité religieuse, étant universelle et éternelle, s'applique

à tous. Il y a donc là une différence essentielle entre la souveraineté spirituelle et la souveraineté temporelle. La souveraineté spirituelle ne connaît pas de limites, parce qu'elle s'exerce sur les âmes, et les âmes qui viennent de l'éternité retournent à l'éternité. Elles sont au-dessus de l'espace et du temps, et c'est pourquoi les vérités universelles s'appliquent à toutes les âmes. Là seulement existe véritablement un empire universel. Dans l'ordre physique et civil il est impossible ; la matière s'y oppose par sa nature et ses conditions essentielles, le temps et l'espace. Car toute nation est nécessairement limitée par un certain espace, et elle vit dans un certain temps, comme toutes les choses de ce monde. Tout cela passe, les âmes ne passent pas. C'est pourquoi le gouvernement spirituel doit, autant que possible, s'en affranchir. Je dis autant que possible, parce que dans ce monde les âmes étant unies à un corps, la personnalité humaine se compose à la fois de l'esprit et du corps, et le corps en faisant partie essentielle comme l'esprit, on ne peut gouverner les hommes par l'esprit seul. L'homme ici-bas ne vit pas seulement de vérité, de science, de spiritualité, il vit aussi de pain, de substance matérielle, et nous pouvons à ce point de vue prendre la contre-partie de la parole de l'Évangile : l'homme ne vit pas seulement de pain, mais aussi de toute parole de vérité qui sort de la bouche de Dieu. L'un et l'autre est vrai, parce que l'homme est à la fois âme et corps, spirituel et matériel.

Le caractère essentiel de la souveraineté spirituelle est donc d'être universelle, de s'adresser à toutes les âmes ici-bas. Elle les gouverne, les dirige au nom de Dieu, pour leur faire connaître leur véritable destination ou le ciel, leur indiquer le chemin qui y mène et leur fournir les secours nécessaires à cet effet, secours qui se trouvent dans les institutions religieuses, et surtout dans les sacrements. La promulgation des lois ecclésiastiques doit donc être aussi éclatante, aussi générale que possible. Elle se fait par des moyens humains, comme tout ce qui s'accomplit en ce monde. Dieu même quand il s'y révèle, opère par des signes sensibles, et lorsqu'il lui plaît de manifester directement ses vérités éternelles, il prend le langage humain, parce qu'il parle à des hommes.

Les lois ecclésiastiques sont faites par les papes, par les conciles œcuméniques et provinciaux, et enfin par les évêques. La promulgation s'en fera donc comme la publication de toute loi. Quand un concile a décidé quelque chose sur la foi, sur la morale, ou sur la discipline, il l'annonce au monde entier. Au premier concile qui s'est tenu à Jérusalem, quand les apôtres eurent décidé qu'il ne fallait point imposer aux chrétiens tout ce que commandait la loi judaïque, mais leur ordonner seulement de s'abstenir des viandes offertes aux idoles, des animaux étouffés, du sang, et surtout de la fornication, ils envoyèrent Jude et Silas à toutes les Églises, c'est-à-dire à tous ceux qui avaient déjà reçu la foi, pour leur manifester cette décision : *Visum est Spiritui Sancto et nobis*, etc., dirent-ils... Il a été décidé par le Saint-Esprit et par nous... C'est la formule encore employée.

Dans les conciles suivants, la promulgation a eu lieu par des lettres que les patriarches, les archevêques ou évêques présents envoyaient à tous les absents. Puis, quand l'Église s'est organisée d'une manière plus étroite, quand elle s'est concentrée davantage dans l'unité, la promulgation s'est faite au centre de la catholicité et par le chef de l'Église. Car, dans le gouvernement de l'Église, il y a toujours eu progrès. L'unité catholique, fondée par Notre-Seigneur Jésus-Christ, et à laquelle l'Église aspire sans cesse par tous les moyens et sous l'impulsion de l'esprit divin, tend toujours à se réaliser plus complétement, à se déterminer d'une manière plus nette, plus précise, c'est-à-dire à devenir une monarchie universelle, semblable à la souveraineté divine dans l'univers.

De là ce que nous voyons de nos jours, où l'on cherche l'unité, non plus seulement dans le dogme et dans la morale, ce qui n'a jamais fait question, non-seulement dans la discipline générale et dans le gouvernement, mais encore dans la liturgie et dans les formes de la prière. C'est le plus grand pas qu'on ait fait vers l'unité en ces derniers temps, où cette tendance est devenue plus marquée, où le mouvement s'est accéléré davantage, sans doute pour combattre plus efficacement les causes de division, que le principe du mal a jetées plus abondamment dans l'Église.

C'est surtout par le saint-siége que se fait la promulgation des lois ecclésiastiques pour toute l'Église, des lois ou décisions qui concernent la foi, la morale et la discipline. Ici il y a une distinction importante à faire, ou plutôt elle s'est faite d'elle-même dans la pratique et dans le cours des siècles. Il ne faut pas confondre les lois qui regardent le dogme et la morale avec celles qui sont purement disciplinaires. Les premières ont toujours été admises sans difficulté. Aussitôt qu'elles ont été publiées, elles ont été reçues avec acclamation par tous les évêques et les populations fidèles; les hérétiques seuls ont soulevé des questions ou des doutes à leur égard. Partout chez les catholiques, dès qu'il a été su d'une manière quelconque qu'un concile œcuménique ou le pape avaient défini tel point de foi, tel article de morale,

16.

ou condamné telle erreur, avant même la promulgation officielle ou légale, comme on pourrait dire, cette décision a été acceptée et mise en pratique. Cela se conçoit facilement. Comme le dogme et la morale ont pour objet des vérités éternelles, dès que l'Église prononce en ces matières, sa décision devient universelle comme la vérité qu'elle définit, et il n'y a pas à discuter, si on est catholique. Quand l'Église a parlé par le saint-siége ou par un concile, quand elle a dit ce qu'il faut croire ou pratiquer pour être en conformité avec la doctrine de Jésus-Christ, c'est Jésus-Christ lui-même qui a parlé, puisqu'il lui a donné les paroles de la vie éternelle, et l'a chargée expressément de les annoncer à toutes les nations.

Il n'en a pas toujours été de même pour la discipline, et voici pourquoi. La discipline est quelque chose de mixte et elle n'est pas purement spirituelle; elle n'est pas non plus éternelle. On ne change point la morale, ni le dogme, mais la discipline peut varier; car elle dépend inévitablement des lieux, des temps, des personnes, et indépendamment des qualités propres à une loi de discipline générale, il faut encore qu'elle en ait de spéciales en raison des peuples auxquels elle s'applique et du clergé qu'elle doit régir; en raison des habitudes locales, de l'éducation, des antécédents, quelquefois même des préjugés et des préventions des clercs et des laïques; toutes choses qui peuvent en rendre l'application moins facile ou moins efficace, quelquefois malheureuse en certains lieux et à certains moments. C'est pourquoi il est reconnu dans l'Église que la discipline admet des différences et des variations, et il faut toujours avoir soin de distinguer ce qui est dogmatique de ce qui est purement disciplinaire.

Il peut donc exister, sous ce rapport, des variations dans une même Église et des diversités entre plusieurs Églises, sans que pour cela l'unité soit troublée, parce que l'unité porte surtout sur les points du dogme et de la morale, qui sont les articles fondamentaux ou les bases de l'Église. Les règlements de discipline, quelque importants qu'ils soient, sont cependant secondaires ; ils dépendent des circonstances et ainsi peuvent varier avec les circonstances. C'est ce qui explique aussi la différence des liturgies ; car les liturgies ou les formes du culte et de la prière ne sont pas le dogme lui-même. Elles l'expriment et le réalisent par des pratiques traditionnelles, qui ne sont point partout les mêmes, et ces variétés ont toujours été admises, quand elles n'avaient rien de contraire aux définitions de l'Église universelle. Il y a plusieurs liturgies de ce genre dont on n'a jamais contesté l'antiquité ni la pureté, et même on peut dire que dans chaque diocèse la liturgie tend toujours plus ou moins à se spécialiser. Il est difficile de mettre entre toutes une conformité complète, parce que toutes les fois qu'il s'agit d'usages particuliers, de pratiques et de formes locales, les circonstances de personne, de temps, de lieu y influent nécessairement, et la force des choses y introduira toujours des différences. C'est pourquoi des Églises ont pu conserver les liturgies qu'elles possédaient depuis plusieurs siècles sans être séparées de l'Église universelle, et le saint-siége, dans sa sagesse qui sait peser toutes choses et dispose tout avec force mais avec douceur, tout en poussant à l'uniformité sur ce point, exprimait un désir plutôt qu'un ordre.

Cette distinction est très-importante. Quand un décret sur la foi ou sur la morale est rendu, il n'y a pas lieu de faire des observations; ce sont des articles de foi, et tous s'inclinent. Mais s'il ne s'agit que de discipline, les observations sont permises, et alors les évêques, qui sont chefs de l'enseignement et juges de la foi dans leur diocèse, et qui à ce titre ont le droit d'y porter des lois, toujours en union avec le saint-siége, et en soumettant leurs décisions à l'approbation de chef de l'Église, ont le droit d'examiner les articles proposés, et de voir, avant de les appliquer, s'ils conviennent à leurs diocésains et si leur application ne serait pas plus nuisible qu'utile. Ils ont toujours été juges de l'opportunité de cette application, qu'ils peuvent suspendre jusqu'à ce que le saint-siége ait répondu à leurs observations. Si un évêque représente que telle mesure disciplinaire peut offusquer le clergé ou les fidèles, et amener peut-être des difficultés et des divisions en brisant des habitudes anciennes ou contrariant des usages innocents ou respectables, on lui répond presque toujours qu'on laisse à son jugement l'opportunité de la mesure, et qu'on en remet l'application à sa prudence.

Mais ce qui s'arrange si facilement entre les évêques et le saint-siége ne va pas toujours de même entre le saint-siége et la puissance temporelle, et c'est là que surgissent les oppositions et les luttes. La discussion entre le pouvoir temporel et le pouvoir spirituel ne peut raisonnablement porter sur le dogme ni sur la morale. Nous nous rappelons les belles paroles de l'empereur Valentinien : « Ce n'est pas à nous, laïque, de décider du dogme, ni de définir les choses de la foi, c'est à l'Église; pour nous, nous ne devons qu'obéir, » et ces paroles non moins remarquables d'Osius, délégué par le pape pour présider le concile de Sardique en Espagne, paroles adressées à l'empereur Constance : « O empereur, vous n'avez rien à commander dans les choses spirituelles. Là c'est nous qui devons vous commander, vous enseigner. Dieu nous a confié le royaume spirituel, il vous a confié l'empire ; exercez-le, mais ne portez pas la main au gouvernement de l'Église. »

Donc, à moins qu'un gouvernement ne se fasse hérétique, il ne se mettra pas à disputer sur le dogme. En général, les rois, les princes ne sont pas grands théologiens, et c'est fort heureux, si nous en jugeons par l'exemple d'Henri VIII qui prétendait à cette gloire. Il avait beaucoup étudié la science sacrée, et même avant de se tourner contre Rome, il composa un livre, et un livre distingué, en faveur du saint-siége, en sorte qu'il avait demandé et obtenu le titre de défenseur de la foi. Il l'a défendue en effet pendant longtemps ; mais dès qu'il a eu intérêt à l'ébranler, il l'a attaquée et a brisé le lien qui l'attachait à Rome, lui et son peuple. Tout le monde sait ce qui l'y a poussé. Il voulait quitter sa femme pour en prendre une autre dont il était épris. Il demanda le divorce au pape, qui ne pouvait le permettre et alors il renia l'autorité du souverain pontife, et se mit à sa place. Si le pape l'avait permis une fois, il aurait fallu sans doute qu'il le permît quatre fois de plus ; car Henri VIII eut six femmes, se donnant à lui-même la permission de divorcer quand il était las d'un mariage, et coupant la tête aux épouses qu'il n'aimait plus. C'est triste à dire pour le commencement de l'hérésie, non pas de l'hérésie savante, qui a toujours existé, même au temps des apôtres, car saint Jean dit que l'Antechrist est déjà dans le monde, mais de l'hérésie sur le trône, de l'hérésie royale, qui a absorbé la puissance spirituelle dans le gouvernement temporel des peuples.

L'autorité temporelle, toujours prête à lutter avec

l'autorité spirituelle, et ne pouvant contester sur le dogme ni sur la morale, a disputé le plus qu'elle a pu sur les matières mixtes et les affaires disciplinaires, et cela, soit pour envahir le domaine ecclésiastique, soit, en d'autres circonstances plus ou moins fâcheuses, pour se défendre elle-même contre des empiétements vrais ou prétendus. Dans tous les cas, cette opposition a été une arme d'attaque ou de défense pour les gouvernements. La puissance temporelle, dans ses luttes avec le saint-siége, s'est toujours retranchée derrière le clergé du pays, ou ce qu'elle a appelé l'Église nationale, et par la grande influence qu'elle ne pouvait manquer d'y exercer, par sa pression inévitable sur les évêques, elle a réussi parfois à provoquer des démarches au moins imprudentes. En général, ce n'était ni les évêques ni le clergé qui suscitaient ou soutenaient ces contradictions, c'était les princes et leurs ministres; c'était les parlements, toujours sous le prétexte des intérêts religieux, mais au fond pour obtenir des avantages temporels, pour disputer à Rome sa part dans les choses mixtes, pour empiéter sur son domaine, ou bien pour se barricader contre des usurpations prétendues, et diminuer l'influence ecclésiastique qui leur portait ombrage. Dans ces cas difficiles et compliqués, tout le monde sait comme on s'en tire. Quand on n'a pas le droit pour soi, on se retranche dans les formes, et l'on s'y fortifie de manière à empêcher l'action du droit, qu'on ne nie point expressément, mais dont on rend l'application impossible. C'est ce qui est arrivé souvent en France.

Sous l'ancienne monarchie, il y a toujours eu dans le gouvernement une secrète opposition contre Rome, contre l'action de l'Église, opposition de forme et qui ne touchait jamais au fond. Au contraire, on peut dire que dans aucun pays il n'y a eu plus de dévouement vrai au souverain pontife, plus d'attachement foncier à l'Église, plus de sacrifices pour le maintien du saint-siége. Mais sur les questions de matière mixte, pour les choses moitié spirituelles et moitié temporelles, on a toujours posé certaines réserves, et ces réserves se sont fait sentir surtout dans la promulgation des lois ecclésiastiques. Il était trop évident que le pouvoir temporel ne pouvait s'arroger le droit de faire ces lois ni de les changer ; car il n'a pas reçu la mission apostolique. Ce n'est pas à lui qu'il a été dit : « Allez et enseignez toutes les nations, celui qui vous écoute m'écoute, celui qui vous méprise me méprise. » Un gouvernement catholique ne pouvait avoir cette prétention. Mais il en avait une autre : c'était de ne laisser pénétrer dans le pays de son ressort que les lois qui lui conviendraient, et d'éconduire, pour ainsi dire, les autres, sans avoir l'air de les repousser et encore moins de les improuver. On établit donc une espèce de douane spirituelle qui, visite faite de tel décret, de telle bulle, de telle constitution des papes, les laissait entrer en France ou les en empêchait, suivant le bon plaisir des rois. Tout cela se faisait en faveur de ce qu'on a appelé les libertés de l'Église gallicane, libertés dont, en général, le clergé se souciait assez peu, n'en n'ayant jamais retiré de grands avantages, mais auxquelles le gouvernement tenait beaucoup vis-à-vis de Rome, parce qu'elles le mettaient en mesure de n'accepter du saint-siége que ce que lui convenait. Nous le répétons, jamais cette opposition ne s'est attaquée aux décisions dogmatiques ou morales. En ces points fondamentaux où la foi est engagée, la France s'est toujours montrée soumise et fidèle ; mais en toute autre matière, elle a plus ou moins contesté, protesté et fait ses réserves. Ainsi, par exemple, les décrets du concile de Trente sur la discipline n'y ont jamais été promulgués légalement, quoique tout le reste ait été accepté sans contestation.

Cependant il y avait dans cette situation vis-à-vis du saint-siége une grande inconséquence, et c'est pourquoi, comme tout ce qui est inconséquent, elle n'a pu se soutenir dans la réalité. Les mesures qu'elle entraînait, bien que maintenues par les lois civiles et par le gouvernement, combattues par le bon sens, par le sentiment religieux, par la conscience des peuples, sont à peu près tombées en désuétude.

Voici comment on s'y prenait autrefois pour la promulgation en France des lois ecclésiastiques. Les bulles ou décrets des papes étaient envoyés au parlement par lettres patentes du roi, afin y d'être enregistrées. S'il refusait l'enregistrement, la bulle n'était pas reçue dans le royaume, et il y avait défense à tous les évêques de l'annoncer et de l'appliquer. Dans le cas contraire, il y avait un autre inconvénient. La bulle enregistrée devenait par le fait une loi de l'Etat, et de là une conséquence grave déjà signalée : le mélange des choses spirituelles et des choses temporelles. Les lois ecclésiastiques, qui règlent la foi, la morale et la discipline, étant revêtues de la sanction politique, les infractions de ces lois devaient être poursuivies par l'État comme toutes les autres, et alors elles étaient doublement punies, spirituellement par l'Église et matériellement par la juridiction temporelle. L'application de la pénalité civile pouvait entraîner des violences que l'Église n'imposait pas, et qui cependant refluaient sur elle dans l'opinion publique, à cause de la mixtion des deux pénalités, ce que le peuple ne pouvait distinguer. Ainsi un homme étant condamné comme hérétique, l'Église ne lui infligeait point d'autre peine que le retranchement de sa communion, tandis que l'hérésie devenant un crime politique, l'hérétique était justiciable des tribunaux civils, et tombait sous la vindicte du bras séculier, qui pouvait s'appesantir sur lui avec toutes ses rigueurs. Toute la question de l'inquisition est là.

Je ne m'arrêterai pas sur les libertés de l'Église gallicane. C'est un terrain brûlant, qui se refroidit cependant un peu, grâce à Dieu, et j'espère que bientôt il ne brûlera plus personne. En expliquant leur origine ou leur raison d'être, nous avons jugé leur valeur. On doit reconnaître cependant que parmi ces libertés, qui n'ont jamais été bien définies, il y avait des usages respectables par leur antiquité, et des mesures raisonnables qui dans l'application ont donné lieu à beaucoup de difficultés et de malentendus, dont les passions et les intérêts ont profité. Il faut avouer aussi que l'opposition vraiment gallicane a toujours été profondément attachée au saint-siége, et que si elle a eu quelquefois des prétentions mesquines, ou des procédés de mauvaise grâce en certaines matières; par contre, quand la foi et l'unité de l'Église ont été attaquées, elle s'est toujours ralliée avec amour autour du souverain pontife, et a donné son sang en témoignage de sa fidélité.

Ces prétendues libertés de l'Église gallicane, peu utiles à l'Église de France, étaient très-chères à la puissance temporelle, qui voulait dominer les affaires ecclésiastiques. Quand sur l'ordre de Louis XIV l'assemblée de 1682 a voulu définir ces malheureuses libertés, et qu'un homme comme Bossuet s'est efforcé de les résumer en quatre articles peu dignes de lui et qu'il n'a pu

17

défendre, la question s'est embrouillée plus que jamais, et la lutte est devenue plus vive. Il y a encore eu ce malheur, qu'elles ont servi de point de ralliement ou de drapeau à tout ce qui faisait la guerre à la religion, ouvertement ou secrètement, savoir : les parlements, les lettrés et les philosophes. Il était de bon goût alors d'attaquer, ou au moins de mettre en doute, le christianisme. Il y avait une conjuration tacite pour le détruire. Certes, les rois de France ne le voulaient pas; ils étaient en général des chrétiens fidèles, des catholiques zélés. Mais ils étaient rois, et quand on a ce malheur, il est bien difficile de se maintenir dans la justice, dans la modération, dans la vérité, parce que la puissance exalte singulièrement, et qu'on est entouré de flatteurs qui vous représentent toute limite de votre puissance comme une injustice, et toute opposition comme une injure. Et si ce prince s'appelle Louis XIV, si trente années de succès et de gloire en ont fait aux yeux du monde le roi par excellence, en sorte qu'aucun prince, aucun peuple en Europe n'ose remuer sans sa permission, on comprendra que dans sa lutte avec le pape il ait facilement pris ses prétentions pour des droits, et ce qu'il en a dû coûter à son orgueil pour céder, si peu que ce fût. Il a cependant cédé; car tout pouvoir humain se brise contre cette puissance établie directement de Dieu qu'elle représente sur la terre, et qui, à ce titre, et par la main qui l'a fondée et la soutient, est immuable et éternelle. On s'y brise, parce qu'elle est fondée sur le roc de la parole divine. Aussi, malgré les orages qui grondent autour d'elle et dont les flots viennent battre incessamment ses pieds, elle reste inébranlable sur sa base au milieu de leur écume, qui peut tout au plus la salir, et de là elle voit passer les tempêtes devant

la sérénité qu'elle trouve dans sa hauteur. Telle est cette
puissance qui n'a pas son égale dans le monde, ce qu'il
y a de plus faible matériellement, on le voit aujourd'hui
comme dans tous les siècles, mais ce qu'il y a de plus
fort moralement, et défiant dans sa faiblesse toutes les
violences du monde impuissantes à l'ébranler. L'Église,
comme son divin fondateur, triomphe par la patience.
Pour vaincre, elle attend que l'iniquité se détruise elle-
même, *donec transeat iniquitas.*

J'ai dit qu'il y avait de l'inconséquence dans cette position prise par le pouvoir temporel vis-à-vis du pouvoir spirituel. Nous ne sommes pas sortis de cette mauvaise voie. Encore aujourd'hui une bulle du pape ne
peut être publiée en France sans passer par le conseil
d'État. Or nos conseillers d'État sont encore moins
théologiens que les parlements d'autrefois. Ceux-ci
avaient au moins des conseillers-clercs, qui avaient
fait des études ecclésiastiques; mais dans notre conseil
d'aujourd'hui, il n'y a personne qui connaisse à fond la
science sacrée et les choses de l'Église. Cela est fâcheux,
quand on est appelé à les discuter, et à prendre des décisions qui s'y rapportent. C'est une grave inconséquence
d'empêcher la publication d'une loi ecclésiastique qu'on
ne peut pas juger au fond. On reconnaît que le saint-
siége a seul le droit de la faire, et qu'en l'enregistrant
on n'ajoute rien à sa validité; mais on prétend être
juge de l'opportunité de cette loi, de l'effet qu'elle
produira sur le peuple, et à ce titre on se croit en droit
d'en arrêter l'exécution. Ne semble-t-il pas que les évêques en ces sortes de choses soient plus compétents? Car
à coup sûr ils connaissent mieux que personne l'état
religieux des populations, et sont en mesure d'apprécier
plus sûrement en quoi des décisions de Rome pour-

raient convenir ou ne pas convenir à leurs diocèses. Mais au fond la question n'est pas là. Il s'agit tout simplement, comme nous l'avons dit, pour le pouvoir temporel, de prendre ses précautions contre ce qu'on appelle l'influence cléricale, depuis le pape jusqu'au curé de la plus chétive paroisse.

Du reste, la publicité est devenue tellement facile de nos jours, qu'on ne peut plus l'empêcher par aucun moyen, et l'on pense bien qu'une bulle du pape qui arrive en France n'a pas besoin d'aller frapper à la porte du conseil d'État pour y entrer; elle est déjà publiée par les journaux avant que le conseil ait pu la saisir et la juger. Cependant les évêques n'ont pas le droit de la mettre à exécution, et celui qui l'appliquerait sans l'entérinement préalable du conseil d'État serait passible d'une certaine peine. Il serait probablement cité et condamné pour *appel comme d'abus*. Ce que cela veut dire, je ne le comprends pas bien; je sais seulement qu'un pareil jugement n'entraîne aucun effet. C'est donc un pur moyen d'opposition, le cas échéant, contre la puissance spirituelle. Cette opposition s'exerce maintenant d'une manière plus douce, plus tempérée, et néanmoins il reste toujours entre les deux pouvoirs comme un levain de contradiction qui fermente, la puissance temporelle ayant de la défiance, comme aussi, il faut le dire, la puissance spirituelle n'a pas une confiance entière. La paix existe entre elles, mais une paix prudente et presque armée. On a de bons procédés, parce qu'il faut vivre ensemble; mais il n'y a d'abandon ni d'un côté, ni de l'autre.

Cette espèce de lutte ne finira jamais. Elle est dans la nature des choses. Un rapprochement me frappe en terminant ce sujet et je le signale en passant : c'est que les rois de France ont fait vis-à-vis des papes ce que les parlements ont fait contre eux. Quand les rois rendaient une loi, elle devait être promulguée avant d'être mise à exécution, et pour cela le roi l'envoyait à l'entérinement du parlement. Le parlement n'avait d'autre compétence en ce cas que de recevoir la loi et de la publier, et l'entérinement n'ajoutait absolument rien à la validité de la loi, si bien que, s'il était refusé, le roi passait outre, et avec un lit de justice, il avait raison de l'opposition. C'est absolument ce qu'ont fait les rois à l'égard du saint-siège. Les bulles, les décrets des papes devaient être entérinés pour la promulgation, et bien que cette formalité n'ajoutât absolument rien à leur validité, ils y ont cependant toujours insisté, afin de tenir en échec la puissance pontificale, d'affaiblir son influence, et de l'entraver au besoin.

Il y a encore un autre point en discussion qui regarde principalement le clergé. Je n'en dirai qu'un mot, parce qu'il ne fait pas bon de se mêler à ces querelles. Ces choses sont si délicates, qu'il est très-difficile d'en parler sans blesser d'un côté ou de l'autre. Je ne suis pas gallican, quoique je respecte les traditions gallicanes, non point celles des rois et des parlements, mais celles des évêques et du clergé de France. La question à laquelle je fais allusion en ce moment a pour objet les décisions des congrégations romaines.

Les congrégations romaines sont une espèce de conseil d'État, de consulte pour les choses ecclésiastiques, et c'est à elles que sont renvoyées par le pape toutes sortes d'affaires et de consultations sur la discipline, sur la liturgie, sur les écrits contraires à la foi ou à la morale, sur les hérésies, sur tout ce qui se produit dans le gouvernement de l'Église et des Églises. Ces congréga-

tions, qui sont nombreuses, se composent de cardinaux, de prélats et de savants théologiens. Les décisions qu'elles rendent sont envoyées à ceux qui les ont
consultées, s'il s'agit d'affaires spéciales, ou à toute la
catholicité, si elles intéressent l'Église entière. En certains pays on a refusé de les recevoir comme lois, sous
le prétexte que les congrégations n'ont par elles-mêmes
ni autorité, ni juridiction; qu'elles sont simplement le
conseil d'État du pape, et qu'à ce titre, leurs décisions,
toujours très-respectables, ne peuvent avoir un caractère obligatoire. C'était une raison sans doute, mais il
y a des raisons partout et pour tout. Elle a été annulée
par une simple formalité. Toutes les fois que le souverain pontife signe les déclarations des congrégations romaines, il n'y a plus de doute possible. Alors tout est
fini, le pape a parlé. La congrégation dans ce cas n'est
qu'un corps délibérant qui propose son avis au pape.
Le pape témoigne par sa signature qu'il l'adopte, et dès
lors la décision, émanant de l'autorité souveraine, a force
de loi.

Du reste les discussions de cette nature sont toujours
malheureuses, parce qu'elles tendent à diviser la grande
famille catholique, et bien que la divergence ne porte
pas sur le dogme, sur la morale, ni sur les points fondamentaux, cependant, même dans le reste, il faut autant que possible se rapprocher, s'unir, et surtout vivre
en paix. On sait ce qui arrive dans les familles. Ce n'est
point par les choses graves que les disputes commencent,
mais par les petites. L'orage vient d'un point impercep-
tible. On se fâche, on s'irrite, un mot est dit plus haut
qu'on ne veut, le cœur déborde et laisse sortir le venin
qui le trouble. Alors les choses se gâtent et l'on finit
par une tempête.

Il en va de même chez les nations, et cela peut arriver aussi dans l'Église; il faut peu de chose pour produire des orages. Je disais tout à l'heure que c'est surtout en France que ces discussions ont de la vivacité. C'est pourquoi les opinions que je viens, non pas d'expliquer, mais de signaler, sont désignées partout sous le nom de gallicanisme, parce qu'en France, en effet, elles ont été formulées plus exactement et soutenues avec plus de persistance. On pourrait croire d'après cela que la France est le pays le moins attaché au saint-siége, et qu'on y est plus porté qu'ailleurs à méconnaître ses prérogatives et ses droits. On se tromperait cependant. L'opposition gallicane en général a été dans les mots plus que dans les faits. Les Français sont toujours un peu disputeurs, par amour-propre, par vanité. Nous sommes ainsi faits, parce que nous croyons avoir plus d'esprit que les autres, et les gens d'esprit ordinairement n'aiment pas qu'on leur impose une manière de voir, une manière de faire. Ils veulent mettre du leur en toutes choses, et par là souvent ils les gâtent. Au fond, il n'y a pas de peuple plus catholique, plus obéissant au saint-siége, qui lui ait donné plus de preuves de dévoûment dans tous les temps, qui ait accompli plus de sacrifices en sa faveur. Témoin le titre de fils aîné de l'Église donné à nos rois, titre qui a été réclamé dernièrement avec loyauté, et non sans courage, par le pouvoir qui nous gouverne.

Néanmoins, on continue comme par le passé, quand une bulle du pape arrive, à l'examiner au conseil d'État, qui décide si elle peut être publiée en France sans danger, et toujours avec les protestations et sous les réserves habituelles, en ce qui concerne les coutumes et les libertés de l'Église gallicane. On continue cette petite tracasserie séculaire. Mais que l'Église romaine soit en danger, que l'autorité du souverain pontife soit menacée par les mauvaises passions de l'impiété et des révolutions, c'est nous qui courons à son secours et qui défendons le siége de Pierre. Nous avons ramené le pape à Rome, nous l'avons rétabli sur son trône dans un temps où nous ne savions pas même ce que nous étions chez nous. Républicains sans savoir pourquoi et vraiment malgré nous, nous allons en Italie détruire la république qui a chassé le pape, nous combattons des républicains pour rétablir le pape ! C'est merveilleux. Là encore nous avons accompli une mission providentielle sans nous en douter. C'est toujours *gesta Dei per Francos*, les desseins de Dieu accomplis par les Francs. Nous sommes toujours ces Francs, dont Dieu se sert pour frapper ses coups, qui changent la face du monde. Espérons qu'il nous pardonnera nos faiblesses et nos imprudences à cause des grandes choses qu'il opère par nous. Dans cette dernière circonstance nous avons donné un exemple à tous les peuples catholiques et un vigoureux démenti aux ennemis de l'Église. Ils disaient probablement comme au commencement du siècle, quand le souverain pontife fut enlevé de Rome : « C'est fini, la grande Babylone est tombée. » Et la grande Babylone s'est relevée, elle vient de se relever encore, et il en sera ainsi jusqu'à la fin des temps, parce que celui qui a fondé l'Église lui a dit : Je serai avec vous jusqu'à la consommation des siècles. Il y est toujours, et quelle que soit la faiblesse physique de cette souveraineté spirituelle, on voit cependant qu'elle est forte d'une autre force, elle est forte de sa faiblesse, comme dit saint Paul de lui-même.

Qu'on juge, d'après cela, ce que valent toutes ces déclamations qu'on lit dans certains journaux, qu'on entend même quelquefois dans les assemblées des peuples ou dans les conseils des rois. On objecte au souverain pontife qu'il est un souverain étranger, et qu'ainsi il y aurait à la fois un danger et une honte à recevoir ses décrets sans contrôle et sans réserve. Oh! le pape, le vicaire de Jésus-Christ, le souverain pontife, le père commun des fidèles, un souverain étranger! Certes, on l'avouera, comme puissance temporelle, il n'est pas dangereux, il n'a pas de quoi faire peur. S'il n'était qu'un souverain comme un autre, croit-on que le conseil d'État se mêlerait de ses ordonnances? pas plus qu'il ne s'inquiète de celles du duc de Modène ou de la duchesse de Parme. Mais il est le souverain des âmes, Rome est la capitale de la catholicité et à ce titre la patrie de tous les catholiques. Tous ceux qui y sont allés l'ont éprouvé; le catholique qui a de la foi ne s'y sent pas étranger. Le souverain pontife n'est donc pas plus un étranger en France que nous ne le sommes à Rome. Il est chez lui, dans son royaume, à Paris comme à Rome, parce qu'il est le chef de la puissance spirituelle qui s'étend sur le monde entier.

Les ennemis du pouvoir temporel des papes, et qui voudraient l'en dépouiller, disent encore : « Qu'est-ce qu'un souverain qui ne peut se garder lui-même? Que les Français ou les Autrichiens partent, et le lendemain le pape sera forcé de fuir. » Il en a toujours été ainsi, et voici pourquoi : c'est que le pape n'est pas un souverain comme un autre; chef de la religion ou pontife suprême, vicaire de Jésus-Christ sur la terre, il est investi de la souveraineté spirituelle sur les âmes, et celle-là ne connaît point de limites dans l'espace ni dans le temps. Mais il faut à sa puissance spirituelle une position indépendante. Elle ne peut pas être à la merci des rois de la terre, et c'est pourquoi il lui faut un lieu, un pays, qui ne reçoivent point d'autres lois que les siennes, et où il puisse exercer librement son autorité. Voilà pourquoi il y a et il doit y avoir un État de l'Église. Mais comme cet État sera toujours faible, en raison même de sa destination, contre ses ennemis du dehors et du dedans, c'est aux nations catholiques qu'il appartient de l'affermir et de le défendre contre tous par un concours commun, afin d'assurer l'exercice de son gouvernement spirituel, si nécessaire au monde. Jusqu'à ce que les traités aient réglé ce concours, il s'opère par le fait, en raison des circonstances, par des occupations militaires, irrégulières mais indispensables. On aura beau faire, la position temporelle du saint-siége est telle, par sa nature même, qu'il aura toujours besoin d'une force auxiliaire pour subsister et gouverner.

Ne jugeons pas légèrement des institutions consacrées par les siècles. Si la puissance temporelle des papes était une usurpation ou un abus, faible comme elle est, il y a longtemps qu'elle aurait disparu. Elle a donc sa raison d'être dans le plan divin de l'Église, et c'est pourquoi elle subsistera toujours, sous une forme ou sous une autre, quoi qu'il arrive.

CHAPITRE XV

LA COUTUME ET L'USAGE DANS LA LÉGISLATION.

Autorité de la coutume ou de l'usage dans la législation. — Lois non écrites. — Conditions requises pour que la coutume tourne en loi. — Les lois humaines, soit ecclésiastiques, soit civiles, obligent en conscience. — Preuves tirées de l'autorité et de la raison.

Nous avons dit comment les lois sont instituées, d'abord par un décret de l'autorité souveraine, quelle qu'elle soit, et ensuite par la promulgation.

La souveraineté, en principe, vient de Dieu, comme toute puissance, comme toute vérité, comme toute justice. Mais pour se constituer et entrer en exercice, pour être attribuée à tel homme ou à tel corps, il lui faut le consentement des hommes. Le peuple n'est pas maître de la souveraineté, car ce n'est pas lui qui la crée. Elle naît d'elle-même, spontanément, dès qu'une société s'établit ; comme aussitôt qu'un homme se forme, il naît une tête pour diriger l'organisme ; comme aussitôt que l'homme moral se pose, paraît une volonté pour diriger toutes les facultés ; comme aussitôt qu'une famille se fonde, la nature fait un père, et ce n'est pas la famille qui le constitue.

Outre cette première condition, qui est fondamentale, il y en a une autre, la promulgation. La loi n'a d'effet que si elle est promulguée. Nous vous avons exposé les conditions de cette promulgation pour les lois civiles et pour les lois ecclésiastiques. Maintenant nous avons à signaler une autre source de la loi, source distincte de la pre-

mière par son origine, mais qui y revient et se confond
avec elle en définitive, parce qu'elle ne peut acquérir de
force légale, si l'autorité n'en confirme les effets. C'est
ce qu'on appelle la coutume.

La coutume, selon le droit romain, est un certain
droit institué par les mœurs et qui tient lieu de loi,
quand la loi manque. « Consuetudo est jus quoddam
« moribus institutum quod pro lege usurpatur ubi de-
« ficit lex. » Il y a deux sortes de lois humaines; les
lois écrites et celles qui ne le sont pas. Les lois non
écrites sont dans les mœurs, dans les usages, dans les
habitudes. C'est la manière de vivre d'un peuple organisée, et l'on ne conçoit pas un peuple sans une certaine
organisation. Alors par l'expérience de la vie, par la
force des choses, par les circonstances où une nation se
trouve placée, il se forme nécessairement certaines manières d'agir publiques ou privées, qui deviennent des règles observées souvent sans savoir pourquoi, uniquement
parce qu'elles sont traditionnelles, parce qu'elles exis-
tent depuis un temps immémorial, et que la génération
présente les a trouvées en arrivant à la vie, à l'exercice
du pouvoir, comme elle les transmettra elle-même à la
génération qui va suivre. C'est ce qu'on nomme les habitudes, les usages.

Il en va de même dans la vie privée. Ce qu'on appelle
la vertu n'est pas autre chose qu'une habitude et une
bonne habitude. C'est une certaine manière de faire,
droite, sincère, conforme aux lois divines et humaines,
et dans laquelle les individus sont confirmés par la répétition continuelle des mêmes actes, en sorte que ces
actes, qui ont pu coûter beaucoup en commençant, finissent par être faciles en raison de l'habitude. Une bonne
action toute seule, fût-elle un acte d'héroïsme, n'est

pas une vertu, mais le commencement d'une vertu. Si l'on répète cet acte tous les jours, alors par la puissance de l'habitude on arrive à l'accomplir plus facilement, et enfin on le fait presque sans y penser. De là, le bonheur des habitudes honnêtes, et l'excellence de l'éducation qui accoutume peu à peu les enfants, les jeunes gens à bien faire, en sorte que, comme on dit ordinairement, c'est, je crois, Aristote qui l'a dit le premier, l'habitude devient une seconde nature. Malheureusement il en est de même pour le mal ; car les lois de la nature ont toujours leur effet, où qu'elles s'appliquent. Un seul acte vicieux n'est pas un vice ; mais s'il se renouvelle fréquemment, il devient plus facile ; on cède plus aisément au penchant qui y porte, et peu à peu entraîné sur cette pente, on tombe dans le vice, on devient esclave d'une passion qui souvent pousse aux plus grands crimes sans qu'on s'en aperçoive, par la seule force de l'habitude.

Il y a donc là une puissance très-grande, et quand on voit la vie comme elle va, où l'on répète tous les jours la même chose, on comprend combien il est heureux d'acquérir l'habitude du bien, et comment cette répétition de tous les jours, qui se continue longtemps, est efficace pour former des hommes forts par l'esprit, par le génie, par la volonté, par le cœur.

Il y a plus : ce qu'on appelle les lois de la nature en physique, les lois du monde extérieur, ne sont aussi que des espèces d'habitudes, et quand ceux qui enseignent les sciences naturelles nous parlent des lois découvertes, ils veulent dire seulement que par l'observation patiente des phénomènes, par l'institution et la réitération fréquente d'expériences qui mettent la nature en certaines positions, pour que ces phénomènes se produisent d'une

manière plus claire et plus facile à saisir, ils ont constaté que, dans l'ordre physique, telles circonstances
étant données, les choses se passent constamment de
la même manière. Ce qu'on appelle alors pompeusement
une loi de la nature n'est pas autre chose qu'une géné-
ralisation de faits. C'est la méthode Baconienne. Cette
méthode est bonne, elle est indispensable. Il faut étudier les faits pour les connaître. Remarquons cependant
qu'en croyant atteindre les lois véritables des êtres,
nous ne saisissons que les habitudes de la nature, et de
ces habitudes, où les faits se reproduisent constamment
d'une manière semblable, nous tirons l'induction que les
choses se passent toujours ainsi. Dans l'ordre purement
physique il n'y a pas de liberté ; les lois de la nature ont
leur cours d'une manière fatale et nécessaire. Mais dans
la conduite de l'homme il en est autrement ; car outre sa
partie organique, soumise aux lois naturelles comme
tous les êtres matériels, l'homme a une partie morale,
il a la liberté, la volonté, l'intelligence, et par conséquent il mêle toujours quelque chose de lui à ce qu'il
opère. Dès lors, outre ses habitudes instinctives, il a
aussi des habitudes acquises qui ne sont pas purement
naturelles, qui ne naissent point d'elles-mêmes, mais
qu'il peut former en lui par la persistance de sa volonté,
et de là ses vertus ou ses vices.

Il en va de même dans la législation des peuples.
L'habitude constitue une grande partie des lois, et ce
sont en général les meilleures ; car elles sont les plus vi-
vaces, les plus tenaces, et les peuples les plus fortement constitués sont ceux qui vivent, non pas de lois
écrites, mais de lois traditionnelles, d'usages, de coutumes, d'habitudes, en sorte que leur vie est mêlée
avec leurs lois. Ils ne conçoivent pas que les choses se

passent autrement qu'elles sont toujours arrivées, et
quand il se présente une circonstance nouvelle, on consulte les précédents, et on cherche à s'en rapprocher le
plus possible. De là une grande unité dans la politique
d'un peuple, et ainsi l'esprit de suite, de la persévérance et de la force. Si au contraire les lois sont
écrites sur le papier seulement et non pas dans les
cœurs, dans les esprits, dans les membres, pour ainsi
dire, de ceux qui leur sont soumis, alors à chaque
instant devant le texte écrit des lois on est tenté de
raisonner, de faire de l'opposition. On ne comprend
pas bien la loi. Il faut des explications continuelles, et
comme l'homme est enclin à l'opposition depuis le péché, la loi rencontre tout d'abord des contradicteurs.

Voilà ce qui arrive dans les pays de constitution nouvelle, chez les peuples qui se constituent *à priori*, d'un
seul coup, qui veulent forger une constitution, comme on
fond une statue, d'un seul jet. Alors, sans doute, on
peut faire des œuvres très-régulières, dont toutes les
parties ont l'air de se bien tenir. Mais ce sont au fond
des ouvrages de littérateurs, d'historiens, de philosophes, non une œuvre de nature, une œuvre vivante;
et comme ce produit n'est pas identifié avec la vie des
individus ni avec la vie publique, il faut infiniment de
temps pour qu'il prenne racine et entre dans la pratique nationale. Il faut qu'il soit vivifié par les habitudes de tous les jours, c'est-à-dire qu'il faut en venir à
la coutume; et les lois écrites n'ont vraiment toute
leur puissance que si elles acquièrent la force des lois
qui ne le sont pas

Il est vrai qu'il y a des inconvénients dans cette
voie, comme il y en a partout. Les coutumes, partant
de sources diverses, ne s'accordent pas toujours entre

elles. Il s'y rencontre parfois des oppositions, des contradictions; mais on vit avec tout cela, et d'ailleurs où n'y a-t-il pas de contradiction en ce monde? La chose essentielle pour les lois, c'est d'être observées, respectées, aimées, c'est d'être incarnées pour ainsi dire dans ceux qui doivent obéir. Les autres inconvénients s'effacent devant le respect de la loi. On le voit par la vie politique de certains peuples où la coutume a le plus d'empire. C'est la gloire et la force de la nation anglaise. Nous nous plaisons à signaler toutes sortes d'inconséquences, d'absurdités même dans les usages traditionnels de l'Angleterre. Les Anglais les voient aussi bien que nous; mais ils ne les abolissent pas expressément, pour ne pas ébranler le reste, comme dans un vieux bâtiment, on laisse subsister des parties ruineuses, pour n'avoir pas à toucher aux fondements. Ils en restreignent l'application dans la pratique, et la main du temps et les circonstances tempèrent ou corrigent ce qui n'est plus acceptable. Mais, en attendant, la constitution est forte, parce qu'elle est vivante et enracinée dans la vie de tous. Chacun la connaît, la sent dans sa vie propre; il a été pétri, pour ainsi dire, avec ces lois ou ces manières de faire, avec ces usages, ces coutumes, et vouloir lui arracher sa vie politique ainsi constituée, c'est lui arracher le cœur.

On voit aussi la force de la coutume dans la constitution de l'Église. L'Église ne vit que de coutumes. Outre les définitions dogmatiques et morales qu'elle promulgue à travers les siècles, à mesure que le besoin s'en fait sentir, définitions qui ne font que constater d'une manière exacte ce qui a été cru constamment et partout, depuis l'établissement du christianisme, il y a encore des usages qui, sans être des dogmes ni même des préceptes de morale, ont une immense importance cependant pour la discipline générale de l'Église. L'Église les conserve avec soin, tant qu'ils sont praticables. Il y a une multitude de choses qu'elle invite à faire sans les commander, et ces choses sont tellement passées dans les croyances et les habitudes des fidèles, qu'ils les observent spontanément comme des lois.

La coutume est donc aussi une source de législation, mais c'est une source toute spontanée, toute naturelle, par laquelle s'exprime naïvement la manière de faire d'un peuple en telles circonstances. C'est pourquoi il y beaucoup de variété dans les coutumes, parce qu'il y a une grande diversité dans la vie des nations, et l'ensemble de ces usages fait le caractère original d'un peuple ou le cachet de sa civilisation. Mais à mesure que les États s'agrandissent, les coutumes s'altèrent, parce que l'unité devient plus nécessaire dans la législation et pour le gouvernement. Ainsi en France nous avions autrefois des pays de droit coutumier et des pays de droit écrit. Les grandes provinces, qui ont été réunies peu à peu à la monarchie, avaient conservé en partie leurs usages jusqu'à la révolution, laquelle, en faisant disparaître jusqu'au nom de ces provinces dans l'unité du territoire français, et en le divisant en départements, a substitué à la multiplicité des lois coutumières une législation uniforme, plus favorable sans doute à la direction d'une grande nation et à l'administration de la justice, mais qui a ôté aux provinces quelque chose de leur importance et de leur originalité. L'amour du pays en s'étendant s'est un peu affaibli, et les abus de la centralisation poussée à l'excès ont remplacé les inconvénients de la différence et de l'opposition des us et coutumes.

Mais si la coutume est un certain droit, institué par

les mœurs et qui est observé comme loi, quand la loi
manque, ce ne peut être qu'à certaines conditions, dont
l'accomplissement légitime cette transformation. La première est que l'usage ait un objet juste et d'une utilité publique : juste, c'est-à-dire qu'il n'ait rien de contraire à la loi divine, naturelle ou révélée, et qu'il ne
blesse en aucune manière les mœurs, la décence, les
convenances, le bon ordre. Comme les lois proprement dites tirent elles-mêmes leur vertu et leur force
obligatoire de leur participation aux dictées de la loi
éternelle, de la loi de nature, et des commandements
divins, une coutume, qui n'y serait pas conforme ou
les contrarierait par quelque côté, porterait en elle un
vice originel, qui l'empêcherait à tout jamais d'obliger
la conscience, et par conséquent d'acquérir la force
légale.

En second lieu, il faut, pour être tourné en loi, que
l'usage soit général, la loi devant toujours avoir ce
caractère, puisqu'elle s'applique à tous les membres de
la communauté civile. La coutume doit donc être d'un
intérêt commun. Ainsi on ne peut tourner en loi les
habitudes de quelques-uns, d'un village, d'une ville,
ni d'une seule province. L'usage doit être pratiqué
au moins par la majorité des populations, où il domine.

En troisième lieu, l'usage doit être public, c'est-à-
dire connu de tous et cela par deux raisons : d'une part,
parce que comme une loi n'oblige point quand elle n'est
pas connue si l'usage doit devenir loi, il faut que ceux
qui y seront soumis le connaissent; donc qu'il soit
de tous les jours, qu'on le retrouve dans la vie quoti-
dienne des peuples où il va être obligatoire. D'une
autre part, l'autorité souveraine ne doit pas l'ignorer, et

c'est pourquoi, comme je le disais tout à l'heure, cette seconde source des lois se fond dans la première ; car un usage ne peut devenir loi qu'avec le consentement tacite ou explicite du souverain, qui a seul le pouvoir de l'autoriser. Il n'acquiert de force légale que par son consentement ou sa tolérance.

En quatrième lieu, il faut que l'usage soit institué par des actes libres, ou autrement qu'il soit formé moralement comme un produit, une expression de la liberté humaine, une manifestation de la vie morale d'un peuple. S'il a été imposé par la violence, par la crainte, comme il peut arriver dans l'usurpation du pouvoir, quand un peuple est envahi par un autre ou asservi par une force quelconque, l'usage ne peut devenir loi, parce qu'il n'est pas l'expression spontanée de la vie du peuple, de sa conscience, de sa moralité, de sa manière propre d'agir. Ce n'est plus son habitude à lui. Sans doute on peut donner aux peuples des habitudes ; on les façonne à la servitude comme à la liberté. Pour cela il ne faut que de la force et du temps, et il y a des oppressions, des tyrannies qui durent plus ou moins, surtout quand les nations ont abusé de leur liberté, ou qu'elles n'en sont plus dignes. Mais, dans ces cas, il n'y a point de lois, il n'y a que des violences, comme dit saint Thomas, et les usages imposés par la force et formés par la peur sont viciés dans leur principe comme dans leur propagation. C'est le travail de l'esclave auquel il s'habitue par la crainte du fouet, mais qui ne sera jamais pour lui une loi de conscience, s'il n'y a pas librement consenti. De même, si l'usage est fondé sur l'ignorance, il ne peut devenir loi ; car il n'est pas un acte de la vie morale. Pour qu'il y ait moralité dans une coutume, il faut que le peuple agisse à la fois raison-

nablement et librement. Pour agir avec raison il doit
être instruit, éclairé, au moins dans la circonstance et
pour son objet, et s'il y a une erreur au fond de son
habitude, si par exemple il croit agir conformément à
une loi qui n'existe pas, même quand cette erreur serait
immémoriale, elle vicie la coutume, et lui ôte la puissance de se légaliser.

Il en est de même d'un usage fondé sur la fausse interprétation d'une loi véritable. C'est un abus qui ne
peut jamais être transformé en une règle de justice, en
obligation morale.

En cinquième lieu, pour qu'un usage devienne loi,
il faut qu'il ait été observé d'une manière continue pendant un certain temps. Car s'il y a eu un seul acte de
l'autorité souveraine qui ait prescrit contrairement,
l'usage est interrompu, et dès lors il perd sa force, ou
du moins ne peut acquérir la valeur légale. Il faut donc
un temps plus ou moins long, et un temps non interrompu. Combien faut-il de temps? Ici les jurisconsultes,
les philosophes et les théologiens ne sont pas d'accord,
et cela ne m'étonne pas. On connaît ce sophisme de
l'antiquité pour prouver que la queue d'un cheval n'est
pas un assemblage de crins. On demandait : combien
faut-il de crins pour faire une queue de cheval? Je suppose qu'on répondît cinquante. Alors le sophiste disait :
si j'en ôte un, est-ce encore une queue? — oui — et si
j'en ôte deux ? — oui — Si j'en ôte trois? oui encore.
On arrivait ainsi jusqu'à la moitié, et alors l'interlocuteur
commençant à hésiter, n'osait plus répondre quand on
approchait de l'unité. Il en est ainsi dans cette question : combien faut-il de temps pour qu'un usage soit
changé en loi? Les uns ont dit, trente ans; les autres
vingt-cinq, d'autres vingt; on est arrivé ainsi jusqu'à

dix et c'est, je crois, le terme moyen auquel on s'est arrêté. Je ne sais pas pourquoi, car logiquement on pourrait descendre plus bas. Quelques-uns ont dit : il en est du temps requis pour convertir un usage en loi comme de la durée nécessaire pour former la prescription. Mais il n'y a pas similarité dans les deux cas. Au contraire, ils sont opposés, car, suivant l'axiome de droit, *odiosa sunt restringenda*, les choses odieuses doivent être restreintes. Par contre, il faut toujours favoriser les choses gracieuses. Or, la prescription est une institution nécessaire à la conservation de la propriété ; une propriété sans maître tombe bientôt dans le dépérissement et la ruine. Elle a donc besoin de quelqu'un qui l'entretienne, la cultive et la mette en rapport. Cependant en certaines circonstances le maître peut disparaître ; alors que deviendra la propriété, si elle n'est occupée par un autre? Mais comme le propriétaire peut aussi revenir, la société qui, pour conserver la propriété, n'a point le droit d'évincer le propriétaire, lui accorde le temps le plus long possible pour rentrer dans la jouissance de son bien. C'est pourquoi la durée de la prescription doit être étendue, autant que possible, en faveur du non-occupant, qui pourrait occuper de nouveau.

Mais ici c'est tout autre chose. Il s'agit d'un usage général qui convient à la société tout entière. Dans ce cas la société n'a aucun intérêt à allonger le temps. Si l'usage est honnête et utile, il est de son intérêt de l'abréger. Ainsi on peut dire qu'un usage qui a pour objet un intérêt public doit être transformé en loi le plus tôt qu'il se pourra, et la longueur du délai sera toujours en raison inverse de son importance et de l'attachement des peuples. Mais dire précisément combien il faut de temps, on ne voit pas à quoi cela servirait, d'autant plus que ce n'est pas le nombre des années exigées qui accrédite et légitime un usage. La transformation se fait toute seule par le consentement des populations et la sanction expresse ou tacite de l'autorité.

Cette sanction du pouvoir souverain, qui est la dernière condition, met le sceau à toutes les autres. Elle complète la légalisation des coutumes, et elle est indispensable à cette fin. Autrement il y aurait deux souverains dans le pays, et l'usage serait en collision incessante avec la loi écrite. Ce qui amènerait la ruine de la société; car on ne peut pas servir deux maîtres à la fois et toute maison divisée périra. La coutume, pour devenir loi, doit donc être sanctionnée par le législateur. Cette sanction peut être tacite ou expresse, implicite ou explicite, juridique ou personnelle; il suffit même que le législateur sache et tolère. Mais surtout il faut qu'il n'ait jamais rendu un décret contraire.

Il y a encore bien des considérations à présenter sur ce sujet; mais elles nous entraîneraient en des détails infinis, qui nous éloigneraient de notre but et retarderaient notre marche. J'ajouterai une seule observation qui concerne les usages ecclésiastiques ou les coutumes de l'Église. Il ne faut pas confondre dans l'Église deux choses distinctes : les traditions apostoliques et les pieux usages. Les premières sont les sources du dogme, qu'elles soient écrites ou ne le soient pas. Elles contiennent les vérités de foi, et par conséquent elles obligent par elles-mêmes, elles sont lois dogmatiques, morales, disciplinaires; elles commandent la foi et nous devons nous y soumettre, car elles ont pour auteur Jésus-Christ lui-même. Mais il y a d'autres traditions libres jusqu'à un certain point, c'est-à-dire qui ne prescrivent ou ne défendent pas sous peine de péché. Elles sont seulement recommandées à l'observation des fidèles, à cause du profit spirituel qu'ils en peuvent tirer. Telles sont beaucoup de pratiques de dévotion, purement facultatives. Les protestants, qui n'aiment la tradition en aucune manière, nous accusent de confondre celles-ci avec les articles du dogme, avec les préceptes divins de la morale, et ils vont même jusqu'à prétendre que nous faisons passer les traditions des hommes avant la parole de Dieu, et que l'Église catholique fausse la foi, pervertit le cœur, et abêtit l'esprit par une multitude de pratiques purement humaines qu'elle impose à leur conscience, ce qui est tout à fait faux ; car les pratiques qu'ils blâment, parce qu'ils n'en comprennent pas le sens et l'utilité, sont parfaitement libres, et personne n'est obligé de les accomplir.

Ainsi, c'est un usage pieux dans l'Église catholique de recevoir les cendres le mercredi qui précède le carême. Cet usage est immémorial et général. Est-il ordonné ? Pas le moins du monde. Ce n'est pas une loi, comme, par exemple, d'assister à la messe le dimanche ; mais c'est une excellente pratique, une cérémonie solennelle qui rappelle des vérités austères, très-utiles à méditer, savoir, la nécessité de la mort, la faiblesse de l'humanité, et la fragilité du corps qui est poussière et qui retournera en poussière. Avec cette sagesse qui préside à tous ses actes, l'Église, qui présente toujours les choses morales sous des formes physiques, parce qu'alors elles frappent mieux les imaginations et se gravent plus profondément dans les âmes, répand de la cendre sur le front de ses fidèles en y inscrivant le signe de la rédemption et leur disant : « Souviens-toi, ô homme,

que tu es poussière et que tu retourneras en poussière. »
C'est un usage recommandé mais non imposé. On
peut le suivre ou ne pas le suivre. Seulement en s'en
abstenant, on se prive d'une salutaire pensée et d'un
secours.

C'est encore un usage général chez les catholiques, et
de toute antiquité, de prendre de l'eau bénite en entrant
dans une église et de faire le signe de la croix. Vous
pouvez vous en dispenser, si cela ne vous convient pas, ou
si vous craignez les effets de l'eau bénite. Vous ne péche-
rez pas, mais vous vous priverez encore d'un secours
spirituel : car les éléments sont employés par l'Église, non
pas seulement comme des symboles, mais aussi comme
des véhicules des dons et des bénédictions de l'Esprit
divin. Ainsi l'eau baptismale, dont la vertu pénètre l'âme
du nouveau-né, en même temps qu'elle coule sur sa tête
au moment où les paroles sacramentelles sont pronon-
cées, n'est pas seulement le symbole de la purification
et de la régénération spirituelle : elle en est encore
l'instrument et le moyen. Comme au saint sacrifice, le
pain qui par les paroles de la consécration devient le
corps de Jésus-Christ, et le vin qui devient son sang, ne
sont ni l'un ni l'autre des formes simplement symboli-
ques de la nourriture divine donnée à l'âme humaine,
mais cette nourriture même, que le fidèle reçoit sous
leurs apparences. Il en est de même de tous les sacrements qui transmettent l'Esprit-Saint par le moyen
d'une chose matérielle et sous une forme sensible. Sous
l'ancienne loi on aspergeait du sang de la victime tout
ce qui servait au sacrifice. Sous la nouvelle, qui emploie
l'eau baptismale pour effacer la tache du péché d'origine, on purifie par une eau bénite tout ce qui est employé dans l'exercice du culte, et par conséquent cette

eau, chargée des bénédictions célestes, peut purifier les personnes comme les choses.

J'en dirai autant de la prière. En soi, elle est une loi qui oblige. La nécessité de la prière est à la fois de dogme et de précepte ; car Notre Seigneur a dit : *Vigilate et orate.* Mais les formes et les règles de la prière ne sont point imposées. Quand faut-il prier ? comment faut-il prier ? L'Église a institué plusieurs prières publiques, et parmi ces prières il n'y en a qu'une qui soit d'obligation stricte : l'assistance au saint sacrifice. Il est d'usage de faire la prière le matin, le soir, et au milieu de la journée ; mais on n'y est point obligé. Cependant qu'on y prenne garde ! La prière est un précepte obligatoire, et il est à craindre que si l'on ne prie pas le matin en se levant, on ne le fasse pas de toute la journée, et il est très-probable, si on ne prie pas le soir avant de se coucher, qu'on ne le fera pas pendant la nuit. Par conséquent il est bon de prier à des époques fixes, déterminées, mais ce n'est pas une loi. De même, pour entendre la messe le dimanche. Il s'est formé en certaines églises des usages de paroisse, comme on les appelle. A Paris, par exemple, on tient beaucoup à ces usages, et on a raison jusqu'à un certain point. Toutefois, il faut prendre garde de ne pas mettre la loi des hommes avant la loi de Dieu, et quand on dit aux fidèles qu'ils sont obligés d'assister à la grand'messe de leur paroisse un dimanche sur trois, on recommande une chose salutaire, parce qu'elle peut servir à l'édification commune, mais qui reste purement facultative. La loi de l'Église, c'est d'entendre la messe tous les dimanches. Elle n'a jamais imposé le devoir d'assister à une grand'messe plutôt qu'à une basse. Elle y engage, mais elle ne le prescrit pas.

Voilà donc des coutumes très-anciennes, très-généra-

les, qu'il ne faut pas confondre avec les traditions apostoliques. Celles-ci ont force de loi dans l'Église bien qu'elles
ne soient pas écrites, et les protestants, qui ne veulent
admettre que ce qui est écrit dans la Bible, en acceptent
néanmoins plusieurs, tout en niant celles qui ne leur
conviennent point. Car la sanctification du dimanche, ou
la substitution du dimanche au jour du sabbat, n'est pas
mentionnée dans les livres saints, et ils baptisent comme
nous les enfants qui viennent de naître, quoiqu'ils ne
puissent citer un texte des écritures autorisant cette
pratique, fondée comme tant d'autres sur la tradition.

Vient maintenant une question très-grave. Les lois
humaines obligent-elles en conscience? lient-elles la
conscience? Il s'agit ici des lois politiques, civiles, dans
lesquelles il entre toujours plus ou moins de conventionnel, d'arbitraire. Ces lois, il est vrai, sont sanctionnées
par l'autorité qui les porte, et cette autorité est armée
du glaive pour les faire respecter; elle a la force en
main, et par conséquent celui qui les viole s'attire un
châtiment ou une peine. Mais il faut encore autre chose.
Outre cette peine dont le délinquant se rend passible,
sa conscience est-elle obligée par ces lois, et leur doit-on
l'obéissance, non-seulement *propter iram*, mais encore
propter conscientiam?

Pour les lois ecclésiastiques il n'y a point de doute; car
elles sont toutes morales, et les peines dont elles mena-
cent sont en général purement spirituelles. Mais les
lois civiles, gouvernementales, politiques, les lois qui
règlent les rapports des citoyens entre eux, les lois de
justice distributive, les lois pénales et fiscales obligent-
elles la conscience? Nous répondons oui, et voici pourquoi. D'abord nous avons pour nous la parole de Jésus-
Christ qui dit formellement : « Reddite quæ sunt

« Cæsaris , Cæsari, et quæ sunt Dei, Deo, » et César ici c'est le souverain. Donc nous devons quelque chose à l'autorité souveraine. César a un droit. Il ne représente pas ici la violence, mais le pouvoir légalement constitué, qui a la puissance de faire la loi, de la décréter, de la promulguer. Donc, d'après ces paroles de l'Évangile, nous devons rendre à César ce qui lui appartient, c'est-à-dire l'obéissance à celui qui fait la loi, donc à la loi elle-même. Les paroles de saint Paul, dans l'épître aux Romains, sont encore plus explicites; elles sont le commentaire de celles de Jésus-Christ : « Qui resistit potes-« tati, Dei ordinationi resistit. » Remarquons la force de cette expression « ordinationi Dei resistit, » à l'ordination de Dieu, à ce que Dieu a ordonné , a mis en ordre, à l'ordre que Dieu a établi dans la société. Ce n'est pas seulement à sa parole, mais à l'ordre qu'il a constitué, à la société comme Dieu l'a ordonnée. Et cela non-seulement par crainte, et pour éviter une peine corporelle ou un châtiment, mais par conscience, « non solum « propter iram, sed propter conscientiam. » Pour rendre la chose encore plus claire, plus difficile à contester, l'apôtre entre dans les détails : « Qui autem re-« sistunt , sibi damnationem acquirunt. » Et il énonce les différentes espèces de lois : « Reddite ergo omnibus « debita : cui tributum, tributum ; cui vectigal, vec-« tigal ; cui honorem , honorem. » Tout est prévu. Les lois qui exigent les tributs, les impôts, le respect, il faut les observer. Elles n'obligent pas seulement par la crainte qu'elles inspirent et par une vue d'intérêt propre, mais aussi par un devoir de conscience et moralement. Les saints Pères sont tous d'accord sur ce point.

La raison est tout aussi explicite. Elle prouve également que les lois civiles obligent en conscience. Car les

lois civiles sont des expressions, des applications de la
loi divine, naturelle ou révélée. Or, la loi naturelle et
la loi révélée obligent en conscience, et comme les lois
civiles n'en sont que des conséquences, comme elles
n'ont de justice, ainsi que nous l'avons montré, qu'autant qu'elles en émanent ou s'y rattachent, il suit que les
lois civiles participent à la vertu obligatoire des principes dont elles tirent leur légitimité et leur vertu. Celles-
là seules qui seraient en opposition avec la loi divine n'o-
bligeraient pas, parce qu'elles seraient injustes, et saint
Thomas dit alors : « Ce ne sont plus des lois, mais des
actes de violence. »

En second lieu, ceux qui font les lois, monarque,
sénat ou peuple, le souverain en un mot, quel qu'il
soit et malgré son imperfection qui est une condition de
l'humanité, est le ministre de Dieu. Car la souveraineté vient de Dieu, et celui qui en est investi n'en est
pas le propriétaire, mais l'agent. Il l'a reçue, non par
une délégation, mais par un consentement explicite ou
implicite du peuple, qui a remis entre ses mains la puissance de la communauté. S'il était son délégué, le peuple le briserait à plaisir, ce qui serait la ruine de la société. Les souverains sont donc les ministres de Dieu
pour le bien, comme dit saint Paul, donc les délégués
de l'autorité divine ; à ce titre, ils ont droit à l'obéissance, comme Dieu lui-même, et par conséquent on
doit obéir en conscience aux lois qu'ils portent.

Ces deux motifs dérivent d'un même principe, le rapport du supérieur à l'inférieur ; car Dieu est le seul supérieur de l'homme, et comme nous l'avons dit en commençant, c'est là ce qui fait l'essence de la loi et pas autre
chose. La loi est l'expression du rapport naturel du supérieur à l'inférieur. Donc celui qui est chargé de faire

la loi ici-bas, la loi humaine, le souverain quelconque qui gouverne un peuple est le ministre de ce supérieur unique; il est le délégué ou le représentant de Dieu. Dès lors, il participe à son autorité, à sa puissance, et le respect que nous devons à Dieu est dû en partie à celui qui le représente et à la loi qui en émane.

CHAPITRE XVI

OBLIGATION DES LOIS HUMAINES.

Nous avons montré que les lois humaines obligent en conscience. Ce qui nous amène à une question théologique ; car si elles obligent en conscience, leur transgression devient non-seulement une faute civile, mais une faute religieuse, autrement un péché, puisque aux yeux de la religion tout ce qui est fait contre les dictées de la conscience est un péché. Vient donc cette question : Les lois humaines obligent-elles quelquefois sous peine de péché grave, *sub gravi*, comme on dit en théologie, ou bien, pour me servir du mot consacré, sous peine de péché mortel. Pour éclaircir la question, il faut d'abord dire un mot sur le péché grave et celui qui ne l'est pas, en d'autres termes, sur le péché mortel et le péché véniel.

La vie chrétienne, proprement dite, est une vie surnaturelle ajoutée à la vie naturelle, et cette vie surnaturelle est celle même de Dieu, à laquelle nous participons par les mérites de Jésus-Christ, et qui nous est communiquée par les sacrements. Le premier des sacrements dans l'ordre du temps est celui qui transmet la vie, qui engendre à la vie surnaturelle, ou, comme on dit communément, qui régénère. Le baptême produit en nous une nouvelle génération, une génération spirituelle ou surnaturelle opérée par la grâce, et qui nous fait enfants de Dieu et de l'Église.

Les autres sacrements atteignent la même fin d'une autre manière et sous une forme différente. Ils ont pour but de développer, de nourrir, d'accroître et de compléter cette vie du ciel, ou, si elle est affaiblie, malade, de la fortifier, de la guérir, ou même, quand elle est éteinte, de la rallumer. Ce qui montre, pour le dire en passant, l'admirable analogie des choses religieuses avec les choses naturelles. Elles sont d'une autre sphère, elles nous font vivre dans un autre monde, dans le monde surnaturel, mais tout s'y fait parallèlement à celui-ci et par des lois semblables. Ainsi à cet autre monde il faut d'abord naître, comme il faut naître à la vie terrestre. Dans cet autre monde il faut vivre, il faut croître, et pour cela il faut aussi une nourriture, donc des moyens qui procurent cette nourriture. La parole divine transmet d'abord la nourriture des âmes, et ensuite c'est le sacrement par excellence, qui donne l'aliment céleste, le pain descendu du ciel, Dieu lui-même. Quand cette vie a été nourrie, elle doit être fortifiée, complétée, et il y a un sacrement qui lui donne la plénitude, la Confirmation.

Or, si le rapport surnaturel que la grâce établit entre Dieu et notre âme lui transmet la vie divine, il est évident que ce qui affaiblit ce rapport en nous la diminue, et que ce qui brise ou détruit ce rapport nous ôte la vie surnaturelle et par conséquent nous donne la mort. Car la mort partout est la privation de la vie. Si c'est une vie physique, aussitôt que les organes s'en séparent ou qu'elle les abandonne, il y a mort physique. Si c'est une vie morale, comme celle de la conscience, dès qu'on rompt avec la loi morale par le crime, on meurt moralement, parce que la voix de la conscience est étouffée. De même dans l'ordre social il y a une mort sociale, une mort civile, que les lois humaines prononcent et accomplissent, en retranchant un membre corrompu du corps politique, c'est-à-dire en lui interdisant la participation aux fonctions et aux avantages de la vie publique.

Ainsi les actions qui, en violant les lois divines et humaines, vont jusqu'à ôter à notre âme la vie de la grâce, ou brisent son rapport surnaturel avec Dieu, sont appelées avec raison des péchés mortels, puisqu'elles font mourir. L'homme vit encore physiquement, il vit encore moralement selon la nature et par sa raison naturelle. Mais il a perdu la vie surnaturelle, ce qui est le plus grand malheur dans l'ordre de la foi. Le péché véniel affaiblit, diminue cette vie surnaturelle, mais ne la détruit pas. C'est pourquoi il est moins grave, ou véniel.

On demande si les lois humaines obligent quelquefois sous peine de péché mortel. Oui, selon l'importance de la chose prescrite ou défendue. Rien n'est plus facile que de distinguer le péché mortel du péché véniel en théorie. On dit : l'un ôte la vie de la grâce, l'autre ne fait que la diminuer; c'est très-clair. Mais dans la pratique ou dans l'espèce rien n'est plus difficile à déterminer. Ce jugement est abandonné à ceux qui dirigent les consciences. En général une chose est très-importante quand elle intéresse gravement la loi de Dieu, la morale et les bonnes mœurs, le bien et la tranquillité publics. Il n'y a point de doute pour des crimes patents et bien avérés. Mais les actes qui se trouvent à la limite du grave et du léger, du mortel et du véniel, sont parfois embarrassants. Néanmoins, s'il s'agit d'une loi importante pour l'ordre public, pour l'intérêt général, pour la conservation de l'ordre de choses établi, évidemment tout ce qui tend à l'enfreindre est très-grave et par conséquent aux yeux des théologiens et des confesseurs il doit en résulter un péché mortel.

Eh bien! sous ce rapport nous avons dans notre siècle de singulières idées. Les attentats contre le gouvernement établi, les complots, les conspirations, les révoltes à main armée, ou tout ce qui peut les favoriser, on est porté, je ne sais trop pourquoi, à les regarder comme des actes d'un genre particulier, qui ne méritent pas des peines aussi graves que les autres crimes. On ne les appelle plus des crimes, et on les regarde à peine comme des fautes. Un homme en tuera un autre par intérêt, par vengeance ou par tout autre motif, le jury prononcera quelquefois la peine de mort, et celui qui conspire contre l'État, s'insurge à main armée contre le pouvoir pour le renverser et jette avec la révolte l'anarchie et le carnage au sein d'une société civilisée, on est disposé à le juger moins sévèrement qu'un meurtrier, on le regarde à peine comme un criminel. On appelle cela de la guerre, et non un forfait, et s'il ne réussit pas, il excitera plus de pitié et d'indulgence qu'un assassin, quoiqu'il ait fait ou voulu faire mille fois plus de mal. Il y a là un préjugé déplorable, une profonde perversion du bon sens et de la conscience publique, tristes fruits de nos révolutions interminables.

On a supprimé la peine de mort pour cause politique. Certes je ne m'en plains pas ; si on pouvait ne jamais l'appliquer, j'en serais très-heureux. Mais pourquoi cette suppression en matière politique seulement ? Est-ce parce qu'il y aurait trop de coupables ? C'est pos-

sible ; car depuis soixante ans nous avons eu tant d'é-
meutes, tant de conspirations, tant d'insurrections et
par des moyens si divers , qu'en vérité , il y a peu
d'hommes mêlés aux affaires publiques qui puissent se
croire tout à fait innocents de ce côté. Je dis qu'il y a
là une altération du bon sens et de la conscience du
peuple. Car réellement un crime individuel, qui est souvent l'effet d'une erreur, d'un entraînement, d'une passion, qui aux yeux de Dieu surtout peut, sinon se justifier, du moins être atténué, excusé, par les antécédents,
les occasions, des situations singulières, des circonstances malheureuses, ce crime, si horrible qu'on le suppose, n'est jamais aussi funeste à la société que la révolte,
la guerre civile qui ensanglantent les rues, et couvrent
tout un pays de calamités et de ruines, en armant les
citoyens les uns contre les autres.

Il faut bien le reconnaître, ces déplorables erreurs
dans la vie politique, qui tendent à rendre la société
impossible, viennent de la même source que les scis-
sions religieuses qui ont déchiré l'Église. La souveraineté
de la raison propre, en fait de doctrine, a amené celle
de la volonté individuelle, en fait de gouvernement.
Quand on n'a plus voulu croire qu'à sa raison, on devait
arriver à ne plus vouloir obéir qu'à sa volonté. D'un
côté comme de l'autre, toute autorité non acceptée
a paru illégitime, et chacun s'est érigé en juge des lois
comme des croyances. L'anarchie religieuse a passé dans
la politique, et le dix-huitième siècle n'a fait qu'appliquer à l'ordre civil les maximes de ce qu'on appelle la
réforme. L'esprit d'indépendance personnelle a tout envahi, et chacun s'est imaginé, au mépris des traditions et
des droits acquis, que rien ne pouvait légitimement se
fonder ou subsister sans la participation de sa volonté.

La guerre aux pouvoirs établis et non personnellement approuvés a donc paru légitime; l'insurrection a été déclarée le plus saint des devoirs, et le crime est devenu de l'héroïsme.

Il y a encore un autre moyen de juger la gravité du péché, c'est en considérant la fin de la loi qu'il viole et les suites qu'il peut avoir. Une loi peut paraître en elle-même peu importante, et cependant les conséquences de l'infraction en sont telles que le législateur a dû la défendre sous peine de péché mortel, et dès lors la conscience y est gravement intéressée. J'en citerai un exemple connu de tout le monde, le péché originel, question fondamentale en religion comme en morale.

Le péché originel a été un acte de désobéissance à une défense faite par Dieu à l'homme. Placé dans l'Éden, Adam pouvait manger de tous les fruits de ce lieu de délices, excepté d'un seul, celui de l'arbre de la science du bien et du mal. Tenté par le Serpent, par le génie du mal, par l'auteur et le père du mensonge, il en a mangé; par conséquent il a enfreint la loi, et par cela même il est tombé sous l'application de la peine dont il avait été menacé. « Tu mourras de mort, si tu manges de ce fruit, » et en effet il est tombé dans la mort de l'âme et du corps, et de là le péché mortel qui a infecté toute la race humaine dans son auteur et se transmet par la génération. Il y a des hommes qui disent : voilà bien du bruit pour une pomme! comment un acte aussi insignifiant, qui est tout au plus un péché de gourmandise, a-t-il pu amener tant de malheurs, et attirer sur l'homme et sa postérité la vindicte si terrible de la justice de Dieu?

Sans doute, au premier abord la chose en elle-même ne paraît pas très-grave; mais voyons la fin de la loi et considérons-en les conséquences. Dieu n'avait mis au

bonheur de l'homme dans le paradis qu'une condition :
« Tu mangeras de tous les fruits, excepté de celui-là. »
La loi avait été promulguée de la manière la plus claire
avec sa sanction. « Si tu en manges, tu mourras de
mort. » Et cependant il en a mangé! En raison de la
fin et des suites, la chose était donc très-grave, puisqu'il s'agissait de son bonheur et de son malheur, et du
sort de sa postérité. D'ailleurs, si on y regarde de plus
près, on reconnaîtra que la chose n'est pas si légère.
Cet arbre était celui de la science du bien et du mal;
donc le fruit dont il était défendu de manger était
la science même du bien et du mal. Laissons de côté
l'image, bien que je sois de ceux qui croient que les
paroles sacrées n'énoncent pas des mythes mais des
faits. Ces faits ont aussi leur sens moral et intelligible.
Ils nous apprennent que l'homme, créé pour le bien, ne
devait pas connaître le mal. Fait pour la vérité, il ne
devait pas connaître l'erreur; fait pour la lumière, il
ne devait pas connaître les ténèbres. Il lui avait été dit :
« Si tu goûtes ce fruit, tu tomberas dans le mal, tu seras
envahi par l'erreur, obscurci par les ténèbres, tu mourras, » et en effet c'est ainsi que l'âme meurt, par l'orgueil,
par la désobéissance, par le mépris et l'infraction de la
loi divine, c'est-à-dire par tout ce qui lui ôte la grâce en
brisant son rapport surnaturel avec Dieu.

La faute était donc plus grave qu'elle ne paraît. Seulement il ne faut pas s'arrêter à l'écorce de ce fruit fatal;
il ne faut pas en rester à la lettre du texte sacré. « Car la
lettre tue et l'esprit vivifie. » Qu'on entre dans l'esprit de
la parole divine, et dans ce passage comme dans tous
les autres on trouvera des abîmes de science et de
vérité.

Il y a des actions qui en elles-mêmes ont peu de

gravité, mais dont les suites peuvent devenir considérables, et alors la loi religieuse les condamne sévèrement et les traite comme des péchés mortels, uniquement pour en prévenir ou en empêcher les conséquences. Ainsi, par exemple, un ecclésiastique qui est à la campagne et qui a du loisir pourrait être tenté d'aller à la chasse. L'Église le lui défend, non-seulement parce qu'elle a horreur du sang versé, *Ecclesia abhorret a sanguine*, mais encore à cause des mœurs et des habitudes qu'il peut contracter dans cet exercice, et qui ne s'accordent pas avec l'esprit ecclésiastique. Elle lui défend aussi, sauf les cas d'extrême nécessité, d'aller manger et boire dans des lieux publics, de peur qu'il ne s'y habitue, et qu'alors le peuple, avec lequel il se familiarise d'une mauvaise manière, ne perde le respect pour son caractère sacré; ce qui ne manque jamais d'arriver quand le prêtre, oubliant sa dignité, se laisse envahir par l'esprit du monde et vit comme les autres hommes. Si le mariage est interdit au prêtre, ce n'est pas en raison de l'acte lui-même qui n'est point mauvais, mais à cause des suites. Car le prêtre étant l'homme de Dieu, il faut qu'il vive aussi peu que possible des choses de la terre, et au lieu de former une famille selon la chair, qui entraîne les soucis et les tribulations de la chair, il doit au contraire, autant qu'il dépend de lui, se séparer de sa famille naturelle, pour se donner tout entier à sa famille spirituelle, c'est-à-dire aux âmes à lui confiées pour leur salut et dont Dieu lui demandera compte. « Celui qui est consacré à Dieu, dit l'apôtre, ne doit pas s'embarrasser dans les affaires du siècle. » A lui sont les affaires du ciel, de l'éternité, et il a choisi la meilleure part. L'Église prend un soin extrême pour garantir, pour conserver pur le caractère surnaturel du prêtre, afin que sa mission soit plus efficace, et que son ministère ne soit pas compromis aux yeux des peuples.

L'Église édicte des peines très-graves contre la violation de la clôture des couvents. En Italie, ou en d'autres pays très-catholiques, on lit quelquefois à la porte des monastères : Il est défendu d'entrer ici sous peine d'excommunication. Plus d'un voyageur a souri en voyant cette inscription, dans la pensée qu'un délit si léger ne nécessitait pas une peine aussi considérable. Ils ont eu tort, et voici pourquoi. La clôture, dans les communautés religieuses où elle est prescrite, importe singulièrement à la fin de ces sociétés. Elle en est la condition essentielle. Là des hommes ou des femmes retirés du monde s'adonnent exclusivement à la méditation, à la prière, à la contemplation. Ils vivent dans les austérités de la pénitence, pour expier leurs propres fautes ou celles des autres, et par conséquent ils doivent éviter avec soin tout ce qui peut exciter les sens, la concupiscence de la chair, ou les mauvaises passions du cœur. La clôture les en préserve; elle les garantit contre le monde et contre eux-mêmes, en leur ôtant les occasions de la tentation et du péché. Voilà pourquoi elle est ordonnée sous la peine la plus sévère, l'excommunication; car il s'agit du salut de la communauté, dont la discipline se relâchera bientôt et dont l'esprit sera infailliblement altéré, perverti, et le but manqué, si, par la violation des règles, et surtout de celle-là, l'esprit du monde y pénètre et s'y établit.

Enfin il y a encore péché mortel si, dans une faute même légère, il y a mépris de la loi ou du législateur. Ce qui arrive quand on pèche avec préméditation, connaissant la loi et voulant l'enfreindre en haine de la loi et de celui qui l'a portée. Dans toute transgression il y a un certain mépris implicite de la loi, bien qu'il ne soit pas toujours directement voulu. On la viole pour se satisfaire, mais on ne la brave pas pour cela, la passion entraîne. Mais s'attaquer à la loi par esprit de révolte ou avec dédain de l'autorité, c'est déclarer la guerre à Dieu lui-même, principe de toute loi, et le cas devient mortel. C'est là ce qui a perdu nos premiers parents, c'est encore ce qui nous perd la plupart du temps ; car l'orgueil est le père de tous les vices, et c'est l'amour de nous-mêmes, ou la préférence de nous à Dieu et à sa loi, qui nous porte à la désobéissance. Il faut donc prendre bien garde de ne pas s'habituer aux fautes qu'on croit légères. D'abord on peut se tromper dans leur appréciation ; on n'est jamais bien sûr que la faute ne puisse devenir plus considérable par ses suites, ou relativement à sa fin. Puis, en se faisant ainsi juge du degré du péché, on s'élève au-dessus de la loi, ce qui est tout près de la mépriser. Cela arrive souvent, même aux personnes pieuses. On se dit : Je puis me donner ce plaisir, le mal, s'il y en a, ne sera point grave, et d'ailleurs je n'irai que jusque-là et pas plus loin. Qui peut le savoir et surtout en répondre? Les plus grandes chutes ont commencé par des négligences, par des infractions minimes en apparence, et l'on s'est habitué peu à peu à ne pas se contraindre devant la loi, qu'on a fini par mépriser. L'Évangile enseigne que celui qui n'est pas fidèle dans les petites choses ne le sera point dans les grandes.

Vient une autre question importante. Y a-t-il des lois qui obligent au péril de la vie? c'est-à-dire qu'on soit obligé d'accomplir, même quand elles entraînent le danger de mort, ou quelque dommage considérable? Oui, il y en a, et en première ligne tous les préceptes négatifs, soit de droit naturel, soit de droit divïn, ainsi les dix commandements. Pourquoi? C'est que les choses qu'ils défendent sont mauvaises en soi, par essence, comme l'idolâtrie, le blasphème, le meurtre, la fornication, le mensonge; par conséquent dans aucun cas il n'est permis de les faire. Ces préceptes obligent, *semper pro semper*; à tout instant, dans toute occasion, et quand même la vie serait exposée, il faut les observer; il vaut mieux mourir que de les enfreindre. Il en est de même de tout ce qui est contraire aux dictées de la loi naturelle. La conscience du genre humain le proclame et les païens eux-mêmes l'ont enseigné, comme le montrent ces beaux vers de Juvénal :

> Summum crede nefas vitam præferre pudori,
> Et propter vitam vivendi perdere causas.

« Regarde comme un grand crime de préférer la vie à l'honnête, et pour conserver ta vie de perdre la raison de vivre. » C'est un païen qui a dit cela et même un païen des temps dégénérés de Rome, où les mœurs publiques étaient abominables.

Il est donc constant qu'il faut plutôt mourir que de commettre un crime. Cependant plusieurs de ces préceptes peuvent ne pas toujours être observés jusqu'à l'extrémité. Ainsi pour le vol, tous les moralistes admettent qu'il y a des cas où l'on peut être réduit à une telle nécessité par les besoins de l'existence, qu'il est permis de prendre ce qui est nécessaire à sa conservation. David nous en offre un exemple. Dans sa fuite devant Saül il manquait de nourriture, il arrive au temple et mange les pains de proposition, que personne n'osait toucher excepté les prêtres. La loi de la sanctification du dimanche chez les chrétiens, du sabbat chez les juifs, défend le travail manuel et les œuvres serviles. Cependant Notre-Seigneur n'a pas craint de guérir des malades le jour du sabbat ; et les pharisiens de réclamer aussitôt au nom du commandement divin, et de s'écrier : ce n'est pas un homme de Dieu, puisqu'il enfreint la loi ! Mais Jésus-Christ leur répond : hypocrites, si votre âne tombe dans un fossé le jour du Seigneur, est-ce que vous ne le retirerez pas ? Et parce que je délivre des mains du démon ce malheureux, vous m'accusez ! Les juifs portaient jusqu'au scrupule le plus extrême l'observation du sabbat et de toute la loi en général, surtout dans la forme, au détriment de l'esprit. De là l'expression, qui est restée, d'observation judaïque et pharisaïque. Il y en a eu qui se sont laissé massacrer par l'ennemi un jour du sabbat sans se défendre, pour ne pas risquer de violer le précepte. C'est en effet par trop judaïque ; car la loi de la défense naturelle passe avant celle du sabbat. Dans les choses divines et humaines il y a toujours la part du bon sens laissée à l'interprétation de l'homme raisonnable. Cette observation pharisaïque de la loi se retrouve à un certain degré dans les pays protestants qui, pour s'éloigner plus sûrement de l'Église catholique, rétrogradent en beaucoup de choses jusqu'au judaïsme. Ainsi dernièrement, en Angleterre, le clergé officiel a été scandalisé de ce que le gouvernement laissait faire de la musique militaire le dimanche dans les parcs de Londres, il s'en est plaint ouvertement, et il a fallu priver le peuple de ce plaisir innocent, pour ne pas avoir une affaire désagréable avec les observateurs si scrupuleux du dimanche.

Il en est de même de la loi qui défend le mensonge. En matière grave il vaut mieux mourir que de manquer à la vérité. Mais il y a des circonstances critiques où, si l'on peut sauver la vie d'un homme par un mensonge qui ne fasse tort à personne, et qu'on n'y ait d'ailleurs aucun intérêt propre, la violation de cette loi dans une telle extrémité devient, je ne dis pas justifiable, mais au moins excusable.

Beaucoup de lois humaines n'obligent pas jusqu'à la mort, surtout parmi les lois religieuses : par exemple, le jeûne, l'abstinence, l'assistance à la messe le dimanche. Il est évident qu'en cas de maladie on n'est point obligé de compromettre sa santé par la privation de nourriture, ou par une nourriture qui ne conviendrait pas; et une personne gravement indisposée, ou qui ne pourrait sortir sans danger, peut le dimanche prier Dieu chez elle.

Cependant il y a des lois autres que celles de droit divin, naturel ou révélé, des lois purement humaines qui obligent strictement jusqu'à la mort, en raison de circonstances particulières à l'état social et qui ne peuvent être changées. Ainsi le soldat en temps de guerre, le magistrat en face de la sédition ou de l'émeute, le médecin, le prêtre au milieu d'une épidémie ou d'une maladie contagieuse, sont obligés par l'exigence de leur profession, par la nature même de leurs fonctions, d'accomplir leur devoir jusqu'au péril de la vie. Et cela par deux raisons : d'abord parce que le ministère qu'ils remplissent les expose nécessairement à la mort, le danger de mort y est attaché; en second lieu, pour le plus grand bien de l'État ou de l'Église qui, dans l'intérêt du plus grand nombre ou de l'ensemble, ont besoin d'exposer la vie de quelques-uns. Avons-nous bien réfléchi à ce que c'est qu'un soldat? Voilà un homme qui par devoir est obligé tous les jours, au moins pendant la guerre, d'exposer sa vie, et de l'exposer non-seulement pour des choses graves, pour le gain d'une bataille, mais même en des circonstances qui paraissent insignifiantes. Il a reçu l'ordre de son capitaine de se tenir là, en faction, devant l'ennemi, et il faut qu'il y reste, quoi qu'il arrive. Il est presque sûr d'être tué ; eh bien ! il faut qu'il y reste, parce que c'est sa consigne. Voilà un homme qui est forcé d'être un héros, car enfin c'est de l'héroïsme que d'être ainsi à toute heure victime du devoir jusqu'à la mort, et toujours prêt à être immolé. Et avec cela, que de dangers, de fatigues, de travaux, de privations, de maladies, et cela tous les jours ! Voyez nos pauvres soldats en Crimée ou ailleurs, dans les bivouacs ou dans les tranchées ; exposés au froid, à la pluie, à la chaleur, à la mauvaise nourriture, aux veilles prolongées et au feu de l'ennemi. Ils sont jeunes heureusement, et ils sont Français ; ils supportent tout cela avec patience, avec gaieté. Ce sont des martyrs d'un autre genre, des martyrs de la loi, de la discipline, de l'honneur militaire, du patriotisme peut-être, certainement de l'obéissance ; car le soldat ne connaît qu'une chose, sa consigne, qui fait son devoir. Sans doute derrière la discipline, il y a le châtiment. On ne fait pas marcher les hommes sans la crainte ; mais il n'en est pas moins vrai que leur vie est dévouée au salut des autres, ce qui est héroïque. C'est pourquoi on ne peut les entourer de trop de gloire et de reconnaissance, et cependant comment sont-ils récompensés la plupart du temps ? Dans les autres services de la société, quand on a fait un acte de sacrifice on vous admire, parce que vous vous êtes dévoué un jour ! Mais ici ce n'est pas un jour, c'est tous les jours pendant des années entières, et il n'en peut être autrement. Car les armées ne se maintiennent que par l'obéissance jusqu'à la mort, et comme elles sont faites pour repousser la violence, elles doivent la subir au péril de la vie.

Si l'État a besoin de la vie de ses soldats pour être

défendu, l'Église a besoin de la vie et de la mort de ses
ministres pour sauver les âmes; car le sacerdoce est
aussi une milice qui doit combattre jusqu'à la mort. En
cas d'épidémie et de contagion le prêtre doit aller au
chevet des malades ou des moribonds, comme le soldat à la
brèche. Il faut qu'il porte les secours et les consolations
religieuses à tous les mourants, même au péril de sa vie.
C'est sa fonction et son devoir. Le soldat défend la société par la force physique, le prêtre par la force morale et la vertu divine. Partout où un homme agonise,
il faut qu'il soit là, pour l'aider à mourir et lui ouvrir
la voie du ciel. Aussi l'Église a payé sa dette comme
l'armée dans la guerre d'Orient. Beaucoup d'aumôniers
y sont restés, victimes du devoir et de la charité, et il
fallait qu'il en restât. Quand le choléra ravage les populations, qui sauvera les âmes, si le prêtre ne va pas res-
pirer le souffle empoisonné des malades, pour recevoir
leurs derniers aveux, et les exhorter au sacrifice de
leur vie au risque de périr avec eux? Et comment voudrait-on qu'il fût prêt à cette immolation de tous les
jours, s'il avait derrière lui une femme, des enfants,
une famille, qui aurait besoin de son existence pour
vivre, et à laquelle il se devrait avant tout? La famille
du prêtre catholique est l'Église tout entière, et c'est
pourquoi son dévouement n'a point de bornes non plus
que sa charité.

J'en dirai autant des sœurs de charité, et je comprends sous ce nom ces pieuses femmes qui se consa-
crent à l'assistance de toutes les faiblesses et de toutes
les maladies. En soignant les corps, en soulageant les
souffrances physiques, ce sont surtout les âmes qu'elles
veulent guérir et sauver; aussi rien ne les rebute, rien
ne les décourage, elles vont jusqu'à la mort. Voici une

jeune fille, belle, noble et riche, qui, touchée de la grâce, éprouve le besoin de se dévouer au soin des pauvres malades ou des pauvres enfants, et qui va épuiser ses forces et sa vie dans une salle d'hôpital au milieu des typhoïques et des cholériques. Elle est presque sûre d'y périr un jour ou l'autre, et cependant elle y reste le jour et la nuit. C'est son devoir dès qu'elle a embrassé son saint état ; elle a promis de mourir avec Jésus-Christ pour le salut des âmes. Aux fonctions saintes qu'elle a acceptées le danger de mort est nécessairement attaché.

De même le médecin, quoiqu'à un moindre degré. Le médecin est aussi un soldat ; il est le défenseur de la vie contre la mort, ou il doit l'être. Il faut donc qu'il lutte avec la maladie partout où il la rencontre, et en la combattant il s'expose à recevoir ses coups. Il les reçoit souvent. Nos médecins militaires se sont admirablement conduits dernièrement. Il en est mort un grand nombre en Crimée, à Constantinople ou ailleurs. C'était leur devoir et c'a été leur gloire ; car ils ne peuvent pas plus reculer devant la maladie que le soldat devant l'ennemi. Pour eux aussi, en maintes circonstances, il faut vaincre ou mourir et souvent ils meurent.

Enfin, le magistrat lui-même, qui représente la souveraineté là où il est placé par elle, et qui doit maintenir l'ordre public, veiller au salut de la société, si le désordre arrive, si l'émeute éclate, il faut qu'il soit là pour les combattre et pour les vaincre même au péril de sa vie ; car il répond de l'ordre public, et il doit se faire tuer, s'il le faut, pour le maintenir.

Voilà donc des lois qui obligent jusqu'à la mort, soit à cause des fonctions auxquelles le danger de mort est inhérent, soit parce que la société ne peut se conserver,

19.

sans que certains hommes ne se dévouent à sa défense et
à son salut.

Enfin il y a des cas où l'inobservance d'une loi, dont
on pourrait être dispensé, aurait des conséquences tellement graves, qu'il est presque obligatoire de donner
sa vie plutôt que d'y manquer, même avec dispense.
Socrate avait été condamné à mort injustement. Après
sa condamnation, quelques-uns de ses amis parviennent
à s'introduire dans sa prison et lui proposent d'échapper
au supplice par la fuite. Socrate refuse par cette seule
considération que, quoique condamné injustement, il a
cependant été condamné légalement, qu'en se sauvant
il échapperait à la loi, et par conséquent apprendrait aux
Athéniens à la violer, exemple qu'il ne doit pas donner;
il aime mieux mourir.

On voit souvent quelque chose de semblable dans les
ordres religieux. Un trappiste, dont la santé est ruinée
par une nourriture plus que frugale, peut être dispensé
du régime ordinaire par le médecin et par ses supé-
rieurs. Il refuse de demander la dispense, et préfère se
laisser mourir, disant : Si l'on me dispense de la règle,
demain on en dispensera un autre et ainsi de suite. La
ferveur religieuse ne se conserve que par la scrupuleuse
observation de la discipline. Si la régularité faiblit, la
communauté se relâche, et l'esprit religieux de l'ordre
est perdu. Il vaut mieux qu'un individu meure pour
le salut de beaucoup. Dans les communautés cloîtrées,
il arrive quelquefois qu'une religieuse a besoin de changer d'air pour réparer sa santé délabrée. Eh bien!
ces nobles malades s'y refusent souvent. La clôture est
notre principale garantie, disent-elles, elle conserve
intactes la règle et la pureté. Si on la rompt, l'esprit du
monde pénétrera dans la communauté, qui perdra son

esprit avec son austérité. Dans ces cas, des âmes généreuses obéissent à la loi jusqu'à la mort et sans y être
forcées. Elles réalisent la parole de Jésus-Christ : celui
qui consent à perdre sa vie la sauvera. Même quand
on trouverait quelque exagération dans cette obéissance
à la loi, on ne peut s'empêcher d'admirer cette abnégation, qui se sacrifie à la règle et immole sa propre vie
pour le bien commun.

Il nous reste à parler de deux espèces de lois qui semblent moins importantes sous le rapport de l'obligation
morale ; ce sont les lois pénales et les lois fiscales.

Les lois pénales obligent-elles en conscience ? Tous
les théologiens s'accordent dans la négative. Mais quand
on se met à rechercher les lois purement pénales, on a
de la peine à en trouver. La loi pénale doit être une loi
non préceptive, c'est-à-dire qui ne commande ou ne défend pas une action comme moralement bonne ou mauvaise, mais seulement comme indifférente en soi, bien
qu'elle puisse être utile au bon ordre de la société, à la
police. Elle se formule de cette manière : Si vous faites
cela ou si vous ne faites pas cela, vous payerez une
amende, vous irez en prison, ou toute autre peine.
D'où l'on tire la conclusion qu'on est libre de faire ou
de ne pas faire, si l'on consent à subir la condition, et
par conséquent la conscience n'y est point intéressée.
Cependant, si une loi pénale est en même temps préceptive, elle oblige en conscience, parce qu'elle est mixte
et à cause du précepte. Reste à savoir s'il existe vraiment des lois pénales qui ne soient pas préceptives;
car il ne faut pas confondre les ordonnances de police
avec les lois. Quand M. le préfet de police rend des
arrêtés sur le balayage ou l'arrosage des rues ou autres
mesures de ce genre, très-utiles assurément, puisque la

santé et la sécurité des habitants en dépendent, il est raisonnable de les observer dans notre propre intérêt, et pour ne pas payer l'amende ; mais il ne semble pas que la conscience en soit affectée, et que l'on puisse avoir des remords de les avoir enfreintes. On en est quitte pour payer.

Mais alors on dit : Si vous êtes condamné à l'amende, vous êtes tenu en conscience de la payer ; car il y a un jugement, et ainsi la loi pénale devient indirectement préceptive. On peut le soutenir en effet ; mais au fond c'est une question oiseuse, puisque dans la pratique on ne rencontre guère de lois purement pénales.

Mais les lois fiscales ne sont pas un mythe comme les lois pénales ; car ce sont elles qui frappent l'impôt et répartissent les contributions. On demande si elles obligent en conscience. Ici l'Écriture répond nettement. Jésus-Christ a dit : *reddite quæ sunt Cæsaris Cæsari*, et il l'a dit, qu'on le remarque bien, quand on lui demandait s'il fallait payer le tribut aux Romains. Montrez-moi, dit-il à ceux qui l'interrogent, la pièce d'argent avec laquelle on paye. On lui présente une monnaie romaine, et il demande à son tour aux pharisiens qui la lui offrent : de qui est cette image et cette inscription ? De César, disent-ils. Rendez donc à César ce qui est à César. Il est impossible de répondre d'une manière plus affirmative et plus ingénieuse. L'apôtre saint Paul ajoute à ces paroles. Il écrit expressément dans l'épître aux Romains : « Reddite ergo omnibus debita, cui tributum, tributum ; cui vectigal, vectigal. » Donc il faut payer l'impôt, on y est obligé en conscience.

Toute loi fiscale, dans certaines conditions, oblige moralement. Pourquoi ? Parce que la loi divine l'ordonne, comme nous venons de le voir. Mais la raison le veut aussi, et pour deux motifs principaux. Les impôts sont la condition de la vie sociale; la société ne peut exister sans que les hommes qui se réunissent ne s'imposent certains sacrifices pour faire vivre l'ensemble et pour entretenir la communauté. Il y a dans la vie civile une multitude de besoins qui ne peuvent être satisfaits que par la contribution de chacun. Or qui veut la fin veut les moyens; si vous voulez la société, il faut de quoi la soutenir, et tous ceux qui participent à ses bienfaits doivent en supporter les conditions et les charges. Mais tout le monde connaît la disposition du bourgeois à cet égard, et notamment du bourgeois de Paris. Il aime beaucoup qu'on l'éclaire dans les rues avec un gaz splendide, qu'on lui fasse des voies propres et commodes, un pavé qui ne soit pas pointu, un macadam qui ne donne pas trop de boue, de belles fontaines qui procurent une eau abondante et claire; il aime tout cela, il aime surtout à n'être pas volé, et par conséquent qu'il y ait des gendarmes et des gardes de police. Mais quand il faut payer, il ne l'aime plus; il trouve toujours qu'on lui demande trop; et cependant il est évident que les services publics ne peuvent pas se faire tout seuls, et que toutes ces choses, qui contribuent efficacement à l'aisance, à l'activité, à la santé et à la salubrité de la vie sociale, coûtent fort cher, et doivent être payées par ceux qui en profitent.

En second lieu les impôts sont de toute justice. C'est le prix d'un service rendu par l'État ou par la cité. Il y a donc justice distributive et dette à acquitter. On vous protége, on vous garde, on vous fait des routes, des fontaines, etc., il faut les payer. Il y a encore une autre considération de justice sous un autre rapport. Ce que vous ne payez point retombe sur les autres. Or les charges doivent être proportionnelles, et ceux qui parviennent à se dérober à leur part d'impôt chargent d'autant plus ceux qui les acquittent, puisqu'en définitive la somme fixée doit entrer au trésor public.

Ainsi les lois fiscales sont de justice naturelle et de justice sociale, et elles obligent à ces deux titres. Cependant, pour obliger en conscience, elles doivent remplir plusieurs conditions. Il faut d'abord qu'elles soient établies par l'autorité légitime ; ce qui est déterminé par l'organisation de la société. Dans la monarchie absolue l'autorité légitime est la volonté du prince ; dans l'aristocratie c'est le sénat ; dans la démocratie c'est le plébiscite. Dans les gouvernements tempérés, l'impôt s'établit surtout par le consentement du peuple. Il doit être voté par ses représentants, confirmé par le sénat ou la chambre haute, et enfin ratifié par le prince.

Ensuite il faut que l'impôt ait une cause raisonnable. C'est pourquoi il est bon que les lois d'impôt soient accompagnées de considérants qui en expliquent la nécessité ou l'utilité. Toutes les lois doivent en avoir, mais surtout les lois fiscales ; car on paye plus volontiers ou avec moins de peine quand on voit la justice ou l'opportunité de ce qui est demandé.

Enfin il faut qu'il y ait une juste proportion dans la répartition de l'impôt; que chaque contribuable paye en raison de sa position ; que les uns ne soient pas exonérés aux dépens des autres, et que les charges publiques soient distribuées équitablement sur tous. La meilleure manière d'y arriver est d'établir des jurés répartiteurs, en sorte que les intéressés soient employés eux-mêmes à appliquer l'impôt et à en faire le partage.

Donc l'impôt est légitime sous tous les rapports ; donc les lois fiscales, soit celles qui imposent la propriété immobilière et mobilière, soit celles qui frappent l'importation de certaines marchandises, sont moralement justes et ainsi obligent en conscience. Donc, quand on les viole, on est moralement obligé de restituer. Cette restitution est toujours facile. De nos jours la conscience publique s'est un peu émue à ce sujet. Les journaux parlent souvent de restitutions pour fraude des droits d'enregistrement, de douane, d'octroi, par omission de déclaration ou par des déclarations inexactes ou incomplètes. C'est d'un très-bon exemple. Seulement les restitutions annoncées ne sont jamais très-considérables, et je ne puis croire qu'il n'y en ait point de plus grosses en expectative. Mais enfin c'est toujours autant pour le trésor et pour la morale publique.

Ici nous rencontrons ce qu'on appelle la contrebande, dont on ne se fait pas grand scrupule dans les pays de frontières. On a tort cependant ; car, dans tous les cas, c'est l'intérêt propre qui fait violer la loi, et les lois de douane, soit prohibitives, soit restrictives, sont de vraies lois, rendues par l'autorité compétente pour protéger ou encourager la production ou l'industrie du pays. Sans doute, si on y participe sans le savoir, ce n'est pas une faute. Mais la bonne foi est bien difficile en ces sortes d'affaires ; car on ne les fait que pour acquérir à meilleur marché, et le rabais notable du prix ordinaire trahit presque toujours l'origine de la marchandise. Il y a là une foule de questions délicates de conscience que nous laissons à l'appréciation des confesseurs, si toutefois les contrebandiers se confessent. Les plus coupables sont ceux qui le sont à double titre, comme contrebandiers et comme prévaricateurs, à savoir les employés qui, pour participer aux profits, laissent violer la loi dont ils sont les agents et prennent leur part dans la fraude. Chez nous, heureusement, cela est rare ; mais dans certains pays, on le voit trop souvent, et les voyageurs qui en profitent en sont scandalisés. Quand on arrive aux frontières de ces États ou aux portes de leurs villes on y entre comme Jupiter dans la tour de Danaé. Je me trompe, on y entre à beaucoup moins de frais ; on n'a pas besoin d'une pluie d'or, il suffit d'une pièce d'argent. Cela est très-fâcheux pour la morale publique. Il vaudrait mieux sous tous les rapports détruire les lois de douane et d'octroi, que de les laisser enfreindre d'une manière aussi scandaleuse ; car à quoi servent-elles, si on les élude si facilement ?

Les lois fiscales obligent donc en conscience. Il faut les respecter comme les autres, et si on a eu le malheur de les violer, la restitution à l'État est le seul moyen de dégager sa responsabilité. Quand, comment, et jusqu'à quel point faut-il restituer ? Il y a là toute une casuistique, dans laquelle nous ne pouvons ni ne voulons entrer. Ce sont des questions pratiques, et quelquefois très-difficiles, que nous devons laisser aux directeurs spirituels, qui seuls peuvent obtenir, par les aveux des délinquants et par la complexité des circonstances, les documents nécessaires à une décision honnête et bien fondée. Une discussion générale et abstraite en ces matières ne servirait qu'à embarrasser les questions et les consciences.

CHAPITRE XVII

QUALITÉS DE LA LOI CIVILE.

Qualités que doit avoir la loi civile pour obliger moralement : 1° elle doit être honnête, c'est-à-dire conforme ou non contraire à la loi divine, naturelle ou révélée ; 2° elle doit être juste par sa fin, par son origine, par sa forme. — Les lois injustes de ces trois manières n'obligent pas en conscience, mais seulement *propter iram aut scandalum*.

Nous avons commencé à traiter cette question. Les lois humaines obligent-elles en conscience? Nous avons d'abord distingué les lois ecclésiastiques des lois civiles. Les premières sont faites aussi par des hommes, bien qu'elles soient des conséquences, des déductions de la loi divine, et pour elles il n'y a point de doute. Restaient les lois civiles établies humainement dans l'intérêt de la société temporelle. Ici, l'affirmation nous a paru encore évidente, d'abord par le témoignage de l'Écriture, dont nous avons rapporté les textes. Puis en consultant la raison, elle nous a répondu, d'un côté que les lois civiles étant des expressions, des applications de la loi divine soit naturelle, soit révélée, elles participent à sa vertu obligatoire ; ce qui revient à dire que les lois humaines tirent leur autorité morale de la loi divine naturelle ou surnaturelle, comme nous l'avons prouvé précédemment. Elle nous a dit, d'une autre part, que les auteurs des lois civiles, les souverains quels qu'ils soient, monarque, sénat ou peuple, par cela qu'ils exercent la souveraineté, qui est d'origine divine, sont les ministres

de Celui qui seul crée la souveraineté, c'est-à-dire de
Dieu ; ce que l'apôtre exprime par ces paroles si simples
et si énergiques tout ensemble, *Dei minister in bonum*.
Le souverain est ministre de Dieu pour le bien ; par
conséquent son autorité est toujours une délégation divine. Or s'il est le ministre de Dieu, s'il tient son pouvoir d'en haut, l'obéissance lui est due comme à Dieu
lui-même.

Ces deux raisons se réunissent et refluent vers un
même principe énoncé dans la définition que nous avons
donnée de la loi, à savoir : la loi est l'expression du rapport naturel du supérieur à l'inférieur. En effet, puisque Dieu seul fait la souveraineté, lui seul est le supérieur de l'homme, par conséquent la source de toute
loi, et comme celui qui exerce la souveraineté avec le
consentement du peuple a en main une autorité venant
de Dieu, nous sommes ramenés par ces deux voies à
la souveraineté divine, à cette souveraineté universelle
dont les rapports avec l'homme peuvent seuls constituer ses rapports essentiels.

La loi oblige, elle oblige en conscience, mais pour
cela il faut qu'elle possède certaines qualités. La première
de ces qualités est qu'elle soit honnête, c'est-à-dire
conforme ou au moins non contraire à la loi divine,
naturelle ou révélée. Toute loi qui choque la loi naturelle n'est pas honnête, elle va directement contre la
justice, elle est en opposition avec la source même de
toute justice ici-bas, puisqu'elle blesse la conscience de
l'homme, et ainsi elle doit être réprouvée. Elle ne peut
point obliger moralement, et si on l'observe, comme on
doit le faire souvent, ce n'est pas *propter conscientiam*, mais *propter iram*. C'est aussi à cause des inconvénients plus graves où l'on tomberait en s'insurgeant

contre elle. Il vaut mieux quelquefois subir une loi mauvaise que de n'en point avoir, et de risquer les désordres de l'anarchie et le bouleversement de la société. Des lois qui offenseraient la pudeur ou les sentiments les plus naturels du cœur humain seraient inacceptables. Des lois qui iraient directement contre la religion révélée, contre la foi du chrétien, et lui imposeraient des actes que sa conscience réprouve, il a le droit, il a le devoir de ne pas les accomplir; car la parole sacrée dit : il vaut mieux obéir à Dieu qu'aux hommes. Comme les lois humaines tirent leur vertu obligatoire de la loi naturelle et de la loi révélée, dès qu'elles entrent en opposition avec l'une ou l'autre, elles perdent leur efficacité et leur obligation. C'est pourquoi les premiers chrétiens, qui vivaient sous l'empire et en observaient fidèlement toutes les lois, même les plus onéreuses, quand au nom de ces lois on voulait leur imposer des actes contraire à leur foi, s'y refusaient avec persistance et aimaient mieux mourir que de leur obéir. Là est la raison du martyre, qui est le témoignage de sa foi par son sang. On exige ce que Dieu me défend, de sacrifier aux idoles, de manger des viandes qui leur ont été consacrées, plutôt mourir! Ah! si ces viandes étaient offertes dans toute autre occasion, et qu'on n'en fît pas une épreuve de la foi, l'apôtre dit alors : mangez ce qu'on vous présente. Mais si l'on veut obliger à en manger ou à faire telle autre chose en signe d'apostasie, comme moyen de défection, de reniement, plutôt mourir, et les chrétiens mouraient! Quelquefois, dans l'entraînement d'un zèle que l'Église n'approuvait pas toujours, ils renversaient les idoles, les temples, les autels, ils allaient au-devant de la persécution et la provoquaient. L'Église ne leur demandait point cette initiative, mais seulement de refuser leur consentement et leur participation à ce qui était contraire à la parole divine, et de tout souffrir, même la mort la plus ignominieuse ou la plus horrible, plutôt que d'apostasier, ou même de le paraître.

Il faut en second lieu que la loi soit juste ; ce qui n'est pas la même chose que d'être honnête. L'honnêteté de la loi humaine est dans sa conformité avec la loi divine, naturelle ou révélée. Sa justice se tire d'un autre côté, à savoir de son rapport avec la société qu'elle doit régir ; et ainsi la loi peut être juste de trois manières : par sa fin, par son origine, ou dans sa forme.

Par sa fin, une loi est juste quand elle est ce qu'elle doit être pour remplir sa destination. Or quelle est la fin de la loi civile ? C'est le bien public, l'intérêt général ; par conséquent il n'y a de justice dans la loi que si elle cherche et réalise en quelque chose l'intérêt général. Quand elle tend à satisfaire un intérêt particulier au détriment de l'intérêt commun, la loi est faussée, elle prévarique, elle dévie de sa ligne, elle ne va plus à son but. C'est le malheur des lois faites dans les temps de révolutions par les factions ou les partis. Elles ont pour fin de satisfaire des passions, d'atteindre ou de frapper des ennemis, et elles produisent inévitablement des réactions. Car les révolutions des peuples sont comme les flots de la mer qui vont et viennent ; un flot chasse l'autre, et le flot qui monte va descendre. Les mesures prises par le pouvoir du moment pour persécuter ou détruire ses adversaires se retourneront contre lui, les proscriptions amèneront les proscriptions, les iniquités appellent les iniquités, et c'est en pervertissant ainsi sa législation qu'un peuple se démoralise.

Ce qui fait encore la justice de la loi, c'est de suivre

l'intérêt général dans ses variations et de satisfaire à ses exigences en raison du temps et des lieux. C'est pourquoi il y a du changement dans les lois. On dit quelquefois : il y a trop de lois, et cela est vrai. Cependant, comme les lois civiles sont des choses humaines relatives aux circonstances, il est évident qu'elles doivent se transformer avec les circonstances. Les bases fondamentales de la société restent les mêmes, mais les intérêts varient singulièrement. Voyez comme les sociétés actuelles ont changé sous le rapport administratif, commercial, industriel. Il y a une multitude de choses qui n'étaient pas prévues par les lois anciennes, et que des lois nouvelles doivent régler. Donc la sagesse et la justice des nouvelles lois est de comprendre la portée des intérêts nouveaux et d'en prévoir l'action, de manière à les atteindre dans les faits à mesure qu'ils se produisent.

La loi est juste par son origine, quand elle est portée par l'autorité compétente, ou si celui qui en a le droit n'excède pas son pouvoir. Tout le monde ne peut pas faire des lois ; il faut pour cela un titre, une position, une autorité, et, nous l'avons vu, cette autorité, vient d'en haut. Elle surgit nécessairement dans une société qui se constitue. Mais pour que la souveraineté s'organise, se détermine, il faut le consentement de ceux qu'elle doit gouverner. Néanmoins, si tout le monde ne peut pas faire la loi dans une société bien organisée, tous ont le droit de demander comment elle a été faite et quel titre elle a sous ce rapport à l'obéissance, si la puissance qui l'impose est compétente, si elle n'a pas excédé son pouvoir, si elle est restée dans les limites de sa responsabilité.

Enfin la loi peut être juste ou injuste dans sa forme. Elle est juste sous ce rapport, d'abord si elle a été suffi-

samment promulguée. Nous avons expliqué la nécessité
de la promulgation, et comment on n'est obligé d'obéir
aux lois qu'autant qu'on les connaît, ou qu'on peut les
connaître. Car dans certains cas on ne peut prétexter
l'ignorance, comme dit l'axiome de droit : *ignorantia
juris non excusat.* Il faut qu'elles soient promulguées
dans un langage clair et précis. Donc la rédaction des
lois a une grande importance, même pour la justice. Nous
le voyons tous les jours : les intérêts opposés s'achar-
nent sur un texte de loi, et les mêmes mots four-
nissent des interprétations non-seulement différentes,
mais diamétralement contraires. Les avocats des deux
parties invoquent le même article, et à mesure qu'ils
parlent on voit paraître un autre sens, une explication opposée, et chacun tord la loi afin d'en exprimer
ce qui lui est favorable. L'avocat a raison jusqu'à un
certain point, puisqu'il doit défendre sa cause. Seulement il y a toujours là quelque chose qui peut inquiéter
la conscience, malgré l'exigence de la défense. Quand
on est obligé de tourner ainsi autour de la loi pour lui
trouver un côté faible, et la frapper, pour ainsi dire, au
défaut de la cuirasse afin de l'empêcher d'atteindre un
coupable ou une injustice, on risque de se perdre soi-
même en sauvant son client. Après cela on se fait une
conscience avec la nécessité, l'habitude, l'usage, l'intérêt et mille autres raisons. Saint Liguori, un des saints
les plus modernes, exerça quelque temps cette profession. Mais un jour s'étant surpris lui-même en mensonge
flagrant et presque involontaire, il se dit que consciencieusement il ne pouvait continuer un tel ministère. En
effet il quitta le barreau et étant devenu prêtre, religieux, évêque et saint, il gagna dans cette voie de plus
nobles causes devant Dieu.

Pour que les lois soient justes par la forme, il faut encore qu'elles s'appliquent également à tous et imposent des charges proportionnelles. C'est là, il faut le dire, une des plus belles conquêtes des temps modernes. Elle date de l'Évangile ; mais c'est surtout dans les deux derniers siècles que l'égalité devant la loi, proclamée par la loi divine, a été admise par la loi civile. L'Évangile enseigne en effet à chaque page que nous sommes égaux devant Dieu, qui ne fait point acception des personnes ; qu'il rendra à chacun selon ses œuvres ; à celui qui aura fait le bien la récompense, à celui qui aura fait le mal la punition, et qu'ainsi un jour toutes choses seront rétablies par sa justice. Il a fallu des siècles pour que ce principe d'équité naturelle passât de la loi divine dans les lois humaines, et fût mis en pratique dans les sociétés politiques. C'est ce qu'on appelle aujourd'hui l'égalité sociale, et c'est la seule vraie.

Voilà les conditions pour qu'une loi soit juste ; donc, si elles ne sont pas observées, la loi est injuste. Une loi qui ne cherche pas le bien général avant tout est injuste ; une loi qui tend à l'intérêt particulier au détriment de l'intérêt public est injuste ; une loi portée par celui qui n'a pas pouvoir de la faire est injuste ; une loi rendue par un pouvoir qui excède sa compétence est injuste ; une loi qui n'est pas promulguée n'oblige pas ; une loi obscure, difficile à comprendre, est, sinon injuste, du moins impraticable ; elle devient une source d'interprétations diverses, contradictoires, fausses, et par conséquent, au lieu d'être un principe de bien, elle produit du mal. Enfin une loi qui ne s'applique pas également à tous, et n'impose pas à chacun des charges proportionnelles à sa condition, est injuste.

Que faire vis-à-vis de ces lois injustes ? Saint Thomas

dit clairement, franchement : ce ne sont pas des lois, ce sont des actes de violence. Cependant, ajoute-t-il, elles ont droit à être respectées jusqu'à un certain point, à cause de la présomption du droit, c'est-à-dire que si elles sont portées par l'autorité compétente, jusqu'à ce que les choses s'expliquent et se modifient, elles ont pour elles la possession, et on doit les observer. Mais elles ne lient pas en conscience, et quand on leur obéit, ce n'est point *propter conscientiam*, mais *propter iram*, *propter pœnam*, à cause de la peine, ou en vue des conséquences funestes à la société qu'une opposition ouverte ou déclarée pourrait amener. On les observe donc, dans ces cas, pour éviter le scandale et le danger d'un état de choses où les citoyens s'insurgent contre le pouvoir ; ce qui bouleverse l'État et le mène à sa ruine.

Mais il y a ici une autre considération d'un ordre plus élevé et que je crois avoir déjà indiquée. L'Évangile ordonne d'obéir aux puissances même injustes, et les premiers chrétiens ont donné l'exemple de cette obéissance aux empereurs qui les persécutaient et à leurs lois souvent absurdes. A ce précepte se joint chez le vrai chrétien le conseil ou l'inspiration de la charité, et dans l'état social comme dans la vie privée il sera toujours porté par la parole de Jésus-Christ à éviter les collisions, les disputes et les procès. En définitive, ce qui est le plus parfait dans ce cas est aussi le plus utile ; car les procès ne tournent au profit de personne, pas même de celui qui les gagne. L'issue des procès est le plus souvent de ruiner les deux parties. C'est l'amour-propre, les passions qui entraînent dans cette guerre de paroles, dans ces disputes de droit. Mais au fond, quant à l'intérêt réel, le meilleur procès ne vaut rien, et il est rare que quelqu'un en profite, sinon ceux qui les plaident. Ici s'applique donc cette parole de l'Évangile : si on vous prend votre manteau, donnez encore votre tunique ; si votre adversaire veut vous contraindre à faire mille pas, faites-en deux mille, maxime admirable de charité et de vérité tout ensemble ; car cette générosité tranche les difficultés et détruit le mal foncièrement. En effet, disputer, plaider, c'est faire foisonner le mal, c'est le multiplier par l'action et la réaction, surtout s'il s'agit d'injures, d'outrages, qu'on croit avoir reçus. Si nous voulons les rendre pour nous venger, nous exciterons une représaille nouvelle, qui en excitera une autre, et nous savons où vont ces réactions incessantes chez les peuples irascibles et portés à la vengeance. Elles la propagent de race en race dans les familles, et les générations futures s'entr'égorgeront pendant des siècles, parce que leurs ancêtres se seront insultés un jour. C'est l'affaire du démon de mettre ainsi les hommes aux prises, de perpétuer leur haine, de les pousser à s'entre-détruire ; car, pendant qu'ils agissent dans l'irritation des passions, par l'entraînement et l'exaltation du ressentiment, ils deviennent siens, ils font ses œuvres, et c'est ce qu'il veut pour les perdre avec lui.

C'est pourquoi l'Évangile nous engage toujours et quelquefois nous commande de souffrir, de subir un tort, et, ce qui est plus pénible, un outrage, surtout quand il s'agit de ce qu'on appelle l'honneur dans le monde, qui n'est après tout que de l'amour-propre, de quelque beau semblant qu'on le décore. L'Évangile nous indique le moyen le plus efficace et le plus noble d'en finir avec le mal, c'est de l'absorber par la patience. Alors le mal est vaincu par le bien, l'injustice est dévorée par la charité. Ainsi a fait Notre-Seigneur Jésus-Christ. Il s'est immolé pour nous sauver, et il a triomphé du mal et des

20

suites du mal en se faisant obéissant jusqu'à la mort,
et jusqu'à la mort de la croix. Là est le sens profond du
mystère de la croix et de sa vertu.

Dans l'ordre politique le chrétien doit en faire autant
suivant ses forces. Il doit supporter beaucoup, se résigner à bien des choses, jusqu'à ce que de meilleurs
temps arrivent. Il doit obéir à des lois iniques pour ne
pas jeter le scandale et le désordre dans la société. Entre deux inconvénients il faut choisir le moindre. Certes,
il est dur d'être victime de l'iniquité. Mais il vaut mieux
s'y résigner que de se mettre en révolution ; car on ne
sait jamais comment on en sortira, et on en sort presque
toujours plus mal qu'on n'y est entré. Toutefois, quand
les choses en sont là, quand les citoyens, par sentiment
chrétien et par raison, obéissent à l'iniquité, et ainsi
se soumettent par crainte plus que par conscience
à des lois qu'ils savent mauvaises, cela ne peut durer
longtemps, et comme Dieu, après tout, ne veut pas l'injustice, comme il ne veut pas qu'elle s'établisse sur la
terre, les œuvres du mal n'ont qu'un temps, et s'épui-
sent par leur propre cours et par leurs excès. On est
sûr avec cette patience chrétienne, poussée jusqu'aux
dernières limites, de faire arriver la justice divine, qui
éclate tôt ou tard par des catastrophes. Mais alors
nous n'y aurons point notre part de responsabilité, si
nous avons fait tout ce qui était en nous pour les prévenir, si nous avons concédé de nos droits par charité, jusqu'à nous sacrifier pour le bien commun. Nous laisse-
rons passer, en nous prosternant, la justice de Dieu.

Ainsi la loi oblige et elle oblige en conscience quand
elle est juste ; et quand elle ne l'est pas, on lui accorde
encore l'obéissance par raison, par résignation, par vertu,
ou par un intérêt bien entendu.

Maintenant on demande si l'acceptation de celui qui est soumis à la loi est une condition essentielle de l'obligation. Nous avons déjà touché cette question en réfutant une assertion de Luther. Le consentement du sujet est-il une condition essentielle de l'obligation des lois, ou ne doit-il obéir moralement et en conscience qu'à une loi par lui acceptée?

Ici il faut distinguer. Non, en général, et d'après la nature de la loi, telle que nous l'avons définie, le consentement du sujet n'est pas nécessaire à l'obligation de la loi ; oui, en quelques cas, d'après la manière dont la loi est instituée et imposée.

La loi est l'expression du rapport naturel du supérieur à l'inférieur. C'est à ce titre qu'elle oblige, elle n'a d'autorité que parce qu'elle émane du supérieur. Or l'inférieur n'est pas inférieur en raison de sa volonté ; le fils n'est pas le fils de son père, parce qu'il le veut. Ainsi nous tous, vis-à-vis de Dieu, nous n'avons pas titre pour lui dire, nous n'acceptons pas votre loi ; car nous sommes ses inférieurs, puisqu'il nous a créés. Notre rapport avec Lui dérive de sa volonté, de sa souveraineté, et par conséquent il a le droit de s'imposer à nous, que nous le voulions ou ne le voulions pas. Tout le monde comprend cela. Figurez-vous un enfant qui ne voudrait obéir à son père qu'autant qu'on lui ordonnerait ce qui lui ferait plaisir, et qui au premier commandement sévère répondrait qu'il ne l'accepte pas. Il en est de même vis-à-vis de Dieu. Si donc dans toutes les lois humaines Dieu était là pour nous parler, il n'y aurait pas le moindre doute. Ainsi, dans les lois ecclésiastiques, cela ne fait pas question, quoique ces lois soient des lois humaines. Mais elles sont promulguées par l'Église, par le chef de l'Église , par les évêques qui sont investis directement de la souveraineté spirituelle, donc non par les hommes, mais par Dieu. Il est clair que dans cet ordre de choses il n'y a pas lieu à acceptation, et l'individu n'a point de consentement à donner. La loi s'impose naturellement à l'inférieur, c'est la vie même de l'inférieur, il ne peut pas vivre dans l'ordre sans cette loi. Nous sommes toujours portés à nous représenter une loi comme quelque chose de forcé, qui est violemment imposé, parce que depuis le péché nous sommes enclins à nous tourner contre la loi, à vouloir tout ce qu'elle ne veut pas et à ne pas vouloir ce qu'elle veut. Mais dans l'ordre naturel, il n'en est point ainsi. Le rapport du supérieur à l'inférieur est un rapport d'amour ; la vertu de la loi est de faire vivre, et si l'homme cessait un instant de recevoir cette influence de Dieu qui le soutient, il s'évanouirait aussitôt, parce qu'il ne serait plus maintenu et conservé par la force qui l'a posé.

Mais ce qui est vrai dans l'ordre naturel et surnaturel, dans la famille et dans l'Église, ne l'est pas dans l'état civil. Dans la famille il y a un supérieur naturel, le père qui est le représentant de Dieu, et la loi est donnée avec la puissance paternelle. Donc là il n'y a pas lieu à acceptation. Pour la poser, le supérieur est désigné et autorisé par la nature même. Dans l'Église, le supérieur est constitué par Dieu ; il est d'institution divine : qui vous écoute m'écoute, qui vous méprise me méprise. Allez, annoncez l'Évangile à toutes les nations, et baptisez-les au nom du Père, du Fils et du Saint-Esprit. La mission est évidente ; l'autorité est incontestable.

Dans l'ordre civil la chose n'est pas si claire. Nous avons reconnu que la souveraineté, qui vient de Dieu en puissance et en principe, ne peut s'organiser et s'exercer, ne peut être attribuée à un homme ou à plusieurs que par le consentement des membres de la société. Donc il faut, au moins une fois, cette acceptation pour constituer le gouvernement et organiser la souveraineté. Voilà un pouvoir constitué ; qu'est-ce qui en fait la légitimité ? Deux choses : d'abord la souveraineté divine dont il est le représentant. Mais ensuite comment cette souveraineté lui arrive-t-elle ? Comment en devient-il l'instrument, ou plutôt le ministre ? Est-ce Dieu qui vient la lui mettre entre les mains ? Alors ce serait de l'ordre surnaturel, et nous n'en parlerions pas ici, puisque la société, comme nous l'avons vu, se constitue naturellement. Elle ne peut donc lui être attribuée que par le peuple, et par conséquent il faut son acceptation, au moins à l'origine. Dans l'hypothèse la plus favorable, c'est-à-dire dans la monarchie absolue, un gouvernement ne peut pas se constituer autrement pour être juste. Je ne parle pas de la violence, de la force des armes, de la conquête. Seules, elles peuvent imposer un joug ; elles ne fondent jamais un état légitime. C'est pourquoi il faut bien le dire, et je le dis sans aucune intention de blesser personne, cette espèce d'axiome reconnu dans l'ancienne monarchie, et que certaines personnes voudraient faire revivre sans pouvoir le justifier parce qu'il est inexplicable, savoir, que le roi de France tenait sa couronne immédiatement de Dieu, et qu'il n'en devait compte qu'à lui, ne soutient pas la discussion. Qu'est-ce à dire ? Est-ce que chaque fois qu'un roi de France est arrivé au trône, Dieu est descendu en personne pour l'instituer ? On ne peut le prétendre, la raison et l'histoire sont là pour répondre. Comment son pouvoir était-il donc légitime ? En vertu de la loi de succession. Ainsi cette maxime ne signifie rien, ou elle veut dire seulement qu'en vertu d'une loi primitivement établie, la couronne passait de

20.

mâle en mâle à l'héritier le plus prochain, et qu'ainsi la souveraineté qui vient de Dieu, et qui avait été attribuée à une famille dans l'origine, devait se transmettre par l'hérédité. Le nouveau roi ne la tenait pas immédiatement de Dieu, il la recevait de Dieu par le peuple, par l'intermédiaire de la volonté nationale, qui avait consenti primitivement à cet arrangement et qui s'était liée par son consentement. Le droit de succession au trône avait donc sa racine dans l'institution même du gouvernement, et il était aussi sacré que le pacte social.

La formule actuelle est plus exacte, elle est l'expression même de la vérité. On dit : roi ou empereur *par la grâce de Dieu* et *par la volonté nationale*. Toutes les conditions s'y trouvent réunies : la grâce de Dieu de qui émane toute souveraineté, puis le consentement des hommes, comme dit saint Thomas, ou la volonté de ceux qui composent la nation.

Après cela il faut distinguer encore en raison des formes du gouvernement. Dans les monarchies pures, dans les aristocraties pures, là ou les lois décrétées par la souveraineté du roi ou du sénat n'ont pas besoin d'être acceptées par le peuple, sanctionnées par un plébiscite, l'acceptation de chaque loi par les sujets n'est pas nécessaire. Elle a eu lieu une fois pour toutes quand la souveraineté a été remise à tel homme ou à tel corps. Il a été convenu, par l'acte même qui transmettait l'exercice de l'autorité souveraine, qu'il avait le pouvoir de faire la loi, et dès lors, aussitôt qu'il décrète, la loi est faite.

Mais dans la monarchie tempérée, dans les gouvernements mixtes, le consentement est nécessaire, non pas en vertu d'un droit naturel, mais en raison de la convention qui a fondé le gouvernement. Ainsi à Rome le sénat faisait les lois, mais il fallait un plébiscite pour les valider. Dans le gouvernement représentatif le pouvoir législatif est divisé entre le prince, le peuple ou l'assemblée qui le représente, et un corps aristocratique qui les balance. Une loi ne peut pas être faite sans le concours des trois pouvoirs, et le refus d'un seul l'invalide. Il est évident que dans ce cas l'acceptation du peuple est nécessaire. Dans les démocraties pures, quand le peuple se réserve l'exercice du pouvoir, ce qui est en général fâcheux, parce que le peuple, qui ne s'entend guère à obéir, s'entend encore moins à commander, aucune loi ne peut être portée que par un plébiscite.

Ainsi en théorie, non, l'acceptation n'est pas essentielle. Quand Dieu commande, le consentement du sujet n'est pas nécessaire. Mais là où il ne parle pas lui-même ni par la voix de la nature, là où la souveraineté, qui vient toujours originairement d'en haut, s'est constituée et organisée par le consentement du peuple, il faut son acceptation, au moins une fois, pour établir le souverain, si elle est purement monarchique ou aristocratique, et toujours, pour toutes les lois, si, en raison de la forme du gouvernement, plusieurs pouvoirs concourent à la législation. Ce qui arrive dans les gouvernements mixtes et tempérés.

Je finirai par une remarque sur cette forme de gouvernement, qui a été à la fois trop vantée et trop rabaissée de nos jours, en raison de nos expériences successives qui n'ont pas toujours été heureuses. Rappelons-nous le passage de saint Thomas, où sur l'autorité d'Aristote à laquelle il joint la sienne, qui n'a pas un moindre poids, il proclame le gouvernement mixte le meilleur des gouvernements, parce qu'il réunit les avantages de tous les autres. Il est vrai qu'il peut en rassembler aussi tous les inconvénients. Néanmoins on ne peut disconvenir que, par la manière dont il est organisé, il ne présente plus de gages de justice, en ce sens que chaque citoyen, participant aux charges de la société, exerce aussi une certaine portion de la souveraineté, ne fût-ce que par les élections. Si peu que ce soit, suivant la diversité des constitutions, c'est encore quelque chose. Si je contribue par mon travail, par mon talent, par ma fortune au bien-être de l'État, il est raisonnable que ma personne ait aussi quelque influence dans l'administration de la chose publique. C'est encore et surtout une question de dignité pour les citoyens.

En outre il y a cet avantage qu'en se mêlant personnellement aux affaires publiques, chacun y prend plus d'intérêt, ce qui excite le patriotisme et peut porter à faire de plus grands sacrifices. Enfin si le peuple concourt à faire la loi, il se lie lui-même. Comme il se l'impose, il la respectera davantage, et il sera moins tenté de la violer, par cela qu'elle émane de lui, et qu'il est engagé par sa parole et par son vote. Car si on nous impose quelque chose, c'est une raison pour que nous n'en voulions pas. Quand nous nous l'imposons nous-même, nous en voulons un peu plus, et encore pas toujours.

D'un autre côté cette forme de gouvernement a de grands inconvénients, à savoir : la lenteur dans l'action de l'autorité, dans l'expédition des affaires ; le partage de la puissance entre plusieurs corps toujours rivaux et souvent hostiles ; la division du peuple en partis et en factions qui compromettent la chose publique sous prétexte de la servir mieux ; l'éparpillement des forces du pays en beaucoup d'instruments qui agissent rarement de concert, et par conséquent le défaut d'unité ; et par-dessus tout cela, la facilité pour les ambitieux, les intrigants et les rhéteurs de séduire, de fasciner le peuple par de beaux discours, et de le pousser, à force d'illusions et de mensonges, à une opposition déraisonnable, ou à des excès qui rendent le gouvernement impossible ou le renversent.

Enfin, dans ce meilleur des gouvernements, il y a encore plus de fiction que de vérité. Il est bien difficile que tout le monde gouverne ou participe à l'exercice du pouvoir. Même dans les démocraties pures c'est presque toujours un seul qui dirige. Rien de plus facile à séduire que la multitude, et partout où elle domine, on parvient bientôt à la corrompre ; car on est obligé de marcher à coups de majorité, et la majorité s'obtient rarement par des moyens honnêtes. Comme il faut absolument l'avoir, tous les efforts se tournent vers ce but. On est prêt à tout donner, à tout faire, pour la conquérir, et cependant, quand on la possède, elle n'empêche pas de tomber, comme nous l'avons vu. Il y a donc en tout cela beaucoup d'illusions, et par derrière toutes ces formes légales, tout cet échafaudage constitutionnel, il se joue toujours une comédie humaine, qui finit souvent par une tragédie. La comédie, c'est que ceux qui sont en avant ne font rien la plupart du temps ou peu de chose, et c'est toujours un homme caché par derrière qui fait tout aller, comme aux marionnettes, avec des ficelles.

C'est pourquoi, tout en reconnaissant les avantages de ce gouvernement, il ne faut pas croire qu'il soit indispensable au salut, à la gloire, et surtout au bonheur des peuples. Le salut de la société est dans le gouvernement le plus sincère et le plus désintéressé, quelle qu'en soit la forme. Après cela on peut demander des institutions pour garanties, parce que les hommes passent ; mais nous le savons par notre expérience, et elle est déjà longue, toutes ces garanties sont peu solides, peu efficaces, si les hommes qui gouvernent ne sont pas honnêtes, et si le peuple, corrompu par l'égoïsme et par les passions grossières, se fait des représentants à son image.

CHAPITRE XVIII

OBJET DE LA LOI.

De l'objet de la loi. — La loi ne porte que sur les actes libres. — Les lois prescrivent les choses bonnes, mais avec mesure et opportunité. — Elles ne doivent jamais commander les choses mauvaises, même comme moyen d'un bien. — Dans quels cas les choses indifférentes cessent de l'être. — Les lois civiles prescrivent surtout les vertus et défendent les vices qui se rapportent à l'état social. — L'Église a le droit de faire des lois contre tous les péchés mortels ou capitaux. — Elle peut toujours prescrire ou défendre des actes intérieurs, ce que la loi civile ne peut faire que dans quelques cas. — Controverse à cet égard.

Nous avons expliqué en quoi consiste l'obligation de la loi, ou ce qui donne à la loi son autorité et sa force obligatoire. Puis nous avons dit quelles sont les lois qui obligent sous peine de péché grave. Maintenant nous avons à parler de l'objet de la loi, c'est-à-dire des choses auxquelles elle s'applique, et qui en sont la matière. Il est bien entendu qu'il ne s'agit ici que des lois qui se rapportent à l'homme, et non des lois de la nature en général, de celles qui dirigent les êtres sans liberté ni intelligence. La loi civile ne peut porter que sur des actes humains, sur des actions libres. Les actions libres supposent l'exercice de la raison et de la volonté. Donc sont en dehors de la loi et y échappent tous les êtres non libres, non intelligents; donc ne sont pas objets de la loi tous les actes instinctifs, tous les premiers mouvements, que les théologiens appellent *primo primi*. Ces actes ne sont pas proprement des actes humains dans le sens strict, comme nous l'avons dit en commençant. Ainsi tout ce que nous pouvons faire dans le sommeil, en rêve, dans les songes, dans l'état de démence, dans l'enfance, avant l'âge de raison, tout cela n'est pas soumis à la loi et n'est point imputable. Ce qui nous échappe par un premier mouvement, par un entraînement instinctif, n'est pas du domaine de la loi. Cependant dans ce dernier cas il faut prendre garde ; car si nous ne pouvons empêcher un premier mouvement de se produire, nous pouvons souvent, aussitôt qu'il se réalise, l'arrêter par la réflexion et par l'énergie de la volonté. Les objets de la loi sont donc d'abord les actions libres, en second lieu les actions bonnes, mauvaises ou indifférentes.

Les lois prescrivent les actions moralement bonnes, non pas toutes, parce que toutes ne sont pas de leur domaine. Mais elles ne peuvent ordonner que ce qui est bien, et ainsi tout ce qui est contraire, en quoi que ce soit, à la loi divine, soit naturelle, soit révélée, ne peut devenir l'objet d'une loi. Cependant, non-seulement elles ne commandent pas toutes les choses bonnes, mais même ces bonnes choses elles doivent encore les prescrire avec mesure et à propos, c'est-à-dire qu'à la question de moralité s'ajoute toujours une question d'opportunité. Cette loi serait utile, faut-il la porter ? pas toujours, parce que, ou elle ne sera pas comprise, ou elle ne sera point appliquée. Le législateur dans l'ordre temporel ou dans l'ordre spirituel doit sans cesse considérer les circonstances, et la convenance importe beaucoup dans les affaires humaines. Il faut savoir commander ou défendre à propos, afin que la loi bien acceptée ait toute son efficacité. Légiférer hors de saison, c'est exposer la loi à ne pas être observée, et c'est le plus grand des malheurs ; car mieux vaut n'avoir point de lois, que d'en avoir d'inobservables, ou d'inobservées. Sous ce rapport, il en est de la loi comme de la vérité :

Rien n'est beau que le vrai, le vrai seul est aimable.

Cependant peut-on toujours dire la vérité? Non, on ne le peut pas, on ne le doit pas, et comme affirme le proverbe : toute vérité n'est pas bonne à dire. Si j'avais la main pleine de vérités, disait spirituellement Fontenelle, je me garderais bien de l'ouvrir, et il avait raison. On n'est pas obligé de dire la vérité à tout propos. Si elle blesse ou nuit, au lieu d'être utile, on doit la garder pour soi. La lumière, qui est si excellente, fait mal aux yeux malades; elle offense les hiboux, et si vous vivez avec des hiboux, il faut nécessairement leur ménager là clarté. Si vous avez près de vous des yeux affaiblis, il ne faut pas ouvrir toutes les fenêtres. Ces précautions sont toujours utiles; car vis-à-vis de la vérité nous sommes tous malades et un peu hiboux; trop souvent elle nous blesse ou nous importune. Dans la jeunesse, où l'on est dominé par l'imagination et l'idéal, où l'on croit que tout ce qui est bien, beau ou parfait est possible, on ne comprend pas cette prudence, et on est porté à l'attribuer dans les vieillards à la faiblesse de l'âge plus qu'à la sagesse. L'expérience seule nous apprend que tout ce qui est concevable n'est pas réalisable, que les meilleures choses peuvent devenir funestes par une application intempestive, comme les vérités les plus utiles peuvent tourner à mal, quand elles sont enseignées hors de propos.

Et nous autres, qui sommes appelés à diriger les âmes, et qui ainsi devons les connaître mieux que personne dans leur intérieur, dans leurs faiblesses, dans leurs maladies et dans leurs susceptibilités, nous sommes continuellement obligés d'atténuer la vérité, ou de la voiler, de manière à ce qu'elle ne soit pas trop saisissante, qu'elle ne frappe pas trop vivement, et surtout qu'elle ne décourage point. Ainsi doit-on faire dans le gouvernement des hommes. Il faut beaucoup de prudence, de calme, de discernement. Il faut étudier d'abord ceux sur lesquels on doit agir, et n'agir qu'à propos, pour ne pas diminuer ou paralyser l'action de l'autorité.

La loi, qui peut ordonner ce qui est honnête et utile, ne doit donc le faire qu'en temps convenable, avec opportunité et dans une certaine mesure. Elle doit mettre de la prudence dans la défense de ce qui est mal, et quoiqu'elle ait le droit et le devoir d'interdire le mal en général, cependant elle est obligée de tolérer des abus ou des excès, des délits, des crimes même, parce que, dans l'embarras des choses humaines, dans le mélange du bien et du mal qui se retrouve partout, on en est toujours réduit à choisir le moindre inconvénient et à accepter un plus petit mal, pour en éviter un plus grand. Dans la prescription du bien comme dans l'interdiction du mal, il ne faut faire justement que ce qui convient à la situation et ce que peuvent porter les subordonnés.

Ainsi fait l'Église. Elle défend même quelquefois des choses bonnes en elles-mêmes, à cause de leur inopportunité. Par exemple, l'idolâtrie est une chose abominable ; tout ce qui s'y rapporte participe à l'anathème qui lui est dû, les idoles, les temples consacrés aux idoles, les autels, les victimes. Cependant l'Église n'a jamais voulu que spontanément, initiativement, les chrétiens allassent renverser les idoles, briser les statues et les temples des païens, et provoquer par là la fureur des persécutions. Les fidèles des premiers temps ne devaient se déclarer

et s'exposer à la mort que si on voulait les contraîndre
à l'apostasie. Quelques âmes ardentes ont agi autrement
dans un zèle que je n'oserais pas dire malentendu où
indiscret; ils ont été blâmés malgré leurs généreuses intentions. Les bonnes intentions n'excusent pas toujours,
et on peut faire beaucoup de mal en croyant ne chercher
que le bien, comme dit le poète :

« Decipimur specie recti. »

L'apparence du bien nous trompe souvent; ce qui
montre que même dans le mal nous cherchons encore
un bien. Aspirant au bonheur du ciel, et convaincus
que le martyre en est la voie la plus sûre et la plus
prompte, quelques fidèles allaient au-devant de la persécution, pour obtenir plus vite la couronne immortelle
qu'ils ambitionnaient. On en cite même qui se jetèrent
d'eux-mêmes dans les bûchers allumés, tant ils étaient
avides de mourir pour revivre, et de perdre leur âme
pour la gagner. L'Église, toujours sage, et qui conduit
tout avec force mais avec douceur, a blâmé ces empres-
sements. Elle a toujours dit avec saint Paul : *Oportet sapere, sed sapere ad sobrietatem.* Soyez sages, mais avec
sobriété.

La loi, en second lieu, ne doit jamais commander des
choses mauvaises, même comme moyens d'un bien, parce
qu'il n'appartient point à l'homme de faire sortir le bien
du mal. Il n'y a que Dieu qui ait cette puissance, et c'est
une détestable maxime, souvent adoptée par les partis
et qui les a presque toujours perdus, de pousser au
mal leurs adversaires, sous prétexte de combler la mesure, et ainsi d'en finir plus tôt par l'exagération ou l'é-
puisement de l'erreur ou du crime. Cela est positivement
défendu par la loi divine. On ne peut jamais autoriser le

désordre ou le vice, parce qu'ils sont mauvais de leur nature, et ainsi, quelles qu'en soient les conséquences, jamais la fin, si bonne qu'on la suppose, ne justifie les moyens. C'est ce qui est enseigné en théologie par cette formule de saint Thomas déjà citée : « Bonum ex integrâ causâ, malum ex quocumque defectu. » Le bien résulte de la chose intégrale, et le mal du moindre défaut, c'est-à-dire que si dans une action il y a une circonstance immorale, toute l'action en est viciée. Il suffit, pour qu'il y ait mal, d'une seule défectuosité. Tout le reste, fût-il excellent, se trouve gâté par cet élément vicieux. Un peu de levain corrompt toute la masse.

C'est pourquoi la théologie et la morale n'ont jamais approuvé ce qu'on appelle la politique du monde, ou la raison d'État. Sans doute quand on gouverne, on est quelquefois obligé de faire ou de tolérer des choses suspectes ou odieuses à une conscience délicate, et que la position et les circonstances peuvent seules excuser. Mais instituer une morale pour les gouvernants et une morale pour les gouvernés, c'est un mensonge et un crime. Il n'y a qu'une morale, petite ou grande, celle qui commande le bien, la justice, qui proscrit le mal et condamne ce qui est injuste. Si la raison d'État, ou la conduite du pouvoir, se trouvent en opposition avec l'équité, avec la morale naturelle, avec le droit divin, c'est une mauvaise politique, une politique d'intérêt, non peut-être d'intérêt privé, mais d'intérêt public, qui peut être perverti comme l'intérêt privé. Si c'est l'intérêt du gouvernement contre le peuple, il est immoral, puisque la fin de la loi sociale est le bien-être du peuple et la justice pour tous. Si c'est l'intérêt du peuple, il y a encore à considérer : car il n'y a pas qu'un peuple dans le monde. Or si votre conduite blesse les droits des autres peu-

ples, si vous violez la justice dans les rapports internationaux, il est évident que votre politique nationale,
quelque utile qu'elle vous paraisse, est une immoralité.
Car vous devez la justice, comme État, aux autres États,
de même qu'un particulier la doit aux particuliers. Donc
toute politique qui trompe et sacrifie le juste à l'utile est
une mauvaise politique, au moins moralement.

Au reste, cette prétendue science de la politique, cette
diplomatie, qui s'inspire de la raison d'État plus que
de la conscience, est aujourd'hui usée, discréditée,
comme la morale de l'intérêt. Avec les moyens de publicité et de discussion qu'on trouve à peu près partout de
nos jours, il est presque impossible de gouverner les
hommes par la ruse et la dissimulation. Il faut jouer
cartes sur table, et alors il devient difficile d'abuser
longtemps l'opinion, ou de pervertir la conscience publique. La meilleure politique de nos jours, et les derniers événements, si glorieux pour nous, l'ont prouvé,
c'est l'amour de l'équité, la droiture, la sincérité avec la
force par-dessus, quand on a le bonheur de l'avoir et de
la mettre au service du droit et de l'humanité.

Restent les choses indifférentes ou celles qui ne sont
ni bonnes ni mauvaises moralement. Y a-t-il des choses
indifférentes ? Nous pensons qu'au fond il n'y en a pas.
Car tout fait, par cela qu'il existe, a ses conséquences
et sa portée. Cependant, comme nous ne voyons pas toujours les effets d'un acte humain et comment les conséquences en sortent, nous arrivons à croire qu'il n'a pas
d'effet moral, et de là des actions ou des paroles inconsidérées, dont les suites inaperçues nous reviendront plus tard. Quoi de plus indifférent en apparence
que d'aller se promener là ou là ? Sans doute si vous
allez à gauche, au lieu d'aller à droite, sans intention

déterminée, il n'y a pas de moralité dans ce mouvement et la conscience n'y est pas intéressée. Cependant si vous prenez à droite, et que vous fassiez une promenade avec un bon livre, ou en vous livrant à une méditation salutaire, les conséquences pourront en être heureuses et vous en tirerez du profit. Mais si vous allez à gauche, et que vous y rencontriez une certaine personne ou un ami qui vous entraînera où vous savez, que deviendra le reste de la journée, et qu'en rapporterez-vous ? La plus simple démarche n'est donc pas indifférente, et si dans la décision prise presque à notre insu on ne peut pas dire qu'il y ait précisément de la moralité, on ne peut pas non plus la regarder comme indifférente à cause de ses suites.

Les lois prescrivent souvent des choses indifférentes en soi, mais qui prennent un sens moral en raison du temps et des circonstances. Pour ne pas me perdre dans les détails, je n'en citerai qu'un exemple. Il y a pour la vie civile des ordonnances de police qui n'intéressent pas la conscience, quoique les choses qu'elles prescrivent se rapportent à l'ordre public. Ces choses, indifférentes en elles-mêmes et très-arbitraires, sont utiles par leurs résultats. Ainsi on vous prescrira sous peine d'amende, ou même de châtiment correctionnel, de ne point passer par telle rue ou tel chemin, de ne rien jeter par les fenêtres, pas même la poussière de vos tapis, de ne pas répandre au dehors les eaux ménagères en cas de gelée, de balayer ou d'arroser le devant de votre habitation et mille autres choses de ce genre, parfaitement indifférentes à la conscience ou sous le rapport moral, mais qui importent au bon ordre et à la sûreté publique.

Les lois ne doivent jamais prescrire que des choses

possibles, possibles absolument eu égard à la condition humaine, ou possibles relativement en raison des temps et des lieux. C'est ce qui fait la sagesse des lois. L'homme dans son état normal a la puissance de faire telle ou telle chose. Par sa raison il peut atteindre certaines vérités, de là sa science naturelle. Il peut par sa liberté et l'usage qu'il en fait acquérir certaines vertus morales. Les lois doivent rester dans ces limites, et ne rien lui demander qui dépasse les conditions et les forces de sa nature, par exemple : une abnégation de soi au delà de la justice. L'état civil est une association de volontés dans un but commun, qui est l'intérêt de tous. C'est un contrat où chacun doit trouver ses avantages, et la loi, expression et garantie de ce contrat, ne doit exiger de chacun que les sacrifices nécessaires à la fin, qui est de vivre tranquille et en sûreté sous la protection de l'autorité publique, par l'exercice de ses facultés, de son industrie, pour jouir de sa propriété, et élever sa famille qui vivra et se développera à son tour dans les mêmes conditions. Les lois civiles doivent donc rester dans cette humble sphère, qui du reste est encore assez vaste, et ne pas imposer un dévouement sans mesure ni des vertus héroïques. L'héroïsme est partout une exception, et on ne fait pas des lois pour les cas exceptionnels.

Néanmoins la société civile a aussi un but moral ; elle doit rendre les hommes non-seulement plus heureux, mais encore meilleurs en les civilisant, et par ses lois elle leur apprend à modérer leurs passions et à pratiquer la vertu, principalement l'équité. Mais ses exigences ne doivent point dépasser la sphère naturelle. Elle ne doit pas traiter ses membres comme des héros, ni même supposer qu'ils puissent le devenir. Des héros ! On n'en compte guère de nos jours, sauf les saints et quelques personnes remarquables par leur dévouement. Mais on ne fait pas de lois pour ces personnes-là. Les lois ne leur sont ni utiles ni gênantes, parce qu'elles sont au-dessus. L'État demande aux citoyens une certaine portion de leurs biens, de leur temps, de leur liberté pour contribuer à la chose publique. Ceux que nous appelons des héros, et qui le sont en effet par le sacrifice d'eux-mêmes, par l'abnégation de leurs personnes, se donnent tout entiers, et par conséquent les concessions partielles, qu'exige la loi, leur importent peu.

Cependant, nous l'avons vu, il y a certaines professions qui par elles-mêmes ont quelque chose d'héroïque. C'est pour cela que le monde les honore, quoiqu'il ne les rétribue guère, et c'est peut-être parce qu'il les rémunère en gloire, qu'il les paye si peu en argent. C'est une autre monnaie. La profession militaire est héroïque, car à tout instant le soldat et l'officier sont exposés à sacrifier leur vie et souvent pour peu de chose. C'est le devoir de leur état et leur obligation de tous les jours. Ils ne peuvent faire autrement, non-seulement par honneur, mais par conscience. A coup sûr celui qui a le plus de mérite devant Dieu, sinon le plus de gloire devant les hommes, c'est le pauvre soldat. L'officier a le désir d'être décoré, il en est singulièrement animé. Il a l'espoir d'avancer, il voit toujours devant lui les petites et les grosses épaulettes, et sur les grosses il voit des étoiles, non pas celles du ciel, et au bout de sa carrière une retraite honorable et suffisante. Mais le soldat, le pauvre soldat qui n'aspire qu'à retourner à son village, qu'on fait héros malgré lui, et qui l'est d'autant plus qu'il n'a rien à gagner et beaucoup à perdre, souvent il revient mutilé, avec un bras ou une jambe de moins, peut-être avec la croix d'honneur sur la poitrine, et puis quoi encore? Quelques centaines de francs pour le reste de ses jours. Il a à peine de quoi vivre, lui qui pendant sept à huit ans a exposé sa vie tous les jours, et s'est immolé au devoir !

J'en dirai autant de la profession dont je m'honore, le sacerdoce. Moins exposé sans doute que le soldat, le prêtre pourtant l'est souvent, et il doit l'être. Il ne peut reculer quand on l'appelle, il faut marcher, toutes les pestes du monde fussent-elles devant lui. Il faut qu'il se penche à l'oreille du moribond, qu'il en reçoive le souffle, qu'il respire la maladie, au risque d'en être infecté ; il le faut, le devoir de son état l'exige. Il en est de même de la sœur de charité. Mais pour le reste des citoyens, ne leur demandons pas d'héroïsme. Tâchons qu'ils soient d'honnêtes gens, qu'ils connaissent leur devoir, qu'ils l'aiment, qu'ils l'accomplissent sincèrement, qu'ils observent la justice surtout, et ne visons pas à de trop hautes perfections, même dans l'ordre spirituel et pour la direction des âmes. On rencontre souvent des personnes qui veulent être parfaites, qui aspirent à la sainteté, en se donnant tout entières à Jésus-Christ ; et puis, dès que la journée s'engage et à mesure qu'elle avance, en vivant avec les autres à chaque instant il y a un faux pas, une mauvaise parole, une médisance, un mouvement de colère, un acte de haine, de vengeance, une exaltation d'amour-propre, d'orgueil, etc., etc., et voilà la perfection qui s'en va. Tâchons, avant tout, d'être simplement des observateurs consciencieux du devoir et de l'équité. Commençons par rendre à chacun ce qui lui est dû, et avant de prétendre être des saints, soyons d'honnêtes chrétiens. Ils sont très-rares les honnêtes gens, même parmi les saints, c'est-à-dire parmi ceux qui passent pour l'être.

Vient une autre question qui dérive de celle-ci : les

lois peuvent-elles prescrire toutes les vertus, et défendre tous les vices ?

Non, en général. Les lois, soit spirituelles, soit civiles, ne prescrivent jamais toutes les vertus et ne défendent point tous les vices. Mais pour éclaircir la question, il faut distinguer les différentes espèces de lois. Il y a deux sortes de gouvernements, le gouvernement spirituel et le gouvernement temporel. Chacun a sa législation, qui est déterminée par sa fin. Or la puissance temporelle n'a pas un but aussi élevé que la puissance spirituelle. La première s'occupe surtout des choses de la terre ; elle dirige une association d'hommes, qui vivent ensemble pour être aussi heureux qu'il est possible sur cette terre, mais d'une manière terrestre; par conséquent les lois du gouvernement temporel sont temporelles, et ne doivent défendre ou commander que ce qui concerne la vie sociale. Ainsi les gouvernements prescrivent surtout les lois de justice, parce que la vertu fondamentale de la société est la justice distributive ou l'équité. Quant à la perfection, à la sainteté, à la charité, l'État peut sans doute les exciter, les encourager, mais il n'en fait point des lois, parce que ces choses le dépassent lui et sa fin, et c'est une autre autorité qui doit légiférer dans cette sphère. La puissance spirituelle en effet a un but plus sublime ; elle cherche non plus le bien-être terrestre du citoyen, mais son bonheur céleste ; elle s'inquiète moins des sociétés politiques que du salut des âmes. Sa mission est de les sauver ; donc elle doit employer tous les moyens qui conduisent au salut, et ainsi elle peut prescrire non-seulement les vertus naturelles, les vertus morales, mais encore les vertus surnaturelles, la foi, l'espérance, la charité et tout ce qui en découle; toutes choses dont le pouvoir temporel ne peut guère se mêler. Cependant les lois civiles s'en mêlent quelquefois, mais secondairement, comme auxiliaires de la puissance spirituelle. Cela peut être utile, mais parfois aussi nuisible, funeste, par exemple en ce qui concerne la pénalité. Dans un pays tout catholique, où les lois de l'Église sont lois de l'État, le gouvernement, qui les a acceptées et sanctionnées, est tenu de les faire observer, et ainsi d'appliquer à leur infraction une pénalité civile. Voilà des peines temporelles infligées à des délits spirituels, ce qui peut entraîner à des violences contraires à la douceur de l'esprit chrétien.

Aujourd'hui nous n'avons plus à redouter ces inconvénients. Le spirituel et le temporel sont séparés trop peut-être, mais il y a d'autres difficultés dont je n'ai pas à m'occuper en ce moment.

Le gouvernement spirituel ou temporel ne prescrit donc pas toutes les vertus et ne défend pas tous les vices. Il y a beaucoup de délits contre lesquels il ne porte point de lois, soit à cause de la difficulté de les atteindre, soit parce que ces vices ne mettent en péril ni l'État ni l'Église. Le gouvernement spirituel, cependant, va plus loin sous ce rapport que le gouvernement temporel; car il embrasse tout ce qui se rapporte à l'ordre naturel et à l'ordre surnaturel; et ainsi les lois ecclésiastiques et la direction spirituelle aident singulièrement l'accomplissement des lois civiles. En outre, comme il est d'une autre sphère et tend à une fin plus élevée, du citoyen de la terre il veut encore faire un citoyen du ciel, et il s'inquiète à la fois du bien terrestre et du bien céleste des hommes. Donc l'Église, ayant pour but le salut des âmes, et imposant des lois pour l'assurer, a le droit de commander tout ce qui peut y servir, et de défendre tout ce qui y met obstacle. Si elle ne porte pas des lois contre tous les péchés mortels ou capitaux, c'est qu'elle ne le juge pas nécessaire ; car elle en a le droit, et son droit repose sur cette parole : « Tout ce que vous lierez sur la terre sera lié dans le ciel. » Elle peut donc ordonner légitimement tout ce qui sert à sa fin dernière. Elle ne le fait pas toujours, et elle a raison.

Parmi les théologiens s'élève une autre question, qui est toute spirituelle : les lois humaines peuvent-elles prescrire ou défendre des actes intérieurs ?

Dans les actions humaines il y a deux parties, comme dans l'homme lui-même. Dans l'homme il y a une partie invisible, métaphysique, qu'on appelle l'âme ou l'esprit, et qui ne se révèle directement qu'à la conscience. Mais elle se manifeste au dehors par des actes sensibles, par la parole, par les gestes et les mouvements du corps, qui est la partie extérieure de l'humanité. Ainsi dans chacune de nos actions il y a l'âme de l'action ou l'esprit qui l'a conduite, la volonté qui l'a décidée, l'intention qui l'a amenée, et il y a le corps de l'action ou l'acte qui la réalise. Dans un crime il y a l'intention de faire le mal, puis le mouvement extérieur qui l'a exécuté, perpétré, comme disent les légistes, que la loi civile peut atteindre.

Maintenant on demande : la loi peut-elle s'occuper des actes intérieurs, les prescrire ou les défendre ? Nous répondons oui, bien que beaucoup de théologiens ne soient pas de cet avis. Je m'explique. D'abord il est évident que si un acte intérieur est conjoint à un acte extérieur, la loi peut le défendre ou le prescrire avec l'action externe à laquelle il est uni. Ainsi elle défend l'homicide ; mais pour constater qu'il y a crime dans un meurtre, il faut nécessairement remonter à l'intention, discerner s'il y a eu préméditation, par conséquent dans ce cas elle s'occupe nécessairement des actes intérieurs. Si ceux qui jugent, magistrats ou jurés, sont convaincus qu'il n'y a pas eu volonté, mais simplement imprudence ou accident, à coup sûr ils ne déclareront pas l'accusé coupable d'assassinat. Il faut donc que la loi civile s'inquiète des actes intérieurs et les interdise. Elle ne défend pas seulement de tuer, mais aussi d'avoir l'intention de tuer. Sans doute, si vous en restez à l'intention, elle ne peut pas vous atteindre; mais si vous faites une action qui présente les signes du crime, tout aussitôt elle va scruter les faits, pour y rechercher votre intention; et ce qu'elle condamnera, ce n'est pas la violence dont un homme a été victime, car elle peut être l'effet d'une cause inintelligente, elle s'enquiert si l'instrument du meurtre est un être raisonnable et libre qui a voulu la mort de son semblable, l'a préparée et produite. Donc elle s'occupe de l'acte intérieur.

Prenons un autre cas. La loi garantit les contrats; donc quand vous les formez, elle suppose que vous avez l'intention de tenir vos engagements. Elle n'en parle pas, parce que c'est la condition essentielle du contrat. On ne peut pas imaginer qu'un homme prenne un engagement sans avoir la volonté de l'observer et il serait mal venu à dire : j'ai donné ma parole, mais au fond je n'avais pas l'intention de la tenir. La loi civile saisit donc les intentions, les dispositions intérieures; elle les présuppose, et si vous agissez contrairement, elle vous oppose l'intention que vous deviez avoir, intention manifestée par le contrat écrit et par la signature donnée. Il est vrai que, s'il n'y a pas de signature ni de témoins, elle ne peut rien faire, parce que le juge ne peut lire dans les âmes. C'est pourquoi, quand il n'y a que la loi civile pour empêcher le mal dans la société, elle est mal protégée. Le tribunal veille à l'observation des lois qui défendent ou ordonnent certaines actions, mais il ne peut saișir les intentions que s'il y a un commencement d'exécution, un fait quelconque qui serve de base à l'accusation.

En outre, il vaut mieux prévenir le crime que le punir, et la loi humaine n'en a pas le moyen. Comment veut-on qu'elle agisse sur les âmes pour les disposer à bien faire et leur inspirer l'horreur du mal? C'est l'éducation qui fait cela, et l'éducation elle-même, sans la religion qui est la clef des âmes, est impuissante. Aussi dans un pays où la religion est peu honorée, peu respectée, peu pratiquée, où son influence est en suspicion, il y aura beaucoup d'immoralité; cela est inévitable. On se retiendra jusqu'à un certain point, parce qu'on aura peur de la loi, de la peine, du châtiment; mais quand on obéit seulement par crainte, on obéit mal, et dès qu'on peut éluder la loi, on ne s'en fait pas faute. C'est ce qui arrive de nos jours, où la religion a peu de prise sur les âmes, où son levier moral est affaibli. On croit y suppléer par la peur, par le respect humain, par la conscience naturelle, par les convenances de la société, par l'intérêt bien entendu. Certainement il y a une action morale dans ces moyens, et nous ne voulons pas les affaiblir. Mais ils ne feront jamais des hommes foncièrement et complétement honnêtes, et avec ces moyens seuls on ne triomphe point des mauvaises passions. Car si on peut se satisfaire impunément et commettre le crime qui plaît, sans cesser de passer pour honnête, et ainsi cumuler le plaisir de la passion assouvie avec la réputation d'un homme de bien, on se croira à l'abri, parce qu'on aura réussi à cacher aux regards humains les turpitudes de son cœur. Mais on n'échappe point au regard de Dieu dans ce monde ni dans l'autre. Donc sans la foi religieuse, sans l'influence de la religion, il n'y a point de moralité sûre ni complète dans une âme.

Je sais très-bien ce qu'on objecte pour diminuer cette influence. On parle de l'ambition du clergé, de l'Église, qui veut dominer les consciences, et par les consciences la famille et l'État. J'ai entendu toutes ces déclamations, mais que prouvent-elles ? Quand il y aurait des abus, est-ce une raison pour empêcher l'usage ? Est-ce que vous détruirez la vie, parce que tous les jours on abuse de la vie ? Est-ce que vous vous lierez les bras ou les jambes, pour ne pas risquer de les rompre ? Oterez-vous à la société tous ses moyens d'action, parce qu'on les a souvent pervertis ? Oui, nous l'avouons, on peut être honnête selon le monde, et dans une certaine mesure, sans foi ni sans pratique religieuse, mais alors on est honnête comme on l'est dans le monde, c'est-à-dire jusqu'à l'intérêt propre ou jusqu'à la bassesse. Mais si la passion devient ardente, si la cupidité s'enflamme et qu'on puisse les satisfaire sans danger ou dans le secret, sans risquer le châtiment ou la flétrissure, il est bien difficile d'y résister.

La loi canonique peut-elle défendre ou prescrire des actes intérieurs ?

Les lois de l'Église sont faites en vue du salut des âmes. C'est là leur fin dernière et par conséquent l'Église a le droit de prescrire ou de défendre tout ce qui peut être moyen ou obstacle à cette fin, donc les bonnes et les mauvaises actions avec toutes leurs conditions. Mais quand l'Église impose une chose, elle n'impose pas seulement la forme de la chose, elle dit : « Tu feras cela, mais avec la volonté de le faire comme je l'entends, et avec l'intention que j'exige. » Elle prescrit donc une bonne action avec toutes les conditions de sa bonté, comme elle défend un vice avec tous les moyens de le favoriser ou de l'entretenir. Donc il faut qu'elle entre dans l'intérieur de ce qu'elle ordonne. Il n'y a aucun embarras quand l'acte intime se trouve conjoint avec l'acte externe. Par exemple, c'est une loi pour le prêtre de réciter tous les jours son bréviaire et il est tenu de l'observer en conscience. Mais qu'est-ce que l'Église veut par là ? Le bréviaire se compose de paroles de l'Écriture sainte, de psaumes, des légendes des saints, des plus beaux passages des Pères et docteurs de l'Église, en sorte que les prêtres sont obligés de lire tous les jours les choses les plus édifiantes, les plus nourrissantes pour l'âme, ce qui la met en rapport continuel avec Dieu par la récitation et la méditation du texte sacré. Mais il y a une condition essentielle pour obtenir ce résultat, c'est qu'on dise son office avec recueillement, de manière à recevoir l'influence salutaire de la parole, de la comprendre autant qu'il est possible, et d'en tirer le fruit céleste qui y est contenu. L'Église prescrit donc en même temps l'acte intérieur de l'attention et du recueillement pour éloigner les distractions. Quand on lit son bréviaire trop vite, légèrement, et presque sans y penser, on le dit mal et par conséquent on n'accomplit pas la loi, ou on l'accomplit mal.

C'est une loi pour tous les fidèles d'assister à la messe les dimanches et fêtes ; mais si on y assistait de corps seulement, avec un esprit plein de dissipation, ou par contrainte, avec le désir de ne pas y être, si l'on pouvait s'en dispenser, on ne remplirait pas la loi ; car l'Église demande la piété, la prière, l'union du cœur au saint sacrifice, pour qu'on puisse participer aux grâces qui en sortent. Il est évident que si la volonté et l'esprit sont ailleurs, le précepte ne sera point rempli, et l'obéissance purement extérieure ne profitera pas.

Il en est de même de la confession, que l'Église impose au moins une fois l'an. La fin du commandement est de purifier l'âme en la délivrant du péché et de ses suites. Or le péché s'opère par la volonté, qui agit sciemment d'une manière contraire à la loi. Donc la volonté doit contribuer à le détruire. La même cause qui a fait le mal doit le défaire, et comme on l'a posé par sa liberté, on le dépose en le désavouant, en le rejetant. Mais pour le rejeter efficacement, il faut rompre avec ce qui a servi à le commettre. Ce n'est pas seulement l'acte extérieur qu'il faut confesser, mais les pensées, les désirs, les passions qui l'ont amené ; il faut ressentir et témoigner la douleur d'avoir mal fait en offensant Dieu et sa loi. L'Église demande ici ce qu'il y a de plus intérieur, le regret, le remords du mal commis, ce qu'on appelle la contrition, et le propos bien sincère de ne plus le commettre à l'avenir. Si l'on se présente au tribunal de la pénitence sans contrition et sans la résolution de mieux faire, le but est manqué, le précepte n'est pas observé ; c'est une pratique vaine et une profanation.

J'en dirai autant de la communion pascale. L'Église la demande, parce que c'est l'acte principal de la religion par lequel l'homme s'unit à Jésus-Christ, en recevant avec sa chair et son sang la vie divine qui nous a été accordée par la miséricorde et par l'amour comme le bien suprême. C'est Jésus-Christ qui l'a apportée du ciel, et il la communique aux hommes de bonne volonté par la sainte Eucharistie, qui est la nourriture par excellence, le pain au-dessus de toute substance. Insérée dans nos âmes par la greffe du baptême, la vie céleste est surtout alimentée et développée par le pain descendu du ciel, et voilà pourquoi il nous est recommandé de participer au moins une fois l'an au banquet sacré, pour que notre âme vive de la vie de la grâce et produise des fruits de vie. Mais il faut s'en approcher avec un cœur purifié, autant qu'il est possible, par le regret de ses fautes, avec foi, espérance et amour; sinon, il n'y a plus qu'un acte extérieur qui est une hypocrisie ou un blasphème, et celui qui le fait sans les conditions requises boit et mange son propre jugement.

Ici l'Église commande des actes intérieurs. Exigeant qu'on ait la volonté de faire tout ce qui est nécessaire pour recevoir efficacement les sacrements, elle demande une intention. Il y a plus, elle peut prescrire des intentions particulières qui n'ont aucun rapport avec la morale. Cela arrive tous les jours. Quand le souverain pontife ou les évêques demandent des prières aux fidèles pour obtenir du ciel la cessation d'un fléau, elle ordonne de prier de telle manière et avec une certaine intention. Donc elle s'occupe des actes intérieurs.

Mais on peut dire que dans ces exemples les actes intérieurs sont associés aux actes extérieurs dont ils sont les conditions, et que la loi ecclésiastique les atteint par ce côté. Examinons donc des cas où cette association n'existe pas, par exemple, des mauvaises pensées, des désirs coupables qui ne se réalisent pas, qui ne sortent pas du cœur où ils sont nés. La loi canonique peut-elle les atteindre et les punir? Ici les théologiens se partagent. Les uns disent non, selon l'axiome : *Ecclesia non judicat de internis*, l'Église ne juge pas des choses intérieures. Les autres disent oui, parce que le pouvoir de lier, qui lui a été donné, s'étend à tous les actes, intérieurs ou extérieurs, en tant qu'ils sont moraux. Il y a du vrai des deux côtés et on peut concilier les opinions. Il est très-vrai, en général, que l'Église qui a reçu le pouvoir de lier et de délier sans exception, et de là son pouvoir de remettre les péchés ou de les retenir, peut défendre les actes les plus intimes comme les plus extérieurs; elle peut condamner les mauvaises pensées, les mauvais désirs. Car les mauvaises pensées conduisent aux mauvaises actions; les désirs impurs portent aux crimes. Il y a même plus, comme dit l'apôtre, les crimes ne sont pas dans les actes du dehors, ils sont dans l'âme; les adultères, les fornications, les homicides sortent du cœur, et nos actions ne sont vicieuses que par la racine empoisonnée ou amère qui est au dedans. Donc c'est la mauvaise volonté qui est la source du mal; et comme il vaut mieux prévenir que punir, il faut tâcher d'aller à la source du péché, et de l'étouffer dans son principe.

Seulement il n'est pas toujours facile de l'atteindre à cette profondeur. Mais l'Église a un moyen qui manque au pouvoir civil, et heureusement; car si le gouvernement pouvait nous confesser, je ne sais pas ce que deviendrait la liberté. C'est le tribunal de la pénitence, où chacun est tenu de s'accuser, même des choses les plus secrètes. Là le juge, qui représente Dieu, peut connaître des actes intérieurs. C'est un devoir pour le pénitent de déclarer tout ce qu'il a sur la conscience, et de manifester complétement son mal, s'il veut être guéri. Est-ce qu'on peut traiter un malade dont on ne connaît pas la maladie? Un homme s'est blessé et il ne veut pas montrer la plaie : comment le chirurgien pourra-t-il le soigner? Un autre a contracté une maladie honteuse; il se tait obstinément sur les causes et les circonstances et refuse d'en laisser voir les effets. Sur quoi le médecin pourra-t-il baser son traitement? Il en est des maladies morales comme des maladies physiques. Le confesseur est le médecin de l'âme, il doit appliquer un traitement spirituel; il faut donc, pour qu'il puisse agir efficacement, qu'on lui montre les plaies du cœur, même les plus hideuses, celles qui altèrent le plus profondément la source de la vie de l'âme et qui risquent de l'éteindre. Il faut qu'il connaisse les actes intérieurs. Cependant il y a ici une limite, comme dans toutes les choses humaines, et Dieu seul la dépasse. Le confesseur, qui doit juger d'après la loi de Dieu, ne peut savoir en définitive que ce qu'on lui dit ; et après avoir fait tout ce qui est en lui pour découvrir le mal plus ou moins profond de l'âme qui s'accuse, il est responsable seulement de ce qu'elle lui avoue, et non de ce qu'elle lui cache.

Puis les coupables ne se cachent pas toujours volontairement. Souvent ils ne savent point ce qui les a poussés à agir, et ainsi il y a des actes intérieurs qu'on ne peut atteindre, parce qu'ils échappent même à la conscience de celui qui les a faits. C'est pourquoi, dit l'Évangile, il n'y a au fond qu'un juge, Celui qui seul voit les ressorts les plus secrets de nos actions, et qui sait tout ce qui se passe en nous, alors que nous l'ignorons nous-mêmes. Dans ces cas la loi ecclésiastique ne peut pas juger des choses secrètes, et celui qui est chargé de l'appliquer, le prêtre, après avoir fait ce qu'il peut pour reconnaître le péché, est obligé de s'arrêter à cette borne, que la plupart du temps le pécheur ne peut franchir lui-même ; car nous ne connaissons pas toutes nos fautes. C'est pourquoi saint Paul s'écriait : bien que ma conscience ne me reproche rien, je ne suis pas justifié pour cela. Qui sait s'il est digne d'amour ou de haine ? Ainsi ont pensé tous les saints. Qu'on juge, d'après cela, où en sont ces hommes du monde qui ont abandonné depuis longtemps la pratique religieuse et auxquels on parle de se confesser. Ils répondent naïvement, intrépidement, qu'ils n'ont rien à dire ; car ils ne font de mal à personne, ils n'ont ni volé, ni tué. Ce qui encore n'est pas bien sûr, vu qu'il y a plusieurs manières de tuer, ne fût-ce que les âmes par les mauvais conseils, ou les réputations par un coup de langue ; il y a aussi plusieurs manières de voler, ne fût-ce que l'innocence par la séduction, l'honneur par la calomnie. Hélas! les plus grièvement malades sont ceux qui ne sentent pas leur mal, et beaucoup qui se croient innocents sont bien coupables ; mais ils ne le voient pas, parce que leur œil est obscurci et qu'ils n'ont point l'habitude de s'examiner.

C'est pourquoi il faut de la patience, de la douceur, de la prudence pour mener peu à peu à la lumière ceux qui en sont si éloignés, et ne pas les effrayer tout d'un coup par un trop grand éclat. Heureux ceux qui apprennent à se reconnaître et à se détester eux-mêmes avec le mal qu'ils y aperçoivent. En s'examinant sérieusement, on est effrayé de toutes les iniquités qu'on trouve en soi, et on comprend cette parole, que l'homme juste pèche sept fois par jour ; on comprend ce cri du psalmiste : « Ab occultis meis munda me et ab alienis parce servo tuo.» Seigneur, purifiez-moi de mes péchés cachés, et épargnez-moi en ce qui regarde les péchés des autres, c'est-à-dire la part que je puis y avoir prise sans le savoir, en mêlant mes actes aux leurs volontairement ou par imprudence. Voilà les choses intérieures, secrètes, que la loi et le jugement des hommes ne peuvent atteindre, et cependant elles nous reviendront un jour, puisqu'elles sont sorties de nous, et nous en répondrons pour notre part. Tout ce que nous aurons répandu en dehors par notre propre volonté refluera sur elle, parce qu'elle en a été la source, les bonnes œuvres avec une surabondance de bonheur pour l'âme, les œuvres du mal avec un surcroît immense d'amertume, qu'elle devra reprendre et absorber. Les ruisseaux reviennent à leur source par l'évaporation des fleuves et des mers ; aux causes remontent les effets, les conséquences à leurs principes. Ainsi l'homme sera puni par ses propres fautes, et la justice de Dieu s'exerce d'une manière admirable, au point de vue philosophique comme au point de vue religieux.

CHAPITRE XIX

DE L'OBSERVATION DE LA LOI.

De l'observation de la loi. — Que la loi n'est vraiment accomplie que par l'intention de faire ce qu'elle prescrit. — Raison et liberté. — Part et effets de la crainte du châtiment dans l'observation des lois. — *Pleni-tudo legis dilectio*. La loi doit être observée dans son esprit, dans sa lettre, et au temps marqué, quand elle le détermine. — En cas de col-lision de deux lois, celle dont l'obligation est la plus étroite doit l'em-porter.

Dans le dernier chapitre nous avons considéré la ma-tière de la loi, c'est-à-dire les choses que la loi peut at-teindre, auxquelles elle s'applique pour les prohiber ou les autoriser. Nous allons considérer dans celui-ci l'ob-servation de la loi, ou la manière dont il faut l'accomplir pour être dans l'ordre.

En premier lieu, il faut avoir l'intention de faire ce qu'elle prescrit, c'est-à-dire qu'on ne peut observer la loi sans un acte de raison et un acte de liberté. L'obser-vation de la loi n'appartient qu'aux êtres raisonnables et qui ont la jouissance de leur raison. Il ne suffit pas d'avoir la raison en puissance, il faut en avoir l'actua-lité, il faut pouvoir l'exercer et le vouloir. C'est pourquoi là où il n'y a point d'acte de liberté ni de raison, il n'y a pas lieu à l'application de la loi, il n'y a point de culpa-bilité, et les actions ne sont ni bonnes ni mauvaises moralement, bien qu'elles puissent être utiles ou fu-nestes par leurs conséquences. Ce qui veut dire qu'en dehors de la liberté et de la raison, il n'y a point de moralité. Il n'y a que les êtres actuellement raisonnables qui soient des êtres moraux. Donc, dans tous les cas où la raison n'est pas encore en exercice ou est suspendue, il n'y a pas lieu à imposer ni à imputer la loi. Ainsi l'enfant qui n'a pas l'âge de raison n'y est point soumis.

Cet âge est fixé à sept ans par l'Église. Il est vrai que la raison se développe quelquefois auparavant, comme aussi elle peut paraître plus tard. Dans le premier cas, on les fait confesser avant sept ans, parce que, quoique leur conscience ne soit pas encore bien formée, cependant ils ont déjà un certain pressentiment du bien et du mal. Comme dans l'entraînement de leurs petites passions ils sentent qu'ils ne sont pas encore soumis à la loi, ils exploitent cette position, comprenant par instinct que le mal commis ne leur sera pas imputé, au moins gravement, et alors ils ne s'en font pas faute, si la crainte de la punition ne les retient. C'est ce qui leur arrive même à un âge plus avancé. Tant qu'ils sont en minorité, dans la famille ou au collége, ils abusent de leur incapacité et s'autorisent de leur faiblesse pour braver l'autorité, enfreindre la règle, et parfois même ils se laissent aller à des fautes graves, que la société punirait sévèrement. Car ils savent très-bien qu'on ne les prendra pas au sérieux, quelques délits qu'ils commettent, et qu'avec des enfants la miséricorde finit toujours par l'emporter sur la justice. C'est un des plus grands obstacles à la bonne discipline des colléges.

A l'époque opposée de la vie, dans la seconde enfance, quand, l'esprit s'affaiblissant, les forces du corps décroissant, la raison perd sa puissance, là encore l'homme en défaillance n'est plus passible de la loi. Car il n'a plus assez de raison pour la reconnaître, pour discerner ce qu'elle prescrit, ce qu'elle défend, ce qu'elle permet, ni assez de force de volonté pour repousser le mal et s'attacher au bien.

En d'autres cas plus tristes encore, dans les aliénations mentales, états si mystérieux où tout d'un coup, sans qu'on n'y voie rien ni avant ni après, à la suite d'une perturbation des organes amenée ordinairement par des causes morales, très-souvent aussi par des causes physiques, la raison devient incapable de s'exercer à cause de la paralysie ou de la surexcitation du cerveau, l'homme perd le commandement de lui-même, non qu'il ne possède encore la raison, les insensés raisonnent souvent beaucoup et quelquefois très-facilement sur tous les points qui ne touchent pas à l'objet de leur folie ; mais il devient, en ce qui touche à son idée fixe, comme étranger à lui-même, aliéné, *alienatus a seipso ;* il se croit une autre personne, et sa volonté ne dirige plus son esprit, comme son esprit n'éclaire plus sa volonté. Il n'est plus maître de lui-même, *suî compos.* Il est comme livré à une puissance secrète, qui le pousse, l'exalte et lui fait dire et faire les choses les plus contraires à ses habitudes et à son caractère. Dans ces cas l'homme n'est plus passible de la loi. Mais que de difficultés ! Comment déterminer exactement les temps de la démence et leurs limites ? Ce qui augmente la difficulté sous le rapport moral, c'est que les fous, pour la plupart, ne le sont pas continûment. Il y a des intervalles tranquilles, des moments lucides, où ils sentent leur état, et alors ils retombent sous la loi, puisque la liberté reparaît avec la raison. Comment distinguer ces nuances ? Comment faire la part des moments lucides et de ceux qui ne le sont pas ?

22

Il en est de même du sommeil où nous sommes enlevés à nous-mêmes, à notre propre conscience ; autre état mystérieux qu'il est bien difficile d'expliquer. Tout d'un coup la lumière s'éteint, pour ainsi dire, dans notre intérieur, et nous devenons incapables de diriger nos pensées. C'est le premier phénomène de la somnolence. En s'observant soi-même, au moment où l'on s'endort, on verra que l'assoupissement commence toujours par la confusion, par le vague des pensées, que la volonté ne peut plus diriger. C'est un courant qui l'entraîne, un courant d'impressions, d'images, de sentiments, qui arrivent l'un après l'autre sans liaison logique, sans ordre, et l'on perd conscience et connaissance au milieu de ce vague où l'esprit est comme noyé. Donc dans ces cas la raison ne s'exerçant plus, ou ne pouvant plus maîtriser ses pensées, la volonté n'étant plus éclairée par la raison, le discernement et l'acccomplissement de la loi deviennent impossibles. Il n'y a plus d'imputabilité. C'est pourquoi les mauvaises pensées qui se présentent dans le sommeil aux personnes les plus innocentes et les plus pures ne sont pas coupables, à moins qu'elles ne soient en effet des pensées de la veille ; car ordinairement les rêves sont des reflets de la vie de tous les jours.

Il en est encore de même des actions instinctives. Comme elles sont l'effet d'un premier mouvement qui part des organes et de la constitution physique, sans motif raisonnable, et que la volonté n'a pas la puissance d'empêcher, elles ne sont pas passibles de la loi. On en tire cette conséquence qui peut mener loin : donc si l'on n'est passible de la loi qu'en faisant ce qu'on veut, ceux qui l'observent malgré eux ne l'accomplissent pas réellement. Ainsi c'est un commandement de

l'Église d'assister à la messe les dimanches et les fêtes.
Je suppose, ce qui, hélas ! n'arrive que trop souvent
aux écoliers, que par le règlement ou la discipline on
soit forcé d'y assister, et qu'on le fasse en effet, mais
malgré soi et de mauvaise grâce, tellement qu'on s'en
dispenserait volontiers si on le pouvait, a-t-on accompli le précepte ? Oui sans doute matériellement, mais
non formellement. Car une loi morale ne s'observe pas
physiquement, mais volontairement, et toutes les fois
qu'on y obéit, il faut avoir l'intention de faire ce qu'elle
commande.

J'en dirai autant de l'abstinence et du jeûne. C'est
une grande affaire dans les familles et surtout pour les
femmes de ménage, pour les épouses et les mères chrétiennes ; car elles ont la responsabilité de l'intérieur,
elles doivent le gouverner, et quand les jours maigres
arrivent, on sait ce qu'il leur en coûte souvent pour faire
observer le précepte à leur mari et à leurs enfants s'ils
sont déjà grands. Parfois naissent des orages, d'autres fois cela passe, si le mari est de bonne humeur.
Y a-t-il en ce cas observation de la loi de la part du
mari ou des fils, qui font abstinence en grommelant et
à contre-cœur ? S'ils l'observent, assurément ils l'observent mal, et le plus probable est qu'ils ne l'accomplissent pas ; car ils y sont matériellement contraints.
Il y a plus : si, en faisant physiquement ce que la loi
ordonne, on se met en hostilité contre elle en la mépri-
sant, en la dénigrant, non-seulement il n'y a point
accomplissement, mais il y a transgression de la loi,
parce que la moralité n'est point dans l'acte extérieur ;
elle est dans l'intention de l'agent, et l'intention n'est
bonne que si elle est conforme à la loi et s'identifie avec
la volonté qui l'a dictée.

J'arrive à une autre conséquence, et c'est saint Augustin qui me la suggère, c'est que la loi observée seulement par crainte de la peine n'est pas vraiment accomplie. Toutefois il faut distinguer deux sortes de crainte. Si en vous conformant extérieurement à la loi, parce que vous ne pouvez ou n'osez pas faire autrement, vous êtes dans la disposition de la violer quand vous le pourrez, vous la transgressez effectivement. Car vous êtes contre elle au dedans, en paraissant la suivre au dehors. Mais s'il n'y a pas en vous d'hostilité ou de disposition malveillante, et que vous ayez au fond la bonne volonté de l'observer, tout en la redoutant, parce qu'elle est difficile et vous impose des privations, des sacrifices et des luttes, alors la crainte du châtiment, qui vient aider votre faiblesse et stimuler votre conscience, est heureuse, elle est bonne. Elle rentre d'ailleurs dans l'intention du législateur, puisqu'il n'y a pas de loi qui ne soit sanctionnée par une peine quelconque, la violation de la loi étant toujours menacée d'un châtiment. Dans la loi divine la peine est toujours à côté du commandement ; l'Église édicte des peines contre ceux qui violent ses préceptes ; tout gouvernement soutient par la menace des châtiments la publication de ses lois. Or la peine prévue inspire la crainte et cette crainte est salutaire, « initium sapientiæ timor Domini. » Celui qui observe la loi dans cet esprit, d'abord sans doute parce que sa conscience en reconnaît l'autorité et l'obligation, mais ensuite aussi par l'appréhension des peines auxquelles il s'exposerait en l'enfreignant, celui-là agit moralement et accomplit la loi. Ce qui s'explique par la faiblesse de l'homme actuel, divisé en lui-même depuis le péché.

Comme saint Paul l'enseigne, il y a en nous deux

hommes, l'homme céleste et l'homme terrestre, l'homme intelligent et l'homme animal. Ces deux êtres, associés par la vie, et qui doivent marcher en ordre, l'inférieur obéissant au supérieur, ont cependant, chacun dans la même personne, des tendances et des instincts opposés. C'est pourquoi l'apôtre dit encore, dans l'épître aux Romains : Il y a deux lois en moi, la loi du corps qui milite dans mes membres, et la loi de l'esprit qui se fait sentir dans mon âme, et je ne puis vaincre la loi du corps et ses exigences que par la loi de l'esprit qui doit diriger ma volonté, comme ma volonté doit diriger et discipliner mon corps. Et il ajoute : Je fais le mal que je ne veux pas, et ne fais pas le bien que je veux. Donc il y a en nous deux volontés, l'une intelligente et c'est la véritable, l'autre animale, qui n'est qu'une image, une ombre de la première ; car, comme dans l'animal, elle n'est qu'une tendance aveugle, un instinct, et l'instinct est ce qu'il y a de plus violent au monde. Nous savons tous ce qu'il y a d'ardeur, d'impulsion, d'entraînement dans les organes excités, dans les sens exaltés, dans le désir et l'imagination qui s'enflamment, dans la concupiscence qui a soif de son objet ; et alors, quand la conscience se met à la traverse, une lutte violente s'élève entre ces deux volontés, ou plutôt entre ces deux tendances, tendance de l'être intelligent et moral, qui reconnaît la loi et voudrait l'accomplir, tendance de l'animal qui ne voit que ce qu'il convoite et désire en jouir.

Que faire dans cette crise ? On gouverne l'esprit avec l'esprit, mais l'animal par la force et par la crainte de la douleur. Il ne se soumettra que s'il a peur, et comme l'animal est uni dans l'homme à l'être raisonnable, il faut que celui-ci ayant pour celui-là l'appréhension du châtiment le maintienne et le fasse marcher. Si l'homme physique ne craint pas d'être puni et de souffrir, en cas d'infraction de la règle, on n'en viendra jamais à bout. La douleur du corps est le premier moyen de discipline. A mesure que l'homme est moins spirituel, moins raisonnable, il faut le conduire par l'extérieur plus que par l'intérieur ; il faut le prendre par la souffrance, par la privation, par l'exigence de ses appétits. Il faut le frapper dans ce qu'il ressent le plus vivement, dans ses sensations, dans son corps : et de là la nécessité, dans toute éducation, d'une certaine force physique venant en aide à la force morale.

Sans doute il faut employer aussi les moyens spirituels, les sentiments, les affections, la persuasion, la raison dans une certaine mesure et suivant la capacité du sujet ; mais prenez garde de ne pas trop raisonner avec l'enfant qui ne comprend guère que ce qu'il désire, qui voit avant tout l'objet qu'il convoite et dont il veut jouir. Sa passion raisonnera plus subtilement que votre sagesse, et tous vos arguments ne le convaincront pas de la bonté d'une loi qui le gêne. Mais s'il a peur de la loi et de l'autorité, s'il craint de trouver un châtiment au bout de son plaisir, et surtout s'il a devant lui un gouvernement inflexible, mais juste, auquel il ne pourra échapper, alors il se maintiendra et vous le disciplinerez. Il n'y a pas d'autre moyen. La violence toute seule, non ; la force morale toute seule, non plus, ni avec les enfants, ni même avec les hommes raisonnables. Eh ! mon Dieu, qui est raisonnable ? Nous sommes tous des enfants, parce que tous nous avons un corps, des désirs, des passions, une imagination et que nous chercherons un jour ou l'autre à nous satisfaire au-dessus de la loi, à côté de la loi, contre la loi. Donc il faut des peines pour nous retenir dans l'ordre. Si dans la société on supprimait tout à coup les châtiments qui arrêtent la plupart des hommes, on verrait bien vite que la raison ne suffit pas à les gouverner, et toutes les législations et les polices seraient bientôt à bout de voie. Mais il faut que cette direction soit intelligente, que la loi qu'elle soutient d'une manière ferme et constante soit équitable et moralement appliquée.

La crainte est un auxiliaire très-utile de la loi. Si donc on fait ce que la loi demande, d'abord par un motif moral, parce que c'est un devoir de conscience, mais aussi parce qu'on a peur du châtiment qui suit le délit, on agit moralement. Mais quelle doit être la proportion de ces deux motifs ? Ah ! qui le dira ? Dieu seul qui voit le fond des cœurs sait faire la part à chacun. Quant aux hommes, la plupart du temps ils ne le savent point, et c'est pourquoi l'Évangile nous recommande de ne pas nous juger mutuellement, parce que nous ne savons point ce qui se passe dans l'âme des autres, bien que nous soyons souvent très-sagaces à le deviner ou à l'imaginer. La plupart du temps nous ne savons pas même exactement les motifs qui dirigent nos propres actions, et nous sommes incapables d'apprécier jusqu'à quel point c'est le sentiment du devoir ou un intérêt quelconque qui nous pousse à agir, ou bien encore au défaut d'un intérêt matériel, s'il n'y a pas en arrière ou au fond de notre intention une vanité, un mouvement d'amour-propre qui nous détermine.

La crainte du châtiment ne cesse d'être un motif moral que si elle est exclusive, au point qu'on désobéirait certainement à la loi si la pénalité n'existait pas. Car alors il y a un esprit d'hostilité contre le commandement, et on ne l'observe que matériellement et par force. Mais si l'on reconnaît le devoir, et qu'une crainte servile ne pousse point seule à l'accomplir, cette crainte, qui vous retient d'un côté et vous pousse de l'autre, est d'un grand secours. Autrement, comment ferions-nous? Le devoir, dans notre position actuelle, est toujours plus ou moins pénible; il faut lutter pour le remplir, et cela jusque dans les moindres choses.

Citons des exemples. Vous avez une restitution à faire. Or, une restitution est rarement agréable. Il en coûte à l'amour-propre et surtout à la bourse, il faut donner quelque chose de ce qu'on possède; puis la propriété est à la fois un instinct du cœur humain, un droit quand elle est bien acquise, et une source de jouissances. Il est tout simple qu'on y soit attaché, et on ne l'est que trop. Eh bien! dans ce cas, quel motif portera d'abord à remplir un devoir qui coûte? La conscience, sans doute; mais si la peur du châtiment ou de la diffamation vient s'y ajouter et mettre son poids dans la balance, la restitution se fera plus facilement. La crainte y aura donc contribué pour sa bonne part; mais vous aurez fait ce que vous deviez faire et la loi de justice sera moralement observée.

L'aumône est un devoir; dans quelles limites, je n'ai pas à le discuter dans ce moment. Mais enfin elle est un devoir, un devoir de chrétien, un devoir d'humanité. Cependant il arrive quelquefois que l'aumône coûte, parce qu'il faut céder ce qu'on possède, une part de ce qu'on a acquis au prix de ses sueurs, de son travail, ou qu'on est trop attaché aux biens de ce monde. Cependant si l'on craint réellement la peine qui suivra l'inobservation des commandements de Dieu, on donnera aux pauvres, non point peut-être par charité, par amour de Dieu et du prochain, mais par l'appréhension du compte

qui sera demandé au jour du jugement. La crainte vient
en aide à la conscience, et l'on observera le précepte
moralement, bien que ce ne soit pas la meilleure manière de l'accomplir.

Autre cas qui n'est que trop fréquent. Je suppose
qu'on soit engagé dans un attachement illicite, dans
une affection de cœur avec une personne qu'on ne
peut épouser parce qu'elle n'est pas libre, et qu'é-
clairé par de sages conseils, et cédant à la voix de la
conscience, on sente l'obligation morale de rompre.
On sait ce qu'il en coûte en cette conjoncture d'intimes
et poignantes douleurs, de déchirements de cœur, quand
il faut séparer ce qui est étroitement uni et qu'on a pris
ces douces habitudes d'épanchement et d'amour. On
sait combien tous ces liens si longtemps entrelacés et
serrés sont difficiles à dénouer ou à briser, et on ne le
ferait peut-être jamais si l'on ne craignait quelque
chose, à savoir le jugement de Dieu, ou le déshonneur
pour l'objet de sa passion et pour soi. Cette crainte
aidera puissamment de courageux efforts. Le cœur ré-
clamera, la sensibilité se révoltera, et la raison séduite
inventera mille sophismes pour justifier la position
ou du moins l'excuser. Si la conscience l'emporte,
croit-on qu'on observera la loi avec plaisir? Nullement, on l'accomplira avec répugnance, en résistant,
en frémissant; mais enfin on l'accomplira, quoi qu'il en
coûte, et cet acte sera un acte moral. La moitié, les trois
quarts de l'âme sont envahis, pour ainsi dire, mais il en
reste assez à la conscience pour entraîner la volonté, et si
on lui obéit, on aura bientôt brisé ces malheureux liens.
Cette lutte est terrible, et les âmes généreuses qui ont
passé par là le savent bien. Combattre une passion
exaltée, soumettre toutes ses puissances révoltées à une

loi inflexible et qui paraît cruelle, il faut pour cela de grands, de nobles efforts, non pas un, mais mille, et cela tous les jours jusqu'à ce que le feu soit éteint, au moins étouffé. On comprend que dans une telle crise, après la grâce divine qui peut seule assurer le triomphe, le secours le plus efficace pour la volonté qui lutte sera un sentiment vif, opposé à celui qui l'obsède, le sentiment salutaire de la crainte.

Autrement comment voudrait-on que le pécheur revînt? Le pécheur est dans l'habitude du péché ; il le trouve agréable; il n'a donc pas de raison de s'en retirer, puisqu'il en jouit, à moins que par caprice il ne veuille passer à une autre satisfaction, et alors il ne fait que changer de désordre. Mais pour sortir de la mauvaise voie, il faut devenir d'un homme de désordre un homme d'ordre, il faut renoncer à l'habitude du mal pour s'attacher au bien, et la crainte des suites du mal est le commencement du retour ; elle ramène au respect et à l'observation de la loi. Elle devient donc un excellent auxiliaire pour aider la conscience et la bonne volonté dans les tentatives et les efforts de la conversion, et c'est pourquoi l'Église, si intelligente dans la direction des âmes, n'impose pas tout d'un coup la perfection, mais y conduit par degrés.

Ainsi ce qu'on appelle l'attrition n'est pas encore la contrition. On peut avoir le regret d'une faute sans un remords profond ni la volonté bien arrêtée de ne plus la commettre. Que de pauvres âmes qui en sont là et qui voudraient cependant en sortir! Elles aiment encore le mal dont elles voudraient guérir. Elles sont malades, elles sentent leur maladie, et néanmoins elles ont presque peur d'en être délivrées, puisqu'elles n'acceptent point les remèdes nécessaires. Il y a là une succession de degrés dont la crainte est le premier et l'amour le dernier. Car, comme dit l'apôtre, *plenitudo legis dilectio*, l'amour est la plénitude de la loi. Il en est l'observation la plus vivante, la plus parfaite ; mais il ne faut pas croire qu'observer la loi par crainte ne soit pas un acte moral, car la crainte est le commencement de la sagesse. Celui qui ne craint pas la loi est bien près de la violer ; mais quand on la craint, on la respecte et l'on ne respecte veritablement que ce que l'on craint. C'est pourquoi tout supérieur doit inspirer une certaine crainte ; sans cela il n'est pas respecté, il n'est pas même vraiment aimé.

Viennent d'autres questions relatives à l'observation de la loi, qui ont aussi leur importance. Ainsi, pour accomplir une loi, il est nécessaire de faire l'action qu'elle commande de la manière qu'elle prescrit. Non-seulement il faut avoir l'intention d'accomplir ce qu'elle demande, mais encore il faut agir comme elle le veut. Sous ce rapport distinguons la substance de l'action de son mode ou de sa forme. La substance de l'action c'est l'objet, la fin à laquelle elle tend. Le mode, c'est la manière de la faire, c'est tout ce qu'on appelle *les circonstances* qui peuvent varier suivant les cas, diminuer ou augmenter son mérite ou sa malice, même la transformer entièrement. L'aumône consiste à donner, par exemple, aux indigents de l'argent, de la nourriture, des vêtements, tout ce qui peut soulager leur misère, et cela aux dépens de celui qui donne et sans qu'il y soit contraint par la stricte justice à l'égard de ceux qui reçoivent ; car autrement ce serait le payement d'une dette et non un bienfait. C'est donc une œuvre d'humanité, de charité, qui a pour fin le soulagement de celui qui a besoin. Si on donne par ostentation, l'action matérielle n'est pas changée; elle va toujours à sa fin; son utilité peut même en être augmentée; car, on le voit tous les jours, ceux qui agissent de la sorte donnent davantage, et la charité peut être autorisée jusqu'à un certain point à exploiter leur faiblesse, ce qui ne manque pas. Mais l'action qui reste la même matériellement est cependant complétement transformée sous le rapport moral. Car quel est le but de celui qui donne par ostentation? Ce n'est pas le soulagement du pauvre, ce n'est pas l'amour de Dieu ni du prochain, mais sa propre gloire; donc son aumône n'est plus un acte de charité, ni même une action morale. C'est un acte d'égoïsme, et par conséquent voilà un homme qui paraît charitable au dehors et qui au dedans ne songe qu'à son intérêt ou à sa gloire. Donc si l'on ne fait pas l'action comme la loi la demande, de la manière qu'elle prescrit, on risque de la transformer et même de la pervertir.

Relativement au temps, il y a aussi quelque chose à considérer. Faut-il accomplir la loi précisément dans le temps marqué? Oui, si la loi le dit et si elle vaut précisément pour ce temps-là. Il y a des lois qui prescrivent pour un moment fixé, ou qui ne valent que tel jour. Ainsi c'est une loi pour les prêtres de réciter tous les jours ce qu'on appelle le bréviaire. Si donc je ne dis pas mon office aujourd'hui, j'ai manqué à la loi du jour, et quand j'en réciterais deux le lendemain, cela ne me servirait de rien. Je n'en aurais pas moins manqué à l'observation prescrite pour aujourd'hui.

Il en est de même du devoir d'assister à la messe le dimanche, devoir imposé à tout catholique. Si on y manque le dimanche, on aura beau y aller deux fois le lundi, cela ne compensera pas la première infraction. La loi veut tel jour, donc il faut l'accomplir en son temps.

De même encore pour l'abstinence et le jeûne. Il y a des jours marqués par l'Église où il faut les observer, c'est-à-dire pendant le carême, les Quatre-Temps et certaines vigiles. Si on y manque, en vain jeûnerait-on le reste de l'année, on n'en aurait pas moins violé le précepte.

Mais quand la loi ne détermine pas exactement le temps précis de son accomplissement, elle laisse de la latitude. Ainsi l'aumône est un devoir qui n'est pas imposé pour tel jour. Si vous avez manqué de la pratiquer aujourd'hui, vous pouvez réparer cette omission les jours suivants.

C'est un précepte de communier au moins une fois l'an et pendant le temps pascal. On a laissé passer ce temps sans observer le précepte, c'est une faute s'il n'y a pas eu d'empêchements valides; mais l'exigence de la loi subsiste toujours, même en dehors de l'époque indiquée, et l'on peut encore l'accomplir.

Dernière question : quand deux lois concourent ensemble, et qu'on ne peut les accomplir que par un seul et même acte, à laquelle des deux faut-il obéir? A celle dont l'obligation est la plus étroite ou qui oblige principalement. Au premier rang sont les lois divines, naturelles ou révélées, qui valent plus que les lois humaines, ecclésiastiques ou civiles. Donc la parole de Dieu et les dictées de la conscience doivent passer avant tout. Par exemple, l'Église vous oblige d'aller à la messe le dimanche, mais vous avez un malade à soigner et vous ne pouvez le quitter. Il est évident que le devoir de charité doit l'emporter sur le précepte de l'Église; vous devez rester auprès du malade.

Parmi les dictées de la loi divine il faut placer au premier rang les préceptes négatifs, c'est-à-dire ceux qui défendent le mal, et qui obligent *semper et pro semper*, comme disent les théologiens. Ainsi l'idolâtrie, l'apostasie, le blasphème, le vol, le mensonge sont défendus dans tous les cas possibles par la loi naturelle, et on ne doit jamais les commettre, parce que ces choses sont mauvaises en elles-mêmes. Si donc il arrivait que ces lois fussent en opposition avec la loi paternelle ou avec la loi politique, on est tenu de les observer avant tout, fût-ce même jusqu'à la mort. Car il vaut mieux obéir à Dieu qu'aux hommes.

Je suppose, hélas! cette supposition est trop souvent une réalité, je suppose des parents assez pervertis pour commander à leurs enfants le vol, le blasphème, l'impudicité; dans ce siècle on voit de tels parents! Est-ce que l'enfant n'est pas autorisé par sa conscience à leur résister? Est-ce que le sens moral, la pudeur, l'âme tout entière ne se révoltent pas contre de tels commandements? Est-ce qu'alors l'enfant n'est pas tenu de préférer la loi de Dieu à l'autorité paternelle, qui est aussi une délégation de Dieu sans doute et que la loi divine consacre, mais qui ne peut prévaloir contre Dieu lui-même?

Quand il s'agit de défendre sa foi contre les exigences impies du pouvoir civil, il faut donner sa vie pour sauver son âme, il faut conserver la pureté de sa foi jusqu'à l'effusion du sang. Ainsi ont fait les premiers chrétiens. On connaît à ce sujet les remontrances de la légion thébéenne. Elles sont magnifiques de courage et d'humilité. L'empereur Maximin voulait forcer cette légion, toute composée de chrétiens, à sacrifier aux dieux. Voici ce que la légion lui répond :

LA LÉGION THÉBÉENNE A L'EMPEREUR MAXIMIN.

« Nous sommes vos soldats, mais nous sommes en même temps serviteurs de Dieu. Nous ne pouvons suivre vos ordres quand ils sont contraires aux siens, ni renoncer à notre Dieu, notre créateur et notre maître, et qui est aussi le vôtre, quand même vous ne le voudriez pas. Tant qu'on ne nous demandera rien qui soit capable de l'offenser, nous obéirons comme nous avons fait jusqu'à présent, autrement nous lui obéirons plutôt qu'à vous. C'est lui seul que nous vous préférons, et ce serait vous faire outrage que de vous en préférer un autre. » (*Ex. Epist. S. Eucherii ad Silvinum.*)

Écoutons encore ce que le pape Symmaque écrivait dans une circonstance à peu près semblable à l'empereur Anastase :

« Vous direz peut-être qu'il est écrit : obéissez aux puissances. Oui sans doute, nous mettons les puissances de la terre au rang qui leur convient, et nous leur obéissons quand elles se tiennent dans la sphère d'autorité qui leur appartient et qu'elles n'opposent point leur volonté à celle de Dieu. »

Ajoutons quelques paroles de saint Augustin, paroles pleines d'énergie et qui expliquent le passage de saint Paul dont on a quelquefois abusé : « Qui potestati re« sistit, Dei ordinationi resistit. » Le grand docteur dit à ce propos : « Quid si jubeat illud facere quod non de« beas facere? Hic sane contemne potestatem, timendo « potestatem. Ipsos humanarum legum gradus ad« verte.... Si aliquid proconsul jubeat, et aliud jubeat « imperator, numquid dubitas, illo contempto, illi esse

« serviendum ? Ergo si aliud imperator, et aliud Deus,
« quid judicas ? » (*August. serm.* II.)

En troisième lieu, dans le conflit des lois il faut toujours préférer la loi supérieure, celle qui intéresse le plus la conscience et qui se rapporte aux choses les plus graves. Ainsi les lois de l'État avant les lois de la famille, la loi du père avant la loi du maître. Le patriotisme doit l'emporter sur les devoirs de la famille et de la domesticité ; car les serviteurs sont aussi de la famille, et dans certaines langues ils sont appelés les hommes de la famille. Ils en font si bien partie aux yeux de l'Église, que les maîtres répondent devant Dieu, jusqu'à un certain point, de l'accomplissement des devoirs religieux de leurs serviteurs. C'est une belle pensée, une pensée vraiment chrétienne, qui fait égaux devant Dieu les maîtres et les serviteurs en leur imposant les mêmes lois vis-à-vis de leur père commun, et en obligeant l'autorité du maître de contribuer, autant qu'elle peut, au salut de tous ceux qui lui sont soumis.

En quatrième lieu, la loi de justice passe avant la charité, c'est-à-dire qu'avant de relâcher de son droit, ce qui est le propre de la charité, il faut commencer par respecter le droit des autres. La charité suppose qu'on donne ce qu'on ne doit pas. La justice, au contraire, consiste à rendre à chacun ce qui lui est dû. On ne peut donc prétendre à la perfection si on néglige les devoirs inférieurs, et la première chose à faire pour être vertueux, et par conséquent chrétien, c'est d'accomplir le devoir strict, le devoir nécessaire, ou autrement d'observer la loi. C'est ce que nous enseigne l'histoire du jeune homme de l'Évangile qui vient à Jésus-Christ dans un beau zèle, lui disant : Seigneur, que dois-je faire pour gagner la vie éternelle ? Jésus-Christ lui répond : Observez la loi. A quoi le jeune homme réplique : Seigneur, je l'ai observée dès mon enfance. Alors Jésus-Christ le regarde et lui dit : Si vous voulez devenir parfait, vendez tous vos biens, donnez-en le produit aux pauvres et suivez-moi. Et l'Évangile ajoute que ce jeune homme devint triste et s'éloigna, parce qu'il était riche.

On voit ici la distinction bien nette entre la morale stricte et la perfection, entre la justice et la charité, entre le précepte et le conseil. Le précepte doit être accompli sous peine d'injustice ; le conseil est une exhortation à la perfection et n'oblige pas. Jésus-Christ n'oblige point ce jeune homme, mais l'exhorte seulement à vendre ses biens, à les donner aux pauvres et à le suivre. De même l'Église ne fait à personne une loi d'embrasser la vie religieuse, mais elle dit à tous ces paroles du Sauveur : Si vous voulez devenir parfait, débarrassez-vous de ce qui vous arrête ici-bas, de tous les biens de ce monde, pour vous consacrer uniquement à Dieu. Ainsi on gagne sa vie en la perdant. C'est pourquoi on demande encore aujourd'hui à ceux qui veulent entrer en religion : Avez-vous accompli la loi? Êtes-vous quittes de vos obligations vis-à-vis des hommes et du monde? Devez-vous quelque chose à vos parents? Ont-ils besoin de vous? Avez-vous des dettes, des engagements de mariage ou autres? Si oui, il faut remplir ces engagements, il faut que la justice soit satisfaite avant tout : vous ne pouvez prétendre à un état plus parfait, tant que vous n'avez pas accompli les obligations d'un état qui l'est moins, c'est-à-dire l'état de stricte justice.

Ainsi, avant de viser à la perfection ou d'y prétendre, commençons par être honnêtes. Cela n'est déjà pas si

facile, et quand on a un peu vécu, quand on a pratiqué
les hommes dans une expérience plus ou moins longue,
au milieu des intérêts et des passions de tous les jours
qui font sortir du fond des cœurs les pensées les plus
secrètes, on ne s'étonne plus que Diogène ait pris sa
lanterne pour trouver un homme. C'est pourquoi le
prédicateur chrétien ne doit pas demander trop en commençant. En général, quand on exige tant de choses,
on obtient peu, et je crois que c'est un mauvais système,
ici comme ailleurs, de demander beaucoup pour obtenir
quelque chose. Car si ce qu'on demande est trop au-
dessus de la portée des hommes, ils ne le feront pas, et
en omettant le plus parfait qui les dépasse, ils néglige-
ront aussi les préceptes inférieurs auxquels ils sont te-
nus ; ils ne feront rien ou peu de chose, parce qu'ils ne
peuvent pas tout faire. Il faut n'imposer d'abord que ce
qui est nécessaire pour être juste, ce que la loi divine et
la conscience réclament. Quand tous les préceptes seront accomplis, on pourra conseiller ce que Jésus dit
au jeune homme riche.

Il y a dans le monde des hommes naturellement bons,
pleins de générosité, de libéralité, qui donnent volontiers aux pauvres et ne peuvent presque pas résister à
une demande. C'est très-bien. Mais cette qualité naturelle, très-utile aux nécessiteux, est souvent funeste à
ceux qui la possèdent. Car si l'on donne ce que l'on n'a
pas, si l'on fait des libéralités qu'on ne puisse supporter,
on ruine tout simplement ses créanciers pour secourir
les pauvres. C'est une générosité qui s'exerce aux dépens de la justice. Avant de venir en aide aux indigents
qui n'ont pas sur vous un droit strict, il faut satisfaire
aux droits rigoureux de vos engagements. Avant tout
la justice. Payez vos dettes avant de faire des lar-

gesses, et ne faites point la charité au détriment de l'équité.

En cinquième lieu, les actes de vertu doivent être pré-férés en raison de leur bonté relative; en cas de conflit, la vertu la plus haute doit l'emporter. Ainsi, par exem-ple, la tempérance est une vertu très-estimable, toujours utile à celui qui la pratique. Elle consiste à modérer ses appétits, à les gouverner, à tenir son corps par la so-briété dans un état tel qu'il n'entraîne point la volonté par ses désirs grossiers et l'ardeur de ses concupis-cences à violer la loi. L'Église, qui favorise toutes les vertus et fournit tous les moyens de les pratiquer, cher-che à accoutumer ses enfants à la tempérance, par les privations qu'elle leur impose à certaines époques. Telle est la raison des jeûnes et des abstinences. Les décla-mations que nous entendons tous les jours contre elle à ce sujet, peut-être un peu moins maintenant parce que son indulgence est plus grande, sont déraisonnables, soit qu'elles l'accusent de ruiner la santé par des privations pernicieuses, ce qui est faux, puisqu'on peut toujours se faire dispenser en cas de besoin; soit qu'elles lui objec-tent les paroles de l'apôtre : ce n'est pas ce qui entre dans le corps qui souille, mais ce qui sort du cœur. Ce qui souille l'homme, c'est la désobéissance à la loi; or ici il y a une loi de l'Église; donc en l'enfreignant on est coupable.

En outre, cette loi est pleine de sens et très-utile au salut; car elle tend à rendre à l'âme son empire sur le corps, que le péché lui a ravi; et pour cela elle habitue la volonté par des exercices gradués et périodiques à maintenir et à maîtriser ses appétits sensuels, et surtout celui de la nourriture qui excite les autres. Plus on mange, plus on a besoin de manger; plus la vie animale s'exalte et devient exigeante, plus elle regimbe contre la loi et tout ce qui la gêne ; et si elle vient à dominer, la vie spirituelle diminue. Car ces deux vies sont perpétuellement en collision. Plus on accorde à l'une, moins il y a de vigueur dans l'autre. Or l'Église, qui veut nous arracher au joug du corps et faire régner en nous l'homme spirituel, l'homme du ciel, nous habitue par certaines pratiques à devenir maîtres de nos sens et de nos appétits. Ceux qui étudient sérieusement, qui travaillent avec ardeur, savent très-bien que si on se livre aux désirs sensuels, on ne peut presque plus s'occuper par l'esprit ; car par les jouissances de ce genre l'intelligence est émoussée, la tête perd sa vigueur, et la volonté même défaille. Si donc on veut devenir un homme d'intelligence et de cœur, un homme de caractère et de volonté forte, il faut commander aux sens et dompter la chair. L'esprit et la chair ne vont ensemble que par une vigoureuse discipline de l'un sur l'autre, et l'on ne peut pas servir ces deux maîtres à la fois. Voilà la raison de l'abstinence et du jeûne.

Mais si belle que soit la tempérance, elle cédera au précepte d'une vertu plus haute, en cas de collision. Ainsi, par exemple, vous avez à prêcher, à enseigner, et pour cela il vous faut des forces, et par conséquent une nourriture plus solide : on vous permettra de la prendre, même les jours de jeûne et d'abstinence, à cause de la haute fonction que vous avez à remplir, le ministère de la parole. Ou bien, si vous avez à soigner un malade qui est en danger et qui ne peut se passer de vous le jour ni la nuit, on vous dispensera du jeûne et du maigre, si vous ne pouvez soutenir autrement une si grande fatigue, parce que la charité est une plus excellente vertu que la sobriété.

Dans ces circonstances on suppose que les obligations des lois en conflit sont égales. Si elles ne le sont pas, l'obligation la plus considérable doit l'emporter, à quelque ordre qu'elle appartienne. Ainsi, bien que la loi naturelle soit au-dessus de la loi humaine, s'il n'y a qu'une légère obligation de la première et une grave de la seconde, on doit suivre la loi humaine de préférence à la loi naturelle. Ce qui a lieu dans le cas que nous venons de citer ; car si votre assistance n'est pas absolument nécessaire, si la charité ne la réclame point, la loi ecclésiastique reprend ses droits.

En dernier lieu, quand un conflit s'élève entre des lois civiles et des lois canoniques, l'objet même du conflit doit décider la préférence. S'il s'agit d'un point de législation civile, il faut donner la priorité à la loi civile, parce qu'elle est plus compétente en cette matière, et réciproquement pour les choses spirituelles la loi canonique doit l'emporter en raison de sa compétence.

Mais il y a des cas très-difficiles où les théologiens et les politiques ne s'accordent pas. Ces difficultés se rencontrent surtout dans les matières mixtes, quand une loi de l'État se trouve en contradiction avec une loi de l'Église. De là des collisions très-pénibles, des luttes, des tiraillements, qui finissent sans doute un jour, parce que tout finit en ce monde, mais qui laissent des suites embarrassantes et fâcheuses. Elles se terminent ordinairement par la violence des faits plus que par le droit, par ce qu'on appelle le fait accompli. Mais le droit subsiste en face de l'iniquité du fait ; il réclame, il proteste ; ce qui constitue une situation inquiétante et même périlleuse. Un homme d'esprit a dit qu'il n'y a rien de brutal comme un fait. Un autre a osé dire : « Il n'y a rien de

bête comme un fait. » Il y a du vrai des deux côtés, parce
que les faits, qui ne sont pas obligés d'avoir de l'esprit,
et où il entre toujours une certaine fatalité, ne prouvent
rien contre le droit, pas même les faits heureux. Autrement, il faudrait accepter la théorie du succès qui légitime tout, même le crime; ce qui révolte la conscience
humaine.

Cependant on ne peut nier la part du succès. Dès
qu'une chose existe, se développe, s'établit et persiste,
il y a au moins la présomption, non que Dieu la veut,
mais qu'il la permet. Néanmoins, tout ce que Dieu
permet n'est pas bien. Dieu permet le mal, et la preuve,
c'est qu'il nous a donné la liberté, qui est capable de le
faire. Puisque notre liberté peut faire le mal, comme le
bien, il est évident que Dieu permet tout ce qui arrive;
ce qui ne veut pas dire qu'il l'approuve. Il y a donc toujours à distinguer entre ce que le fait établit et ce que le
droit exige. Dieu ne veut que ce qui est conforme au
droit, il permet ce qui lui est contraire. Mais cette permission ne dégage point notre responsabilité et ne justifie rien; car celui qui agit mal use ou plutôt abuse
de sa liberté à ses risques et périls et il en répondra.
Ainsi, par suite de la révolution de 89 certains faits
ont prévalu contre les droits de l'Église, et ces faits accomplis aujourd'hui, qui ont été en quelque sorte sanctionnés ou au moins excusés par le consentement de
l'autorité ecclésiastique, portent en eux néanmoins le
vice de leur origine, ou la trace de la violence faite à la
justice, en sorte qu'ils sont plutôt l'objet d'une exception, ou d'une dispense motivée par les circonstances,
que d'une autorisation. Les lois, auxquelles il a été porté
atteinte, sont maintenues dans leur vigueur, et l'Église
résiste avec droit partout où l'on essaye des entreprises

semblables. Ce qui rend sa position plus difficile, parce
qu'il y a des précédents fâcheux. Telle est en ce moment
vis-à-vis du saint-siége la situation embarrassée de l'Espagne et du Piémont, et personne ne peut dire comment elle se dénouera.

C'est surtout dans les questions de mariage que
les difficultés abondent. Le mariage est une affaire éminemment mixte, aussi mixte que possible; car il est à
la fois un contrat civil et un sacrement. Suivant la loi
ecclésiastique le contrat fait partie du sacrement; mais
par suite de la législation nouvelle il en a été disjoint, et
il constitue par lui-même un engagement spécial et purement civil, valide légalement sans le sacrement. Depuis
soixante ans, chez nous du moins, l'engagement civil devant l'autorité doit être contracté avant l'acte religieux.
Le contraire devrait avoir lieu dans l'intérêt de la morale,
bien qu'il y ait des inconvénients des deux côtés, comme il
arrive toujours quand on s'écarte de la loi divine. Cependant les faits sont accomplis et les choses roulent, mais elles
roulent avec embarras, et le plus grand de ces embarras,
la conséquence la plus fâcheuse, est la déconsidération
ou le mépris de ce qu'il y a de plus sacré dans le mariage.
Car les personnes qui n'ont pas de foi religieuse ou qui
ne la pratiquent point, par incroyance et le plus souvent
par une coupable indifférence, se marient civilement sans
aller à l'Église, et par conséquent leur union, dont Dieu
n'a pas été le témoin ni le garant et qui reste purement
civile et naturelle, n'est pas un mariage légitime dans
l'ordre religieux ; ce qui constitue un état singulier et
très-fâcheux pour les conjoints et leurs enfants ; car il y
a entre eux un lien légal sans légitimité spirituelle. Aux
yeux de l'État ils sont dans l'ordre, aux yeux de l'Église
dans le désordre. Leur union , que la loi temporelle

forme et sanctionne, est un concubinage aux yeux de la loi chrétienne, qui la réprouve avec toutes ses suites.

Je passe sous silence les empêchements du mariage, qui appartiennent surtout au droit canonique. Entre les empêchements civils et les empêchements canoniques il y a des collisions, quelquefois des contradictions. Ainsi le concile de Trente reconnaît comme valide, quoique illicite, le mariage d'un mineur contracté sans le consentement de ses parents, et le droit français a toujours regardé ce mariage, non-seulement comme illicite mais comme invalide, et il ne l'a jamais reconnu. Il y a beaucoup de questions de ce genre, qui se présentent journellement et que les officialités sont chargées de résoudre et de régler, ce qui les embarrasse souvent.

Le cas de collision le plus grave entre les lois civiles et religieuses est le divorce. La loi ecclésiastique ne l'a jamais approuvé. Le mariage est indissoluble selon la loi chrétienne, et par conséquent un mariage, qui peut être cassé pour cause de nullité, ne peut jamais être dissous, s'il a été contracté validement ou s'il a existé. Plusieurs législations ont permis le divorce, même sous des princes chrétiens. Admis en France au commencement de ce siècle, il a été aboli sous la Restauration, et heureusement la conscience publique s'est toujours opposée à son rétablissement ; car, outre son immoralité, le divorce crée dans un pays catholique la situation la plus absurde et la plus déplorable entre la loi civile et la loi religieuse. L'une délie légalement les personnes divorcées et leur permet de se remarier. L'autre le leur défend parce que leur union ne peut être dissoute. Quelle source de troubles, de complications et de discordes dans les familles ! Quelle triste confusion dans les esprits et dans les affaires, et que d'embarras et de malheurs doivent en sortir, comme il arrive toujours d'ailleurs quand la loi civile n'est pas en harmonie avec la loi religieuse.

Il en est de même de la liberté de l'Église, contrariée en certains lieux par la puissance temporelle, qui veut, par exemple, empêcher les évêques de communiquer librement avec le souverain pontife, sous prétexte qu'il est un souverain étranger, ou de publier des mandements et des ordonnances sans son *placet*, comme si dans l'ordre spirituel le pape n'était pas le prince des évêques, comme si les évêques ne tenaient pas de Dieu seul le droit et le pouvoir d'instruire et de conduire leurs troupeaux !

En d'autres contrées, l'État s'inquiète du nombre des vocations sacerdotales ou religieuses. Il prétend en être l'arbitre et en fixer le nombre. Il contraint les élèves ecclésiastiques d'étudier à tel endroit ou de telle manière. Il va même jusqu'à prendre part à l'examen de la science sacrée et des vocations ; il défend aux maisons religieuses de recevoir des novices ou des profès sans sa permission. En un mot, il usurpe un pouvoir qui ne lui appartient pas, et il prétend commander là où il devrait obéir. Car dans ces sortes de choses la loi divine ou ecclésiastique est la loi véritable, et l'autorité civile, qui n'a point de compétence, ne doit s'en mêler que d'une manière indirecte et secondaire. Sans doute elle peut chercher à s'entendre avec l'autorité spirituelle, mais à la condition de respecter ses décisions en cas de conflit, parce que, si Dieu a remis aux princes le gouvernement temporel des peuples, il a confié aux apôtres et à leurs successeurs la direction et le salut des âmes.

J'ai parlé plus haut de la spoliation de l'Église par l'État, qui s'est approprié les biens consacrés à Dieu et au soutien des pauvres, sans autre raison que celle du plus fort, laquelle, à mon sens, est toujours la plus mauvaise. C'est un fait accompli en France, il n'y a pas à y revenir, puisque le saint-siége y a consenti plus tard, pour éviter des maux plus graves. Néanmoins, il reste là quelque chose d'inique, de violent, et le droit proteste. Les peuples ou plutôt les gouvernements, qui veulent nous imiter en cela aujourd'hui, sont aveugles ou insensés. Car notre expérience et celle d'autres encore ont prouvé que de telles mesures ne profitent en définitive à personne et en aucune manière. Il y a toujours une malédiction dans l'iniquité.

CHAPITRE XX

DE LA CESSATION DES LOIS.

De la cessation des lois, ou comment elles cessent d'obliger par l'abrogation, par la désuétude, par la dispense, par les priviléges, par les immunités.

Nous avons vu comment les lois obligent ; il nous faut dire maintenant comment elles cessent d'obliger. Ce qui arrive par plusieurs causes : par l'abrogation, la désuétude, la dispense, les priviléges et les immunités.

L'abrogation a lieu quand l'autorité, qui a fait la loi, la défait ou l'annule. En général, elle a lieu de deux manières : par une loi postérieure, ou par un usage contraire. Le premier cas est le plus ordinaire. Le souverain seul a le pouvoir d'abroger une loi, parce que seul il a le pouvoir de la faire. Un inférieur ne peut jamais abroger une loi qu'il ne peut établir, et le pouvoir, qui est chargé d'appliquer la loi, n'en a pas non plus le droit. C'est pourquoi il faut toujours séparer exactement, et c'est ce qui a lieu dans les gouvernements constitutionnels mieux qu'ailleurs, le pouvoir exécutif, le pouvoir judiciaire et le pouvoir législatif. Celui-ci, de quelque manière qu'il soit constitué, par une seule volonté ou par plusieurs qui agissent de concert, rédige et impose la loi ; c'est la prérogative de la souveraineté... Mais pour mettre la loi en exercice, il faut un autre pouvoir qui, n'ayant point le droit de la faire ni de la modifier, la reçoit de plus haut et l'applique. C'est donc un malheur quand le pouvoir législatif se fait juge, ou le pouvoir judiciaire législateur, parce que ordinairement le désordre est causé par des intérêts particuliers, qui font des lois pour eux et contre leurs adversaires, ou les altèrent en jugeant en faveur des uns contre les autres ; ce qui ruine la justice, l'autorité et la confiance des peuples. Cependant le pouvoir judiciaire, qui ne peut pas faire la loi, peut, jusqu'à un certain point, l'infléchir par ce qu'on appelle l'interprétation. Car celui qui applique la loi doit la comprendre, l'expliquer, et comme les lois ne sont pas toujours claires, et elles ne peuvent pas l'être toujours, parce qu'elles sont rédigées en langage humain, il y a une certaine latitude laissée à leur interprétation et dans l'application.

Du reste, les lois ne doivent pas être abrogées sans raison, et la raison principale doit toujours être le bien public ou le changement des circonstances. Les lois humaines s'appliquent à des intérêts humains, lesquels, dépendant du temps, des lieux, de toutes les circonstances de la vie d'un peuple, doivent nécessairement varier. Les unes cessent d'être applicables parce qu'elles n'ont plus d'objet, parce que les circonstances ne les comportent plus, et dès lors il faut en faire d'autres. C'est ce qui explique la multiplicité des lois. On en fait tous les jours et avec raison. Voici une invention qui renouvelle la face de l'industrie et du commerce, la vapeur appliquée à la production et aux transports. Il est évident qu'il faut à cet égard des lois nouvelles, puisque les affaires vont s'opérer dans des conditions différentes. Ainsi d'un procédé nouveau, qui doit améliorer l'agriculture, le drainage qui fertilisera des terres presque stériles ou augmentera singulièrement leur rapport, en les débarrassant d'un excès d'humidité, et les rendant plus saines et plus fécondes à la fois. Le drainage, en s'universalisant sur notre sol, entraînera une foule de procès entre les voisins à cause de l'écoulement des eaux ; il faudra donc de nouvelles lois pour prévenir ou juger toutes les difficultés qui en naîtront. Changer les lois sans raison est absurde ; les changer pour des intérêts particuliers amène le désordre public et la ruine de l'autorité. On ne doit établir une loi que dans un but d'intérêt général, et c'est un malheur, qui arrive trop souvent, surtout dans les gouvernements constitutionnels, qu'une majorité parvienne à faire des lois dans un intérêt spécial et contre l'utilité commune. De telles lois ne naissent pas viables, elles sont flétries en paraissant. Le peuple, qui les accepte avec répugnance, n'attend que l'occasion de s'en débarrasser et les observe mal.

La loi peut être abrogée par un usage contraire. Il arrive qu'une loi tombe en désuétude, et cela va de soi-même quand elle manque son but ou que son objet périt avec le changement des circonstances, ou bien si elle n'est plus applicable à cause de l'opposition générale des populations. Alors se forme une coutume qui lui est opposée. Mais ici, de même que l'autorité doit intervenir et sanctionner la coutume pour qu'elle tourne en loi, ainsi pour qu'un usage contraire à la loi l'abroge, il faut que l'autorité, chargée de veiller à l'observation des lois, le tolère et soit censée l'approuver. Son silence autorise l'inobservation. C'est souvent la meilleure manière de détruire les lois mauvaises ou sans objet. Voyez l'Angleterre qui passe pour si sage en matière de gouvernement, et dont la politique est si clairvoyante, surtout en ce qui touche à ses intérêts.

Il y a dans ce pays des lois et des coutumes ridicules,
et qu'on ne peut presque plus observer sans absurdité.
Un usage permet à un mari de vendre sa femme au *mi-
nimum* de six schellings, je crois. Certes, il n'y a pas de
mal à laisser tomber en désuétude de telles immoralités,
et cependant il paraît que cela se voit encore.

On est parfois obligé de laisser tomber des lois bonnes
et utiles, vu leur infraction générale et continuelle, et
parce que le peuple en supporte impatiemment le joug,
à cause de ses faiblesses et de ses passions qu'elles
gênent, *propter duritiam cordis*, comme dit le texte
sacré. Ainsi l'indissolubilité du mariage a été établie
dès le commencement : « L'homme quittera son père
et sa mère pour s'attacher à sa femme, et ils seront
deux dans une même chair ; les hommes ne doivent pas
séparer ce que Dieu a uni. » Il est impossible d'affirmer
d'une manière plus catégorique l'indissolubilité du lien
conjugal, et cependant, sous l'ancienne loi, on a toléré
non-seulement la répudiation, mais même la pluralité
des femmes, la polygamie, et quand on objecta ce fait
à Notre-Seigneur, il répondit : « Au commencement
il n'en était pas ainsi, mais Moïse l'a permis à cause de
la dureté de vos cœurs. » C'était donc une sorte de
dispense.

L'autorité est souvent obligée de relâcher l'accomplissement de la loi, *propter duritiam cordis*, et non-seulement en politique, mais dans les familles, dans les écoles,
partout où il y a des hommes à gouverner. On laisse
sans vigueur certains règlements, qu'on n'ose pas faire
exécuter avec un peuple mal disposé ou corrompu. On
ferme les yeux sur des délits difficiles à empêcher, pour
ne pas compromettre la loi et l'autorité ; tolérance fâcheuse sans doute, mais que les circonstances rendent

nécessaire. Voyez les lois contre les duellistes, ces lois si terribles de Louis XIV appliquées en rigueur pendant quelque temps, puis inexécutées à cause de l'opinion publique qui leur était contraire, et de certains préjugés d'honneur qu'elles froissaient. Aujourd'hui encore qu'est-ce que la législation sur les duels ? La cour de cassation s'y est déjà prise à trois ou quatre fois pour décider quelque chose, et malgré les dissertations savantes de ses procureurs généraux, on ne sait vraiment pas ce qu'il faut en penser sous le rapport légal. Poursuit-on ou ne poursuit-on pas ? On commence parfois une instruction, et même quand on a jugé qu'il y a lieu à suivre, on ne suit pas, ne sachant où ranger cette espèce de crime et quelle peine lui appliquer ; tant chez nous l'opinion publique est disposée à l'excuser !

Il n'y a pas longtemps que nous avons donné au monde un bel exemple qui n'a guère été suivi, c'est l'abolition de la loterie officielle. Eh bien ! il n'y a jamais eu plus de loteries que depuis ce moment, et les journaux en annoncent tous les jours. La loi n'est donc pas complétement observée ; elle frappe d'un côté et le mal reparaît de l'autre, et comme une loterie publique ne peut être annoncée sans l'autorisation du gouvernement, surtout les loteries monstres, les loteries millionnaires du jour, l'autorité tolère sous une autre forme ce qu'elle a défendu, et la loi tombe en désuétude par un usage contraire autorisé.

Je ne dirai qu'un mot de la dérogation qui est évidemment la même chose en principe que l'abrogation. C'est une abrogation partielle. On abroge la loi quand on l'annule tout entière ; on y déroge quand on en détruit ou suspend seulement quelques articles.

La dispense est un acte par lequel le législateur au-

torise dans des circonstances particulières à ne pas observer la loi. La dispense met celui qui la reçoit hors la
loi, mais la loi subsiste et reste en vigueur. C'est par
exception qu'on en est dispensé. Il n'y a que le législateur qui puisse donner des dispenses, lui ou son délégué, et ce délégué ou représentant ne peut pas subdé-
léguer, à moins qu'il n'en ait reçu expressément le
pouvoir.

On ne peut pas dispenser sans motifs, sinon la dispense
devient illicite, soit pour celui qui la donne, soit pour
celui qui en use.

Maintenant, dira-t-on peut-être, pourquoi dispenser
des lois ? Est-ce qu'elles ne sont pas faites pour tout le
monde? N'y a-t-il pas dans la dispense une grave atteinte
à l'équité qui réclame l'application égale de la loi à tous?
Voilà l'objection qu'on fait aux dispenses, aujourd'hui
plus que jamais, parce que nous sommes les fils de nos
pères qui ont tout mis en question et que, comme eux,
nous sommes encore plus amoureux de l'égalité que de la
liberté. Cependant, si on y regarde de près, on est obligé
de reconnaître que les dispenses sont non-seulement
excusables, mais nécessaires. Comme la stricte justice ne
peut jamais être accomplie, comme il y a une distance
immense entre la science pure et l'application, comme
en fait de morale on est toujours obligé de composer
avec les hommes et les circonstances, comme, en définitive, dans la pratique la question est toujours de choisir le moindre inconvénient, et d'arriver à ce que les
choses aillent, je ne dirai pas bien, mais pas trop mal, il
est impossible de ne pas admettre des cas de dispense, et
il serait même très-nuisible à la société qu'il n'y en eût
pas. Le droit de grâce en est un exemple, que personne
ne contestera. Le droit de grâce est réservé au sou-

verain, et il est indispensable, parce que la justice en certains cas peut avoir la main forcée par les faits, par les apparences, par des circonstances fortuites, ou enfin parce qu'elle se trompe sans pouvoir revenir, au moins dans le moment, sur la chose jugée. Il faut donc qu'il y ait au-dessus de l'ordre ordinaire quelqu'un pour rétablir l'équilibre que la justice rompt parfois malgré elle.

Les dispenses ne doivent jamais être accordées sans de bonnes raisons, dont voici les principales. La première est l'impossibilité d'observer la loi en plusieurs circonstances. Ainsi c'est un commandement de l'Église de faire maigre et de jeûner à certains jours. Or qui n'a pas demandé de dispense une fois ou l'autre? Je parle des chrétiens fidèles, des enfants soumis de l'Église, et comment n'accueillerait-elle pas leur demande, quand leur santé réclame cet adoucissement, et que certains aliments ou la privation de nourriture les rendent malades? Elle est donc obligée d'accorder des dispenses, et à coup sûr ceux qui en profitent ne s'en plaignent point.

Un second motif est tiré de services éminents rendus à l'État ou à l'Église. Il y a des services tels, qu'ils méritent une considération particulière, une exception. En veut-on un exemple, un exemple tout récent? On a rétabli le serment en matière politique. A-t-on eu tort, a-t-on eu raison? Je n'ai point à le décider. Mais enfin on le demande aujourd'hui à tous les fonctionnaires. Or, il s'est rencontré deux savants qui n'ont pas voulu le prêter, l'un par amour de la république, l'autre par attachement à la légitimité. C'étaient deux hommes si éminents dans la science qu'on les a dispensés du serment, afin de ne point se priver de leurs services et de ne pas en frustrer l'enseignement. On a bien fait.

Une troisième raison est puisée dans un avantage considérable pour la chose publique, dans un grand bienfait en faveur du peuple. La société ne vit pas seulement des contributions de chacun. Des personnes riches, généreuses ou charitables, par des libéralités extraordinaires, par des donations magnifiques, ont augmenté son bien-être ou sa gloire, en fondant à grands frais des hôpitaux, des colléges, des instituts religieux ou civils, que le gouvernement ou le commun des particuliers ne pouvaient établir. On comprend que pour des services pareils on puisse donner certaines dispenses, d'abord en raison et comme rémunération des bienfaits octroyés, et aussi pour les encourager et en provoquer de nouveaux. L'Église a accordé de tout temps des dispenses aux fondateurs des établissements de piété ou de charité.

Ainsi se sont élevées pour la plupart ces belles basiliques, tombées aujourd'hui dans le domaine public, et que nos budgets mesquins, et cependant si gros, ont tant de peine à entretenir. On fait juste ce qui est nécessaire pour ne pas les laisser tomber à terre et afin d'éviter le reproche de vandalisme. Qui les a bâties autrefois ? La piété de quelques fidèles, la foi des princes, des grandes familles, les uns par esprit de pénitence et pour mettre leur conscience en ordre, les autres par charité et pour acquérir des mérites devant Dieu. De là d'immenses sacrifices pour la gloire de Dieu et de son Église, pour le soulagement des pauvres, des malades et de toutes les infirmités humaines, sacrifices reconnus, sinon rémunérés, par certaines dispenses en compensation du bien fait aux peuples.

Enfin un quatrième motif de dispense est la crainte que la loi ne soit pas observée. Quand une loi n'est plus dans les mœurs, quand elle n'est presque plus obéie, il vaut mieux en dispenser que de l'exposer à une violation continuelle. C'est ce qui est arrivé aux anciennes lois canoniques dans l'Église. C'est pourquoi le saint-siège accorde aujourd'hui à tous ceux qui le demandent la dispense du maigre le samedi, dispense qui n'abroge pas la loi générale, mais qui en restreint l'application. Ainsi en est-il arrivé chez les juifs pour la loi du mariage.

Pour qu'une dispense soit légitime, il faut que la demande expose sincèrement les faits et les raisons allégués. Si elle ne présente pas ces caractères, la dispense est obreptice, par conséquent invalide ; et quand elle est obtenue à l'aide d'omissions c'est-à-dire en taisant dans la demande ce qui devait être exprimé sous peine de nullité, elle est subreptice. Dans l'un et l'autre cas, elle est invalide et celui qui en use est coupable.

Les priviléges font aussi cesser l'obligation de la loi. Le privilége est une exemption du droit commun, c'est une espèce de loi particulière, *privata lex*. Ici encore revient la même objection : Pourquoi des lois particulières ? et je réponds comme tout à l'heure, parce qu'il en faut ; car il n'y a pas de lois sans exception, et le privilége est une exception dans l'ordre politique. Mais ces exceptions doivent avoir un motif légitime, à savoir la récompense d'un mérite éminent ou de grands services rendus, et alors, comme les dispenses, les priviléges tournent au bien général de la société, parce qu'ils excitent les talents et les vertus, les belles actions et les bienfaits.

Les priviléges sont réels ou personnels. Les premiers sont attachés à une terre, à une dignité, à une famille, à une profession. Les priviléges de la noblesse étaient de

ne pas payer la taille, ni autres impôts. Aujourd'hui cela
nous révolte, parce que nous sommes habitués à payer
tous; ce qui nous console un peu de payer beaucoup.
Nous crions à l'injustice des temps où les nobles étaient
privilégiés. Mais connaît-on les conditions de leurs priviléges? C'était de faire la guerre à leurs frais toutes les
fois que le suzerain ou le roi les convoquait en armes, et
de s'y ruiner. La noblesse française s'est continuellement
épuisée à défendre le pays et à guerroyer. Voilà comment
elle payait l'impôt, de son sang et par tout ce qu'elle possédait. Aujourd'hui nous n'avons plus de privilégiés,
mais, par contre, nous avons la conscription qui n'existait pas alors. Sous le régime féodal, les seigneurs et les
vassaux fournissaient les hommes d'armes et plus tard
les gentilshommes français ont toujours consumé leur
patrimoine au service du pays. Je ne blâme ni n'approuve des choses si différentes; je veux montrer seulement que ces priviléges étaient très-onéreux à ceux qui
en jouissaient, et que si les nobles ne payaient pas comme
aujourd'hui chez le percepteur, ils payaient cent fois plus
dans les camps et sur les champs de bataille.

Il en est de même des priviléges du clergé. Le clergé
était aussi exempté de certains impôts, parce que les biens
ecclésiastiques étaient consacrés à Dieu et à son culte, à
l'entretien des pauvres, au soulagement des malades, à
l'éducation de la jeunesse. A cause de leur caractère
sacré ces biens ne rentraient pas dans le droit commun.
C'était la continuation de la tribu de Lévi, représentée
par le clergé au milieu des peuples chrétiens. Néanmoins,
quoique le clergé ne payât point l'impôt, il venait au
secours de l'État, quand les circonstances le demandaient,
par des subsides votés librement dans ses assemblées, et
ces dons volontaires étaient toujours larges et généreux.

Je ne puis m'étendre sur ce sujet qui appartient surtout au droit canonique. J'ai voulu montrer seulement en passant qu'il y a des priviléges indispensables, même dans une république, et surtout qu'il y en a de raisonnables et de justes.

Les priviléges personnels sont accordés à des individus pour des services rendus à l'Église, à l'État, à la science.

Les priviléges sont temporaires ou perpétuels, en raison des causes qui les motivent; ils sont favorables ou odieux. Les premiers sont ceux qui n'ôtent rien à personne en donnant à quelqu'un ; par exemple, le privilége d'une chapelle particulière ne fait de tort à personne, bien que le curé de la paroisse s'en fâche quelquefois sans beaucoup de raison. Les seconds sont ceux qui ôtent à quelqu'un pour donner à un autre. Il faut les restreindre le plus possible, *odiosa sunt restringenda;* par exemple les causes remises à des tribunaux exceptionnels, quand on transporte à une commission ce qui devrait être jugé par la juridiction ordinaire. D'un côté on fait tort à la magistrature, qu'on prive de ses fonctions et de son droit, et de l'autre aux prévenus, qui n'ont plus autant de garanties d'être bien jugés.

Il y a des priviléges gratuits et des priviléges onéreux. Les uns sont des faveurs ou des récompenses; les autres s'achètent par des compensations parfois très-considérables.

Ne soyons donc pas les dupes des mots et des préjugés ; ne croyons pas que tout privilége soit en lui-même une injustice, parce qu'il est contraire à l'égalité. Il n'y a point non plus égalité entre tous les citoyens sous le rapport du mérite et des services rendus. La véritable égalité ou équité est dans la proportion des œuvres et des

récompenses, et les œuvres exceptionnelles ont toujours
mérité une reconnaissance particulière, ce qui explique
et justifie le privilége. Après cela que dans la suite des
âges, là comme ailleurs, il y ait eu des abus, je ne le nie
point, mais jamais un abus ne prescrit contre la légitimité de l'usage.

J'aurais encore à parler des immunités de l'Église et
de ses ministres. Il serait facile de montrer qu'elles
sont justes et bien fondées, que les abus qui ont pu s'y
mêler n'ont jamais détruit le droit de leur institution,
et la preuve c'est qu'elles subsistent encore aujourd'hui
en partie, et elles ne peuvent point ne pas subsister. Ainsi,
même de nos jours, l'état clérical dispense du recrute-
ment, de la garde nationale, et du logement militaire. Il
y a des immunités accordées à d'autres corps que le
clergé. Les jeunes gens qui se destinent à l'enseignement
sont dispensés de la conscription à la condition d'un engagement de dix ans dans les écoles de l'État, même primaires. Autrefois, cette immunité ne s'appliquait qu'aux
élèves de l'école normale supérieure ; aujourd'hui on l'a
étendue aux instituteurs primaires, et on a eu raison.
Celui qui élève la jeunesse des classes inférieures rend
un aussi grand service à la société que les plus savants
professeurs.

Outre les immunités générales de l'Église, il y a encore les immunités personnelles du prêtre soit en matière
civile, soit en matière criminelle. Il y aurait ici beaucoup à dire, car la législation a varié à cet égard dans
le cours des siècles. Nous renvoyons au droit canon qui
s'occupe particulièrement de ces choses.

Nous avons annoncé dans la préface de ce livre qu'il était le sommaire d'un cours fait à la Sorbonne. Nous le terminerons par la péroraison de la dernière leçon de ce cours, laquelle, en résumant elle-même les travaux déjà faits, indiquait ceux qui restaient à faire, qui ont été achevés depuis, et dont nous espérons mettre au jour la suite, si la faveur du public nous y encourage.

« En terminant le cours de cette année, jetons un regard en arrière pour mesurer le chemin parcouru dans l'enseignement de la théologie morale, commencé depuis deux ans, mesure qui déterminera le point où nous en sommes et ce qui nous reste à faire.

« La première année nous avons traité des actes humains, et après avoir expliqué leur nature, leurs diversités, les causes et les conditions de leur formation et de leur accomplissement, nous avons reconnu la souveraineté de la loi qui doit les diriger et qui les qualifie. D'où sortait cette question : Qu'est-ce que la loi, qui régit les actes humains? D'où lui vient le droit de gouverner les hommes et de leur imposer des obligations?

« Nous avons trouvé cette question devant nous au commencement de cette année. Qu'est-ce que la loi? Nous vous avons exposé l'idée de la loi, nous l'avons définie, et dans cette définition, qui a dominé tout notre enseignement, nous avons puisé la solution de toutes les questions subséquentes.

« Après avoir établi ce que c'est que la loi, nous avons distingué les différentes sortes de lois, la loi éternelle, la loi naturelle, la loi révélée, la loi humaine soit civile, soit ecclésiastique. Nous avons cherché alors comment s'établissent les lois; ce qui nous a mené à cette autre question, qu'est-ce que la souveraineté? comment se constitue-t-elle? Nous avons examiné sérieusement cette question, et je crois que nous l'avons résolue, autant qu'on peut la résoudre, comme toutes les questions d'origine. Ayant dit comment les lois s'instituent, nous avons cherché comment et jusqu'à quel point elles obligent, si elles obligent en conscience, sous peine de péché grave, et dans quel cas; puis, quel est l'objet de la loi ou les choses auxquelles elle s'applique. Nous nous sommes demandé ensuite comment il faut observer la loi, et enfin nous sommes arrivé à cette dernière question : Comment la loi cesse-t-elle d'obliger? c'est ce que nous venons de vous dire.

« Maintenant regardons devant nous, en vue de l'année prochaine. Le cours de cette année rentre dans la philosophie du droit, dans la métaphysique de la législation. C'est une théorie générale sur la nature, l'institution, l'obligation, l'application, l'observation et la cessation des lois. Nous sommes arrivé à une espèce de carrefour où plusieurs routes s'ouvrent devant nous. Nous pourrions entrer dans le droit naturel qui est l'objet d'un cours particulier, dans le droit civil qui occupe à lui seul toute une faculté, dans le droit ecclésiastique, matière des cours de droit canon. Mais nous ne sommes point chargé de vous enseigner le droit naturel, ni le droit civil, ni le droit canonique. Que ferons-nous donc? Nous resterons dans la route que Dieu et la mission qui nous a été donnée nous ont ouverte, c'est-à-dire dans la loi révélée; car la théologie morale est la morale révélée, enseignée par la parole de Dieu. Or cet enseignement divin se trouve en deux livres, dans la loi de Moïse ou le Décalogue, qu'on appelle la loi ancienne, et dans la loi nouvelle, qui est l'Évangile ou la parole de Jésus-Christ.

« Voilà ou nous en sommes et ce que nous allons faire. J'ai à vous exposer maintenant la loi ancienne et la loi nouvelle, en ce qui se rapporte à la morale, et à vous les expliquer avec le concours de la loi naturelle, que la parole divine confirme toujours, avec les lumières de votre propre conscience, dont le témoignage rendra hommage à l'enseignement du ciel et en sera fortifié. Voilà ce que nous ferons l'année prochaine. Nous y apporterons le même zèle et cette sincérité de parole qui nous ont mérité jusqu'ici votre bienveillance. Nous osons espérer quelques fruits de ce nouvel enseignement, surtout si, comme nous avons tout lieu de le penser, vous nous accordez encore l'encouragement de votre présence assidue et de votre sérieuse et sympathique attention. »

FIN.

TABLE DES CHAPITRES.

CHAPITRE XVIII.

OBJET DE LA LOI.

CHAPITRE XIX.

DE L'OBSERVATION DE LA LOI.

CHAPITRE XX.

DE LA CESSATION DES LOIS.

FIN DE LA TABLE.

Paris. — Imp. P.-A. BOURDIER et Cⁱᵉ, 30, rue Mazarine.

V. Cousin. 7 vol.

Du Vrai, du Beau et du Bien. 3 50
... ... la révolution fran- ...
... politiques. 1 v. 3 50
... ... philosophie 3 50
... ... 3 50
... ... du moyen âge. 1 v. 3 50
... de philosophie moderne. 1 vol. 3 50
... de philos. cartésienne. 1 vol. 3 50
... de philos. contempor. 1 vol. 3 50

Mignet. 1 vol.

Charles-Quint, son abdication. 1 v.

Rémusat. ...

... ...
Critique et études littéraires. 2 v.

Saint-René Taillandier. 4 vol.

Études historiques. 2 vol. ... ... 7 »
Études littéraires. 2 vol. ... ... 7 »
Histoire de Jeanne d'Arc (édit. popul.) 1 vol. 1 25

Ampère. 3 vol.

Littérature et voyages. 2 vol. ... ... 7 »
Grèce, Rome et Dante. 1 vol. 3 50

C. Delavigne. 4 vol.

Théâtre complet. 3 vol. 10 50
Poésies complètes. 1 vol. 3 50

De Brosses, Le Président de Brosses
en Italie. 2 vol. ... ... 7 »
Delécluze, Louis David, son école
et son temps. 1 vol. 3 50
Rémusat, L'esprit humain et ses
œuvres. 2 vol. ... ... 7 »
... ... caractères et portraits
litéraires du XVIe siècle. 2 vol. 7 »
Rosselly de Lorgues. Chr. Colomb,
histoire de sa vie et de ses
voyages. 2 vol. ... ... 7 »
F Houssaye. Le Cardinal de
Bérulle. 1 vol ... ... 3 »
Progrès de la pensée humaine. 1 vol. 3 50

Paris.—Imprimé chez Bonaventure et Ducessois, ...

Check Out More Titles From HardPress Classics Series In this collection we are offering thousands of classic and hard to find books. This series spans a vast array of subjects – so you are bound to find something of interest to enjoy reading and learning about.

Subjects:
Architecture
Art
Biography & Autobiography
Body, Mind &Spirit
Children & Young Adult
Dramas
Education
Fiction
History
Language Arts & Disciplines
Law
Literary Collections
Music
Poetry
Psychology
Science
…and many more.

Visit us at www.hardpress.net